国 外 运 动 训 练 科 学 译 丛

Second Edition

# Strength and Conditioning for Team Sports

## Sport-specific Physical Preparation for High Performance

# 集体性项目的体能训练

## ——高水平竞技运动的专项身体准备（第2版）

[英] Paul Gamble / 著

潘迎旭 / 译

北京体育大学出版社

策划编辑：李　飞
责任编辑：叶　莱
审稿编辑：李　飞
责任校对：田　杰
排版设计：李　鹤
责任印制：陈　莎
封面图片来源：全景视觉

北京市版权局著作权合同登记号：01-2015-5014



**图书在版编目（CIP）数据**

集体性项目的体能训练：高水平竞技运动的专项身体准备：第2版 / (英) 甘布尔著；潘迎旭译. -- 北京:北京体育大学出版社, 2015.7
（国外运动训练科学译丛 / 钟秉枢主编）
ISBN 978-7-5644-2020-8

Ⅰ. ①集… Ⅱ. ①甘… ②潘… Ⅲ. ①集体项目 – 体能 – 身体训练 Ⅳ. ①G808.14

中国版本图书馆CIP数据核字(2015)第188872号

**集体性项目的体能训练**
**——高水平竞技运动的专项身体准备（第2版）**

[英] Paul Gamble　著
潘迎旭　译

出　　版：北京体育大学出版社
地　　址：北京市海淀区信息路48号
邮　　编：100084
邮 购 部：北京体育大学出版社读者服务部 010-62989432
发 行 部：010-62989320
网　　址：http://cbs.bsu.edu.cn
印　　厂：北京京华虎彩印刷有限公司
开　　本：787×960毫米　　1/16
印　　张：19.75
字　　数：398千字

2015年8月第1版第1次印刷
定　价：50.00 元
（本书因装订质量不合格本社发行部负责调换）

## 《国外运动训练科学译丛》

## 编委会

# 译丛前言

运动训练科学是研究运动训练活动规律，指导运动训练实践的一门应用性学科。运动训练科学的主要研究对象虽然是从事竞技体育活动的运动员、教练员，但是，其理论与方法也可以应用于科学指导群众体育活动，促进大众健康。

多年来，我国运动训练科学理论与实践经过几代人的不懈努力，取得了丰硕成果，为我国竞技体育事业发展和运动员竞技运动水平的提高做出了重大贡献。目前，国际上运动训练科学领域正经历着日新月异的发展和变化，特别是以美欧为首的西方发达国家产出了一大批运动训练科学的研究成果。为了使我国运动训练科学理论与实践紧跟国际发展前沿，系统开展国外优秀运动训练科学丛书的翻译工作势在必行。为此，我们精选了11部国外优秀运动训练科学书籍进行翻译。

译丛之一的《动态拉伸训练》一书由美国《体能训练杂志》副主编、美国体能协会、美国运动医学协会、美国职业网球协会认证的教练Mark Kovacs（马克·科瓦克斯）先生主编。拉伸训练在美国已有较为成熟的研究和应用。本书所讲的动力性拉伸练习法是作者在多年专业运动训练经验的基础上，结合生理学、力学原理研究设计的，并经训练实验证明在提高专项身体素质和运动能力方面具有独特而显著效果。本书内容分为3大部分：①全面介绍了拉伸训练，包括对传统静力性拉伸的质疑，并列举了相关研究成果，以及动力性拉伸的优点；②介绍了不同运动项目业余和专业人员的训练方案；③动力性拉伸训练方法图解教学。

译丛之二的《核心区训练》一书由Mark Verstegen（马克·沃斯特根）和Pete Williams（皮特·威廉姆斯）合著。Mark Verstegen是世界上公认的最具创新性的运动训练专家，是美国AP公司的创始人。本书包括4个部分，第1部分介绍核心区训练的起源及发展；第2部分介绍核心区训练的7个模块：

准备活动、伤病预防、瑞士球训练、弹性训练、力量训练、能量系统发展训练及恢复再生训练。作者从生活及训练两方面阐述核心区训练的重要作用；第3部分介绍核心区训练的营养计划，讲述什么是健康饮食及如何健康饮食；第4部分是核心区训练计划，介绍如何组织核心区训练的7个模块，如何制订核心区训练计划。总之，这本书是一本理论与实践结合较为紧密的书，书中的理论知识通俗易懂，实践方法简单易学，适合各种人群学习。

译丛之三的《灵敏训练》一书由美国体能协会注册体能专家Jay Dawes(杰伊·道斯)和Mark Roozen(马克·卢森)两位主编带领十几位美国体能协会注册体能专家共同编写。该书第一、二章分别介绍了影响动作敏捷性和反应敏捷性的因素；第三章介绍了训练前的灵敏能力测试 ；第四、五章介绍了提高灵敏训练的各种训练方法；第六章探讨了制订灵敏训练计划的基本要素；第七章介绍了不同专项的灵敏训练。该书有许多新的灵敏训练观点与方法，相信该书能给广大的教练员、运动员及爱好者提供专业的训练支持与帮助。

译丛之四《耐力训练》一书的作者来自美国体能协会的11位顶级专家。本书共分为11章。第一章为训练的生理基础；第二章为测试与评估；第三章为训练原则及注意事项；第四章为营养与水分补充；第五章为有氧耐力训练；第六章为无氧耐力和肌肉耐力训练；第七章为耐力性运动项目的抗阻训练；第八至第十一章则分别探讨了跑步、自行车、游泳和铁人三项运动等4个运动项目的训练安排和范例。不同于其他有关耐力性运动项目训练的书籍，本书全面介绍了如何通过科学的有氧训练、无氧训练和抗阻训练的合理整合，设计最佳训练方案，帮助运动员和教练员根据耐力性运动项目的训练原理指导训练，同时利用评估工具，对训练过程进行评估和分析，使训练内容符合专项需求，提高训练效益，从而最大限度地提高运动员所从事运动项目的竞技水平。

译丛之五的《集体性项目的体能训练》一书由曾执教过英超职业橄榄球队的Paul Gamble（保罗·甘布尔）先生编写。集体性项目的体能训练历来都是复杂、多变、充满挑战的。凭借多年积累的体能训练经验，作者将集体性项目体能训练的理论与实践有机地结合到了一起，不但有深入浅出的理论阐述，也有具体的训练计划和方法介绍，架起了一座跨越运动科学与训练和比赛实践鸿沟的桥梁。本书共包括12章和1个附录，涵盖了训练的专门性原则及训练效应迁移、生理和竞技能力参数评估、神经肌肉训练、身体机能训练、力量训练、爆发力训练、速度和灵敏性训练、“核心”稳定性训练、损伤预防训练、训练的周期划分、青少年运动员的身体准备、训练计划样例等内容。本书字里行间渗透着对专项需求分析、神经肌肉功能训练及运动损伤预防等的重视，相信会给我国集体性项目运动员的体能训练实践带来积极的借鉴和参考。

译丛之六的《运动员的时钟》一书由Thomas.W. Rowland（托马斯.W.罗兰）博士编写。本书从中枢神经系统的潜意识如何对复杂有序的肌肉活动和节奏进行控制，以获得最佳表现；生物钟的昼夜节律如何影响运动功能；运动员对时间的感知能力是否与普通人有所差别；青少年运动技能的发展，以及衰老与运动表现的关系等内容出发，从全新的角度介绍了时间对运动表现的影响。作者用幽默的语言，渊博的知识，提出了许多富有挑战性的问题。本书从运动员怎样了解并利用时间才能改善运动表现的角度出发，将带您穿越时间对运动表现影响的旅程。希望通过阅读此书，改变您对时间的看法，并为运动员获得最佳运动表现的具体策略提供一定指导。

译丛之七的《运动员恢复指南》一书由美国铁人三项、美国公路跑步协会认证教练Sage Rountree（萨基·朗基）编写。她在本书中对运动疲劳恢复的科学方法进行了全面分析。书中告诉运动员如何确定休息的时间、如何对运动疲劳进行测量、如何合理的使用各种疲劳恢复手段。作者详细地介绍了一些常用的恢复方式，还列举了一些辅助性恢复手段如冰浴、加压服装和营养补剂等。本书中介绍的运动疲劳恢复方法，将会有效地提高运动疲劳恢复的速度和质量，促进运动员达到最佳竞技状态，同时保证运动员无论在运动中还是在生活中都会感到更加平衡、愉快和成功。

译丛之八的《体能训练设计指南》一书由美国体能协会多位知名专家编写。该书共分为12章。第一章和第二章分析了运动员的竞技需要和有效训练计划的评价，为制订合理专项体能训练计划奠定基础；第三章介绍了各种运动项目的准备活动以便提高运动能力和预防损伤；第四章至第十章，详细分析了各种运动素质的训练计划设计，包括发展运动员力量、爆发力、无氧能力、耐力、灵敏性、速度和平衡能力。阐述了体能训练建议的科学依据，并提供了一些训练方法和练习手段。第十一章和第十二章，重点解释如何利用本书中介绍的方法让专业人士设计完整和有效的训练计划。第十一章还深入讨论了训练分期理论和实践。第十二章分析了训练计划的实施、实践案例和大量训练案例。本书不仅可作为高水平运动队的运动员和教练员参考用书，也可为从事群众体育及其他体能训练的人员设计科学有效的训练计划提供保证。

译丛之九的《运动生理理论与实践》一书是由美国康涅狄格大学（University of Connecticut）的William J. Kraemer（威廉·克里默）教授、科罗拉多学院的Steven J. Fleck（斯蒂文·弗莱克）教授和威廉玛丽学院的Michael R. Deschenes（迈克尔·第施耐茨）教授于2012年共同编著出版的一本运动生理学专业教材。本书与其他运动生理学专业教材的最大区别在于它具有很强的实用性。本书的编写力求避免冗长枯燥的专业论述，尽量应用大量实例吸引学生兴趣。此外，本书力求通过浅显易懂的实例使学生掌握运动生理学基本理论和概念，同时注重将这些基本理论和概念应用于实际运动训练中。

译丛之十的《应用解剖学和运动生物力学》一书由西澳大利亚大学（The University of Western Australia）的Timothy R. Ackland（提摩斯·阿克兰），Bruce C. Elliott（布鲁斯·埃里奥特）和John Bloomfield（约翰·布洛姆菲尔德）三位博士共同编写。本书着重阐述的观点是：评价教练员的指导效果要看其是否可以正确地诊断运动员个人竞技能力，充分发挥运动员的运动天赋，并通过专门训练弥补运动员的不足。本书包含4大部分，18个章节。概述部分介绍了评价并调整运动员竞技能力的基本概念，以及运动员选材及诊断方法；应用解剖学部分为教练员根据专项特点和运动员的能力评估结果制订切实有效的训练计划提供了理论支持；应用生物力学部分阐述了如何分析运动技术并应用这些信息提高运动员的成绩，着重介绍运动员体形、体能及其特长之间的联系。除了以往普遍应用的分析手段，还介绍了现代视频分析系统的操作方法；第4部分通过对案例的深入分析来演示针对运动员个人进行的体能和生物力学的评价，干预方案和训练计划的制订实施以及最终对运动员成绩的影响。

译丛之十一的《运动训练周期理论》一书由世界著名运动训练学家Платонов（普拉托诺夫）先生所著。普拉托诺夫先生于2013年9月应邀参加第17届竞技体育与大众体育大会，期间委托首都体育学院钟秉枢校长组织翻译本书并在中国出版。

我国正处于由体育大国向体育强国迈进的关键时期，通过开展国外优秀运动训练科学丛书的翻译工作，系统引进国外运动训练科学最新的研究成果，对于促进我国运动训练科学理论发展和运动训练实践科学化水平的提高具有极大的理论与实践意义。

# 译者的话

国外运动训练科学译丛历时3年，即将与读者见面，心中既高兴又忐忑。回望译丛项目启动之初，从近300本国外运动训练科学专业书籍中遴选出11本最终决定在国内翻译出版，选书的过程浸润着编委们的智慧与耐心。面对我国运动训练科学的现状和可能的读者群，在选书时既要考虑经典，又要顾及前沿；既要考虑理论，又要考虑应用；既要考虑理论深广新，又要考虑内容深入浅出，通俗易懂；既要考虑前东欧运动训练科学体系，又要考虑美英西方体系，以期从不同侧面能够较系统反映国际运动训练科学领域的前沿成果，又要避免盲目的拿来主义，编委选书可谓用心良苦。

译事艰辛，甘苦自知，此次译丛的翻译过程让我们感受尤为深刻。丛书是由不同国籍、不同学术观点的专家所著，理论与专业术语涵盖众多不同学科领域，为了追求理论与专业术语的正本清源，专业、准确地表达作者的思想与观点，翻译团队多次邀请国内英语语言翻译方面的专家指导和审校，严把语言关。邀请国内外运动训练、体能康复、运动人体科学等方面的专家指导和把关专业理论与专业术语。翻译团队和出版社编辑发行团队多次研讨、通稿、审稿，力求原著的理论与方法能够通过译丛准确的在国内传播，正确的引导而不是误导译丛的读者们，译丛的编委们可以说是竭尽全力。但是，限于水平，译丛中错漏之处仍会存在，还请读者、同仁批评并及时指出，以期再版时改正。

付梓之际，衷心感谢译丛的原作者。

感谢国家体育总局竞体司、科教司给予我们的帮助和支持。

感谢首都体育学院体育教育训练学院、教务处、研究生部领导的鼎力支持。

感谢中国体育科学学会运动训练学分会、北京体育大学出版社的大力协助。

感谢所有参与译丛工作的中外专家、学者、同仁。

译丛编委会<br>2015年6月

# 目 录

# 第一章

# 专门性原则及训练效应的迁移

## ■1　导　言

训练的专门性正越来越多地被认为是决定训练反应的关键，这一点正日益得到公认（Kraemer等，2002）。训练的专门性概括了两个基本观念：第一，即时性训练反应的性质是由特定训练刺激的性质决定的；第二，作为第一个观念的必然结果，训练条件与比赛条件的相似程度影响训练效应在短期内向比赛迁移的程度。因此，这两个观念与身体准备的所有方面都有关系。

训练专门性的本质是，由某一训练模式引起的训练反应与应对特定训练应激的生理因素有直接关系（Kraemer等，2002）。因此，力量和体能专家无法预测那些不直接参与特定练习的肌肉及新陈代谢途径的训练效果（Millet等，2002b）。

训练效果能在多大程度上被保留到比赛中，可以用"训练效应的迁移"来描述（Stone等，2000）。在短期内，训练效应的迁移主要受与比赛相关的力学和生物能量学（能量系统）的训练专门性水平影响。因此，训练干预效果能否在竞技状态变化中体现出来，取决于训练能在多大程度上复制与比赛相关的约束条件（Gamble，2006）。

训练专门性对训练结果的影响也随人们对训练认识的加深而增强（Young，2006）。随着训练经验的增加，训练专门性对运动员训练结果的影响程度越来越大。在运动员竞技发展的后期，与专门性有关的各因素的重要性及其相互之间的关联性逐步增强。所以，在运动员向高水平竞技阶段迈进时，训练的专门性是一个非常关键的考虑。

下面将要呈现的是专门性的一般性原则概要以及对这些原则如何互相联系的讨论。同时，也会以简单例子说明专门性在训练中的表现形式。最后，将讨论这些信息对教练员和运动员意味着什么，以及如何在制订训练计划时实现这些认识。

## ■ 2 个性化原则

遗传特征将影响运动员的竞技表现能力以及某一特定生理特性的可训练性（Beunen和Thomis，2006），所以，运动员承受的“内部训练负荷”、训练反应的时间跨度和反应强度，在某种程度上都是个性化的。

基因型影响运动员个体对某一特定训练形式的反应，由此也有效地设定了任何训练反应的上限（Smith，2003），这些因素对每一运动员个体的成长速度及训练适应上限都有影响。基因型对运动员的速度、爆发力、力量和心血管及呼吸性耐力等运动能力，以及运动员发展这些能力的倾向，都施加了相当大的影响（Beunen和Thomis，2006）。例如，据报道，个体相对$VO_2max$可训练性变化的47%是由遗传因素决定的（Bouchard，2011）。

尽管教练员和运动员可能无法控制遗传潜能，但训练以及运动员所处的运动环境将影响遗传特征的表达程度（Beunen和Thomis，2006）。这就是运动员的表现型，它对运动员个体的训练史及其他环境因素都具有专门性（Smith，2003），因此，运动员生理特性的基因型表现是由基因、训练及其他环境因素的相互作用共同决定的（Beunen和Thomis，2006）。在一组下蹲练习中，即使外部训练负荷固定，这些因素也将决定施加在运动员身上的专门性“内部负荷”，这些内部负荷又反过来规定了个体对训练安排的训练反应（Impellizzeri等，2005）。

遗传特征能在多大程度上转化为竞技舞台上的竞技能力的程度，不仅取决于训练的质量，也取决于运动员的训练动机及训练投入。同样地，那些对技能类运动项目的成功与否起决定作用的关键性技术及战术因素是可以教授的（Smith，2003）。这样，执教的质量以及教练员与运动员的互动就成为重要的因素。运动员的人格特征将进一步决定生理准备的有效性以及运动技能的获得。运动员的自律性、对工作的欲望及学习意愿，是决定运动员能否完成高水平竞技所必需的数小时高质量训练的重要因素（Smith，2003）。

## ■ 3 训练适应过程

概括地说，训练适应过程就是通过有效的训练刺激使受到影响的生理系统及神经肌肉系统发生（应激）反应，以更好地增强应付未来面临的相似挑战的能力。训练适应的原始理论基础是由Hans Seyle（汉斯·塞里）提出的“一般适应综合征”（general adaption syndrome，GAS）（Seyle，1956），它描述了机体对刺激做出的基因性反应（Wathen等，2000）。根据这个模型，任何刺激导致的反应的第一阶段特征都是“振动”或“警报”（Brown 和 Greenwood，2005）。接下来是超量恢复阶段，在此阶段机体对特定刺激引起的专门能力提高表现出适应。如果这一刺激持续存在一段时间，机体就进入称为“不良适应”的晚期阶段。

然而，每个个体的生理能力有其个性化的适应窗口期。

适应的速率因运动员个体（遗传因素）的不同而异，也取决于运动员的训练史，即在其身上已经产生了多少适应。

适应可能出现的程度取决于运动员的基因因素，基因因素有效地设定了每个运动员某一特定生理能力的适应顶点。

因此，“一般适应综合征”范式已被“适应-疲劳”模型（fitness-fatigue model）修正了（Chiu和Barnes，2003；Plisk和Stone，2003）。关键差别是“适应-疲劳”模型区分了对个体的肌肉神经系统和新陈代谢系统的刺激行为（Chiu和Barnes，2003）。由这一区分做出的推论是，每一生理能力的适应都存在有效的个性化窗口期。特定的短时适应性反应是由在训练刺激中被动员的系统引发的，并且对训练刺激中被动员的系统具有专门性。“适应-疲劳”模型也指出，任何短时训练效应的反应强度和持续时间都是对训练刺激而不是基因反应具有专门性（Chiu和Barnes，2003）。

“适应-疲劳”模型的另一个主要进步是，与“一般适应综合征”范式描述的唯一一般性反应不同，它描述了一个双适应性反应，即训练效应后的适应反应和疲劳反应。这些适应反应和疲劳反应对竞技状态施加了相反的效应，并具有下述明确特点：适应反应与疲劳反应在程度和持续时间方面均具有本质上的不同（Chiu和Barnes，2003）。运动员的生理状态是由在特定时间内两种相反因素的净效应有效决定的（Chiu和Barnes，2003）。

## ■ 4　与训练经验和竞技状态相关的专门性

训练专门性的适用程度因训练初始状态和训练经验阶段的不同而异（Young，2006）。训练专门性对无训练经验者施加的影响程度与有训练经验者是不同的，这已被无训练经验对象对耐力训练的反应所证明。训练后，无训练经验的个体和有业余训练经验的个体对其他练习模式表现出耐力分数增加（Millet等，2002），但优秀运动员的案例并不是这样，他们借此获得的竞技能力提高程度远远低于由专门性练习所引起的提高（Millet等，2002）。

氧运输这一限制因素在无训练经验者和有训练经验者之间也是不同的（Hoff，2005）。无训练经验者的肌肉不能完全利用通过血液传递来的氧。相反，有训练经验的个体的骨骼肌有能力处理比心脏能够运输的更多的氧合血液。因此，对于在集体性运动中动用大量肌肉从事动态活动的运动员来说，心输出量是其运动能力的限制性因素（Hoff，2005）。

有证据表明，优秀运动员与中等水平训练者和无训练者的搏出量与吸氧量之间的关系也是不同的（Hoff，2005）。当工作负荷增加到最大吸氧量的60%以上时，无训练者和中等水平训练者表现出传统的教科书模式的搏出量平坦下降（Hoff，2005）。然而，优秀运动员随着工作负荷增加到$VO_2max$其搏出量是持续增加的（Hoff，2005）。

力量训练中也明显表现出同样的情况，对于无训练经验者的神经肌肉系统来说，任何训练都代表着一个新异刺激。结果，不管训练的实质是什么，无训练经验者都会出现一系列训练效应（Newton和Kraemer等，1994）。所以，大量的不同种类训练干预，对无训练经验者某一特定方面的神经肌肉表现都会产生令人满意的适应（Kraemer等，1002）。但这也同样不适用于资深的力量举训练者和有力量训练经验的优秀运动员。

越来越多的证据表明，与力量训练的量、频率、强度有关的“负荷－反应”关系，对个体的训练经验水平和竞技状态具有专门性（Peterson等，2004；Rhea，2003）。无训练经验个体和有力量训练经验个体的最佳力量训练方案是不同的。训练研究显示，与无训练经验者和有训练经验的非运动员相比，有训练经验的运动员群体的训练量、频率、强度三项参数都是显著不同的（Peterson等，2004；Rhea，2003）。两组人群的每一训练参数变化趋势，构成了一个有阶段区分的训练经验和竞技状态最优化的量、频率、强度水平匹配连续体。

## ■ 5 训练的专门性

首字母缩略词“SAID”（specific adaptation to imposed demands，对施加需求的专门性适应）描述了训练的基础（Baechle等，2000）。简单地说，就是任何生理适应的产生都依赖于由训练刺激提供的专门形式的超负荷（Stone等，2000）。

### 5.1 机能专门性

训练适应的机能专门性适用于在练习中被动员起来的能量系统。练习所涉及的肌群数量及练习的总体强度决定了中央及周围训练效应的范围。例如，这些因素将决定训练反应是否局限在肌肉水平的适应上，或是否引发了中央心血管系统的变化（Millet等，2002）。

在身体机能训练中也能观察到训练模式的专门性。铁人三项运动员的游泳表现与其完成的跑步和自行车训练没有联系（Millet等，2002）。所以，通过游泳训练后的游泳测试模式测得的竞技状态提高，不能在跑台测试分数中反映出来。对有训练经验的非运动员来说，在改进跑步表现参数过程中，交叉训练（游泳）同样被证明不如跑步训练效果好（Foster等，1997）。

纯无氧训练后的适应主要表现在与无氧代谢有关的酶活性增强方面（Wilmore 和 Costill，1999）。相反，连续的次最大强度有氧训练可以使氧化酶活性增强，而无氧酶的情况则大部分保持不变（Wilmore 和 Costill，1999）。引起无氧适应需要无氧训练，而氧化能力的提高只能通过体能训练活动对有氧系统施加的压力获得。

有研究认为，高强度的冲刺跑间歇训练模式否定了训练的专门性原则，因为尽管这种训练模式是由最多不超过30s的冲刺跑练习组成，且有充足的休息时间大大降低总体训练量，但它导致了有氧能力的提高（Burgomaster等，2008）。然而，事实上这种练习形式确实动用了有氧代谢系统，而且大大提高了连续工作回合中的有氧代谢贡献（Bogdanis等，1996a；Ross和Leveritt，2001）。同样地，训练适应对训练形式具有专门性。主要引起周围适应的高强度间歇训练，与同时引发周围适应和中央适应的传统耐力训练，二者的训练反应本质是不同的（Bishop等，2004）。

根据这种训练形式，休息时间较短（也就是休息时间不充分的）的间歇训练可能会最大限度地对有氧和无氧系统施加影响（Tabata等，1996，1997）。这种训练形式可能表现出一个综合的训练反应。然而，引发的具体训练适应仍然依赖于间歇训练的形式，以及工作间歇的强度和休息比率这样的特定工作形式等因素（Spencer，2005）。

## 5.2　生物力学专门性

生物力学专门性涉及包括动作范围和关节角度在内的训练参数（Stone等，2000a）。由于在训练的特征性动作范围内和关节角度上观察到有较好的力量增长，生物力学专门性在动力性和静力性练习中都是适用的（Morrissey等，1995）。基于这些因素，可以进一步认为，练习选择应该反映运动竞技活动的特征性动作范围及关节角度。这一点对于某些肌群如伸髋肌群，特别是腘绳肌，尤其重要。对于这些肌肉来说，髋关节的扭转力矩峰值的大小，对健康功能和防止损伤来说是至关重要的（Heiderscheidt等，2010）。所以，模拟竞技活动（如跑步和冲刺）所需动作关节活动范围的肌肉训练，是非常重要的。

生物力学专门性也会扩展到身体姿势和四肢位置方面。所以，在紧接着闭合动力链训练后的闭合动力链动作中会出现最大力量反应，而最大力量反应也会在紧接着开放动力链训练后的开放动力链动作中出现。同样地，对于大多数竞技活动来说，与坐姿或卧姿（例如，卧蹬）情况下施行的同样动作相比，站姿的举（例如，杠铃深蹲）能够对抗更大的负荷。

生物力学专门性在单侧（单侧肢体）和双侧（双侧肢体同步工作）力量大小的关系中也是明显的（Enoka，1997；Newton和Kraemer，1994）。自行车运动员两侧单腿蹬伸的力量之和大于双腿同步蹬伸的力量，这个效应被称作“双侧缺陷”（Enoka，1997）。该效应反映了这样一个事实：自行车运动员在训练和比赛中使用单侧肢体工作——用每条腿交替发力。相反，进行双侧训练的运动员会展示出双侧的力量增长（Enoka，1997）。例如，据报告，划船运动员的双腿蹬伸力量大于两侧单腿蹬伸的力量之和（Enoka，1997；Newton和Kraemer，1994）。这表明，练习选择要根据专项运动或竞技活动的特点而定，要么强调单侧动作，要么强调双侧动作。

最后，训练效应对练习采用的肌肉收缩形式（也就是向心收缩、离心收缩或等长收缩）表现出专门性（Morrissey等，1995）。所以，采用与训练相同的肌肉收缩模式进行的肌力测试会得到较大的训练后力量增长（Morrissey等，1995）。例如，等张力量训练比动力性力量训练引发更大的等张力量增长（在静力性条件下记录的）（Morrissey等，1995）。在下述研究结果中也观察到了收缩形式的专门化现象：“扭转力矩——关节角度”关系的变化仅出现在离心收缩训练中（Brockett等，2001），在向心收缩训练中观察不到这种训练反应（Rees等，2009）。

## 5.3 动力学及运动学专门性

除了生物力学因素，动作的相对力量、速度、时间等其他方面特征也是重要的。这些考虑包括：负荷的强度及持续时间、动作的加速和减速以及动作速度。尽管任务之间具有生物力学上的相似性，某一特定竞技任务的持续时间及力的增长率RFD是影响与采用其他测度方法观察到的统计关系程度的主要因素（Cronin和 Sleivert，2005）。例如，有研究认为蹲跳训练可以提高跳跃高度，而在采用传统的杠铃深蹲和卧蹬训练人群中却观察不到跳跃高度的提高，尽管这两种训练模式具有非常相似的生物力学特征（Newton等，1999）。两种训练模式在加速方式和RFD方面的差异，是导致训练效果不同的原因。

收缩形式的专门性也是可以观察到的。肌肉收缩形式的专门性决定了由某一特定力量和速度——力量训练模式引发的训练反应的本质。例如，在有一个预先的反向运动且离心——向心成分耦合得到改善的动作（例如跳跃）的离心阶段发生的变化，只能在以这些因素为特征的训练模式中观察到（Cormie等，2010a）。由于力量的获得与肌肉训练时的收缩速度密切相关，速度的专门性也是明显的（Morrissey等，1995）。在以较快肌肉收缩速度进行训练时，速度专门性在训练反应中的表现似乎更明显（Morrissey等，1995）。而在以等于或低于训练时的肌肉收缩速度进行工作，会出现速度的延迟。比较而言，在力量-速度曲线的上段范围内，力量的增长只典型地出现在肌肉训练时采用的收缩速度的狭窄范围内（Morrissey等，1995）。

## 5.4　心理专门性

生理能力是运动环境下协调、熟练动作的一个组成部分。由此可以推论，体能专家应该考虑生理能力训练的情境（Siff，2002）。所以，也应该考虑竞技条件的心理专门性。设计训练时，也同样应该考虑。竞技条件中的认知和知觉因素也同样应该被考虑到（Ives和Shelley，2003）。

专门性原则也适用于心理方面。特别是对集体性项目的运动员来说，生理能力和心理能力之间有不可避免的联系。注意、心理努力和意向，是三个相互关联、影响训练反应的关键成分（Ives和Shelley，2003）。

注意是优秀运动员感知–行动耦合和高级决策的关键因素。优秀运动员从比赛环境中获取相关线索并对其进行处理，作为运动反应的基础（Ives和Shelley，2003）。在比赛和练习中，注意对预先反应及与之关联的姿势和运动控制是极其重要的。运动员的注意范围，也就是注意是外部集中还是内部集中，将影响运动员的运动控制和竞技表现（Ives和Shelley，2003）。

定向心理努力具有直接影响训练反应的潜力，这一点已经得到承认（Ives和Shelley，2003）。人们发现，有意识地努力使用最大力量可以极大地影响力量和爆发力的增长（Jone等，1999）。有报道称，如果受试者被明确地指示在每次重复练习时把注意力放在最大限度地使杠铃加速上，会比没有获得这样的明确指示获得更大的力量增长（Jone等，1999）。

意向是与快速力量和力量增长率适应有关的神经因素所不可缺少的（Behm 和 Sale，1993；Ives和Shelley，2003）。训练过程中肌肉的募集和激活部分地取决于运动之前的预期（Behm 和 Sale，1993；Behm，1995）。这方面的一个例子里，爆发力训练的训练效果可以在一定条件下通过等长训练获得。如果举重者以使静态阻力爆发式移动的意向进行训练，力量增长率会获得显著的改善，尽管事实上这个静态阻力根本就没有发生任何移动（Behm 和 Sale，1993）。因此，生理适应对意向和训练中相应的神经肌肉模式表现出专门性（Ives和Shelley，2003），且部分地由意向和神经肌肉模式决定（Ives和Shelley，2003）。

因此，不仅要考虑机械学和机能方面的专门性，也要重视训练环境中其他方面的专门性，这一点非常重要。施加专项运动限制可能对建立相应的训练活动反应有帮助。它暗示，施加专项运动限制可能会促进更多的适应性学习以发展决策能力（Ives和Shelley，2003）。

相反，若机械地固定运动平面和运动范围或以明显的规定性指导干预等方式过度地进行专项限制训练，往往会使定向心理努力、专项运动任务注意及专项运动意向的发展受到阻碍（Handford等，1997）。脱离运动员的竞技环境情况进行的生理训练可能会阻碍训练效果的迁移（Ives和Shelley，2003）。

## ■ 6　专门性悖论与训练效应迁移

从理论上讲，最具专门性及功能性的训练就是执行运动项目的实际动作，尽管这种主张确实忽略了引起训练效应的超量负荷因素。也就是说，训练专门性的主要含义是，以最接近目标活动的训练模式进行训练有望在短时间内获得最直接的训练效应转移。然而，训练设计的悖论却是，长期以最接近专项的形式进行训练会削弱达到最佳竞技表现所需要的基础能力的发展（Bondarchuk，2007）。

这种悖论在力量训练中的一个例子是：为了使高强度竞技（如冲刺跑）所需的基础性可塑特质及身体形态获得最好的发展，最初需要进行一些非专项性的负重阻力训练。机能训练也是这样：虽然以练习之间充分休息的方式重复进行200m跑看起来可能是200m跑选手的最佳专项训练方法，但在一年训练的开始阶段，运动员事实上将会更多地从以不同（不充分的）休息间隔的一系列不同距离跑的练习中受益。尽管表面上看这些练习对200m跑比赛施加的专项限制更少，但随着时间的推移，这种训练方法将为运动员的有氧能力和无氧能力提供基础发展，而这些无氧和有氧能力发展将使运动员能在随后的赛季中从事高强度的训练和比赛。

所以，力量和体能专家既关注短期和长期训练适应，也关注训练涉及的基本过程是非常重要的（Bondarchuk，2007）。如前面章节中描述过的，专门性是支配短期训练效应的关键因素；然而，为了最好地安排训练以便最终在赛历竞赛阶段的关键时期充分利用训练效应的迁移，训练的长远效应也还是需要考虑的。

正如即将在后面章节中讨论的那样，为了避免训练适应的高原现象出现，在全年训练中变化练习选择也是同样重要的。因此，我们所需要的是运动训练大周期进程中的一个连贯过程，该过程由包含各种专门性的系列练习构成（Gamble，2011a）。

## ■ 7　解释训练计划设计中的专门性

进行一个全面的需求分析是从训练专门性中获得好处的第一步。需求分析的一个方面就是识别与某一专项或场上位置相关联的生物力学和生物能学特征。通过精确解释竞赛的专项需求，我们就有可能对运动员训练设计中的相关参数进行解释。需求分析的另一个方面，是识别每个运动员个体不同的身体准备情况。

生物力学专门性方面的考虑包括动作的方向和范围、肌肉的收缩形式、动作速度和力的增长率及持续时间（Stone等，2000）。练习的选择应满足与比赛实际相符的动作幅度范围以及动作使用条件（Sheppard，2003）。合适的负荷量级应根据具体的运动情况而定。就运动技巧的精确性而言，过度负荷可能会影响动作的应有效果（van den Tillar，2004）。

机能专门性的应用总的来说要求训练形式反映比赛特征。根据实际或预期的比赛情况设定目标训练节奏，是在其他项目和竞赛中经常使用的一种方法（Plisk 和 Gambetta，1997）。识别这些参数（工作率、动作模式、工作：休息比率）以便为集体性项目设计专项体能训练计划，是一个更大的挑战。这将在后面的章节中进一步探讨。

阐明训练环境中的心理因素可能使竞技表现从中获益。有早期研究暗示，训练过程中结合的与练习有关的认知策略，可以将更大的训练效应痕迹转移到竞赛中（Ives和Shelley，2003）。例如，视觉和口头信号指示可加强排球选手爆发式跳跃训练的效果。就力量训练而言，运动员在做举重练习时，心理干预可以使其从力量训练指导中获得心理意向或专项指示爆发式地举起重物（Jone等，1999）。

教练员也必须认识到，技术水平和训练经验对发展竞技能力起作用的训练参数有影响（Cronin等，2001b；Peterson等，2004；Rhea等，2003）。随着训练的发展，训练的专门性将变得更加重要。当专注于竞技表现的某一方面时，训练计划的设计必须越来越专项化以引起预期的训练反应（Newton和Kraemer，1994）。

最后，训练应根据专项需要和个人情况而调整。训练应对施加在每个个体上的相关训练重点产生应答；教练员应该认识到运动员的训练时间和训练增长幅度会因人而异。每个运动员都会有不同的相对优势和弱点，这两者都应在运动员的个性化训练计划中加以考虑。运动员对不同训练形式的耐受性和反应程度也将有所不同。

# 第二章 生理及竞技能力参数评估

## ■1 导 言

训练的专门性原则在评价竞技表现时有特殊含义（Abernethy等，1995）。从根本上来说，评价竞技表现所选用的任何生理测试，都必须与对特定运动表现起作用的专项能力相匹配，以保持二者之间的相关性（Bosquet等，2002）。对于集体性项目来说，这不仅需要考虑运动特点本身，还要考虑场上位置。

由此可见，生理测试的选择应该与运动员所从事的专项运动相适应（Murphy和Wilson，1997）。那些最具专项特点的测试，往往最受专项运动参与者的信任。在篮球项目的所有竞技状态测试中，纵跳是测试运动员比赛表现的最佳指标（Hoff等，1996）。对篮球运动员来说，纵跳测试与其竞技表现是相关的，因此这也就是专门性原则的一个反映。

据观察，训练后肌肉功能获得的最大改善程度与最接近训练动作的测试形式完全符合，这再次印证了测试的专门性。由此可见，为了保持对由训练引起的肌肉功能变化的敏感性，应该采用训练中运用的特殊运动模式和运动速度对运动员进行测试。

从根本上来说，训练是为了改善运动员的成绩。因此，生理测试的评估应该通过他们在运动成绩中所反映的变化程度来决定。为保持相关性，测试不仅要能够对训练干预引起的适应性保持敏感度，还必须能够显示出任何由此产生的运动成绩的改善和提高。

测试专门性需要考虑的是肌肉功能测试的评估条件。例如，RFD和快速力量等神经肌肉特性与动力性表现是相关的。如果能够在合适的条件下测试肌肉的这些特性，肌肉能力的相应测试结果就只与运动成绩有关。

# ■ 2　测试集体性项目运动员的基础理论

测试主要有以下三大目标：

① 首先是在运动员有运动需求的环境下，评价他们的能力或者目前的准备状态。这可能是从一个运动员的选材角度，或者为确定被评价运动员具体的优势和弱势，为个人训练目标进行排序。

② 测试的第二个应用是为了对训练规定的进展进行监测，对效果进行评估。

③ 最后，测试能够用来达到训练规定的目的——例如，根据对每个运动员的能力评估，制订个性化训练强度参数。

## 2.1　集体性项目中的测试应用

在体育运动中有很多下面这样的明显例子：运动员在比赛中的竞技表现印证了其在某些特殊测试程序中获得的分数。这方面最好的例子可能就是美式橄榄球国家大联盟的一套职业美式橄榄球项目标准选材测试。这些测试成绩被认为是区分那些被成功征召到美式橄榄球国家大联盟运动队和遭淘汰运动员的一项重要因素。认识到这一点后，测试标准的某些制订者鼓吹通过针对性训练提高运动员的成绩表现，从而迎合那些在这项运动中十分重要的专门测试要求，目的是将来能够有更好的选择，即签订职业合同时获得期望的收益回报（McGee和Buchheit等，2003）。事实上，运动员的测试成绩显然影响了运动员的选择机会，导致体能训练公司中的力量教练采用专门方法训练运动员，使他们达到美式橄榄球国家大联盟的评估要求，而不是帮他们为参加比赛目的而进行准备。在体能训练“产业”中，这越来越成为练习的标准。

用于指导力量和爆发力训练目标的测试被描述为“力量诊断”（Wilson 和Murphy，1996）。通过这种方式，一个运动员通过不同的肌肉功能测试手段得到的与具体运动项目需求有关的测试分数，就成了一种识别特定方面不足的手段。在运动员后续训练模块中，那些被确认的相对较弱方面将得到优先训练。

正如前面曾提到的，这些测试也直接用于设计训练强度。例如一些力量训练中，一项给定训练的强度可能被规定为一个运动员能重复1次的最大试举的百分比。同样，耐力训练的强度可规定为在测试中记录下的运动员最大吸氧量（$VO_2max$）、最大心率（HRmax），或者多数情况下，是他们的最大有氧速度（MAS）的百分比（Buchheit，2008）。

测试也被广泛应用于追踪改善运动员的体能和成绩，并且也作为一种评估既定训练有效性的手段（Impellizzeri等，2005）。集体性项目中需要考虑的一个方面是因训练规定而导致的个体相对于集体的刺激因人而异。即使外部负荷所规定的强度和量不变，基因遗传和训练背景都将会对每个运动员所承载的内部负荷强度产生影响，这种强度也将反过来影响个人的训练反应（Impellizzeri等，2005）。因此，测试将只针对既定训练的有效性做出部分反映，除非对运动员每天的个人训练负荷进行持续的监控和操纵。宽泛地说，日常训练评估过程与为确定训练有效性而对训练结果进行的周期性评估是同等重要的（Impellizzeri等，2005）。

## 2.2 生理和竞技能力测试的功用及实际关联

无论是在实验室还是现场进行测试，可靠性和有效性都是关键问题（Reilly等，2009）。可靠性指给定测试中分数的一致性程度——即测试的可重复性。有效性指测试对计划中要评估的体能实际能够测量出的程度。作为一种评价运动员成绩的手段，这两种标准必须满足任何一种给定的测试，以实现其价值。很可能存在这样一种有效性测试，即所得分数高度一致但实际上可能不一定是有效性测试，因为它所衡量的能力不一定是教练员期望评价的特定运动表现。相反，对于一项从能够密切反映运动模式特点或竞技能力方面着手设计的高度有效的测试，如果它不能可靠地产生稳定的分数，那么这项测试价值甚微。在后面的例子中，测试者就难以确信，那些随着时间推移观察到的任何测试变化是由于运动能力的实际变化导致的，而不只是测试手段本身固有的误差导致的。

为评估篮球运动的竞技能力而设计的一套专项测试是一个很好的例子，设计者称其为竞技能力指数评估（ Performance Index Evaluation，简称PIE）（ Barfield等，2007）。PIE虽然具有高度的篮球运动专项特征，但通过对男、女大学生运动员进行的有效性和可靠性的进一步调查发现，PIE的重测信度没有达到可接受的水平。而且，由于PIE得分与大学生运动员的比赛时间没有关联，PIE似乎也缺少效标关联效度（Barfield等，2007）。

为了提供一个能够对运动员进行评估的框架，确定影响某一特定运动项目竞技能力的专项参数是非常重要的（Muller等，2000）。一旦确定了这些参数，就可以着手设计足够敏感的、能够识别特定运动项目竞技能力变化的测试了。参数和测试都需要考虑专门性。为了确保关联性，参数必须要对计划测试的运动项目具有专门性，测试本身也同样要具有专门性才能对教练员希望测试的竞技能力具有敏感性。

先通过对项目的定性评估来确认竞技能力的潜在重要方面，再确认能够评估每一项潜在重要方面的测试，是进行专项测试的第一步（Muller等，2000）。下一步是让不同水平的运动员进行一系列确认的竞技能力测试，每项测试与运动员竞技水平的相关度可以作为相关参数对这项运动取得成功的重要程度标示（Muller等，2000）。通过这种方式就可以识别出那些与运动项目的成功联系得最紧密的测试。但是，采用这种方式最需警惕的是，仅以从单一测试得出的显著统计关系为基础就假定一个因果关系并不可靠。尽管两次测试较一次性测试更能显示出显著的相关性，但重复测试已被证实可导致两次测试的相关性会随着时间的推移而出现偏离（Nimphius等，2010）。因此采用周期性重测可能会是更好的方式，虽然会花费更多的时间，但是随着时间的推移可以评估出测试手段之间的关系。

生物力学专门性是测试专门性的一个关键因素，但也只是其中的一部分。加速-减速这样的其他因素可能同等重要。杠铃深蹲的最大重复次数与杠铃蹲跳测试之间的差异，以及它们与集体性项目运动员的冲刺跑次数等动力性测量指标之间的关系可以很好地说明这个问题。虽然杠铃蹲跳的测试分数与职业和半职业橄榄球联盟运动员的5m、10m和30m跑速度高度相关，但在最大重复3次（3RM）的杠铃深蹲测试中，没发现它与任何距离的冲刺跑成绩有关联（Cronin和Hansen，2005）。在这项研究中，运动员的最大重复3次（3RM）杠铃深蹲与杠铃蹲跳的分数之间也不相关，尽管事实上这两个动作的生物力学特征是相似的。

如果测试的目的是评估运动员训练的有效性，那么必须考虑训练的专门性。在以训练的速度范围进行的测试过程中，研究者观察到了最大的效果（Morrissey等，1995）。由此可见，为了获得测试对由训练诱发的肌肉功能变化的敏感性，测试应该采用训练时的专门性动作模式和速度（Abernethy等，1995）。但是，如果测试的测度只对训练形式具有专门性是不够的。为了保障对竞技表现的敏感性，用于监控训练效果的测试也必须与运动项目相关。当这些条件不能被满足时，虽然所选的测试指标没有显示变化，但训练后却可以观察到神经肌肉和竞技表现（最大力量和短跑成绩）的改善（Murphy 和 Wilson，1997）。因此，为了达到监测运动员身体准备有效性的目标，特定的测试模式和效果评价的选择必须谨慎（Cronin和Hansen，2005）。

## 2.3 用于竞技能力评估的测试模式的实用性

与生理和成绩评价模式相关的两个主要问题是成本（测试仪器费用和进行操作的技术人员）和时间需求。除了专门性和相关性因素外，考虑到成本和时间这两个因素，对大批运动员进行个人实验室评估是无法负担得起的，或者说是不实际的。现场测试通常更有利于集体性项目的运动测试，因为这些测试可以在体育场地内进行（避免了相关旅行费用和实验室测试的成本费用），而且比实验室测试能够在相对更短的时间内进行更多运动员的测试。

无论任何模式的评估，测试对象的动机都是一个至关重要的因素。从运动员角度看，现场测试有更明显的相关性，而且也会从专门化的测试环境受益：相对于怪异的实验室环境，现场测试为运动员安排了一个习惯性的训练和比赛环境。此外，现场测试可以对更多的运动员进行测试，这使得测试包含了一种竞争元素。由于这些因素，现场测试可能使集体性项目运动员产生更大的服从感和测试动机，这样在测试需要在一段时间重复进行的时候，可以借此提高运动员的耐心并使其尽最大努力参与测试。

现场测试流程的设计经常会被修改，以使其对测试的项目更具专门性。文献中有很多专项化的现场测试描述（Barfield等，2007；Graham等，2003；Mirkov等，2008）。任何专项化的现场测试，必然要对比赛条件的复制和测试条件的标准化进行权衡，以获得一个可靠的测试手段。同样，任何新的测试流程都需要来自相关项目体育人口足够的规范性数据，以提供一个参考进行比较。

### 2.4 测试的进度安排

测试仅在定期重复进行的情况下才有效。只有用这种方法，才能监测到取得的进展或者确认影响竞技表现的问题（例如，训练设计存在的错误，比赛和其他压力）。从这个角度看，为了使测试工作更高效、省时，仔细选择测试流程非常重要，因此可以在训练过程中定期安排测试，而不是过度干扰训练。也就是说，不必在每个测试单元都执行完整测试流程，在大多数常规测试单元中可以使用简化测试程序，在年度训练周期的关键点上执行全面测试。

## ■ 3 力量评估

### 3.1 最大力量

力量通常被定义为最大力量或在一定条件下在最大随意收缩过程中产生的转矩。关键参数包括姿势、动作性质（单关节和复杂的多关节运动）、收缩形式和动作速度（Abernethy等，1995）。宽泛地说，力量可以从静止、向心和离心形式的收缩进行划分。通过识别力量-速度曲线，同样区分了低速最大力量和高速动作中表现出来的力量。力量评估的模式可以分为“等长”“等动”或“等惯性”。

#### 3.1.1 等长力量评估

等长力量评估通常使用一个集成到固定装置的测力传感器，运动员可以对其（静态）施加力。也可以通过在深蹲架中使用测力平台或者在其他刚性结构上以站姿执行静态动作来实现：即测量通过脚施加在地面上的力（Wilson 和 Murphy，1996）。在上述任何一个例子中，等长力量评估被定义为：对静止设备施力且关节角度没有改变（Abernethy等，1995）。根据定义，等长评估是在静力条件下进行力量特性评估的，因此它所能提供的与离心力量和向心力量能力有关的信息并不多。

### 3.1.2　等动力量

等动力量评估使用测力计控制速度，而受试者用最大力量对抗移动的操作杆臂。因此这些评估涉及的是典型的开放动力链运动——即发力的肢体是移动的。一个常见的等动力量评估例子涉及受试者在躯干或四肢固定的坐姿状态下的伸膝或屈膝。这种模式的测试评估的是运动员产生转矩的能力，它是通过在固定的运动范围内，以恒定的角速度进行有限度的单关节运动实现的（Abernethy等，1995）。受控条件下记录的等动测试参数有助于产生可靠的测试结果（即测试结果是可重复的）。反过来说，等动力量测试的受控和受限本质使这种力量评估模式较少在真实的竞技运动中应用。在多数体育运动中，力量通常是在承受负荷的姿势下（而不是坐着）通过动作表现出来的，通常牵涉复杂运动而非单关节运动。与此相适应，等动力量测试手段对竞技表现指标的变化通常是不敏感的（Murphy 和 Wilson，1997）。

### 3.1.3　等惯性力量

等惯性力量评估采用自由重量或者固定阻力的器械来量化运动员在特定运动范围内能够举起的最大阻力。常见的器械评估包括固定阻力器械的卧蹬、卧推和肩上推。固定阻力器械的力量评估与那些等动测试手段具有相似的生物力学特征。所以，采用自由重量阻力的等惯性力量评估就成为评价运动员群体的首选评估方法。这种形式的测试通常在尽最大努力的杠铃蹲起、硬拉和卧推等力量举方法中选择其一。采用自由重量的等惯性测试可以评估负重任务中的力量，包括具有离心和向心动作特点的闭合动力链动作。而且，这些测试需要运动员在发力时使自身和阻力都保持平衡，而不是像在固定阻力器械的评估中那样，保持身体坐或躺的姿势以固定运动平面。

因此，采用自由重量器械进行的等惯性评估被认为是与实际运动过程情境最相似的测试模式（Newton和Dugan，2002）。根据定义，运动员的等惯性测试分数将在某种程度上受他们在给定力量练习中的技术水平的制约（Abernethy等，1995）。这种问题同样也会影响运动员在运动技术和竞技动作中的力量能力表现。

最大重复次数（RM）测试被广泛应用于竞技运动中的身体评估：一个运动员最多只能重复举起1次（1RM）的某一特定重量，被定义为其在举起重物的运动全范围能够举起的最大重量（Morales 和 Sobonya，1996；Harman 和 Pandorf，2000）。在实用性方面，因为不需要专门的设备，1RM测试可以在举重房进行，也就可以运用运动队的训练设施进行。1RM的自由重量测试确实需要某种程度的技术能力。从安全角度考虑，保持举的形式和姿势在负担最大负荷情况下不遭破坏是非常重要的，尤其是在进行杠铃深蹲和硬拉时。

另一种试图避免这样问题的替代测试方法，是以较低的重复最大负荷进行次最大力量的测试，根据次最大力量可以预测1RM的数值（Morales 和 Sobonya，1996）。这种方法可以评估运动员在某一特定重复次数（例如3RM 或 5RM）测试中所能举起的最大重量。次最大重量测试所选定的重复次数影响1RM预测的准确性。能最接近地预测1RM负荷值的次最大重复测试，似乎是根据举起重量的不同而不同。在一项大学生运动员（足球运动员和投掷运动员）中进行的力量研究表明，95%的1RM负荷能最准确地预测卧推的1RM数值，这相当于一个2RM测试（Morales 和 Sobonya，1996）。相比之下，90%的1RM（相当于4RM测试）测试能最准确地预测高翻的1RM重量；而进行80%的1RM测试（相当于8RM测试），能对运动员杠铃颈后深蹲的1RM重量做出最好的预测。

## 3.2 离心力量评估

离心力量的评估历来都是使用等动设备进行的，就是让运动员用最大力量对抗测试设备杠杆臂以设定的角速度进行的反方向动作。与向心等动力量评估一样，离心力量测试模式同样存在生物力学和姿势的专门性问题。离心力量的等惯性评估尽管目前并没有得到广泛应用，但它也确实存在（Meylan等，2008）。这种类型的评估包括施加了3s离心阶段力量的各种标准力量练习流程，也就是评估受试对象在受试动作过程中在离心运动的全动作范围内持续进行3s对抗时的最大力量。其他形式的等惯性力量评估是采用一个测力平台测量高负荷或高速度运动过程中的地面反应力量。使用测力平台进行评估，将受限于所需的力量平台设备和经过训练的可以操作仪器的工作人员。

离心（拉长）条件下发展的最大力量在向心或者等长收缩中，总是超过最大随意力量。因为，在离心力量测试过程中的负荷超过了等动力量或者向心力量测试（Meylan等，2008）。测试时施加的较高水平的负荷，对某些运动员的这种评估形式会产生安全问题，特别是对那些还处在成长期的青少年运动员来说；相反，年纪大的运动员可能也忍受不了来自测试的身体压力。

## 3.3 力量-耐力

力量-耐力被认为是神经肌肉性能的一个独立方面，这与Yessis在1994年提出的力量-耐力只是力量其他特性的衍生物的观点是对立的。通常会通过运动员在一个给定的次最大负荷量下能够重复的数量来评估力量-耐力。测试使用的负荷通常被设置为运动员在某特定力量练习中的1RM重量的百分比，或者是他们的体重。评估结果是运动员能够按照预定负荷全幅度完成的动作数量（如引体向上测试的次数）。

一个值得注意的例子是：作为一个被经常执行的力量-耐力测试，225lb（1lb≈453.6g）的卧推重复测试是美式橄榄球全国大联盟（NFL）综合测试的一部分。由于合格的美式橄榄球运动员在此项测试中平均能够重复10次或更多，这项测试被作为美式橄榄球运动员的力量-耐力测试项目（Sierer 等，2008）。然而，这种情况也许不适合其他项目的运动员。

## ■ 4　“速度–力量”或爆发力评估

鉴于爆发力或速度–力量对竞技表现的重要作用得到了广泛的证据支持（Abernethy等，1995），当前存在大量针对爆发力或速度–力量的不同形式评估方法。

### 4.1　等速测力法

利用测力计上的较高角速度进行的等速测试，可被用于高速度力量和速度–力量的评估。然而，与曾经讨论过的力量评估方式一样，采用这种形式评估速度–力量表现的效度是有争议的。以腘绳肌和股四头肌力矩的形式进行的速度–力量等速测试结果，并没有显示出与集体性项目运动员（专业或是半专业的联盟式橄榄球运动员）任何距离（5m、10m或是30m）冲刺跑的时间之间有关联（Cronin和Hansen，2005）。因为这种测试所采用的单关节开链动作形式，与运动员在专项运动中使用多关节闭链动作形式之间，在生物力学特征上不具有专门性，这是导致二者之间没有关联的重要原因。

### 4.2　力的增长率测试

力的增长率（rate of force devolepment，RFD）被认为是速度–力量的一个关键成分（Newton和Kraemer，1994）。然而，根据测试的专门性，对神经肌肉功能这种特性的评估在测试条件的效度上还存在问题。当在等长（静态）条件下进行测试时，弹射式的（ballistic）、超等长式（Plyometric）的或者是力量主导式的下肢训练的RFD测试分数并无变化，虽然运动员的动态竞技表现测量结果已经证明有进步（Wilson等，1993）。然而，RFD的向心测试结果却被证明能够识别运动员冲刺测试表现的优劣，这是等长条件下的RFD测试做不到的（Wilson等，1995）。

就评估的信度而言，RFD测量方法的选择是非常重要的。经由整个力–时间曲线获得的RFD平均数是一个更为可靠和稳定的测量值，而RFD峰值只代表力–时间曲线上一个单个的点，在很大程度上受随机误差的支配。RFD测试也的确需要更昂贵且不易便携的设备：一般需要一个测力台。出于上述原因，这种形式的评估与其他基于实验室的测试一样，都存在着成本和实用性方面的问题。

### 4.3　功率输出的等惯性评估

抗阻负荷输出功率的等惯性测试有典型的应用设备，比如由一个安装在垂直移动滑块上的杠铃构成的史密斯机（Smith machine）。尽管是在单一的垂平面上，但设备里的位置传感器可以量化杠铃的速度和加速度，在这种方式下就可进行等惯性的抗阻运动。然后可以利用下面的公式得到机械输出功率：

P（功率）=力（杠铃质量×加速度）×速度

杠铃蹲跳是等惯性测试时经常使用的，但是杠铃卧推抛起（barbell bench throw）也被用来评估上身的爆发力。杠铃卧推抛起需要专业的设备或者保护员来帮助握紧杠铃以避免伤害到运动员。

### 4.3.1 最大功率输出负荷的评估

无论是从训练还是测试的角度看，都必须对获得最大功率输出（即被称为Pmax）的负荷给以大量关注。运动员在弹射式速度-力量练习（一般为杠铃蹲跳或卧推抛起）的整个负荷范围内的功率输出，已经被用来确定其Pmax值和功率输出曲线（根据负载绘制而成）（Harris等，2007）。相似地，用运动员的蹲跳功率输出曲线来绘制运动员的个性化负荷，是速度-力量能力测试的一个逐渐增长的应用趋势。这种方法的一种实际应用是将其作为指导运动员训练的一种诊断工具以在某个方向上改变其负荷/功率曲线。

然而，需要强调的是，这种方法普遍采用的仪器（Cormie等，2007a）和计算方法（Cormie等，2007b）实际上产生了非常大的功率输出误差。这导致了一个扭曲的负荷-功率输出图，并没有反映出这两个值之间的真实关系（Cormie等，2007b）。当使用正确的仪器并进行正确的计算时，杠铃蹲跳的最大功率输出负荷值实际上等于0%的1RM——也就是说，这是没有附加任何负荷的运动员自身体重。这个结果在青少年（Dayne等，2011）和大学年龄组的男性运动员（Cormie等，2007b）受试者中都有报道。

此外，许多研究者开始不断质疑最大功率输出值的现实意义，这样的负荷/功率输出曲线的应用也存在争议。一项对优秀成年联合式橄榄球运动员进行的研究报道，计算出的最大功率输出值两边的功率输出差异是极小的：低于或高于运动员平均最大功率输出负荷10%和20%的负荷，只能分别影响1.4%和5.4%的功率输出（Harris等人，2007）。从实际应用的角度看，最大功率输出值似乎也只与测试的训练动作相关，不能推广到其他的训练中。

### 4.3.2 蹲跳测试

正如上面所讨论的，速度-力量的蹲跳评估往往通过在一定范围内的负荷来实施。从方法论的角度来看，使用如史密斯机这样的设备进行测试，可能会影响蹲跳的功率输出与竞技能力测量之间的关系（Cronin和Hansen，2005）。据报道，使用自由重量的奥林匹克杠铃进行的无限制蹲跳测试分数与联盟式橄榄球运动员的冲刺成绩表现相关，而以受限制的装备测量的蹲跳分数与联盟式橄榄球运动员的冲刺成绩表现不相关（Baker 和 Nance，1999）。如果限制杠铃杆移动的平面，减少与专项运动之间的专门性（如平衡和协调等方面）程度，这个设备可能会影响测试的性能。

使用自由重量的杠铃蹲跳设备，及与前面提到的评估形式相同的方式进行评估的功率输出设备，在当前的市场上都有销售。然而，初步的研究数据表明，在执行不受限制的动作时，这些加速度计装置可能无法提供准确的速度或功率峰值（McMaster等，2011）。这些发现支持先前关于采用市售的加速度计和线性位置传感器测量功率峰值和力量峰值时存在系统误差和大的随机误差的研究报告（Crewther等，2011）。测量值似乎受加速度计安装位置的影响，即它是被固定在运动员身上还是杠铃上。当装置被直接固定在运动员的臀部时，力量峰值的测量精度似乎是最高的。

## 4.4　奥林匹克举的最大重复次数测试

另一种对更大阻力的速度-力量能力进行评估的常见方法，是以奥林匹克举的方式进行的最大重复次数测试。一般情况下会选择高翻动作作为测试手段，因为大多数运动员都熟悉这种举的方式，而且事实上它有一个独特的动作结束点——即无论运动员的动作是成功还是失败，本质上都必须在动作的最高点抓住杠铃杆。同样地，对于自由重量的等惯性力量测试来说，运动员的得分往往受他们的举的技术能力限制。为了避免这样的限制因素，一些实践者利用奥林匹克举的衍生动作“拉”来评估最大重复次数——即在举的动作终点没有抓的那部分动作。这可能有助于抵消与是否“抓住”这样的举的技术有关的问题。然而，在利用奥林匹克举的衍生动作评估最大重复次数时，也可能还存在其他问题。由于没有抓握动作作为一个明确的动作终点，在确定把杠铃举到多高才能算是在给定重量下成功地完成了举的动作标准方面还存在着挑战。

采用悬垂高翻动作（即以悬在大腿中点位置的杠铃为动作起点的高翻动作）进行的最大重复次数测试，也通常被用来评估最大速度力量能力。澳式橄榄球运动员的1RM悬垂高翻测试得分与他们的纵跳、最大力量（RM深蹲）和冲刺跑成绩相关。类似地，按照相对体重计算，美式橄榄球大学生运动员的1RM悬垂高翻测试得分与其加速跑和直线冲刺成绩之间也有显著的统计关系。

## 4.5　纵跳的评估

不同形式的纵跳常被用来衡量运动及非运动人群的下肢爆发力或速度-力量能力（Klavora，2000）。有人质疑使用纵跳作为下肢力量专门测试手段的有效性，因为上、下肢都对纵跳成绩有贡献，而且运动技能和协调方面的因素也影响纵跳成绩（Young等，2001b）。尽管存在这些争论，但从评估竞技能力的角度出发，纵跳是大多数运动中的常见动作模式，而且与各种加速和与比赛相关的动态动作在生物力学特征上相似。因此，采用包括某些纵跳测试的评估方法来评估集体性项目运动员的速度-力量和竞技能力是有效的。

以一个设定的下蹲深度为起点、没有预先的反向动作的蹲跳，是向心收缩爆发力的标准测试方法。反向运动跳（先下蹲再立即起跳，起跳前有预先的反向运动），即带有快速进行的离心和向心收缩且中间没停顿，是对向心收缩和慢速拉长-缩短周期相结合形式的竞技能力的标准测试方法。只有向心收缩的蹲跳与反向运动跳之间的高度差异，被用来评价对运动员离心阶段或慢速拉长-缩短周期的贡献。跳深（身体从一定高处自由落下后的纵跳）可能被以相似的方式用于评估快速拉长-缩短周期成分（Ford等，2005）。但这种评估形式也包含了反应力量特点（在后面讨论）。

一项以体育教育专业学生为测试对象的研究表明，在一系列的场地纵跳测试中，从通过测试得到稳定的测试分数的角度看，将双手放在腰部进行的蹲跳与反向运动跳测试之间的信度最大。然而，限制使用手臂摆动似乎违背了跳跃运动的生物力学专门性——体育运动中几乎没有哪个跳跃动作是在不使用手臂的情况下进行的。与采用摆臂的测试结果相比，不摆动手臂还会降低跳跃高度。摆臂还可以在纵跳的推进阶段增加髋关节和膝关节所产生的力矩。另一个相关的方法论考虑是，跳跃（手臂摆动）起来触及头上的目标已被证明既影响动作的运动力学特征又影响跳跃高度（Ford等，2005）。但头上设置的目标是测试跳跃高度的场地测试设备的特点，手臂摆动（以及触及目标）也应该在测试运动中被允许。

从前面讨论的方法学及专门性角度考虑，采用跳跃摸高动作（手臂摆动并向上伸臂触摸设置在头上方的测量叶片）的场地测试装置与优秀冰球运动员的选拔之间的相关性最高（Burr等，2007）。该研究仔细考察了深蹲（仅有向心收缩）和反向跳跃运动，比较了在使用接触垫系统和不摆臂情况下不同测试的相关性。与在接触垫系统上执行的深蹲及反向跳跃（没有摆臂）测试的得分相比，以触摸头上方测量叶片的形式执行的测试的得分与国家冰球联盟选秀的最终顺序有更密切的相关性（Burr等，2007）。该研究者的结论认为：采用跳跃和触摸头上测量叶片的测试方法，尤其是只有向心收缩的深蹲和摸高测试，是最适合优秀冰球运动员的陆地测试方法。

研究已经表明，在做反向运动跳跃之前的一步助跑可以增加跳跃高度（Lawson等，2006）。尽管事实上最后的跳跃仍然是由两条腿来进行（双腿站姿），但一步助跑技术改变了起跳动作的生物力学和运动学特征（关节角度和地面反作用力）。在一项以男、女排球运动员为对象的研究中发现，在一步助跑跳跃动作中，运动员对引导腿预加了负荷，导致引导腿比跟进腿产生更大的髋、膝、踝力矩和地面反作用力。分别以主导腿和非主导腿为引导腿进行的助跑跳跃测试成绩表明，双侧下肢之间存在能力差异。标准纵跳测试中同样可以进行各种同样的单腿变化（Newton等，2006）。同样地，不同助跑距离（1步、3步和5步助跑）的纵跳也被用来评估爆发力和竞技能力。

## 4.6 水平跳跃的测试

与只评估垂直方向运动的大多数评估相比，立定跳远和立定三级跳远也被用来评估水平运动中的下肢爆发力。从模拟运动中的跑步和移动活动特征来看，既需要水平方向的力也需要垂直地面的反应力的水平跳跃测试是有好处的（Holm等，2008）。这种模式的专门性很大程度上体现在其与加速度、速度和变向之间的正向统计关系上（Brughelli等，2008；Peterson等，2006）。单腿的反向运动水平跳越尤其被认为是速度和变向能力的预测指标（Meylan等，2009）。

除了骨骼肌力量和爆发力外，这种形式的评估也需要协调和平衡能力，特别是当测试涉及多种形式的双腿及单腿跳跃情况时（Hamilton等，2008）。因此，对这些水平跳跃测试的一个方法论考虑就是，受试者对这些动作的熟悉程度会影响不同测试分数之间的可靠性（Markovic等，2004）。从专门性来说，运动技能的学习效果已在体育教育专业学生的单一测试过程中经观察到了，因此在连续测试中得到的成绩是呈提高趋势的（Markovic等，2004）。出于这个原因，实际测试应在评估竞技能力之前进行，尤其是在这些测试被首次介绍过来的初始阶段。

## 4.7 评估反应（速度-力量和拉长-缩短周期）

反应力量涉及肌肉离心和向心活动的结合。这种评估形式通常需要运动员先在反方向上减速降低自身的动量，接着反转动作在正方向产生一个向心的推进力（Newton和Dugan，2002）。就其本身而言，这个测试包括离心和向心速度特点，以及拉长-缩短周期。对以触地时间较长为特色的慢速拉长-缩短周期动作的反应力量评估，源自仅有向心收缩的跳跃动作（如蹲跳）高度和反向运动跳跃高度之间的不同。对下肢反应力量和快速拉长-缩短周期能力的评价通常通过跳深（drop jump）测试来进行。跳深的高度通常也可以通过运动员相应的反向运动跳跃高度得分得到反映。在采用跳深进行反应力量评价时，应指导受试者在跳跃时尽量缩短与地面的接触时间同时使跃高度达到最大——因此，受试者在从箱子上落下来时一触地就要立即起跳。

如果在测力台和接触垫上进行跳深测试，可以从接触时间与腾空时间（起跳和着地间的实耗时间）的比率得到反应力量指数（Newton和Dugan，2002）。研究发现跳深高度测试得分与高中短跑女运动员的短跑成绩相关（Hennessy 和 Kilty，2001），从而支持了跳深测试的有效性。这种评价方式通常包括在不同高度箱子上进行的多种跳深测试：箱子高度及跳深高度可以为运动员的跳深及快速拉长-缩短周期反应力量能力提供指示。有快速超等长训练背景的运动员的跳深高度会更高——所以，只有在他们的跳深高度超过本人的拉长-缩短周期反应力量能力时，才能增加跳深用的箱子的高度。一项采用相当高的箱子高度（60cm）对不同项目运动员进行的跳深测试研究显示，在进行跳深测试时集体性项目（足球、排球、手球和篮球）运动员会采取与田径和划船运动员不同的运动策略（Kollias等，2004）。与其他跳跃形式一样，垂直跳深测试时垂直目标的存在会影响动作的力学特点、下肢的生物力学特点、接触时间，甚至跳跃高度。

垂直跳跃测试也存在各种单腿测试变化，这种变化使得优势侧肢体和非优势肢体的反应速度力量及拉长-缩短周期能力得以被单独测试。同样地，水平跳跃测试也有类似研究（Holm等，2008）。这种测试包括从特定高度的箱子上下落，一触地就立即在水平方向上向远处跳。水平跳深测试也存在双侧和单侧的变化。有研究报道集体性项目的运动员单腿水平跳深测试得分与其加速和速度成绩存在统计学上的正相关（Holm等，2008）。

三级跳测试提供了水平方向测试反应速度力量能力评估的另外一种方式（Hamilton等，2008）。除了反应性的速度力量和拉长-缩短周期能力，进行重复性的单腿跳跃还需要相当的运动能力、平衡性和姿势的稳定性。因此，三级跳或单腿跳成绩可能证明了一种显著的熟练效应（Markovic等，2004）。三级跳测试成绩显示与男、女大学生足球运动员的垂直跳跃能力相关，由此该研究得出三级跳测试是这些运动员爆发力的有效评价方式的结论（Hamilton等，2008）。单侧的连续跳跃测试还可以进行左、右侧肢体能力的比较。对女大学生垒球运动员进行的研究表明，这种测试的五级跳变化测试可以识别出优势侧肢体和非优势侧肢体的运动能力差异（Hamilton等，2008）。因此，这种类型的重复单腿测试已经应用于康复过程中伤侧肢体和非伤侧肢体运动功能的评价（Hamilton等，2008）。

## ■ 5　耐力表现评估

测试支持个体耐力表现的生理参数是一种评估运动员耐力的典型方法（Jone和Carter，2000）。传统上，耐力的标准测试方法是在实验室通过递增负荷测试运动员的$VO_2max$。在达到$VO_2max$时的跑速或工作强度（被称作最大摄氧量速度，$vVO_2max$）也可以被用作反映有氧耐力的参数。这个参数一般是通过实验室程序对呼出气体进行直接测量获得的。其他评价$vVO_2max$或最大有氧速度（maximal aerobic speed，MAS）的方法运用最大增量测试来评估这个参数。尽管$vVO_2max$或MAS是标准测度，但这些测试程序可能记录也可能没有记录摄氧量或心率。这些方案起初被设计在跑道上进行（Leger和 Boucher，1980），然而能够获得MAS模拟测试的现场折返跑测试，已经自此被应用到集体性项目运动员的测试中。

除了$VO_2max$，一个运动员的有氧耐力也受制于其保持高比例最大氧输出而没有乳酸堆积的能力。这个参数被定为乳酸阈（LT）或最大乳酸稳态（MLSS），并反过来与运动员的肌肉缓冲能力和代谢及乳酸清除的倾向性相关。同样地，考虑到集体性项目活动的间歇性特点，无氧能力和反复冲刺能力也是决定专项耐力能力的关键因素。决定耐力表现的最终因素是跑的经济性和工作效率。可将这视作有氧耐力的神经肌肉要素。为了充分突出动作经济性这一因素，对集体性项目有氧耐力进行评估的任何测试都应该是对比赛所特有的运动形式和特征的复制（Aziz等，2005）。

## 5.1　实验室评估

实验室评估需要昂贵的特定器械和训练有素的专业人员操作执行。由于其花费问题及测试过程中每个运动员的耗时问题，实验室测试在小组运动员中并未得到广泛应用（Impellizzeri等，2005）。至于间歇性运动，特别是集体性运动项目，实验室评估的应用仅限于研究背景下。除了实用性问题，一般通过在跑台上连续执行的测试程序得到的实验室测试结果的有效性，也遭到了集体性项目运动员的质疑（Carey等，2007）。

因此，一些现场测试获得的发展为间歇性项目运动员提供了更实用和更潜在有效的选择。现场测试通常更贴近间歇性运动特点（Bosquet，2002）。现场测试的结果通常显示出与实验室测试评估的高度相关性。可以用来为标准化的实验室测试结果，比如$VO_2max$，进行评分的回归方程确实存在（Impellizzeri等，2005）。

## 5.2　心肺功能的现场测试

### 5.2.1　地面跑步增量测试

蒙特利尔大学（Université de Montréal）的场地测试程序最初是被设计用来通过地面跑道测试评估运动员$vVO_2max$的。由于不直接对呼气量进行测量，该测试能提供一个对最大有氧能力的间接评估（Leger 和 Boucher，1980）。然而，由于运动员的$vVO_2max$与其比赛中的耐力表现之间显现出强烈的相关性，$vVO_2max$已经在一定程度上代替$VO_2max$成为有氧能力测试的标准和规范。近年来，蒙特利尔大学发展了一个被称为“Vam-eval”测试的修正版场地测试。这个测试也是在地面跑道进行，但通过声音信号来控制节拍频率：测试的起始速度是8m/s，接下来跑步的速度每分钟增加0.5m/s（Chtara等，2005）。

对$vVO_2max$和MAS的测试数据已成为集体项目运动员耐力的核心参数，尽管来源于“Vam-eval”的测试结果没有显示出与大部分年轻足球运动员在比赛当中记录的跑步能力表现有较强的相关性。这种非相关性可能是由于缺乏细化的评估标准所造成的结果；持续的绕圈跑步也并不能反映出比赛环境当中频繁的变向、间歇和变速运动。

### 5.2.2　20m多级折返跑测试

为了促进评估标准细节的建立，为集体性项目运动员建立的多样化折返跑测试已经取得发展（Castagna等，2006）。20m多级折返跑测试（multistage shuttle test，MST）

也成为有氧运动能力的测试标准（Flouris等，2005；Wilkinson等，1999）。20mMST的$VO_2max$结果，显示出与实验室中对英式橄榄球和曲棍球运动员进行的跑台最大测试结果之间有较好的相关性（Aziz等，2005）。耐力性运动员如铁人三项运动员、长跑运动员在场地和跑台测试中显示出不同的$VO_2max$的事实，说明集体项目运动员的MST与实验室测试有更多的相似性与专门性，这与耐力运动员正好相反。

20m的MST已经应用于其他运动：一个冰上版本的测试已被设计出来并被证明对冰球运动员有效（Leger等，1979）。该测试包含一个修正的增量式20m折返跑测试：即每一次折返后都要增加跑速（Wilkinson等，1999），而不是像初始版本测试那样间歇1min后再增加跑速。这项研究的作者认为，这种方法避免了运动员在参加最初版本的测试时容易发生的在给定水平测试开始时退出测试的倾向（Wilkinson等，1999）。因为运动员一旦达到了他们的目标水平就可能自动退出测试，而不是继续参加测试直到产生意志疲劳，所以初始版本的这种测试安排使原来的20mMST对训练状态变化的敏感性更低。

### 5.2.3 Yo-Yo间歇测试

集体性运动项目广泛采用的其他有氧耐力场地测试包括Yo-Yo间歇测试，这在足球运动中已经特别流行（Metaxas等，2005）。Yo-Yo间歇测试程序最显著的特点是运动员不连续跑。测试要求受试对象以渐增强度进行重复跑（两组20m折返跑），工作间隔中有10s休息时间（Bangsbo等，2008）。一个相关研究得出的结论是：尽管这两种测试是相互关联的，但这种间歇测试程序评估了20m连续折返跑测试以外的生理能力（Castagna等，2006）。Yo-Yo间歇测试与运动员在比赛期间实际承受的间歇性负荷在本质上更相似。目前存在两个版本的Yo-Yo间歇测试：Yo-Yo间歇恢复一级测试（IR1）开始的速度较慢，以逐渐提高跑步速为特色；Yo-Yo间歇恢复二级测试（IR2）以一个更快的速度开始，受试者会更早地参与高强度工作（Bangsbo等，2008）。对于不同群体的受试者，这两个版本的Yo-Yo间歇测试都具有很高的可接受重测信度。

通过回归方程可以预测来自IR1和IR2两个版本的Yo-Yo间歇测试的$VO_2max$。然而，一些研究发现，与以实验室为基础的能够直接测试耗氧量的跑台测试相比，在场地上进行的Yo-Yo间歇测试得到的$VO_2max$不太精确（Metaxas等，2005）。从实用的观点看，应该牢记：评估运动员在间歇性项目比赛中的耐力能力比获得$VO_2max$的测度更重要，因为间歇性项目比赛中的耐力能力不可避免地包括无氧能力的成分。

一项对澳式橄榄球的研究发现，首发出场和替补出场运动员的$VO_2max$分数并没有明显差别，但二者之间的Yo-YoIR2测试分数却有差别，这也支持了上述观点（Young等，2005）。另一项有关足球的研究发现：运动员的Yo-Yo IR1测试分数与其场地测试成绩（比赛中高强度的跑）有关联，而他们的跑台$VO_2max$得分与其场地测试成绩并没有关联（Krustrup等，2003）。这些研究表明，为了更好地反映间歇性运动所需的专项耐力能力，在耐力的场地测试中突出无氧成分是很有帮助的。因此，Yo-Yo IR1测试分数与在优秀青年足球运动员比赛过程中记录的身体能力表现之间显示出了正向统计关系。

Yo-Yo IR2更倾向于针对训练有素的运动员的测试：因跑动速度更快，其测试持续时间较短，而乳酸水平和肌肉活检样本检测都表明IR2 测试包含很大的无氧成分（Bangsbo等，2008）。考虑到在精英水平的比赛中对负荷强度有更高的需求，因此有研究者建议IR2测试可以在鉴别高水平运动员和低水平运动员方面有更广泛的应用。至关重要的是，IR2 和IR1测试都对由训练引发的体能变化和竞技能力的相关改进（比赛中高强度跑的时间和间隔5min的最大跑动距离）表现出敏感性（Bangsbo等，2008）。

### 5.2.4　30-15间歇性体适能测试

前面提到的20mMST和Yo-Yo间歇测试，都可以提供与$VO_2max$或MAS有关的（折返跑）跑速的间接测量。然而，Yo-Yo间歇测试得到的测试分数与MAS或者$VO_2max$的直接测试分数之间没有关联，因此人们认为Yo-Yo间歇测试分数不能用来确定运动员的训练强度。为了能够更好地在现场评估MAS的对应指标，目前发展出一个替代性的30-15间歇性体能测试（30-15IFT）。

在这项测试获得的最终跑速，称为VIFT，实际上相当于一个高于$vVO_2max$的强度。通常，VIFT测试分数比Vam-eval这样的连续地面跑动测试得到的$vVO_2max$分数大约高20%，比20mMST记录的最终折返跑速度大约高出35%（Buchheit，2008）。然而，运动员的VIFT分数确实与这两个测试分数都有关联。而且，由于VIFT测试结果对确定运动员的个性化训练强度有很好的准确性和可靠性，30-15IFT在集体性项目的间歇跑测试中逐渐得到了广泛的应用（Buchheit，2008）。

与Yo-Yo间歇测试类似，30-15IFT测试在本质上是间歇性的。运动员以给定的速度进行30s的折返跑，中间有15s的积极恢复，每次折返跑的跑速逐渐增加。但是，这个测试包含两个间隔40m的锥形标识物：运动员先跑40m，然后转身180° 反方向跑指定的距离。每次跑的距离根据180° 转身所需时间而修正（Buchheit，2008）。在后面的水平中，当节奏加快、折返跑距离超过40m时，运动员做最后的180° 度折返，在最初的方向上跑过指定的距离。与实验室中直接测量的$VO_2max$和与地面跑有关的标准场地测试MAS相比较，30-15IFT的有效性已经得到证实。30-15IFT分数也与集体项目青少年运动员的其他速度（10m冲刺跑）测试以及爆发力（垂直）测试成绩相关（Buchheit，2008）。30-15IFT的冰上运动测试版本最近在曲棍球运动员中得到发展并被验证（Buchheit等，2011b）。

### 5.2.5 运动专项测试程序

另一种评估运动耐力的替代方法，是测试运动员在复制了专项运动耐力需求的专项测试中的分数（Hoff，2005；Impellizzeri等，2005）。这种形式的跑台（以实验室为基础）（Sirotic 和 Coutts，2007）和场地（Hoff，2005）专项运动耐力测试都得到了发展。这些测试旨在模拟动作模式，甚至可以将专项运动技术技能包含在内，从而来增强测试手段的专项化水平（Impellizzeri等，2005）。因此，这种专项运动测试中的整体方法，试图以一种再现专项运动生物能学特点的方式来评估耐力表现。这些测试不对运动员个体的生理成分进行洞察，而是对运动员的能量系统和竞技能力进行联合评估（Impellizzeri等，2005）。但是，这种测试存在严重的限制。其中一个主要问题是，为获得一种可靠的且可重复进行的测试手段而对标准化条件进行规定有一定的难度。同样地，这些专项测试在积累规范有效的数据并以其为参考评估运动员的得分方面还存在挑战。在用跑台进行运动专项模拟时，会出现难以对大量运动员进行实验室测试的实际问题。

## 5.3 耐力水平的次最大负荷测试

当对运动员进行系列测试时，重复使用最大测试可能会引起动机和服从问题。渐进至力竭的测试取决于运动员尽最大努力参加测试的动机（Lemmink等，2004）。鉴于此，耐力表现的次最大负荷测试越来越受到关注。考虑到次最大负荷测试避免了运动员的动机和服从难题，它似乎更有利于周期性的重复测试（Impellizzeri等，2005；Krustrup等，2003；Lemmink等，2004）。

这些次最大负荷测试通常是已经存在的递增最大负荷测试的修正版；本质上测试会在一个预定的次最大工作负荷处终止。记录到的测试分数通常是根据在标准化的最终（次最大负荷）工作负荷期间和/或之后测量到的生理反应（例如心率）计算的（Lemmink等，2004）。在实验室里，测试人员记录通气量和心率反应，以提供给定测试场合下运动员的次最大工作负荷量度。有一个值得注意的例子是，Yo-Yo有氧测试的次最大负荷非疲劳性测试版本与场地测试是等价的（Bangsbo等，2008）。场地次最大负荷测试的一个实际问题是，这些测试需要对生理反应（特别是心率）进行监测——因此所有受试运动员必须佩戴监测的仪器设备，例如心率监视器（Krustrup等，2003）。

为保证最终结果确实能够显示出与最大负荷之间的预期关系，次最大负荷测试必须超过最小临界值区间。一般认为Yo-Yo测试的3min次最大负荷版本是不够的，而6min的测试却能够显示与Yo-Yo最大测试的相关性（Bangsbo等，2008）。同样地，资料显示，次最大负荷测试最后阶段的负荷量（跑步速度）选择越大，生理测试的可靠性越大，特别是心率的测试（Lemmink等，2004）。已经证实，为降低测量误差、提高测试灵敏度，最终的工作负荷应以激发运动员86%~93%最大心率的练习强度为目标（Lamberts等，2011）。最终的测试负荷可能由一组运动员的基线水平测试来决定；但是，出于一致性考虑，此后在整个赛季的测试期内测试程序需要保持不变。由于这些测试涉及一系列的量度，从根本上说，每个运动员都是他/她自己的评估分数的参照对象。

## 5.4　跑步经济性或工作效率评估

运动效率通常根据给定工作强度的耗氧量（$VO_2$）进行评估（Jone和Carter，2000）。因此，通常是通过测量运动员在实验室里以参考速度在跑步机上跑步时的耗氧量来评估其跑步经济性。同样地，可以运用气体分析，以相同的方式通过自行车或划船测力计按照参考作业强度对自行车或划船竞技能力的相同生理参数进行评估。目前确实存在可以进行类似评估的场地便携式气体分析设备。然而，这种方法的应用范围并不广泛。跑步经济性和工作效率的测量无论是在动作模式还是在移动方式方面，都具有高度的专项特征。因此，测量集体性项目运动员的工作效率时，需要根据专项运动的不同动作模式和运动速度。迄今为止，还没有针对集体性项目运动员的测试程序。

## 5.5　乳酸处理能力评估

虽然乳酸处理能力可能与集体性项目运动员的耐力表现有关，但对运动员耐力测试分数的比较产生主要影响的却是评估乳酸处理能力的测量方法。传统上来说，血乳酸开始（OBLA）或乳酸阈（LT）的标准一直以来都是血乳酸的一个固定浓度，通常是4mmol/L（Bosquet等，2002年）。跑速和血乳酸之间的曲线拐点也被用于衡量LT值。这些测试通常在实验室内进行，可以使跑速达到统一标准，同时也方便血乳酸的取样。

还有一种可以间接评价LT值或等价“无氧阈值”（AT）的方法（不带血乳酸样品），该方法以检测到的通气量或心率变化为依据（Bosquet等，2002）。但是，“通气阈值”（VT）模型的有效性一直遭到质疑，因为这个数值的确定非常主观，也具有高度可变性，并且取决于所选取的标准。已经证实，LT和VT可以在不同条件下被独立地操纵（Bosquet等，2002年）。同样地，基于心率变化的测试程序的价值也因被严重质疑而降低了。人们怀疑在心率反应中是否真的存在该生理拐点；如果该生理拐点确实存在，又是否与LT有关联（Bosquet等，2002年）。

### 5.5.1　乳酸阈

通常，LT已被设定为浓度值为4mmol/L的血乳酸（BLA）。这已被广泛用来表示血乳酸的开始出现（OBLA）。然而近年来的研究已证明，不同个体之间对应于最大稳态工作负荷的实际血乳酸浓度变化很大，浮动范围大概在2~8 mmol/L之间（Billat等，2003）。这个4 mmol/L的血乳酸值似乎是一个武断的数字，与很多个体在稳定状态下的实际血乳酸浓度不太相似。出于同样的原因，比较同一研究和不同研究之间样本的血乳酸实际浓度绝对值时，如果不以每个受试对象最大乳酸稳态（MLSS）下的血乳酸浓度值作为适当参考，比较结果也会出现假象。

通过赛季前的重复测量和在随后的赛季中的定期测量，人们用系列的LT测量值来跟踪青年职业足球运动员的体能情况（McMillan等，2005b）。在赛季前的基准测试成绩和赛季中的测试成绩中观察到的这些测量值的唯一显著变化，是从赛季开始后没有变化。这一系列的LT测量值仅对赛季前和赛季开始的总的体能变化是敏感的（McMillan等，2005b）。除了LT测量的方法论问题，这种明显缺乏敏感性的现象，以及缺乏专门性和之前提到的在实验室测试一组运动员面临的实际问题，似乎更质疑了这种LT测试形式对集体性项目运动员的有效性。

### 5.5.2 最大乳酸稳态评估

作为评估运动员乳酸处理能力的替代形式，人们提出了最大乳酸稳态（MLSS）这个概念。MLSS是指机体内乳酸清除与乳酸生产达到平衡情况下的最大运动强度，也就是在没有血乳酸堆积的情况下机体可以维持的最高工作负荷（Billat等，2003）。从这一点来看，MLSS理论上相当于在乳酸浓度-练习强度曲线拐点上较高的LT。

鉴于这些方法和理论问题都涉及传统的LT测量，MLSS的测量值似乎可以被作为耐力表现参数的一个稳定和有效标记。然而，确定MLSS涉及在实验室重复进行的耗时测试程序。由于依赖于重复性的血乳酸样本，MLSS的直接测量对机体也很具有侵入性。这些因素提高了对一组运动员的耐力表现标准测试评估的实用性的担心。

## 5.6 无氧能力的现场试验

在实验室测量无氧能力的标准方法是评估最大累积氧亏（maximally accumulated oxygen deficit，MAOD），这代表最大运动强度测试期间估计的需氧量和实际测得的吸收量之间的差异（Moore和Murphy，2003）。正如前面所讨论的，这种以实验室数据为评估根据的生理测试对集体性项目运动员来说通常是不太实际的。

评估个体在超大强度下竭尽全力的无氧能力表现的场地测试程序已经开发出来。举例来说，利用自行车测力计进行的温盖特测试（Wingate test）常被用于无氧能力的评估，该测试以30s力竭性工作的平均功率输出为基础（Popadic Gacesa，2009）。不同测试模式下的疲劳反应及相应的功率输出递减亦有所不同，重复性的自行车测试比跑步测试通常更为明显（Girard等，2011a）。此外，这种评估模式与以跑为基础的集体性项目是否相关或是否对这类项目有效，还是存在疑问的，尤其是对于顶级水平的集体性项目运动员而言（Legaz-Arrese等，2011）。

据报道，一个总距离超过300m的最大强度20m折返跑实验室跑动测试程序，与最大累积氧亏测试有着良好的关联（Moore 和 Murphy，2003）。完成这个距离的时间即是测量结果，报告显示其标准测试值在62~70s范围之间。

## 5.7　反复冲刺跑能力测试

反复冲刺跑能力（Repeated sprint ability，RSA）被广泛认为是衡量集体性项目运动员耐力水平的关键指标（Impellizzeri等，2008）。虽然RSA的测量和速度与20mMST表现出稳定的统计关系，但这种能力仍被认为是相对独立的，所以也应当独立评估（Pyne等，2008）。运动员在RSA测试中的成绩与足球比赛中高强度奔跑和冲刺距离的记录量度表现出明确的统计关系（Rampinini等，2007a）。

场地RSA测试通常用来评估连续最大工作强度的耐力表现。测试程序可以分为两类：距离和持续时间相对较长的力竭性测试，以及距离（一般40m或更少）和持续时间（小于或等于10s）都较短的测试。与那些持续时间5~6s或距离为30~40m的测试相比，大多数公开发表的跑步研究报告中的测试都属于前一类。表2.1列出了一系列RSA测试方法。

**表2.1 各种重复冲刺跑能力测试程序选择**

| 测试模式 | 距离/时间 | 方法 | 结果 | 文献出处 |
|---|---|---|---|---|
| 自行车测力计 | 6s | 每30s重复一次（例如6s测力，24s休息） | 工作输出分数 | Bishop等，2001 |
| 非电动跑步机 | 5s冲刺跑 | 7×5s冲刺跑，20s恢复 | 按相对体重计算的功率输出值；记录到的最大冲刺跑速度（每次冲刺跑间歇1s）；总平均速度（所有冲刺跑）；总跑动距离（所有冲刺跑）；每次冲刺跑的平均距离 | Oliver等，2009 |
| 地面直线跑 | 30m冲刺跑 | 6×30m短跑，间隔20s | 冲刺跑时间总计；第一次至最后一次冲刺跑的时间变化百分比 | Pyne等，2008 |
| 地面直线跑 | 30m冲刺跑 | 6×30m短跑，间隔25s | 冲刺跑时间总计 | Spencer等，2006 |

续表

| 测试模式 | 距离/时间 | 方法 | 结果 | 文献出处 |
|---|---|---|---|---|
| 地面折返跑 | 40m折返冲刺跑—2×20m | 6×40m折返跑，每次间隔20s的恢复时间 | 冲刺跑的平均时间；最佳冲刺跑时间<br>百分比递减分数（平均冲刺跑时间除以最佳冲刺跑时间） | Impellizzeri等，2007 |
| 地面折返跑 | 总持续时间为30s的折返冲刺跑 | 交替进行5m和10m距离的折返刺跑，总共跑30s、6组，每组间隔35s的休息时间 | 每个30m折返冲刺跑的总距离 | Boddington等，2001 |

反复冲刺跑过程中的休息间隔会依RSA测试的不同而变化。这是一个能够强烈体现连续冲刺时新陈代谢和生理反应及其组合效应的要素（Oliver等，2009；Spencer等，2005）。冲刺过程中疲劳效应和各种相应的衰退表现也似乎在很大程度上取决于评估的冲刺距离或持续时间。Balsom及其同事（1992）采用不同的恢复时间间隔（30s、1min或2min）进行了一项包括15组40m冲刺跑的研究。无论运用怎样的休息间隔时间，后面一些组的40m冲刺跑分段成绩都始终会受到影响是共同的结论（Balsom等，1992）。相比之下，距离更短的冲刺跑疲劳效应则不那么明显。事实上，0~15m分段成绩的变化只在最短30s休息间隔的研究报告中可见，递减量几乎可以忽略（Balsom等，1992）。

为了给专项运动提供一种专门的RSA测试办法，有种论点提出冲刺距离和所选定的休息间隔应当反映比赛中发生的情况（Bishop等，2001）。与大多数RSA评估程序相比，在场地集体性项目比赛中观察到的冲刺距离和持续时间通常为10~20m或2~3s（Spencer等，2005）。同样地，为了既能提供一项富有挑战的评估，又能确保在连续冲刺跑中引发出疲劳效应，反复冲刺跑测试采用的距离、持续时间和休息时间，都应当与运动员在比赛中可能面临的极限状况相当。

一般来说，RSA评估会提供能力表现的两种不同指数：全力冲刺跑的总体结果（记录到的跑动距离或冲刺跑时间总和）；RSA表现中相对递减量的测定。如何计算后者的测量值似乎是一个非常关键的因素（Spencer等，2005；Girard等，2011a）。例如，一些测试程序采用了一种“简单疲劳指数”，即通过（最佳冲刺测试分数－最差冲刺测试分数）/最佳冲刺测试分数计算出的一个百分比：

$$简单疲劳指数=（S_{最佳}-S_{最差}）/S_{最佳}$$

有人认为上述疲劳指数通常并不是反复冲刺能力的一个好测度（Oliver，2009；

Pyne等，2008；Spencer等，2006）。因此有种被称为百分比递减分数或S递减的替代性测度，被认为是RSA疲劳测试更为有效和可靠的测度（Glaister等，2008）。Sdec的计算将反复冲刺跑测试中所有冲刺跑的表现都考虑了进去：

$$S_{递减}（\%）=\{\frac{（S_1+S_2+S_3\cdots+S最后）}{S_{最佳}\times 冲刺跑次数}-1\}\times 100$$

## ■ 6　速度成分评估

在集体性项目的运动环境下，速度包括在各个方向上的高速移动能力，而且通常不是直线移动；同样重要的是运动员快速改变方向的能力。运动员直线冲刺跑成绩与变向测试表现之间的统计相关通常是有限的。一项对职业足球运动的研究显示，运动员的加速度和最大速度与变向测试成绩之间的统计相关是很低的（Little 和 Williams，2005）。作者的结论认为：既然这些运动员的相应测试成绩之间是相对没有关联的，就证明这些都是截然不同且相互独立的能力（Little 和 Williams，2005）。此外，研究表明，当灵敏性测试中被加入任何运动技术因素时，这些能力量度之间的相关性就会显著下降（Young等，2001b）。这似乎说明直线跑和变向运动的运动力学特征是不一样的（Sheppard和Young等，2006；Young等，2001a）。

市场上销售的许多电子计时系统都拥有很高的准确性（精确到0.01s或0.001s）和可靠性。这种电子计时设备对直线冲刺跑测试和变向测试都能适用，并且由于其便携性还适于场地测试。如果体能训练专家想对速度或变向测试的准确性和可靠性信心十足，电子计时设备的介入可以说是先决条件（Brown等，2004）。研究报告显示，使用手动秒表计时会增加测试结果的不准确性，尽管手动计时获取测试结果通常要比电子计时更快，但测试结果并不稳定（Hetzler等，2008）。因此，也不可能为了换算手动计时成绩而采用校正因素。基于这些研究结果，在采用手动计时装置时，记录的成绩时间只能用于指导，教练应认识到这种方式方法所产生的随机测量误差。

从上文所提观点可知，如果测试时在与运动员的训练和比赛相似的地面或环境下进行的，此测试会更具优越性。值得注意的是，一项运动如果是在户外的草地上进行的，天气和场地状况将对测试产生颇多影响。从标准化的观点看，在对这些户外场地运动项目的场地跑速进行评估时，如能采用不受天气影响的人造地面或室内人造场地设备会更可取。

### 6.1　直线加速能力的评估

运动员前5m跑所用的时间，即起跑速度早已被广泛用于测量速度。运动员在10m

或15m测试时所用时间常被用来测评其加速能力。尽管一些半职业和职业联盟式橄榄球运动员的5m跑时间和10m加速时间密切相关，但他们的5m跑成绩与其30m跑的最大速度之间的关联性却小得多。这些发现暗示，集体性项目运动员的加速能力与最大速度能力是两种独立的能力，评估时应该区别对待。

### 6.2 直线跑动速度的评估

根据惯例，通常采用30m或40m跑作为集体性项目的速度评估手段（Gamble，2011）。在北美，习惯于采用40yd（1yd≈0.9144m）以上的冲刺跑作为测量手段。例如，美式橄榄球国家大联盟就采用40yd冲刺作为速度评估手段（Sierer等，2008）。另外，为了评估运动员在测试不同阶段的冲刺表现，这项测试通常包括运动员跑过特定距离的分段成绩（Brown等，2004）。如上所述，该测试也允许测试者同时测量加速度值。在一些场地测试中采用的另一项最大速度能力评估方法，是从全部冲刺跑的最快分段成绩中获得最大速度测量值。此时需要市售的电子计时测试装置，尤其是在需要分阶段计时的时候。

## ■ 7 灵敏素质的测试

通常采用“灵敏测试”评估有机体在方向上的改变。灵敏被定义为有机体在受到外界刺激后在方向和速度上发生的变化。这就规定了对灵敏的任何真实评估都必须要包括反应和/或决策因素。一些变向测试中确实包含一些对灯光或类似信号的简单反应因素。然而，这并不代表这类简单反应就是对信息处理和决策等对集体性项目的竞技表现有贡献的因素进行评估的有效方法（Sheppard和Young，2006）。

除去这些因素，变向测试与灵敏有很高的关联性，变向是灵敏表现的基础。变向表现测试确实提供了重要信息，这证明其在集体性项目的任何测试中都具有重要的作用。

### 7.1 变向能力的测试

有很多变向能力的测试方法被用于不同体育项目中。不同的测试程序因其复杂性和持续时间的不同而有所区别，相应地，不同变向测试得分之间的统计关系也会发生变化。在选择测试方案时，有两个方面的因素需要考虑进去：一个是测试程序与专项运动所需动作模式的相似度，另一个是测试中有多少规范数据能够为运动员的评估提供参考。有些因素，例如测试程序是否要求以优势侧的腿或是非优势侧的腿来执行变向动作，也是会影响测试结果的。在速度测试中，如果运用电子计时设备则测试结果会更令人信服。

最基本的变向测试包括简单的180° 转身。例如，在5-0-5测试中，受试者要变向180° 然后冲刺5m跑回起点。职业性的灵敏折返跑测试是美式橄榄球全国大联盟的特色性测试项目，本质上它是“5-0-5测试”的升级版（Sierer等，2008）。运动员先进行5yd的冲刺跑，然后180° 转身在相反方向上进行10yd冲刺，接着再转身180° 进行5yd的冲刺跑回起点。Sporis等（2010）描述的“9-6-3-6-9测试”，是一个在总延伸长度超过18m的直线场地上进行的包括5次不同距离冲刺和4次180° 转身的测试。该测试以一个9m冲刺开始，然后180° 转身在反方向上进行3m冲刺，接着再转身180° 在起始方向上进行6m冲刺，然后再次180° 转身冲刺3m，最后是180° 转身冲刺9m到终点线。

“9-6-3-6-9前、后跑测试”，是对上述测试的一种修正。该测试采用与上述测试相同的场地，变向点也相同；需要适应的是，该测试只有前、后两个方向的跑，因此运动员在整个测试过程中始终是面向同一方向（朝向终点线）的。这种测试设计能够把足球运动中防守队员、中场队员与进攻队员等不同位置队员所需的特殊变向能力区别开来（Sporis等，2010）。涉及不同距离及变向冲刺跑次数的大量折返跑测试也曾在文献中报道过，例如10yd（9m）折返跑测试，6 × 5m折返跑测试，4 × 5.8m折返跑测试等。

也有另外一些综合了90° 变向和180° 变向的其他变向评估方法，例如美式橄榄球全国大联盟的“L”形跑或称3锥形物练习。它的设计是在测试的起点/终点前5yd处放置一个锥形物（即为第二个锥形物），在其右侧5yd处放第3个锥形物。该方法设计了一个运动员在到达终点前的90° 右转、180° 转身和90° 左转的变向路线。在美式橄榄球全国大联盟所采用的所有变向测试中，“L”形跑能力测试与美式橄榄球运动员进入职业队的选秀排名有最大的相关性。

由Sporis及其同事（2010）提出的4 × 5m冲刺跑，与“L”形跑类似，只是在其基础上多了个锥形标识物。该测试与上述测试相比多了一个在最后的180° 转身并5m冲刺到达终点前的90° 变向。“T”字冲刺是一种广泛运用的变向表现测试，由一个从起点向前到达“T”字字母中点的锥形标识物的10m冲刺开始，接着以90° 的侧向跑动触及左右两侧5m处放置的两个锥形标识物，最后是一个从T字中心点到终点线的10m的冲刺。该测试还存在很多改变标识物间距和不同动作限制的修正版本。

更复杂和更有意义的变向测试往往包含了不同角度的多重变向。例如，Z字跑动测试就有不同的变化，通常包括围绕在起点和终点之间的3个锥形标识物进行的变向。两个连续的标识物之间的角度大约是100° ，标识物间距通常为5m（Mirkov等，2008）。Sporis等（2010）设计的回旋测试由6个间隔2m、设置在一条直线上的标识物组成，起点线与最后一个标识物之间的距离是11m，所以运动员的总跑动距离是22m。运动员从距离第一个标识物1m远的起点线出发，向前回旋式逐次通过6个标识物，绕过最后一个标识物后转身180° ，然后沿相反方向逐次通过每个标识物回到起点线。伊利诺伊灵敏测试（Sheppard和Young，2006）是一个以多重回旋转向和一个180° 转身通过标识物为特点的测试程序。在所有标准的变向测试中，伊利诺伊测试可能是最为复杂的，完成测试的用时也最长。

一些融合了运动技巧的变向测试程序已经得到研究。例如，有人针对足球运动员的变向、冲刺能力和爆发力测试的可靠性进行了一系列的调查。为提供一个有技术影响因素的测试，对运动员在无球和有球情况下的变向能力（也就是跑动时间）也进行了对比。尽管这个测试对同一组运动员的成绩对比可能是有用的，但因缺乏更多人群的规范测试数据，很难对测试结果做更深的解释。

## 7.2 反应速度的测评

变向测试根据运动任务不同，被修改成适用于不同反应速度的测试，这是根据外部需要做出的变化反应。该类测试包括了反应用时和完成动作用时两部分。一些商业计时设备可用于反应速度的测量，这样运动员就可以在电子信号的方向指示下跑动。作为一种替代办法，可以采用一些更简单的场地测试程序，比如由测试人员在需要运动员移动的方向上做一个跨步动作给运动员以方向指示（Sheppard等，2006）。更多运用视频显示的先进测试方法已经被用于测试之中，比如让运动员根据视频播放器放映的内容做出相应的肢体动作等等（Farrow等，2005）。

有人对场地集体性项目不同组别运动员的反应性灵敏能力测试程序进行了研究。其中的一项研究对同一测试程序进行了对比，分别在事先预知的情况下（在试验之前运动员已被告知冲刺方向）和应激反应的情况下（由一名运动员向受试者需要冲刺方向传球的视频投影对受试者进行方向提示）执行该程序（Farrow等，2005）。由于反应用时，应激反应情况下运动员的平均运动时间较慢。然而，无论是高技术水平（国家级水平）还是中等技术水平（州级水平）的网球运动员，事先预知组的分段成绩差异与应激反应组的分段成绩差异都很小，技术较差的运动员也可能有比较快的灵敏反应用时（Farrow等，2005）。结果，应激反应情况下记录的测试数据在区分这些项目的精英运动员和非精英运动员方面也是有优越性的。

在一项采用由Sheppard（2006）最初提出的灵敏反应测试程序（reactive agility test，RAT）对澳式橄榄球运动员进行的进行的灵敏反应测试调查中得到了与上述测试相同的结果，在该测试中运动员由静止位置开始对由实验人员发出的信号做出应激反应。运动员在RAT测试中的分数能够区分不同水平的运动员，而事先预知情况下执行的相似变向测试程序却不能。采用同样的RAT程序对联盟式橄榄球优秀运动员和非优秀运动员进行的测试，也在灵敏反应用时和运动反应的精确性方面获得了非常相似的发现。

# ■ 8　平衡和稳定性测试

## 8.1　单腿平衡性和稳定性

### 8.1.1　静态姿势平衡

姿势平衡性被定义为一个人在身体的支持面范围内保持重心的能力。实际上，平衡能力包括视觉的、前庭功能以及躯体感觉系统的输入。在测试平衡性的时候，把每一个子系统对于平衡能力的影响解释清楚是很重要的。例如，闭眼测试的变化去除了视觉系统的输入影响。同样地，平衡性测试包括旋转，或者抬头、低头，尝试分离出前庭系统的输入。

平衡能力的测试通常测量运动员在给定情况下保持平衡的时间（例如，在稳定或者不稳定的表面，眼睛睁开或闭上）。或者，记录在给定的情况下特定时间段尝试保持平衡的次数（Hrysomallis，2007）。有一项场地单腿平衡测试对美式橄榄球的男子大学生运动员、男子和女子足球运动员、女子排球运动员进行了单腿闭眼站立10s的测试（Trojian 和 McKeag，2006）。据报道，运动员在这项测试中的得分成为随后赛季中踝关节损伤率的先兆。不稳定的踝关节练习圆盘、泡沫垫子等器材都广泛地被用来测试平衡性。许多平衡板装置中都配有接触传感器，以便能够探测出平衡能力的缺失，从而在记录测试结果时候提供一个数量测度。

市售的测力台包括基于实验室的和便携式的实地测试系统，它们通过记录受试者压力中心的运动来测量身体的摇晃程度。同样，它们可以用于评价指定条件下（双脚或单脚站立，睁开或闭上眼睛等）的静态姿势控制能力。这种基于仪器设备的测试方法能够更加敏感地探测出姿势控制能力的不足，进而预测发生损伤的可能（McKeon和Hertel，2008）。在一个研究环境下，测力平台压力中心和地面反作用力的测量与胫骨运动神经刺激相结合，用于破坏“外部”平衡，并测出“时间-稳定”关系（Brown和Mynark，2007）。但是，这种测试需要昂贵的设备和专家团队来分析测量的数据，因此对于健康运动员的日常测试并不可行。

### 8.1.2　动态姿势平衡

星形偏移平衡测试（star excursion balance test，SEBT）是一种目前较为流行的场地动态姿势平衡评价方法（Bressel等，2007）。该测试过程要求运动员单腿站立，异侧腿向不同方向伸展至个人最远距离，并且轻轻接触地面。如果运动员将重心移至伸展腿，测试将被视为无效并重新开始。测试的得分应根据运动员在不同方向到达的距离进行评判，并且根据下肢长度进行得分的校正，以便进行不同运动员之间的比较（McKeon等，2008）。运动员SEBT得分不同于标准静态平衡测试中相对应的得分。

因此研究人员认为，该测试能够评定出不同的平衡能力（Bressel等，2007）。同样，对于那些踝关节重复损伤的运动员，该测试能够非常敏感地检查出先前损伤的下肢感觉运动功能不良（McKeon等，2008）。通过对比女子大学生足球运动员和健康的非运动员女性，初步研究数据表明集体性项目的运动员在SEBT中表现较好（Thorpe 和 Ebersole，2008）。该研究结果支持了一种论点，即该测试能够评价集体项目运动员的有关能力。

以上描述的姿势平衡能力测试通常被用于身体准备计划之前一系列筛查的一部分（详见后面的章节）。姿势平衡测试的结果被较多地用于确定运动员长期的踝关节不稳定（Brown和Mynark，2007）。另外，此类测试通常运用于康复过程中（特别是膝关节和踝关节损伤后的康复），作为一种工具去指导康复的进阶，以及作为一种评判标准，确定运动员是否完全准备好恢复所有正常的训练或比赛（Wikstrom等，2006）。

### 8.1.3 动态稳定

动态稳定是指运动员在运动过程中维持平衡的能力（Brown和Mynark，2007），包括提供下肢关节动态稳定的神经肌肉控制能力以及各种系统间整合的功能（Wikstrom等，2006）。动态稳定和静态姿势平衡能力在测量结果上的不相关，证实了二者并无关联（Brown和Mynark，2007）。动态稳定测试是测试运动员从一个动作到另一个稳定姿势的过渡能力的典型测试，例如跳高或者跳到一个稳定的或者易变化的表面并且保持着陆。

实验室或者临床设置的动态稳定评估通常涉及跳跃或者从一个箱子上落到一个测力平台上。记录的手段包括摇摆姿势、地面反作用力和时间稳定（Wikstrom等，2006）。另一种使用肌电图（EMG）的评估已经开始在临床和研究环境中应用。当受试者在执行运动任务或者对平衡挑战做出反应时，可以运用EMG的表面电极来探测肌肉在准备和反应阶段的募集及活动情况（Wikstrom等，2006）。然而，这种实验室和临床评估确实需要专业化的设备和经过训练的专业人士去解释测试数据。考虑到成本、时间和所需要的专业人员及设备，这些测试可能不适合对一组运动员进行的日常测试。

## 8.2 腰骶-骨盆的核心稳定性

为维持腰椎的稳定，特定肌肉会根据活动的性质和姿势的不同进行搭配上的变化（Juker等，1998）。此外，负重姿势是一种经常在体育运动中得到体现的腰骶-骨盆稳定性姿势，帮助稳定骨盆、支撑下肢的臀部肌肉组织对维持这个姿势起到了重要作用。因此，在负重动作中，腰骶-骨盆稳定性与姿势平衡和动态稳定性有着共同的元素。当对直立姿态或负重运动中的腰骶-骨盆稳定性进行评估时，不可避免地会有一些姿势平衡和动态稳定性的交叉。

考虑到腰骶-骨盆稳定性的复杂和多维度本质，目前还没有测试核心稳定性的标准。躯干肌肉的标准耐力测试是指测试运动员维持一个给定位置或者姿势的时间（McGill，2007d）。这种测试的例子包括侧桥、屈肌耐力测试和静力性背肌伸展的“白令-索伦森”（Biering-Sorensen）耐力测试（Carter等，2006）。这些测试已经公布了通过健康受试者得出的规范数据，可以作为识别下背部损伤风险的一个比较参考（McGill，2007d）。人们认为，两侧屈肌和伸肌的分数比率及其对比（如侧桥）在识别下背部损伤及其风险时非常有用。这些运动员的测试数据最近已经出版（Evans等，2007）。与非运动员相比，男性和女性运动员的屈肌和伸肌耐力时间明显要长。然而，与男运动员相比，女运动员的侧桥耐力时间显著降低（Evans等，2007）。

另一个测试更通常在实验室或诊所进行，主要是评估运动员在进行挑战性的呼吸时保持躯干肌肉激活的能力。实验室版本的测试需要运动员保持四分之一蹲的位置，手里负重，同时呼吸低氧、高二氧化碳的混合物，并通过EMG记录来评估核心区域的肌肉活动（McGill，2007d）。在场地临床版本的测试中，运动员要先做一些练习来提高呼吸率，然后临床医生通过触诊运动员的腹斜肌来评估他们维持肌肉激活的能力。实验室测试带来的问题通常也是所有实验室评估都存在的问题：时间、成本、设备和所需的专业人员——由于这个原因，该测试不可能被包含在对一大群运动员进行的一组成套标准测试中。场地版本的测试尽管更加实用，成本更小，但是具有主观性，依赖于经过适当训练的临床医生（理疗师或体能教练）的判断。

旋转稳定性的场地临床测试在功能性检查报告中经常使用（见下一节）。“推起测试”（其中有两个变化）和“背桥测试”是其中的两个例子（McGill，2007d）。“推起测试”是这样进行的：以伸展的平板姿势（推），运动员交替举起支撑臂，但是同时要保证保持静态姿势（McGill，2006b）。这个测试的变化包括在同一伸展的平板姿势时，交替抬高支撑脚。背桥测试从完整的桥姿势开始执行（运动员通过肩部和脚后跟支撑，仰卧，膝弯曲，臀部提高离开地面）；同时，运动员保持稳定的姿势，尝试交替抬起每只脚（McGill，2007b）。这些测试都是定性的，需由评估者根据评分标准进行主观评分。

同样，以坐姿投实心球形式进行的转矩测试已经成为核心区域稳定肌群的向心爆发力测试手段之一（Cowley和Swensen，2008）。坐姿向侧和向后投掷实心球的变化也已经被提出（Shinkle，2012）。虽然初步的数据显示这些测试分数可能满足可靠性标准，但其与竞技能力和/或损伤风险之间的关系还有待建立。

与姿势平衡测量一样，为了测量在保持核心稳定性练习姿势时的维持平衡能力，测试装置可以被倒转。一项研究通过评估受试者在一个稳定性平台装置上保持核心稳定姿势的努力对受试者的核心稳定性进行了检查，该装置通常被用来对站姿平衡进行评估（Liemohn等，2005）。这种形式的测试似乎确实存在一个相当大的学习效应。该研究对受试者进行了连续4天适应装置的研究：结果表明第3天记录的数据是最可靠的（Liemohn等，2005）。虽然看起来这是一个有前途的研究领域，但目前仍缺乏这种测试装置的公开数据。

## ■ 9 肌肉骨骼及动作模式筛查

传统的肌肉骨骼评估报告包括静态测量和对关节完整性及运动范围的临床检查，这种临床检查主要由被动评估构成（Ford等，2003）。以这种方式评价神经肌肉因素和肌肉骨骼因素有其局限性：关节和肌肉反应在这种被动测试中的反应，只能为动态条件下的身体行为表现提供有限的信息。另一个问题是后续筛查普遍不足：有报道称，虽然有10%运动员的肌肉骨骼问题通过此类测试得以确认，但是通常只有1%~3%的运动员的问题得到了适当的干预（Ford等，2003）。

据说，肌肉骨骼功能的一些临床测试已被证明能够预测先天的（与运动员本身相关）损伤风险。有研究建议将关节运动范围和肌肉柔韧性测试作为辨别运动员肌肉损伤风险的一种手段。特别是腘绳肌柔韧性的赛季前测验基础分数，被证明可以预测比利时职业足球运动员在接下来的赛季中的肌肉拉伤（Witvrouw等，2003）。作者的结论是，在对仰卧姿势下的腘绳肌柔韧性被动测试中，被动测试分数在90° 以下即可被认定为运动员腘绳肌存在损伤风险。一项对冰岛足球运动员的研究发现，关节活动范围减小与内侧肌拉伤也存在同样的关系（Arnason等，2004）。对大多数有过关节损伤的运动员来说，关节完整性的临床测试通常也能够识别关节松弛（Arnason等，2004）。之前的损伤通常会被视为一个重要的风险因素，所以损伤史和关节松弛的临床试验对识别处在风险中的运动员是非常重要的。

虽然从竞技成绩的角度看，等速测试及训练的应用一直受到质疑，但是它在损伤预防与康复监控中确实有应用价值。力量比率的等速评估可以帮助识别容易导致运动员损伤的肌肉力量失衡。例如，对肩部内旋和外旋等速力量数值的比较，就已经使用了这种方式。比较受过伤的肢体和健康的对侧肢体的等速力量值，似乎能够识别运动员当前的腘绳肌损伤复发风险。这些等速力量测试分数和比率（特别是离心以及离心-向心混合比率数值）对经过康复训练是否达到了重返比赛准备要求的测试具有潜在的作用（Croisier等，2002）。同样地，对于那些有腘绳肌损伤复发史的运动员来说，其伤侧和健侧肢体最佳角度（在最大向心膝屈肌力矩记录的膝关节角度）的等速测试数值也是不同的（Brockett等，2004）。

在临床环境下，有很多神经肌肉功能及控制的动态测试都可以用于对损伤风险进行筛查。这些将在第三章中详细描述。此外，基于动作模式测试的筛查程序正在被越来越多地在该领域与标准的临床肌肉骨骼评估一起使用，有时甚至是取代了标准的临床肌肉骨骼评估。这些通常包括活动度和稳定性的主动测试，以及基本运动技能任务的定性评估，比如蹲和弓步的动作变化。在商业上最为成功的是由Gray Cook（2003a）设计的功能性动作筛查（Functional Movement Screen，FMS）。近年来，这些方法的使用已经越来越普遍，尤其是在体能训练领域。动作模式和基本运动能力的评估是一个被认为兼有竞技能力和损伤预防含义的竞技领域（Cook，2003 a）。这种评估模式的原理是：对于左、右侧动作的不平衡和活动度差、稳定性弱的肢体部位，运动员倾向于通过改变动作的力学特征进行补偿。本质上，这些补偿运动模式效率较低，可能会抑制竞技能力且导致运动员容易受伤（Cook，2003 a）。

总体上来说，由Gray Cook提出的FMS程序和“功能性”评估原理，在理论上是合理的，很多从业者据说已经成功地运用了这种形式的评估。然而，评估中选择的每个以动作模式为基础的“筛查”都应该得到文献的证实。目前，仍缺少相关的公开数据来验证FMS评估方法。迄今为止，为数不多的一项这方面调查显示，FMS测试的个人得分与特定竞技能力测试分数之间存在微弱的统计关系（Okada等，2011）。另一项研究调查了FMS测试与各种标准的竞技能力表现（垂直跳、20m冲刺评和T-test成绩）以及大学生运动员（高尔夫）运动技能任务之间的关系（Parchmen和McBride，2011）。该研究未能发现受试者的竞技能力与其FMS综合得分或单项得分有任何重要统计关系。最后，目前并没有足够的证据来支持FMS和竞技能力间的假设关系。为证实FMS评估与损伤率之间的假定关联，仍需提供有力的研究证据。

在评估功能表现的临床测试文献中，存在并没有随后发现对损伤风险的预测性这样的例子。对高中生运动员平衡板成绩的测试，并未发现其与脚踝损伤发生率有关系（McHugh等，2006）。考虑到本体感受性和姿态稳定性都是脚踝损伤的风险因素，用这种方式来评估本体感受性和姿态稳定性从损伤预防的角度看似乎是合理的。然而，现有研究结果中这些风险因素与损伤发生率之间相关性的缺乏强化了一个事实，那就是还不能假定其中的因果关系，那些测试必须通过提供它们的相关性证据来被证实。因此，必须仔细考虑包括运动员肌肉骨骼和动作筛查在内的测试，直到他们的功效得到检验。

第三章

# 神经肌肉训练

## ■1 导 言

按照传统观念，神经肌肉训练通常被理解为包括涉及神经协调与控制的一切练习方式。也就是说，这种训练有很多种训练形式。例如，需要控制不同动作和利用肌肉协调能力的力量训练。还有利用自身体重进行的训练，如利用四肢控制身体姿势来维持平衡和稳定的练习方式。在后文的案例中，这类练习可能在稳定平面上进行，也可能在不稳定平面上，如在瑞士球和其他不稳定器械上进行。

很明显，有很多种不同类型的练习形式都可以适用于神经肌肉练习。无论是何种形式，神经肌肉练习的重点在于质量，比如动作质量。因此，这类训练的要求和其他训练有很多不同，尤其是在训练强度、训练量和训练频率等方面。这里的强度，不是指对抗较大的阻力，而且通过一系列身体练习，训练灵敏性和稳定性。类似地，每一组和每一个练习环节的运动量都应该适度，而不是要训练至产生疲劳。相反，为了巩固动作形式和动作质量，训练频率会非常高。

## ■ 2 神经肌肉训练对运动员的必要性

运动员在专项运动中所表现出的运动技能取决于运动员的基础动作能力（Gamble，2011c），基础动作被定义为在很多运动中都会出现的动作，如蹲和举、推和拉、弓步、步法（如跑）、旋转和平衡动作（McGill，2006c）。为了准确执行这些基础动作能力，运动员必须对操控这些动作的神经肌肉具有高度的控制力。通过这种方式，神经肌肉控制和协调的不同方面，就代表了运动员高效地执行专项动作的一个限制性因素。图3.1描绘了这样一个关系。

适当的神经肌肉训练除了具有可以提高运动员竞技能力的普遍性好处外，还可以满足需要神经肌肉功能纠正人群的特殊需求。尤其是对青少年运动员和女性运动员来说，应当优先考虑神经肌肉训练。

在成人期前，运动员运动技术的发展和生长发育的成熟是相互作用的（Naughton等，2000）。神经肌肉训练和动作技巧训练的重要性在青春期不同阶段都被反复强调（Barber-Westin等，2005；Philippaerts等，2006）。根据报道，纠正性神经肌肉训练对于降低青少年运动员的运动损伤发生率非常有效。

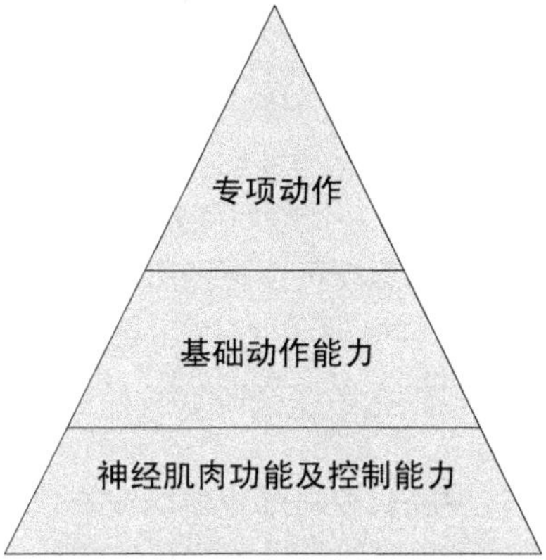

图3.1　神经肌肉功能角色原理图

研究表明，男子在青少年时期力量增长、下肢能力提高（Schmitz等，2009），这些反映了他们力量使用效率的提高（Quatman等，2006）。男性在青春期自然发生的这些改变归功于“神经肌肉的快速成熟”，它与荷尔蒙的改变紧密相关（Quatman等，2006）。对青少年男子神经肌肉训练的持续性不可忽视，资料表明即使在青春期有神经肌肉快速成熟的现象，一些青少年男子依旧在青春发育期后表现出神经肌肉控制能力的不足（Barber-Westin等，2006）。

女子运动员并未从“神经肌肉快速成熟期”获益，在力量增长和动作能力提高等方面，青少年女运动员未能像男运动员那样在青春期内快速提高。女运动员并没有表现出下肢控制力的提高，反而显现出不足（Schmitz等，2009）。因此，在青春发育期后，男性和女性所表现出的神经肌肉控制力有很大不同。例如，青春发育期的女运动员和成年女运动员在完成已知方向或反应性的跳深、急停跳和横跨步急停变向动作时，下肢的动力学特征区别很大（Landry 等，2007）。

根据对女运动员的观察，这种控制能力的薄弱造成了下肢运动损伤风险的提高（Mendiguchia等，2011）。例如，根据运动损伤检测软件统计，在同一运动中女子运动员患膝伤的风险比男子运动员要高2~10倍（Agel等，2005）。这种趋势从青春期一直保持到成年期（Hewett等，2006b；Murphy等，2003）。然而，神经肌肉的纠正训练能够有效降低女性运动员的损伤风险（Gilchrist等，2008；Mandelbaum等，2005）。恢复报告显示，通过训练女性运动员损伤风险降低至男性运动员水平（Hewett等，1999），文章也进一步指出所有女性运动员进行神经肌肉预防训练的必要性。

## ■ 3 神经肌肉训练的剂量–反应关系及累积效应

前期资料表明，神经肌肉训练表现出一过性效应，训练频率是神经肌肉产生协调、适应的重要因素（Carroll等，2001）。例如，在肌肉神经训练降低运动风险的研究中通过观察显示，练习的数量对防护效果有积极的影响（Kraemer和Knobloch，2009）。

同样地，神经肌肉训练的效果也和持续时间呈高度相关。Padua及其同事2012年进行的一项研究，评估了青少年足球运动员在神经肌肉训练后下肢控制能力和力学特征积极变化的保留情况，经过9个月训练的运动员在下肢控制能力和运动能力方面比只经过3个月训练的运动员表现出更好的水平（Padua等，2012）。

为了更好地从神经肌肉训练中受益，运动员的服从是非常关键的，这也是一些早期研究的主要问题。通过将神经肌肉训练合理地安排到运动员的日常训练，例如将神经肌肉训练融入准备活动环节，在近期的很多研究中这类训练获得了来自运动员的积极服从（Kraemer和Knobloch，2009；Gilchrist等，2008）。对教练员和运动员进行神经肌肉训练干预的必要性和好处方面的教育，也是获得积极服从的非常重要环节（Soligard等，2010）。

## ■ 4 识别神经肌肉控制的缺陷

像其他形式的训练一样，测试在神经肌肉训练干预中发挥重要的作用。准确地评估可以了解运动员的初始能力，作为指导运动员训练和划分训练阶段的工具，还可以评估运动员的神经肌肉控制能力和动态运动功能。评估方法主要分以下两类：平衡或在各种条件下保持身体平衡能力的评估；对下肢在执行动作任务过程中的对齐能力及力学特征进行的定性评估测试。

### 4.1 评估平衡能力

平衡性需要一系列运动感觉能力，包括视觉输入、前庭感觉和本体感觉等（Bressel等，2007）。弄清平衡的定义非常重要，平衡能力的各种独立成分已经被识别出来，并被认为是相互之间相对独立存在的。平衡的定义通常都与支撑面有关，例如“平衡是在支撑面内维持身体重心的能力”。然而，平衡还包括运动员在空中的情况。这方面的例子包括运动员在以最高速度奔跑时，近75%的时间处在空中步态周期阶段（Yu等，2008），以及跳跃动作落地之前的腾空阶段。因此，似乎有必要定义一个全面的“平衡”概念，即在没有具体参照的情况下在所涉及的（任何）支撑面上保持动态平衡的能力。

目前，全面平衡概念中的各种独立成分在文献研究中已经被识别出来，通常认为包括以下几个方面：静态姿势平衡、动态姿势平衡及动态稳定性。它们之间的区别如下。

静态姿势平衡：在静态支撑基础和固定支撑面上保持身体重心的能力（Bressel等，2007）。

动态姿势平衡：运动状态下（尤指其他肢体或身体环节在运动，或支撑面被施加了无法预测的干扰情况下）在固定支撑基础上保持重心的能力（DiStefano等，2009）。

动态稳定性：在从运动到静止姿势的转换过程中保持平衡的能力（例如落地动作）（Myer等，2006a）。

目前有各种各样的神经肌肉评估方法可以对这些不同的平衡能力进行测试。本质上这些测试模式都是测试运动员在设定条件下的平衡能力，具体形式取决于需要评估的能力及所采用的测试器材。

在应用或临床环境中，静态姿势平衡评估通常是在设定条件下（如睁眼或闭眼、头部向不同方向旋转），测试受试者在规定时间内尝试保持身体平衡的次数；可能还伴随着对运动员努力程度及测试过程中出现的纠正动作次数等的主观评估。动态姿势平衡测试通常是挑战人体在保持身体平衡的同时其他肢体尽量远离支撑面的能力，最常用的动态姿势平衡测试是星形偏移平衡测试。动态稳定性测试通常涉及在稳定或不稳定平面上的双腿跳或换腿跳，落到支撑面上时受试者应尝试保持平衡——也就是身体像“粘在”支撑面上一样，脚不能移动，也不能让身体失去平衡。由于需要专业器械量化测度（如身体的摇摆程度），在研究环境下应用这些测试迄今为止还是会受到很大限制。在场地测试或临床环境下，很多主观的评估标准还需要明确。

## 4.2 神经肌肉功能及控制的动作评估

在固定支撑面上进行的闭链运动过程中的神经肌肉功能和动态控制能力评估，可以通过很多评估模式来进行。神经肌肉功能的评估因采用的测试及器材的复杂程度不同，而有很不同的评估方法，这反映了具体的研究及应用环境方面的需求。很多适合一线教练员和科研人员作为筛查和监测工具使用的简化版的神经肌肉功能评估方法已经被发展出来。

例如单腿蹲就是一个被广泛应用在临床环境下监测髋部肌群神经肌肉功能和控制能力的测试（Crossley等，2011）。这个测试尤其能够有效评估下肢对齐的近端控制能力，也就是与运动员的支撑脚和躯干密切相关的骨盆、髋、膝的位置和运动。单腿蹲测试通常只在对抗自身重力的情况下执行，但是文献中也有采用对抗外部阻力进行测试的版本（Shields等，2005）。初步的数据暗示，临床医生基于具体标准给出的测试表现等级，可以反映不同受试对象髋部肌群激活的差异以及所选择的髋部和躯干肌群功能测试的差异（Crossley等，2011）。

跳深测试是临床环境下另一种已经比较完善的评估方法，该方法能在更动态的条件下评估神经肌肉功能和控制能力。像单腿蹲一样，该测试是在一个相对基础的动作过程中评估下肢近端的控制力。该测试还可以检测运动员在起跳和落地缓冲时下肢肌肉的控制力，以及膝关节在运动中的稳定性。跳深测试是比较原始并被广泛采用的临床测试方法，只需要一个数码相机和一台便携式或台式电脑，捕捉起跳和落地时的图像，然后根据记录用网上的免费软件进行图像分析，十分简便易行。

另一个类似的实验室测试完善了跳深测试，该测试使用更加有效的测试仪器准确评估下肢的额状面控制能力缺陷（Myer等，2010），而且该测试能够精准地评估神经肌肉控制力经过训练后的改善情况（Noyes等，2005）。该测试也存在自身局限，它只能够评估额状面上的神经肌肉控制情况，因此在复杂的多方向运动中该测试不能给出准确的判断。

在运动医学的评估文献中有很多在像旋转和变向动作等更复杂的运动中对神经肌肉控制能力进行评估的例子。但在目前阶段，这些评估方式在研究环境下的应用还受到很多限制，需要专业的设备和受过训练的人员操作设备和分析数据。但是，发展出一个有效且适合一线人员使用的临床版本测试工具还是有潜力的，近期由Imwalle及同事（2009）发明的连续跳跃和急停变向测试就是一个好的例子。

## ■ 5　姿势控制及平衡的神经肌肉训练

### 5.1　静态平衡性训练

当通过筛查了解了运动员静态平衡的缺陷后，需要用针对性的方法提高运动员的静态平衡能力。通常会用一系列的平衡性练习对运动员进行反复训练。平衡性练习对青少年运动员非常有效，尤其是对青春发育期的运动员。同样，该练习对女性运动员也尤为重要，数据表明女性运动员因神经肌肉控制能力弱而导致的下肢损伤很多。

为了分离或突出一些特别的因素，在进行静态平衡训练时可以采用各种限制。例如，闭上眼睛，可阻止视觉信息输入；倾斜或摆动头部，可改变与前庭系统输入有关的挑战；而光脚执行平衡动作任务，可去除借由鞋子提供的稳定性，从而突出来自皮肤及关节机械性感受器的本体感觉传入输入。根据训练目的，可以单一或混合使用限制条件，逐渐提高练习难度。

## 5.2　动态平衡性训练

通常有两种方法提高动态控制力。第一种是运动员在稳定平面上，用肢体的一部分做设定好的动作，其他部分保持稳定支撑。例如，星形偏离平衡测试（Bressel等，2007）是由单腿支撑，另一腿向不同方向的身体远端做最大距离的移动。

另外一种动态平衡性训练是在不稳定平面上，这类训练通常在泡沫垫、充气垫或平衡板、斜板这样的不稳定器械上进行（DiStefano等，2009）。不同于上个练习，这类练习要求训练者保持身体在器械上的稳定支撑，尽可能地减少肢体的移动。这类练习主要通过中枢神经和脊神经调节逐渐产生适应（Taube等，2007）。

在不稳定平面上训练对动态稳定性的提高效果被多次报道，其对于静态稳定性的提高也很有帮助（DiStefano等，2009）。在不稳定平面上的训练阶段设计可以沿用静态平衡性训练的限制条件。例如我们可以用移动头部、眼睛观看不同位置或闭眼等方法进行设计。

最后，可以把两种练习形式结合起来使用。在不稳定平面上，肢体一部分固定支撑，另一部按设计好的动作进行运动，同时身体保持平衡和稳定。

## 5.3　动态稳定性训练

要保持落地和制动时的稳定，训练踝关节的稳定性被认为是十分重要的因素（Holmes 和 Delahunt，2009），在日常稳定性训练中采用接近专项动作的方法可以提高训练的有效性，例如可以使用和运动员专项比赛时比较接近的落地方式来进行训练。

在动态稳定性训练中，也可以让运动员落在不稳定平面上，如在动态平衡性训练中提到的泡沫垫上。可以结合快速变向训练来设计进阶练习（McKeon等，2008）。在训练中要加强对动作标准的要求，如落地时重心是否平衡、支撑腿是否稳定、无支撑腿是否着地等（McKeon等，2008）。（图3.2）

图3.2 半球形装置（BOSU球）上的单腿平衡及头部旋转

## ■ 6 动作技巧的神经肌肉训练

能成功地降低运动损伤风险的纠正性神经肌肉训练通常包括一些动作技巧的指导和练习（Hewett等，2006a）。由辛辛那提运动医学研究和教育基金会开发的训练程序就是一个非常好的例子，该程序被证明可成功地降低女性运动员的下肢运动损伤风险。该程序的关键因素就是对运动员进行跑、跳等基础动作的“安全”力学特征的指导和训练。

“安全”的动作力学特征和姿势使运动员的技术动作更加高效。采用“安全”动作模式，动作质量会更高。很多研究都证明了神经肌肉训练对神经肌肉控制能力和动作模式的修复作用。

例如，对高中和大学女子篮球运动员进行神经肌肉干预训练，改变了技术的力学特征，使运动员在急停跳跃中膝部所受的剪切力减少了50%，而且随着技术的改进运动员的弹跳高度得以保持甚至提高（Myers 和 Hawkins，2010）。很多研究表明，女性运动员动作力学特征的改进，提高了其在速度和变向方面的能力（Hewett等，2006a）。

近期，又出现了纠正性神经肌肉训练的改进版本，能够对运动专项技术进行更全面的改进和发展。例如，为高校排球运动员设计的移动和变方向运动、双脚跳和单腿跳组合训练。最新研究表明，改进版的训练较以往的训练能够更好地提高运动员的弹跳力。采用改进版程序进行训练的运动员在跳深测试中有更好的成绩（Noyes，

2011）。在这些新的练习方法中不难发现，在技术学习中包含有改善神经肌肉功能和降低运动损伤风险的专项练习。

应用神经肌肉训练改善运动员的动作表现力并不是新的观点。田径训练中一直强调“神经”训练，特别是在短跑运动员的训练中。今后，将会更多地在集体性项目和器械类项目中发现神经肌肉训练对于提高运动技术的作用，尤其是在降低运动损伤风险方面（Gamble，2011c）。通常认为在这些更复杂的运动项目中，运动员是通过技战术的训练来提高专项竞技能力。但这个观点并不完全正确，拥有高超技战术能力却缺乏基本的运动和动作能力的运动员非常多。（图3.3）

神经肌肉训练能够达到以下的训练目的：

——消除已知的运动力学损伤风险因素。

——提高动作的有效性和竞技能力。

## ■ 7　评估运动技术能力

在以前章节中曾提到过一些利用运动员基础运动模式来评价神经肌肉功能的测试，例如单腿蹲和跳深等。这些评估方法能够有效地确定神经肌肉功能存在的缺陷。然而动作技术能力的评估更多地依靠教练员或专业人士用观察法进行的主观评估。因此，这种定性评估最好安排在运动员平时训练或比赛时进行观察评价。

## ■ 8　发展运动能力的神经肌肉训练

尽管神经肌肉训练能够有效地改善着

图3.3　半球装置（BOSU球）上的多方向跳跃及稳定练习

地技术，例如对落地技术和垂直跳表现的改善，但是它可能缺乏向复杂运动转化的能力。例如，DiStefano及同事（2011）的研究发现，通过对青少年快速变向跑时下肢运动能力的测试，纠正性的神经肌肉训练未能起到任何帮助。这个发现也被一份研究报告中指出的“神经肌肉训练对处在运动发展前期的青少年运动员效果并不明显”所印证。然而一个包含了更先进的变向运动设计的神经肌肉训练计划，很好地改善了这个阶段青少年的下肢运动能力（DiStefano等，2011）。

研究表明，下肢近端的神经肌肉控制因运动方式的不同而不同（Mendiguchia等，2011）。因此，发展神经肌肉功能要采用不同的形式，在某些特定活动形式中（例如直线单腿跳和直线换腿跳）获得的神经肌肉控制能力，可能不能转化到其他活动形式中，尤其是对涉及不同平面的运动的转化效果更差。为了使神经肌肉训练产生明显的效果，当需要提高旋转或多方向神经肌肉控制能力的时候，要在神经肌肉训练时涉及这些动作模式的训练。

因此，如果训练条件不同，即使任务一样，下肢神经肌肉的控制方式也可能不同，这还包括动作是事先预知还是随机发生的等多种因素（Besier等，2001）。因此，神经肌肉训练不但要包含动作方向的变化，还要加入其他限制条件，如加入能够反映在比赛中可能会遇到的随机发生的需要快速反应的因素。

# 第四章

# 机能训练

## ■1 导　言

集体性项目运动员的机能训练在最终规定和制约运动员的专项运动发展水平方面起着至关重要的作用（Helgerud等，2001）。运动员的体能训练效果及最终的体能水平是决定他们能否满足场上专项位置需求的关键因素。

与机能训练相关的专门性涉及能量系统和动作模式。训练活动的生物能学特征将决定训练对机能不同方面的影响，例如有氧与无氧适应。同样，机能训练的收益主要通过训练采用的运动模式来体现。体能训练反应表现出很高程度的训练模式专门性（Jone和Carter，2000），尤其是对有训练经历的运动员来说（Millet等，2002a）。

为了满足训练的专门性，集体性项目的体能训练计划应采用与专项运动相同的动作模式，并以对比赛中动用的能量系统施加压力为目标。根据这个论点，复制比赛中动用的专项体能模式并使生理和运动学负荷超过比赛，是帮助运动员准备比赛的最有效方式（Deutsch等，1998）。

机能专门性的应用在本质上要求训练形式反映比赛参数。集体性项目运动员要想实现这一要求是有独特挑战的。集体性项目很少涉及在相同的运动强度下持续运动的情况。因此，设计符合集体性项目动作模式特点的机能训练计划是一个相当大的挑战。

## ■2 机能训练与集体性项目的竞技能力

据报道，在像足球这样的运动项目中，运动员的体能测度与其在比赛中的跑动距离是明显相关的（Castagna等，2010；Reilly，1994）。体能水平也与运动员在比赛中尝试的高强度活动数量显著相关（Helgerud等，2001）。因此，机能训练影响运动员的工作效率及其对比赛的参与。在某种程度上，集体性项目的耐力特征与比赛中跑动表现（完成的跑动总距离以及高强度跑次数）之间的关系因场上位置的不同而异（Buchheit等，2010c）。这反映了在足球这样的集体性项目中场上位置的影响，比赛过程中球队战略、战术活动模式的其他方面以及对运动员的耐力需求。

总之，保持自身能在最终决定比赛结果的赛事关键时刻进行高强度运动的能力，对运动员来说是至关重要的（Drust等，1998；Reilly，1997）。这种能力可能是通过对比赛的正面影响体现的，例如做出一个改变或避开一个阻截，跟上比赛节奏以在关键时刻为队友提供支持，或能够回追防守给对手造成重大干扰等。同样地，这种能力也可以通过对比赛的负面影响来体现：错失一次阻截或断球，控球过程中未能给队友支持导致一次进攻失败，或在关键时刻防守失误等。

## ■ 3 概括集体性项目竞赛需求的方法学挑战

分析运动员在比赛中的动作，是构建集体性项目专项体能训练方法模式的常见方法，该方法以运动需求的量化分析为基础。比赛过程中的运动距离通常作为能量消耗和生理需求的总体测度被记录下来（Reilly，1994）。此前，人们已经采用时间-运动分析的方法来记录运动员在比赛中使用的动作形式（Duthie等，2003；McInnes等，1995）。这些方法是非常耗时的。近年来，全球定位系统（GPS）技术的发展与该技术在职业运动队环境中使用的增多，已经为人们提供了一个更为快捷和容易的手段来量化运动员在比赛和训练中的运动距离（Aughey，2011）。除了运动的总距离，该技术还可以评估佩戴GPS设备的运动员的每分钟运动距离。

然而，间歇性运动项目的能量需求远大于通过预测连续完成相同运动距离得出的数据（Drust等，2000）。众所周知，通过间接方法，如时间-运动分析，是很难评估间歇性运动项目的生理压力的（Gamble，2004a；Reilly，1994和1997）。同样地，尽管有了GPS技术的进步，但它量化高强度活动的可靠性和有效性仍值得商榷（Coutts和 Duffield，2010）。一般来说，具有更高采样率的GPS设备能提供更准确的数据；然而，运动速度越快，GPS的测量误差就越大。这些因素与相对短暂的高速比赛回合结合在一起，进一步降低了对运动员完成高强度跑动距离进行准确测量的可能性（Aughey，2011）。

McInnes及同事（1995）通过研究，在一场篮球比赛中确认了997 ± 183个动作，而这些动作模式平均每2s就转换一次。诸如McInnes及其同事的这类研究，阐明了不同的集体性项目比赛活动的间歇性本质。在对联盟式橄榄球运动进行的一项调查中，同样在一场70min的同年龄级比赛中报告出560个不相关联的动作（Deutsch等，

1998）。Bangsbo及其同事（1991）同样在一场90min的职业足球比赛中记录了1197次动作变化。这种间歇性且不断变化的动作模式尝试，对运动项目的生物能学特征有重大影响，并反过来影响集体性项目的体能训练。动作方向及动作速度的频繁变化需要机体不断地克服惯性，并涉及能额外增加可观的机能和生理需求的加速及减速问题（McInnes等，1995；Wilkins等，1991）。

由于缺乏对运动员的惯性和速度（速率和方向）变化的生理消耗进行量化的设备，所以不能单独依据GPS数据来反映集体项目的机能需求。即使是在跑台的可控条件下进行的间歇性直线跑动，其生理负担（更高的主观努力感受和通气反应）也大于以相同平均强度进行的持续性练习（Drust等，2000）。与在相同速度和相同持续时间下进行的直线间歇跑相比，做180° 的折返跑同样能显著地增加生理及机能需求（Drust等，2010）。这个发现即使是在集体性项目的优秀成年运动员中也是明显的，尽管他们对变化运动方向很熟悉也很有技巧。根据观察到的血乳酸浓度升高现象，在进行集体性项目比赛所需的间歇性活动过程中，速度变化所需的额外生理需求很可能需要更多的无氧代谢贡献（Drust等，2010）。

另外，研究显示，非常规移动模式（侧向移动和后退）是集体性项目的主要特征，这些移动模式对某些场上位置非常重要（Duthie等，2003；McInnes等，1995；Reilly，1994；Rienzi等，1999）。这些动作模式的机能需求比常规的向前跑动大（Reilly，1997），并且这些额外的生理消耗会随着动作速度的增加而不成比例地升高（Reilly，1994）。与此类似，与比赛相关的活动也比单纯的跑要消耗更多的能量（Reilly，1994和1997）。这些因素使得通过时间–运动分析或GPS数据等非直接观察手段获得的对集体性项目比赛生理需求的低估现象变得更加严重。

即使这些非常规的动作形式和与比赛相关活动的新陈代谢消耗可以被量化并计入考虑，动作之间的转换也是与单个动作本身同样重要的。因此，仅仅根据单个动作做出的估计，将会低估施加在运动员身上的生理压力，并因此对真实比赛环境下的新陈代谢路径做出错误的指示。

### 3.1 比赛过程中生理指标的直接监测

因此，要想精确评估运动员的能量消耗水平，应该在比赛过程中对运动员进行直接监测。目前的共识是，对集体性项目能量需求的评估应包括对比赛条件下生理压力指标的取样（Duthie等，2003；McInnes等，1995；Reilly，1994和1997）。尽管技术有了进步，但气体分析设备将不可避免地限制运动员的动作和干扰比赛，而且对接触性的运动项目来说肯定是不安全的。鉴于此，能量消耗评估研究通常采用心率（HR）或血乳酸（BLa）作为生理指标（Reilly，1994）。

对血乳酸作为比赛过程中能量消耗水平指标的主要争论，在于血乳酸作为代谢产物的动态性质（Bangsbo等，1991）。血乳酸水平在本质上是由其产生、释放、吸收和清除的相对速率决定的。

因此，单一的血液样品只能反映取样之前那一瞬间比赛活动的即时能量消耗水平。血乳酸浓度通常用来显示无氧糖酵解对能量产生的贡献（Coutts等，2003）。然而，对于某一给定的运动项目来说，血乳酸的零散测定除了表明无氧代谢在比赛中发挥了一定作用外，对于分析整场比赛的活动或强度模式没有什么价值（Impellizzeri等，2005）。从理论上讲，血乳酸的连续测量可以更好地反映整个比赛过程中的运动强度变化，但所需的取样频率在实际比赛过程中是难以实施的。

因此，对比赛需求的评估倾向于采用心率测定作为反映生理压力或能量消耗唯一可靠且实用的指标（Boyle等，1994）。有一些迹象表明，在比赛条件下记录的心率升高往往会高估比赛的实际能量消耗（Hill-Haas等，2011）。据报道，在比赛活动（每边5人的比赛）中记录的心率与测量的摄氧量（$VO_2$）之间的关系是可靠的，而且与在实验室条件下评估的心率-摄氧量关系是可比较的（Castagna等，2004）。综合两种条件下监测的心率并结合GPS数据，可能会更好地洞察集体性项目的能量需求。

## 3.2 身体接触性项目比赛生理需求的量化

在身体接触性项目的比赛中，与对手身体的猛烈接触及比赛场地的地面因素可能妨碍对比赛生理反应的直接测量（Duthie等，2003）。不能客观阐释比赛专项需求的一个后果，就是过去这些年来在身体接触性项目所有水平运动员的体能训练计划设计中都忽视了训练的专门性。GPS设备的轻量化和小型化发展，使得这项技术更容易在身体接触性项目中实施（Aughey，2011）。

然而，考虑到比赛活动的间歇性质和使用GPS数据量化高强度比赛活动存在的问题，以及运动员在这些运动中承担的非跑动性体力工作，我们仍然需要对心率这样的生理参数进行直接监测，以便增强GPS数据的使用效果。过去在联合式橄榄球和联盟式橄榄球这样的身体接触性项目比赛中进行的实际监测心率的尝试，一直被限制在青少年级别和半职业水平的比赛中（Coutts等，2003；Deutsch等，1998）。但这些数据与优秀成年级别运动员之间的关联是存在疑问的。

## 3.3 对比赛需求进行评估的变量来源

比赛对手的实力和风格将不可避免地影响关于运动员比赛活动时间的类型、频率、长度及强度（Duthie等，2003；Woolford 和 Angove，1991）。这些方面也同样受到裁判风格和比赛环境的影响（Duthie等，2003）。根据比赛阶段的间断和持续数量，尤其是在像联盟式橄榄球、冰球和美式橄榄球这样的技巧性项目中，裁判员对比赛格局会产生主要影响。同样地，比赛环境将影响双方的战术及所犯错误，而这又会反过来影响运动员采取的动作模式。这样，不仅比赛过程中存在重要的变量，连续的比赛之间也会出现重要的变量（Duthie等，2003）。

不仅收集与全队相关的比赛整体需求是困难的，与球队中某一特定比赛位置相关的个人角色也极其多样（Duthie等，2003）。所以，不同球队中各自比赛位置的精确角色也是各不相同的，这取决于他们特定的比赛计划以及不同比赛位置的不同比赛需求。这可以从在足球这样的集体性项目比赛中获取的GPS数据中得到反映：比赛过程中不同位置之间的总跑动距离差异很大（Buchheit等，2010b）。

所以，需要大量的数据克服赛中及赛间固有的变量影响，建立针对某一特定队伍比赛需求的精确评估。如果目标是要收集与该队个人场上位置相关的完整需求的话，比赛需求的数量会增加好几倍。

## ■ 4 集体性项目所需耐力的生理和神经肌肉基础

根据现有证据，许多不同的生理和神经肌肉因素已被确认为满足集体性项目竞赛专项耐力需求的关键因素。集体性项目的体力消耗特征是间歇性质的，包括冲刺跑和其他高强度活动模式。这些高强度的活动期间穿插着一系列变化的低强度运动持续时间，而在这些低强度运动持续时间里可以发生乳酸的积极恢复和清除（Hoff，2005）。因此，在为高强度工作提供能量及补充能源与恢复平衡的间隔中间，机体的代谢需求是交替的（Balsom等，1992年）。

因此，反复冲刺跑能力是决定集体性项目竞技能力的一个关键因素（Glaister，2005）。研究表明，很多不相关联的因素都与该能力有关，这些将在下面的章节中讨论。

### 4.1 反复冲刺跑能力

正如标题所显示的那样，反复冲刺跑能力（repeated sprint ability，RSA）描述的是在连续的工作之间反复进行带有短时（不完全）恢复间隙的高强度工作能力。RSA测度表现的优劣，能将足球这样的集体性项目的优秀运动员与低水平运动员区分开来（Impellizzeri等，2008）。研究证明了集体性项目比赛中RSA与执行高强度工作的数量及总跑动距离之间的强大统计关系（Rampinini等，2007a）。这些观察似乎强调了RSA对集体性项目运动员的重要性。

出色的RSA是由在连续的冲刺跑中创造优异的冲刺跑平均成绩能力构成的，这要求运动员既要在单个冲刺跑中创造好成绩，又要在每一相继的冲刺跑中都保持高水平的成绩（Bishop等，2011）。所以，RSA既和与速度表现相关的神经肌肉因素有关联，也牵涉生理和机能要素（Pyne等，2008）。对抗疲劳以在相继的冲刺跑过程中保持好成绩，同样涉及机能、生理和神经肌肉方面因素（Girard等，2011a）。

### 4.1.1 无氧能力

无氧代谢能力代表了运动员以超最大速度（也就是超过$vVO_2max$或MAS）进行力竭性跑动时的耐力。这个参数通常通过以最大努力进行的较长距离跑的成绩来测量，例如300m以上折返跑（Moore 和 Murphy，2003），或通过在30s力竭性工作中相对于体重的平均工作输出来测量，例如温盖特试验（Wingate test）（Zupan等，2009）。

无氧代谢能力依赖于运动员的肌纤维类型（Ⅱ型肌纤维有较高的无氧代谢能力）、肌肉糖酵解酶的含量和活性以及乳酸处理能力和肌肉的缓冲能力等因素（Maughan 和 Gleeson，2004）。尽管体能训练的这些方面与间歇性练习表现有明显的关联，但缺乏集体性项目运动员无氧能力的数据仍是一个非常突出的问题，尤其是缺乏优秀运动员的无氧能力数据（Duthie等，2003）。与糖酵解代谢相关的酶活性和酶含量对训练具有应答性（Kubukeli等，2002）。然而，正如以上内容所暗示的那样，运动员在反复冲刺跑过程中对糖酵解代谢的利用能力，不仅取决于酶的数量因素，也取决于对因代谢产物堆积导致的糖酵解代谢抑制的抵消因素。所以，乳酸处理能力和肌肉缓冲能力同样是决定性因素。

### 4.1.2 肌肉的缓冲能力

研究显示，具有反复冲刺跑训练经验的运动员对抗糖酵解代谢过程中产生的氢离子堆积的能力得到增强，以最大限度地降低肌肉中pH值的变化（Edge等，2006a）。缓冲氢离子堆积的能力是非常重要的，它可以抵消酸中毒的抑制效应及对反复冲刺跑成绩的相应损害（Bishop等，2011）。伴随着缓冲能力的提高表现出的特异性周围适应包括：肌纤维毛细血管数量的提高，细胞内缓冲剂能力的提高及乳酸/$H^+$转运能力的提高（Billat等，2003）。类似地，恰当的体能训练能够提高缓冲能力以及对三磷腺苷（ATP）分解代谢物的清除能力，特别是对在反复冲刺跑过程中导致疲劳的无机磷酸盐的清除能力（Glaister，2005）。

另一个适应涉及肌细胞内部的钠/钾泵表达及活性。在高强度跑的练习过程中，因肌肉反复激活导致的肌细胞钾离子丢失，是一个主要的疲劳机制（Iaia和Bangsbo，2010）。钠/钾泵的功能就是抵消钾离子的损失。

在处理糖酵解代谢过程中产生的乳酸时，肌细胞内部的氧化过程起重要作用。乳酸是线粒体内氧化反应的直接酶解产物，也是在持续时间较长的练习过程中糖异生作用（一个为碳水化合物代谢生产葡萄糖的过程）的主要前体（Brooks，2009）。当高强度练习过程中的这种能力超过需要时，骨骼肌内的乳酸运输将起到清除练习过程中肌细胞内过多的乳酸作用，以抵消糖酵解抑制。特别是细胞膜内的单羧酸运输，对乳酸和钾离子的清除是至关重要的。有证据表明，单羧酸运输对适当的训练具有应答性（Bishop等，2011）。

有大量证据表明，被运送到细胞外面的乳酸可以被邻近的肌纤维及其他器官吸收并产生代谢变化，从而有助于乳酸的处理（Brooks，2009）。这是“乳酸循环”理论的中心宗旨。现在公认的是，多种组织和器官利用乳酸为酶作用物在有氧和无氧条件进行能量代谢，而且乳酸对能量生产的贡献是相当可观的（Brooks，2009）。经糖酵解代谢产生的乳酸被肌细胞内的线粒体吸收然后被用于有氧氧化代谢。与此类似，在高强度练习中被转运到肌细胞外面的乳酸，可以被工作肌肉内部的邻近肌纤维尤其是那些具备高线粒体容量的肌纤维吸收并氧化（Brooks，2009）。

### 4.1.3 有氧能力

据报道，一些集体性项目的运动员，尤其是联盟式橄榄球和篮球项目运动员的$VO_2max$值相对较低，有些作者据此推断有氧体能的重要性相对较小（Duthie等，2003；Hoffman等，1999）。然而，有氧能力的测试报告已经显示：有氧能力与RSA之间存在显著的统计学关系（Bishop等，2004）。对有氧能力指标的分别测试显示：与$VO_2max$或$VO_2max$峰值相比，$vVO_2max$或MAS与RSA的相关性更大，这可能解释了某些研究中报告的RSA得分与$VO_2max$之间温和的相关性（Girard等，2011a）。

以前有人认为，在集体性项目中有氧代谢仅在工作活动之间的间歇休息期起作用（Duthie等，2003）。然而，在比赛过程中起主要作用的反复冲刺跑这种练习形式，事实上包含着对能量生产的巨大有氧贡献（Bogdanis等，1996a）。在第一次冲刺以后的连续工作过程中，氧化代谢占能量供应的主要份额。一项研究重复性最大30s练习的报告显示：有氧贡献从一组练习的第一个30s工作期的30%，增加到第二个30s工作期的50%，尽管在两次工作中间进行了4min的间歇恢复（Bogdanis等，1996a）。这个来自于有氧代谢的贡献增加，用于补偿无氧能量生产低导致的功率输出损失。更近期的一些报告指出：在连续最大30s的最大强度工作中记录到的$VO_2max$数值，即使是对有训练经验的运动员来说也接近了其$VO_2max$（Buchheit等，2012a；Girard等，2011a）。

在连续性冲刺过程中，除氧化代谢对能量生产有直接贡献外，休息间歇期的有氧能力是另一个关键的方面。RSA的关键要素是在恢复期测量的摄氧动力学参数（Dupont等，2010）。这显示了肌肉摄氧能力与氧依赖过程之间的关系，氧依赖过程决定着工作间歇期磷酸肌酸（PCr）的再合成（Bogdanis等，1996a）。PCr是反复冲刺跑过程中一种特别重要的高速能源，而且6s的冲刺跑就会显著耗竭肌肉中的PCr储备

（35%~55%）（Girard等，2011a）。集体性项目中高强度工作之间的间歇休息通常太短了，不足以使PCr储备获得完全恢复（Spencer等，2005），要想完全恢复需要4min以上的时间（Bogdanis等，1996a）。所以，改善PCr再合成的早期快速成分，是提高RSA的关键。

看来，对反复冲刺能力影响最大的是有氧代谢能力的外围因素，而不是心肺方面的因素（Bishop等，2004）。研究显示，肌肉的氧化能力及导致间歇期肌肉复氧能力提高的肌肉周围适应，与反复冲刺跑活动的关联更大（Girard等，2011a）。在一项对最大强度间歇性实验（30s力竭性自行车骑行结合2min恢复）的生理反应调查中观察到，工作间歇休息期肌肉复氧速率的提高，可以抵消肌纤维在连续工作过程中缺氧程度的加深（Buchheit等，2012）。高强度间歇性训练后RSA的提高，也与间歇期肌肉复氧速率的提高有关联，这是一个非常重要的发现（Buchheit和Ufland，2011）。

通过训练提高有氧代谢的另一项潜在适应，是将肌肉中脂肪储备作为能源利用能力的提高，这有助于节约运动员有限的肝糖原储备（Hoff，2005）。对于足球这样的集体性项目来说这是个重要的适应，因为在这类项目的下半场比赛中运动员的肝糖原枯竭，导致跑动距离和活动强度降低（Hoff，2005）。

### 4.1.4 最大速度能力

在进行反复冲刺跑练习时，运动员的第一个冲刺跑成绩与他们的最后一个冲刺跑成绩和冲刺跑总成绩之间表现出极强的统计学关系（Girard等，2011a）。所以，运动员的最大速度在本质上与RSA具有极强的关系。正如将要在第八章讨论的那样，除了遗传决定的人体测量因素（如四肢长度）和肌纤维方面的因素（如Ⅱ型肌纤维的比率），冲刺速度能力也涉及多种力量能力和神经肌肉特征。

## 4.2 跑的经济性及神经肌肉因素

练习的经济性是决定心肺机能的关键因素（Jone和Carter，2000）。所以，不同形式运动过程中的动作效率和经济性是比赛耐力的决定性因素。根据这个观点，训练采用的神经肌肉控制和动作模式特点，是决定机能训练痕迹能在多大程度上影响竞技能力的关键因素。有的研究报告也支持了上述观点，即往返跑的经济性与集体性项目运动员每周的训练和比赛数量存在正向的统计关系（Buchheit等，2011b）。这似乎暗示，以专项运动的动作模式和运动方向变化进行训练和比赛，有助于增强这些运动形式的经济性。

能够增强跑的经济性的相关神经肌肉适应，涉及肌肉内和肌肉间的协调性（Girard等，2011a）。在疲劳情况下保持肌肉内和肌肉间协调性的能力也是可以通过训练获得的（Behm，2005）。在反复冲刺跑的肌肉最大自主收缩和抽搐反应过程中，下肢肌肉的力量和爆发力输出会明显下降，提示出现了外周疲劳（佩里等，2010）。所以，发展神经肌肉能力以及抗疲劳能力，可能会减少连续冲刺努力过程中的功率输出和速度衰减。

肌肉内的协调也包括对运动肌的肌肉-肌腱复合体强度的调节。在反复冲刺跑实验过程中已经观察到下肢的强度和弹性变化，这也在冲刺跑成绩的不断降低上得到了反映（Girard等，2011b）。另一项研究结果指出，集体性项目的运动员在连续冲刺跑中展现出极强的肌肉强度调节能力，这反映出他们的反复冲跑训练经历。

## ■ 5　决定训练适应的相关因素

体能训练反应在本质上取决于训练强度、训练量和/或训练持续时间。心脏的体积和机能的增长以及肺活量的提高等变化，仅在那些已经完成了多年大量耐力训练的运动员身上才表现明显。其他的训练适应对训练的反应会更灵敏一些。

### 5.1　酶适应

有研究报告指出，冲刺训练可导致无氧酶，尤其是那些与肝糖原分解和糖酵解有关的无氧酶的数量和活性提高（Kubukeli等，2002）。与工作时间较短的反复冲刺跑练习相比，那些工作时间相对较长、需要更大的糖酵解代谢贡献的练习对无氧酶的增长更为有效（Bishop等，2011）。相反，为了在连续地工作中降低糖酵解的制约，相对较长的休息间歇对机体内部稳态的完全恢复更为有利。这样的话，30s的力竭性工作加上4min以上的加长式休息间歇，应该是引发糖酵解酶发生变化的最佳体能训练安排（Bishop等，2011）。

以$vVO_2max$或高于$vVO_2max$的工作强度进行的一系列最大强度间歇训练实验表明，与氧化代谢有关的酶数量及活性获得了提高。例如，在与重复性30s力竭性工作（即高于$VO_2max$强度，间歇4min）有关的30s冲刺间歇训练实验中，总能观察到这些变化（Gibala和McGee，2008）。这反映了在以这种体能训练安排进行的连续性工作过程中有氧代谢的贡献（Bogdanis等，1996）。以接近$vVO_2max$或MAS的工作强度及2min间歇时间进行的较长工作时间（4min）的高强度有氧间歇训练，对氧化酶的变化也是有效的（Talanian等，2007）。根据这些较长时间的有氧间歇训练方法，建议休息间歇时间短于工作持续时间，以使有氧贡献最大化并促进氧化酶的适应（Bishop等，2011）。

### 5.2　能量基质的供应和恢复

高强度的间歇训练似乎是引发肌肉氧化能力适应的潜在训练刺激（Gibala和McGee，2008），它支撑着在两次最大工作努力之间的间歇期进行的依赖氧的肌肉

PCr储备再合成。初步的实验数据暗示，以$VO_2max$强度进行的高强度间歇训练，可以引发高强度工作后最初60s内的PCr再合成初始速率（也就是"快成分"）的明显提高（Bishop等，2011）。高强度间歇训练及反复冲刺跑训练引起的有助于降低ATP再合成酶作用物分解和扩散的训练适应，与RSA也是有关联的（Glaister，2005；Spencer，2004）。

一项涉及30s力竭性间歇训练间隔4min恢复的短期高强度训练研究指出，受试者安静状态下的肌肉糖原含量得到提高（Gibala和McGee，2008）。有数据显示，与连续进行的有氧训练形式相比，有氧间歇训练促进了脂肪的氧化代谢（Billat，2001a）。以相对较低强度（约90%$VO_2max$）进行的相对较长时间（约4min）的工作，似乎能提高这些适应（Gibala和McGee，2008）。考虑到在像足球这样的集体性项目比赛即将结束之时肌糖原消耗殆尽的情况，优先将脂肪作为能源物质使用并节约有限的糖原储备，是延长运动员高强度工作能力的一项重要适应（Hoff，2005）。

## 5.3 清除和缓冲代谢产物的能力

以中等练习强度进行训练不能使乳酸清除能力和肌肉缓冲能力发生变化（Tabata等，1996和1997）。一项近期的研究指出，与以刚刚低于LT强度进行的训练相比，以刚刚超过LT强度进行的短期训练（5周）可以使缓冲能力获得更大的提高（Edge等，2006a）。所以，在发展无氧能力时，体能训练的效率取决于训练强度，需要以超过LT或MLSS强度进行训练。按照定义，为了刺激乳酸处理和缓冲机制，体能训练刺激必须把乳酸浓度提升到稳态水平以上（Billat等，2001b）。

然而，最近的数据暗示，为确保产生一个适宜的适应性反应，由于单羧酸转运的亚型表达（乳酸和氢离子转运蛋白）和细胞内缓冲能力，所选择的工作强度和工作与休息相对持续时间不应过度升高$H^+$浓度以使肌肉pH值下降太大（Bishop等，2008）。运动员的训练经历及其在训练周期开始阶段的缓冲能力，是构成一份适宜训练计划的重要因素。相反，如果组间的休息时间太长会导致乳酸和$H^+$浓度向基准水平回归，而这也很可能限制与缓冲能力有关的适应受到的训练刺激（Bishop等，2011）。在各种不同人群中进行的一系列反复冲刺跑和高强度间歇训练研究，已经报告了在缓冲能力和单羧酸转运的亚型表达方面发生的积极变化。

## 5.4 支撑肌肉氧合作用的外周适应

肌肉的氧合作用取决于肌肉的血流量（即氧运输），以及肌细胞的摄氧和耗氧能力（Buchheit等，2012）。所以，相关的适应包括肌肉的毛细血管数量和肌肉氧化能力（线粒体内容物及能力，和线粒体酶活性）的提高。以90%~115%$vVO_2max$强度进行的高强度有氧间歇训练干预后可观察到肌肉复氧效率的提高，也可观察到有氧能力和RSA的同时提高（Buchheit和Ufland，2011）。

## 5.5 有氧代谢能力及最大摄氧速度

对优秀运动员来说，为了进一步提高有氧能力，建议以等于或高于$vVO_2max$或MAS强度进行训练（Laursen 和 Jenkins，2002；Midgley等，2006）。研究已经证明，与传统的大量、中等强度的训练相比，小量、高强度的训练干预能带来可比较的耐力成绩（涵盖长、短距离的耐力）进步和可测量的肌肉氧化能力提高（Gibala等，2006）。考虑到这种训练方法的总时间和训练量只是采用传统的大量、中等强度训练方法人群的总时间和训练量的一小部分，这些研究中由小量、大强度训练引发的训练效果的类似改进就尤其值得注意。研究暗示，与次最大强度的体能训练相比，高强度体能训练的效能部分地是由于在体能训练活动中募集了更多的运动单位，以及较多地使用了阈值较高的Ⅱ型肌纤维导致的（Gibala与McGee，2008）。

在一系列高强度训练方案中都记录到了有氧能力指标的提高，包括肌肉氧化能力以及$vVO_2max$和MAS指标。在一些研究中，观察到了上述有氧能力指标提高但$VO_2max$得分没有变化的现象（Gibala与McGee，2008）。很多研究中采用的标准高强度训练方案设计，是由4~6组30s力竭性工作加上4min组间恢复构成的。但是，有氧能力的提高也可以通过其他高强度有氧间歇训练计划获得，包括以接近于$vVO_2max$强度进行4min工作结合长的有氧间隔这样的训练方案设计（Talanian等，2007和2010）。相似地，以一定范围的训练强度（85%~120%$vVO_2max$强度）配合长（2.5~15min跑）和短（20~50s跑）的工作时间的混合间歇训练方案设计，也可以引发包括$VO_2max$在内的有氧能力指标的提高（Buchheit和Ufland，2011）。

## 5.6 神经肌肉适应

与工作经济性和动作效率有关的神经肌肉训练反应，依赖于体能训练过程中采用的练习模式是很自然地的事情（Jone和Carter，2000）。例如，从事给定竞赛项目（跑步、自行车、游泳）的优秀铁人三项运动员的耐力表现，与他们完成的其他训练项目没有联系（Millet等，2002a）。对有训练经验的非运动员群体而言，跑步训练对跑步成绩的提高同样优于横渡训练（游泳）（Foster等，1997）。与跑的经济性相关的神经肌肉适应的专门性对于跑的效果而言也是明显的。例如，一项往返跑实验指出：集体性项目运动员的跑动经济性与其训练和比赛中的往返跑和变向跑数量相关（Buchheit等，2011b）。

因此，当采用机能训练发展跑的经济性和效率时，有必要复制比赛过程中采用的运动形式和动作模式。所以，能体现比赛特征的动作方向变化和非常规运动形式（侧向、背向及跟随动作等）都应该包括在集体性项目的体能训练中（Reilly，1994）。

体能训练时采用的速度对工作经济性的提高同样具有专门性。例如，对跑步运动员而言，以运动员惯常的训练跑速去跑，可以获得最大的跑步经济性提高（Jone和Carter，2000）。由此看来，为了以这些专门性的速度发展工作经济性，体能训练应反映比赛实际中的动作速度。

引申来说，通过发展运动员的最大速度能力来提高RSA，需要在训练中包括以最大速度进行的加速和冲刺跑练习（Bishop等，2011）。当单独地采用不同形式的训练时，执行以冲刺跑为基础的练习本身就是改进冲刺跑专项神经肌肉协调及冲刺跑成绩的最佳单个训练手段（Kristensen等，2006）。与此相符，只包含速度和加速度练习的短期训练，使有良好训练基础的集体性项目运动员的加速能力和反复冲刺跑成绩均得到了提高（Buchheit等，2010b）。但在这项研究中，同样的变化并没有在另一个以30s往返跑结合2min恢复形式进行的高强度训练组别中出现，在研究周期结束时该组别只在$vVO_2max$或MAS方面有所提高。

力量训练也意味着引发神经肌肉适应，以提高动作效率和耐力表现。有研究证明，最大力量训练对降低耐力运动员在给定工作负荷下的氧耗是有效的（Hoff，2005）。所以，力量训练对集体性项目运动员提高跑动经济性也是有作用的。有报道表明，对优秀少年足球运动员进行的爆发力训练干预，也可以提高往返跑能力（Buchheit等，2010）。训练采用的练习方法和工作形式，可能是决定力量训练向在某一给定集体性项目比赛中需要的特殊动作的工作经济性和反复冲刺能力迁移的决定性因素。力量训练对耐力成绩的潜在影响将在第五章有更为详尽的讨论。

## ■ 6　发展不同机能的训练策略

### 6.1　高强度训练方法

建议优秀耐力运动员采用较高的训练强度进一步提高耐力表现和$VO_2max$水平（Midgley等，2006）。公认的强度水平在95%~100%$vVO_2max$范围。根据定义，长时间的连续性工作只能限制在次最大强度，因为高工作比率难以持续很长时间。间歇性体能训练为以较高强度完成持续性工作提供了基础框架：这意味着，与在实际的连续性工作中可能需要的时间相比，在这些较高工作强度训练上花费的总时间累积起来会更长（Billat，2001a）。

因其自身的间歇特性，集体性项目是最适合进行有氧和无氧间歇性体能训练的。重要的是，间歇性体能训练能够同时提高有氧和无氧能力（Laursen 和 Jenkins，

2002）。间歇性体能训练不仅是一种更专项化的训练方法，同时也是一种时间效率更高的训练方法——鉴于集体性项目的运动员需要进行大量的技、战术训练和其他训练，这是一个重要的考虑。

高强度间歇训练能够提高集体性项目运动员的心肺机能参数和竞技能力（Helgerud等，2001）。包括斜坡跑及与比赛相关的高强度练习在内的一系列体能训练模式已被成功实施（McMillan等，2005）。一份这方面的研究报告称，在优秀青年足球运动员的训练后观察到了有氧功率、LT和跑动经济性的提高，竞技能力也同时得到了提高，包括比赛中的跑动距离、上下半场的平均工作强度、冲刺数量、参赛频率都有提高（Helgerud等，2001）。

高强度间歇练习能够同时引起有氧能力（$VO_2max$）、无氧能力和间歇性工作表现的重大进步（Gaiga 和 Docherty，1995；Tabata等，1996）。如果练习的回合安排与比赛的节奏相符，这种训练形式就有利于以比赛速度进行的跑的经济性和工作效率的提高（Jone和Carter，2000）。

## 6.2　高强度间歇跑训练

间歇训练实验研究发现，有氧和无氧系统受到的刺激程度因训练安排的不同而不同：关键因素是工作强度以及工作和恢复阶段时间的相对长度（Tabata等，1997）。例如，强度及工作和休息阶段的相对持续时间将有氧间歇训练和无氧间歇训练区分开来，这样就使得训练过程要么是有氧代谢占优势，要么是无氧代谢占优势（Billat，2001a）。看来高强度工作和短暂间歇的最佳组合可能也是存在的，这种组合可以同时对有氧和无氧系统施加近乎最大程度的刺激（Tabata等，1996和1997）。

### 6.2.1　以个性化的MAS进行间歇跑训练

一项以相当于$vVO_2max$或MAS参数对运动员进行精确评估的场地测试技术的出现，促进了以个性化跑动速度进行的高强度间歇跑体能训练方法的发展。根据MAS得分和每个工作回合的具体持续时间，每个运动员被要求跑一段个性化的距离。实际上，这通常是以运动员在跑道上跑不同距离实现的：运动员在一起跑，根据其各自的MAS得分（和其采用的工作回合的持续时间）决定跑动距离。文献中最常见的工作-时间间隔安排是：

- 30s工作：15s休息。
- 15s工作：30s休息。

对这种练习方法进行修正，以超过运动员MAS得分的速度进行“超最大”强度间歇训练，就可以实现无氧间歇训练。例如，有一项描述足球运动员情况的实验（Dupont等，2004），运动员在赛季中每周进行2次15s的120%MAS强度工作结合15s间歇形式的训练后，记录到运动员的有氧能力（$vVO_2max$）和40m冲刺跑成绩都出现了重大提高。根据在不同的工作–时间比例组合下出现的生理反应，当采用短于10~15s的工作回合引发优秀运动员所要达到的必须强度时，事实上可能需要进行超最大强度（也就是＞100%MAS）的间歇训练（Drust等，2008）

正如在前面的章节叙述的那样，另一种可替代的练习方法是以接近$vVO_2max$或MAS强度进行1.5~4min工作的“长时”有氧间歇训练（Billat，2001a）。为使有氧训练刺激最大化，执行该种训练方法时建议休息时间应较工作时间要短（Bishop等，2011）。例如，有一种被证实为很成功的高强度有氧训练方案，就是以约等于90%$VO_2max$强度进行4min的重复性工作，中间间隔2min的休息时间（Talanian等，2007，2010）。

这种方法是高度结构化的，有利于向运动员转述，也易于对运动员的个性化工作效率进行监测。当运动员以个性化的MAS强度进行高强度间歇跑时，这一点可以在高度可重复的生理反应中得到体现（Drust等，2008）。结果，这种训练方法相对容易保证练习的组与练习内容之间强度水平的一致。另一方面，如果在运动员的机能训练中长时间地单独使用这种方法，会引起单调乏味之感从而不可避免地影响运动员的训练动机和对教练员的服从。另外，由于缺乏运动技能因素且只有向前的直线跑动，这种训练形式不太可能提高与比赛相关的其他特征性运动形式和运动方向变化的经济性。

### 6.2.2 反复冲刺跑训练

当间歇训练是在以最大工作强度进行时，应该更准确地称之为反复冲刺跑训练（Billat，2001b）。为更准确起见，建议该概念只用于持续时间相对较短（也就是≤10s）的最大强度冲刺跑训练方案，其每次冲刺过程中只有最低程度的工作输出衰减；相反，在持续时间相对更长一些的间歇跑训练中，如30s或30s以上的力竭性工作，就会出现前面所描述的工作输出低于超大强度间歇训练强度级别的情况（Girard等，2011a）。

为了使肌肉中的PCr储备得到更完全的恢复，这种练习形式通常采用相对较长的恢复时间（Billat，2001b）。文献中的训练方案采用的恢复时间间隔长达4min（Bogdanis等，1996）。根据采用的工作强度和恢复特点等具体情况，这个长度的休息间歇可以使肌肉中的PCr储备差不多完全恢复，这确保了连续冲刺过程中能够通过磷酸原系统持续供能（Billat，2001b）。尽管在这种训练方案中采用了接近最大工作强度和延长的恢复时间，每个工作回合中的氧化代谢供能贡献也得到了提高（Bogdanis等，1996）。

一些研究者建议，以能使PCr再合成最大化的工作–间歇时间比率进行的短距离反复冲刺跑训练，可能是发展集体性项目运动员所需能力的合适方法（Little and Williams，2007）。这种训练方法的支持者暗示，他们推荐的冲刺距离和工作–休息时间比率也与各种户外集体性项目的报告几乎一致。

一项研究调查了涉及足球运动员生理反应的一系列反复冲刺跑训练方案（Little and Williams，2007）。两个被采用的方案有以下变化：15组×40m冲刺跑，工作-休息比率为1：4或1：6；40组×15m冲刺跑，工作-休息比率为1：4或1：6。根据记录到的生理反应，研究者建议，工作-休息比率为1：6的40组×15m冲刺跑可能最适合于足球运动员（Little and Williams，2007）。足球运动员采用工作-休息比率为1：6的15m和40m冲刺跑，其冲刺时间的衰减是巨大的。然而，作者也暗示，工作-休息比率为1：4的15组×40m冲刺跑可以作为足球运动员的一种超负荷训练刺激方法（Little and Williams，2007）。

研究表明，最大强度的往返冲刺跑练习可以作为反复冲刺跑的一个替代项目（Buchheit等，2011b）。这牵涉到以最大强度跑相同的总距离，但其中混合了1个或多个180° 的折转，每个往返冲刺都像直线反复冲刺跑那样努力争取抢时间。由于加速距离短，且需要减速、制动和折转，与跑完相同总距离的直线冲刺跑相比，往返冲刺跑的冲刺速度明显低于直线冲刺跑。据报道，在一项以集体性项目成年运动员为样本的研究中，完成2×12.5m往返冲刺跑（需要1个180° 的折转）的冲刺时间与完成1次25m直线冲刺跑时间相比差30%左右（即时间更长）（Buchheit等，2011a）。同一项研究还证明，往返冲刺跑的各项生理指标也比较高，暗示往返冲刺跑训练的生理负荷也较大。

## 6.3 战术性的机能训练方法

体能训练的“专项耐力”方法，就是模拟在比赛中观察到的工作负荷和体力分配情况确定训练强度（Plisk，2000）。在以间歇性活动为特色的运动项目中，从比赛中观察到的工作-时间比率是设计体能训练计划的关键参数（Plisk，2000）。而通过实际比赛识别相关参数并把经过确认的数据运用到运动员机能训练的过程，被称为“战术性模仿”（Plisk和Gambetta，1997）。体能训练中的战术性机能训练（tactical metabolic training，TMT）方法，在本质上就是高强度间歇性反复冲刺跑方法的一种延伸，所不同的是TMT方法采用的工作强度和工作-休息时间比率直接来源于对比赛的观察。

因为各能量系统是以反映实际比赛的生物能学特点的方式结合在一起训练的，所以这种方法也体现了人们对比赛中不同能量系统之间关系的认知（Plisk和Gambetta，1997；Plisk，2000）。由于技术元素可以被加入到机能训练中，时间效率更高就成为TMT方法的优点之一（Plisk和Gambetta，1997）。从执教的角度看，这一点是非常有利的，因为在进行模拟比赛的体能训练同时可以实施技术和战术因素，而且也非常有利于激发运动员的训练动机和增强运动员的训练服从性（Plisk和Gambetta，1997）。

集体性项目的TMT训练方法最初来源于美式橄榄球运动。这项运动是高度结构化的，在控球队员被擒抱住摔倒或球出界之前比赛处在短暂的活球状态，而在重新开球之前有较长的比赛暂停。正如前面的章节描述的那样，多数集体性项目都不是高度结构化的，且动作模式多样，这些都为应用TMT方法带来了挑战。为了客观地量化比赛需求，需要在生理和时间-运动或GPS数据方面做广泛的分析，同时也需要反映每个场上位置各自的需求。

如果能够获得所谈论的某一运动需要的这些数据，就可以根据工作-休息时间比率等相关数据设计体能训练方案，TMT方法的运用就可能成为现实（Plisk，2000；Plisk和Gambetta，1997）。公开发表的文献中，已经有根据工作-休息时间比率运用TMT方法对大学生篮球运动员进行训练的描述（Taylor，2004）。然而，由于前面所描述的集体性项目中存在的那些逻辑性困难，TMT方法总体上来说还没有被广泛采用。

## 6.4 技术性的机能训练方法

如前所述，重要的方法论问题加剧了收集数据量化集体性项目（尤其是有身体冲撞的集体项目）运动需求的固有困难。集体性项目的复杂性及其内在多变性，使通过模拟比赛的体能运用特点设计体能训练方案的努力变得更加困难（Gabbett，2002）。而且，力量和体能训练专家寻求的不只是模拟典型的比赛需求，而是努力地寻求对比赛中专项活动需要的强度、频率、持续时间以及密度等因素施加超负荷的训练（Gamble，2007）。

进行技术性的体能训练是一个能够提供合适的超负荷训练的替代方法，它要求运动员以其认为能在比赛中经历到的极限频率、极限持续时间及极限强度水平进行专项技术操作。

## 6.5 小场地比赛的机能训练方法

这种机能训练方法由有明确设计目的比赛构成，包括减少每队人数、改变比赛场地面积及比赛规则等因素，以便操控训练强度（Hoff等，2002；Hill-Haas等，2011）。包括足球（Drust等，2008）、联合式橄榄球（Gamble，2004）、联盟式橄榄球（Gabbett，2006）、篮球（Castagna等，2011）、手球（Buchheit等，2010）和排球（Gabbett，2008）在内的各种集体性项目都有运用小场地比赛作为机能训练模式的描述。很多规则不同的小场地机能训练方法都可以根据其他球类比赛改编，但比赛过程中仍然使用与运动员从事的专项运动相同的控球规则和类似的技术（Gamble，2007b）。

根据所选择的体能训练方法和其他相关参数的不同，可能会引发不同水平的训练强度。影响训练强度的因素包括场地的面积、每方的队员人数、教练是否在现场和/或是否指导等（Rampinini等，2007b）。在一个相对较大的比赛场地上进行小场地比赛是一种典型的最高强度训练（Hill-Haas等，2011）。然而，确实可能存在与每边上场队员人数相关的最佳比赛场地面积，使运动员在不占用太多时间和空间的情况下承受最大的训练负荷（Jeffreys，2004）。一般来说，队员人数少的工作强度最大，大多数研究认为2对2形式的训练能引发最大的生理反应（Castagna等，2011）。操控运动员人数使双方人数不对等是另一种改变工作强度的选择，例如设置一名自由队员在任何时候都只加入控球一方（Hill-Haas等，2011）。其他可以影运动员比赛需求的规则变化包括限制死球时间等（Hoff等，2002；Rampinini等，2007b）。

Hoff及其同事（2002）的结论认为，根据在训练中记录到的心率和呼吸反应，小场地比赛达到了作为足球运动员间歇训练有效手段的必要标准。一项对优秀青年排球运动员的研究同样显示，技术性体能训练的“专项强度区间”（即运动员的最大心率百分比范围）与在运动员的实际比赛中记录到的数据具有时间上的可比性（Gabbett，2006）。在另一项针对优秀青年手球运动员的小场地体能训练研究中，研究人员在训练后记录到了RSA和有氧能力各项指标的显著改善，这一结果也支持了上述观点（Buchheit等，2009）。与采用间歇跑方法进行训练的对照组相比，对联合式橄榄球运动员进行的赛季前小场地体能训练方法在有氧能力测试指标上取得了同等的进步（Gabbett，2006）。同样地，只采用小场地体能训练方法对优秀成年联盟式橄榄球运动员进行的赛季前体能训练显示，其标准化往返跑测试中的心肺反应出现了显著的提高（Gamble，2004b）。

小场地体能训练方法因其训练模式的专门性被认为是一种高级的体能训练方法（Buchheit等，2009）。例如，小场地体能训练需要在疲劳和包括专项动作模式及比赛情境的模拟比赛条件下进行决策（Gamble，2004b；Jeffreys，2004）。这似乎也是一种高效和综合的训练方法，因为小场地体能训练不仅融合了相关的运动技术和运动模式，而且这些相关的运动技术和运动模式是在对模拟的比赛线索做出反应的情况下执行的，所以在体能训练的过程中提供了技术和战术因素的同步发展（Hill-Haas等，2011）。技术性体能训练的核心特征就是技术和比赛因素，它能够有效地增强运动员的努力程度，尽管参与其中的运动员从表面上没意识到这项训练的费力（Gabbett，2006）。由于技术性体能训练方法很可能使运动员的服从性更高，使得这种训练形式更能经得起长时期持续性使用的检验（Gamble，2007；Jeffreys，2004）。由于需要在比赛和疲劳条件下使用相关运动技术，作为技术性体能训练特征之一的技术因素，可以同步促进运动员运动技术的发展（Gabbett，2006；Gamble，2007b ）。一项对优秀青年排球运动员的研究指出，尽管并没有达到参加专项技术训练组别运动员那样的技术测试增长幅度，但技术性体能训练确实使运动员某些运动技术的测试分数得到了提高（Gabbett，2008）。所以，这种训练形式可以补充运动员的技术训练，但不能取代专门的技术训练。

与其他形式的训练相比，这种体能训练方式过程中的损伤率较低（Gabbett，2002）。Gabbett（2002）的研究指出，与采用传统体能训练（没有任何技术因素）的高损伤率相比，联盟式橄榄球运动员在采用技术性体能训练方法训练时降低了损伤率。可以相信，在执行与比赛相关的动作过程中增强的运动技能控制能力，可能是技术性体能训练的损伤率比传统的跑步式体能训练损伤率明显降低的原因之一（Gamble，2004b）。

需附带说明的是，与结构化程度更高的高强度间歇跑体能训练方式相比，采用小场地比赛方式进行训练会导致各种更高水平的生理反应（Drust等，2008；Hill-Haas等，2011）。执行这种训练模式的运动员的技术水平和技术能力也会影响其生理反应和动作模式（Drust等，2011）。研究也暗示，在以小场地比赛形式进行体能训练时，耐力水平高的个体受到的训练刺激可能会低于同队其他运动员（Hill-Haas等，2011）。

采用小场地比赛法进行体能训练的任务转述方式以及在这些练习单元中对运动员的监控方式，是将练习单元的组内和组间生理反应变异性降至最低的关键。每方出场人数较少的小场地体能训练的工作效率可能会更一致（Hill-Haas，2011）。如果运用小场地比赛法进行训练的出场人数较多，建议在相应更大一些的场地上进行训练，这样每个运动员的相对活动面积就相等了（Hill-Haas，2011）。仔细选择参加小场地体能训练的双方队伍也很重要，这样比赛的对手之间在比赛能力和有氧能力方面就很相配。教练员出现在比赛现场对运动员进行口头上的鼓励和指导，也能增强运动员长时间训练过程中工作效率的一致性（Rampinini等，2007b）。

使用小场地比赛这样的内部结构化程度不高的方法进行体能训练，需要运用明确的标记评价运动员个体的工作效率（Gamble，2007）。在训练单元中，心率监测被广泛运用，是客观监测训练强度（Potteiger 和 Evans，1995），以及量化运动员周训练负荷的最有效、最实用手段（Gilman 和 Wells，1993）。在足球运动员的小场地比赛训练中，使用心率监测练习强度比采用直接测量通气反应的方法更有效（Hoff等，2002）。所以，为了量化体能训练安排中的训练强度，心率监测将是技术性体能训练方法的一个关键辅助手段（Gamble，2007）。为了反映每个运动员的最大心率与安静心率的价值，记录到的心率数据建议以运动员个人心率储备（HRReserve）的百分比来表示（Drust等，2008）。如能在每组或每个训练内容之后根据客观数据及时、恰当地向运动员提供反馈，就为提高运动员的训练服从水平和确保运动员以需要的强度前后一致地工作提供了一个有效的手段。

## ■ 7 总结和训练建议

高强度的间歇跑和反复冲刺跑训练，能同时发展生理和机能能力，是最适合为参加以间歇性负荷为特征的集体性项目比赛的运动员进行身体准备的训练方法。为引发运动员对所有能提高反复冲刺跑成绩的因素的适应，将高强度的间歇跑和反复冲刺跑训练结合起来可能是最好的方法。考虑到集体性项目机能需求的复杂性本质，以及前面描述过的生理和神经肌肉因素的主宰作用，得出不存在最佳的单个训练方法以及组合训练方法可能是最有效的方法这样的结论，似乎并不令人意外（Bishop等，2011）。

一系列不同的体能训练方式都可能被用于进行高强度的间歇训练和反复冲刺跑训练。例如，高强度的间歇训练可能是以传统的跑步训练、小场地比赛训练，或这两种方法的任何形式的组合来进行的。小场地的比赛训练可能被认为与较长时间的有氧训练（每组练习的持续时间通常是2~8min）是等价的，而高强度跑的训练可能被短时间歇训练（例如，30：15s或15：15s的工作-休息时间比率）所采用。同样地，反复冲刺跑训练可能选择传统的高强度冲刺跑、往返冲刺跑和与比赛动作模式相关的高强度体能练习方式。最后，应该以合适的速度训练、力量和速度-力量训练对这些机能训练模式进行补充，以促进速度和神经肌肉能力的同步发展（Bishop等，2011）。从专门性、实用性、生理反应和训练动机及长时间训练的服从性等方面看，这些训练模式中的每一个都有各自的优点和局限。不同训练方法的结合，结合每一年度周期训练的战略性实施，可能是最好的方法。同样地，根据某特定项目的赛季周期计划和运动员个人特点，在选择训练方法以及规划训练强度、训练量、时间-休息比率等参数时，都应遵循项目内在的连贯进展。

# 第五章

# 力量训练

## ■1 导 言

专门性指运动员在特定竞技运动中展现力量及对特定力量训练干预产生反应的能力（Carroll等，2001）。从根本上说，运动员在比赛场上执行竞技动作表现出的力量能力，与其在力量训练房举起的重量关联性不大。因此，训练效应如何最终迁移到竞技能力中去，才是制订力量训练计划的主要考量。

力量训练效果专门性的一个显而易见的实际应用，就是对力量练习的选择。根据力量训练的力学和动力学原理，特定的力量训练模式可以将训练效应更有效地迁移到运动员的竞技能力中（Stone等，2000a）。力量训练的效果还取决于所采用的力量训练变量的特定组合。训练的强度、训练频率和训练量，三者综合决定运动员对专项力量训练的反应（Baechle等，2000）。这些因素反过来影响由不同特点的力量（例如，最大力量或力量-耐力）引发的训练反应特征（Young，2006）。

反过来，集体性项目运动员的专项力量需求特点是由比赛中的典型需要决定的。为了设计出符合运动项目自身规律和运动员场上具体位置需要的力量训练，在制订力量训练计划时应考虑运动项目特点和运动员的场上位置。体能训练专家的最终目的是使设计的力量训练计划满足特定运动员的专项需求。从这个观点出发，为运动员制订力量训练方案应包括肌肉骨骼和动作方面的分析，以及竞技能力方面的综合测试，以找出运动员需要特别注意的一些方面。

## ■2 集体性项目的需求和相关力量特点

目前尚缺乏公开发表的集体性项目职业运动员的力量测试数据。以往的研究主要集中在接触性的集体项目中。这些力量和爆发力得分及测试结果主要是为了将一般水平的运动员和精英职业运动员区分开来（Baker，2001b，2001d）。这个结论说明了力量在像橄榄球这样的接触性项目中的重要性——事实上力量被认为是参加高水平竞技的先决条件（Baker，2002）。

从高中水平到大学水平再到高级的职业运动员水平，力量能力每一个阶段中都会有显著的进步（Baker，2002）。在瘦体重指数都相同的情况下，优秀的职业橄榄球运动员比半职业及大学生联盟运动员有更强的上肢力量和爆发力（Baker，2001b和2001d）。优秀橄榄球运动员的上肢和下肢爆发力在很大程度上取决于其力量水平的高低（Baker 和Nance，1999a）。力量和瘦体重指数对运动员来说是非常重要的。因此，在能够完成其他训练任务和全队配合训练的前提下，使运动员的力量训练效率最大化是至关重要的。

在有身体碰撞的运动项目中，例如美式橄榄球和英式橄榄球，身材高大和肌肉发达的运动员在运动中往往占有优势。因此在这些运动项目中，运动员的体重和身材目前都有不成比例的增长。据报道，在过去的25年间，顶级联合式橄榄球运动员的身材和体重增长速度是同时期普通人的5倍（Olds，2001）。运动员个体同样倾向于选择有利于发挥其人体测量特征和力量能力的场上位置（Quarrie等，1995；Quarrie和Wilson，2000；Duthie等，2003）。特定部位的肌肉肥大在有身体接触的运动项目中也非常重要，如美式橄榄球和英式橄榄球运动（Kraemer，1997）。肩部应该是需要重点发展的部位，因为在碰撞中往往以肩部作为撞击点。

文献研究的数据表明，在所研究的运动项目中，不同场上位置的运动员对力量的要求存在明显的差异。例如，在联盟式职业橄榄球运动中，不同场上位置运动员的力量、速度和耐力测试指标各不相同（Myer等，2001）。具体而言，联盟式橄榄球前锋运动员的上肢力量比背部力量更大；相反，后卫的速度比前锋快15s，比低一级别所有其他位置的运动员快40s（Myer等，2001）。如果不考虑体重和位置要求的差异，为了满足橄榄球运动的专项力量需求，所有位置的运动员都需要与体重相关的高水平动力性肌肉力量（Baker，2001b；Myer等，2001）。

当运动员需要重复执行动作时，与前面描述的力量能力相关的其他能力也会显现出来。力量-耐力，速度-耐力，爆发力-耐力，都被确认为是不相关联的因素，分别是相互独立的力量特征，而不仅仅是力量、速度和爆发力的衍生物（Yessis，1994）。在疲劳情况下，有训练经验的个体充分激活肌肉组织的能力更强（Behm，1995）。对酸的缓冲能力（Kraemer，1997）和神经机制（肌肉的内部协调）是决定力量-耐力的两个关键适应，它们使运动员能够更充分地激活疲劳的运动单位（Behm，1995）。

## ■ 3　专项力量

力量训练已经成为大部分运动项目运动员身体准备计划的一个关键组成部分。然而，不同运动项目对力量训练的要求不同。对大部分运动项目来说，运动员为了在比赛中获得好成绩需要的是“最佳”水平的力量而不是“最大”水平的力量（Murray和Brown，2006）。因此，应该认识到：对这些运动员来说，使他们达到“最佳”力量水平是一个比“最大”力量水平更为重要的训练目标。因此，力量训练的设计应该能反映具体运动项目的特殊要求，例如在集体性项目中运动员的场上具体位置。

“专项力量”的界定应该是指“运动员在比赛情境下在执行与专项运动相关的活动或专项技术过程中所表现出的力量特点”（Smith，2003）。有趣的是，很多教练员都知道，那些在比赛中表现出色的运动员在力量训练房的力量测试中成绩并不一定很好（McGill，2006d）。这其中的一方面原因是集体性项目的竞技能力需要的不仅仅是力量。然而，另一种解释是：在集体性项目的运动情境下所表现出来的力量和速度-力量能力，与举重房中传统的力量定义是不同的。

从根本上说，体能专家不能忽视的事实是他们是在为运动员在赛场上有好的竞技表现做准备，而不是单纯地为了提高运动员的力量测试成绩。力量测试或许可以表现出与竞技能力、运动水平或者是特定运动项目选材的一些相关性。然而，训练的关注点应该放在构建运动员的专项竞技能力上，而不是将运动员变成一名举重者。力量测试的成绩也许可以获得很大的提高——特别是在那些与运动项目自身需求相似的测试中，但这对提高运动员的竞技能力和功能性或专项力量表现来说是次要的。衡量训练计划是否成功的首要标准不是运动员在力量房中的力量水平提高了多少，而是在多大程度上提高了运动员在比赛场上的竞技能力。训练效果的迁移是一个关键因素：在判断力量训练计划的效果时，一个关键的标准是与训练时间的投入相对应的竞技能力提高程度（Young，2006）。

## ■ 4　集体性项目运动员力量训练的相关好处

### 4.1　降低损伤风险

专项体能训练对集体性项目运动员的损伤风险有积极影响。一个普遍的保护作用就是：经过适当体能训练的运动员抵抗容易导致损伤的神经肌肉疲劳的能力更强（Hawkins等，2001；Murphy等，2003；Verrall等，2005）。集体性项目存在的一个普遍趋势是：在比赛的后期，当运动员疲劳时，损伤的发生率会更高，这一点已被研究所证明（Best等，2005；Brooks等，2005a；Hawkins和Fuller，1999；Hawkins等，

2001）。力量训练对运动员的肌肉骨骼系统能起到一种保护作用，从而使运动员对比赛压力的耐受力更强（Kraemer和Fleck，2005）。此外，对男性大学生足球运动员的研究发现，准备期的力量训练几乎可以使他们在随后赛季中的运动损伤率减少50%（Lehnhard，1996）。其中一方面原因是，受过训练的肌肉对因剧烈体力消耗而造成的轻微损伤有更强的承受力，并且损伤恢复更快（Takarada，2003）。

除了力量训练和机能训练的一般好处外，有针对性的干预措施可以在一定程度上预防运动员受到的运动损伤。以损伤预防为主的力量训练采用特殊的练习方式，具体的设计要考虑到某一运动损伤类型相关的风险因素和损伤机制。把力量训练作为重要组成部分的具体训练干预措施的应用，将在第九章和第十章的内容中详细讨论。

## 4.2 提高耐力表现

合适的力量训练可以使影响运动员耐力表现的神经肌肉因素得到改善。决定耐力表现的神经肌肉因素包括拉长-缩短周期能力的神经及弹性成分，影响跑的力学特征和动作经济性的肌肉间协调，以及控制运动和姿态的肌肉力量（Paavolainen等，1999）。有氧或无氧参数的任何改善都可以潜在提高耐力表现（Mikkola等，2007；Millet等，2002b；Paavolainen等，1999）。

力量训练对肌肉耐力的好处已经被不同项目的运动员所证实。许多关于耐力运动员的研究报告指出，增加力量训练时间可以提高他们的身体机能，这些改善可以使任何生理参数发生独立的变化，如$VO_2max$（Mikkola等，2007；Millet等，2002b；Paavolainen等，1999）。因此，最近的研究证明力量训练干预可以有效提高集体性项目运动员的肌肉耐力和反复冲刺跑能力（Buchheit，2010d）。

在从事耐力性活动时，骨骼肌产生力量的能力和在疲劳状态下募集这些肌肉的能力都是非常重要的因素（Paavolainen等，1999）。因此，在从事耐力性活动时，提高力量、速度-力量和力量-耐力可以有效地影响耐力性活动的效率及表现。此外，在跑步的脚踏地过程中，神经肌肉的控制和协调能力会影响肌肉-肌腱复合体的强度和弹性（Paavolainen等，1999）。例如，经过一段时间的力量训练后，优秀的铁人三项运动员的下肢肌肉强度就会得到提高（Millet等，2002b）。通过适当的力量和速度-力量训练获得的这些提高，增加了运动过程中非收缩结构对工作能力输出的贡献。以这种方式减少运动过程中的能量损耗，将会提高动作的效率并使肌肉耐力因而得到提高（Millet等，2002b）。考虑到将训练获得的改进和提高迁移到专项运动中提高专项动作的工作效率，力量训练的练习选择应反映集体性项目在多方向运动中的动作模式变化特点。

## ■ 5 集体性项目运动员的力量训练方法

竞技准备过程中观察到的大量练习和原则，尤其是力量练习，都是从竞技性的力量举、举重和健美运动演化、发展而来的（Fleck和Kraemer，1997）。在评估和设计集体性项目运动员的力量训练计划时应该充分认识到这一点。与那些为专项身体准备服务的力量练习方法相比，体能专家把那些基于习惯而设计的练习方法识别出来是非常重要的。

一项对美国大学联盟锦标赛第一级（US Division One collegiate competition）所属体能教练的研究发现，同伴采用的方法（即其他大学体能教练采用的方法）是对他们的训练设计及训练处方影响最大的因素（Durell等，2003）。相反，在这些大学体能教练中，只有9%的人在设计训练计划时会把期刊和书籍作为他们主要的信息来源。而对北美的职业化集体性项目进行的类似调查中却没有出现这一问题。然而，美国橄榄球大联盟（National Football League，NFL）、美国曲棍球联盟（National Hockey League，NHL）、美国职业棒球大联盟（Major League Baseball，MLB）和美国职业篮球联盟（National BasketballAssociation，NBA）的体能教练设计和实施训练计划时同样依赖于习惯和非科学的信息，而不是依赖于循证的实践（Ebben和Blackard，2001；Ebben等，2004和2005；Simenz等，2005）。

所有的集体性项目都在一定程度上拥有相同的基本运动能力，包括：步法和移动（例如跑），蹲和/或举，推和/或拉，弓步，扭转，维持平衡等（McGill，2006c）。一个符合逻辑的力量训练计划，首先是要能解决限制运动员有效地执行这些基本运动能力的任何缺陷和薄弱区域。毕竟从竞技能力的观点看，决定运动员强壮程度的是从起支撑作用的下肢到执行运动动作的上肢这条动力链上的最薄弱环节。例如，当进行一个投掷或者击打动作时，动力链可以从支撑的脚延伸到上肢。缺乏灵敏性和力量能力不足或者动力链系统中任何一个节点有缺陷，都会最终限制竞技能力的发挥，也可能造成疼痛和损伤。

传统的训练方法可以增强运动员本身就很强的部位，但不能解决薄弱环节，这将最终限制运动能力的发挥。没有纠正性训练，有可能加重运动员的不平衡，并使薄弱节点周围的组织承受更大的压力。最合适的力量训练方法和训练模式将取决于个人的限制因素。例如，后置杠铃深蹲被一些运动项目作为全年采用的力量训练模式。根据经典的后置杠铃深蹲动作肌电图记录的数据，该练习可归类为主要锻炼股四头肌的练习——至少在该动作的大部分范围内是这样。如果训练的目的是提高伸膝肌群的一般力量，后置杠铃深蹲是一个很好的选择。然而，如果在那些已经表现出股四头肌优势而臀肌薄弱的运动员的力量训练中继续强调后置杠铃深蹲练习的话，实际上可能会加剧这种功能障碍，进一步影响运动员的竞技能力并增大损伤风险。

类似地，练习选择应该反映不同训练阶段的目标。而与训练效应迁移及竞技能力获得密切相关的专门性，将是练习选择需要考虑的重点。例如，如果力量训练计划的最主要目标是在短期内提高速度能力，对于已经展示出较强的最大力量能力的运动员来说，后置杠铃深蹲这样的双侧力量训练模式就不是最好的选择（Young，2006）。例如，一个8周的这种力量训练干预报告表明，该训练模式非常明显地提高了后置杠铃深蹲的1RM力量（提高21%）以及垂直跳跃能力（提高21%）；但是，冲刺跑速度的提高却非常有限（只有2.3%的提高）（Wilson等，1996）。

在体能训练行业及竞技体育领域近来有一种流行“功能性训练方法”的趋势，该方法常被用来排斥传统的大阻力训练方法。但功能性训练方法忽视训练适应长期性的含义及运动单位募集的数量原则，因此不太可能使竞技能力得到持续的提高。在第一章已经讨论了训练专门性和训练效应迁移之间的矛盾。虽然高度专项化的训练模式可以为运动员提供高度的“动力性一致”，但就其实质而言，这些训练方式无法提供所需要的力量水平去引发最终能优化竞技能力的必要适应（Bondarchuk，2007）。例如，Santana的研究提出，站姿滑轮推练习所能提供的最大负荷只有运动员自身体重的40.8%（Santana等，2007）。因此，一般性的功能性训练练习和专项训练模式所能提供的负荷，满足不了募集更高阈值的运动单位和引发力量增长及产生形态适应的训练需求，而这些又恰恰是竞技能力发展的前提。

相反，重阻力训练模式却能够提供满足增加力量和爆发力表现的机械性及形态适应的负荷条件需求。然而，正如以前对采用最大阻力训练方式提高速度素质的研究（Wilson等，1996）所证明的那样，孤立地采用这种训练方式也将阻碍运动能力的提高。因此，力量训练的最佳方法可能是一种以混合训练为特征的、范围涵盖了从大阻力训练到高度专项化训练的训练模式统一体。

## 5.1　剂量-反应关系与力量训练经验的专门性

训练经验是制订力量训练处方的一个关键考虑：当神经肌肉系统适应了力量训练水平的提高时，加大训练强度、数量和频率就是显而易见的需求了（Rhea等，2003）。因此，要根据运动员是否有抗阻力训练经验来制订力量训练处方，并且要对未受过训练、参加过业余训练和高级力量训练的人分别给以训练建议（Kraemer等，2002）。对力量训练文献的元分析表明，训练反应根据运动员训练状况的不同而变化。因此，能够获得最大训练效果的训练强度、训练量和训练频率水平，是根据运动员训练经验的不同而变化的（Peterson等，2004）。为了引发最大训练效应，也就是力量的增长，具有不同训练经验的运动员需要不同的训练参数“剂量”，这显然是合乎逻辑的。

与优秀运动员力量训练的最佳阻力负荷、量及频率相关的这种“剂量-反应”关系还没有被确立起来。尤其缺乏集体性项目优秀运动员的研究数据——例如，联合式橄榄球优秀运动员力量训练水平的当代数据缺乏就很突出（Duthie等，2003）。然而，有一项研究正在对37项直接对竞技运动员进行测试的力量训练文献进行元分析（Peterson，2004）。通过总结这些研究结果，研究人员发现：导致优秀运动员最佳训练效应（测量到的力量增加值）的训练参数，与那些以非运动员为研究对象的相似力量研究结果是不同的。在这项研究中，运动员力量训练中最有效的训练量（每个肌群的组数）、训练频率（每个肌群一周内的训练天数）和训练强度（阻力的负荷）参数，与那些非运动员甚至是有力量训练经验的非运动员相比都有明显的不同（Peterson等，2004）。

因此，与那些即便是受过力量训练的非运动员相比，优秀运动员的力量训练也会表现出不同的“剂量-反应”关系（Peterson等，2004）。从这些研究中可以看出，似乎存在着一个建立在个性化训练状况和训练经验基础上的力量增长效果最大化的最佳训练参数连续体（Rhea，2003）——而且优秀运动员对这个“剂量-反应”连续体似乎表现出更好的适应性（Peterson，2004）。因此，为了获得最大的力量增长效果，优秀集体性项目运动员需要不同的训练强度、频率和量的参数变化（Peterson等，2004）。

从以非运动员群体、甚至是有过力量训练经验的非运动员群体为研究对象的文献中获得的发现，存在着力量训练研究结果的相关性问题（Peterson，2004）。由于缺乏相关研究，现在还很难将当前发现与已有数据进行对比。收集运动员的相关数据仍是一项迫切的需要，尤其是收集那些集体性项目运动员的相关数据。而要想收集优秀运动员的相关数据，似乎需要在研究设计上进行一些妥协（Millet等，2002a）。然而，只有这样才有可能为那些工作在集体性项目运动队中并倾向于依赖自己的观察和个人经验选择力量训练模式和方法的体能教练，提供一些客观的取舍（Kraemer，1997）。

## 5.2 适合优秀运动员的力量训练处方

优秀运动员的专项需求与业余运动员相比有很大的不同。因此，优秀运动员需要不同的最佳训练参数的论断是合乎逻辑的。在此基础上，优秀运动员应该被视为一个特殊的群体（Cronin等，2001b）。没有力量训练经验的个体，获得最大力量增长的最佳训练强度平均为60%的1RM强度，有力量训练经验的个体采用80%的1RM强度可以获得最大的力量增长，而优秀运动员则应该采用强度连续体上更高的强度。根据已有数据，可以对集体性项目运动员的力量训练处方做如下建议：根据大多数相关研究的发现，优秀运动员采用85%1RM的平均负荷强度可以取得最佳的训练效应（Peterson等，

2004）。这相当于是一个平均为6RM的强度（也就是以正确动作可以最多重复举起6次的重量）。

对美国大学生橄榄球运动员的调查发现，要想在整个赛季保持或者提高力量需要采用大于80%1RM的负荷强度（Hoffman和Kang，2003）。对优秀举重运动员的调查同样发现，在年度训练中当训练强度降到80%1RM以下时，记录到的肌电图（EMG）数值会有明显下降，在随后的训练周期中当再次把训练强度增加到80%1RM以上时，肌电图（EMG）数值就会恢复（Hakkinen等，1987）。看起来，运动员这个特殊群体普遍需要更高的平均训练强度。在美国大学生橄榄球运动员的赛季期，训练强度是所有力量训练参数指标中预测力量增长的唯一重要指标（Hoffman和Kang，2003）。有研究显示，采用举至不能再举这样训练程序的优秀运动员群体，能获得更大的平均力量增长（Peterson等，2004）。因此，看起来有必要创造一种环境刺激运动员在负载特定负荷时能尽最大努力，因为以较小的强度训练只能引起优秀运动员发生较小的训练表现改善（Hoffman和Kang，2003）。

在力量训练频率方面的建议是基于每个肌肉群每周应该训练的次数给出的。对运动员的数据调查发现，一个特定肌肉群每周训练2天或3天的效果是相似的（Peterson等，2004）。这究竟相当于多少力量训练单元的课程，将取决于练习的具体设计和安排。在2天都是全身训练的情况下，可能是每周有2次；另一方面，如果采用"分离训练"模式（例如将上、下半身的训练分开），每周可能会有4个或更多的力量训练单元。有证据证表明，包含分离训练内容的每周5天训练计划可以获得更大的力量和肌肉质量增长（Hoffman等，1990）。然而，考虑到很多运动队的时间限制，前面提到的每周2~3天的全身力量训练模式在赛季的大部分时间里可能会更有时效性。

对优秀运动员的力量训练的建议同样要根据单个肌肉群的情况来确定。每个肌肉群每周平均做8组练习看起来可以使运动员群体获得最大的力量训练效果（Peterson等，2004）。这相当于针对非运动员群体所建议训练量的2倍——以非运动员为对象的大多数研究发现，每个肌肉群每周训练4组能有效地唤起最大的力量增长（Rhea等，2003）。因此，优秀运动员看起来需要更大的训练量来提供有效的力量训练刺激以获取力量的增长。同样地，在以肌肉体积增加为训练计划目标的身体接触性运动项目中，运动员需要更大的训练频率来引发必要的肌肉增长。已经确认，美国大学年龄组的美式橄榄球运动员需要非常高的训练频率（每周4~5天）才能引发肌肉质量的增长（Hoffman等，1990；Kraemer，1997）。这些最佳训练量的明显差异，进一步强化了优秀运动员这一特殊群体的专项训练需求。

然而，体能专家必须关注优秀运动员力量训练的个性特点。虽然大多数运动员都有一定的抗阻力量训练经验了，可能已经持续抗阻训练数年时间，但运动员个体仍可能出现活动度、稳定性缺陷和/或不平衡等力量缺陷，这些都可能损害他们的基本运动能力。根据力量训练的神经肌肉技巧要求，运动员的个性化力量训练计划起点，将取决于他们的功能性运动能力评估结果以及力量、爆发力和竞技能力测试分数。类似地，对运动员的神经肌肉技巧和运动能力的定性评估，同样可以被用来帮助监控力量训练计划的进展速度。

## 5.3 力量训练方法

专门性的另一应用是尚未得到很好解释的力量训练形式。集体性项目涉及大量在多方向上重复进行的爆发式无序运动。以抗阻的附加动作为特征的场地接触性项目，经常以上半身作为身体对抗的接触点。目前对集体性项目运动员的最佳训练方式还缺乏充分的调查研究。有趣的是，一些集体性项目职业运动员的体能教练尝试使用“组合练习”来解决这个问题——也就是将各自进行数组的两个练习（例如“推”与“拉”）交替进行（即完成一组“推”的练习后马上接一组“拉”的练习，这样交替进行直至完成规定的练习组数）。

使用这种方法需进一步考虑整个练习的循环方式。这种训练方法不应该被误认为是以次最大负荷和高重复次数为特征的传统“循环练习”；它与“循环练习”使用的负荷是一样的，只是练习形式改变了。这种循环练习形式也体现出可以减少练习时间的优点（运动员可以在间隙期间就开始下一个练习，而通常情况下运动员在间歇期会休息），并且可能会潜在地刺激力量耐力的提高。有一项将这种方法称为“大阻力循环训练”的研究发现，与传统的按练习项目顺次进行的训练方式相比，受试者可以在不改变杠铃杆动力学特征的情况下完成相同的重量和次数，而且也可以引起更大的心血管反应（Alcaraz等，2008）。作者因此得出结论，采用这种方法进行力量训练有望得到相似的力量提高，而且会获得改善心血管的额外好处。

一项随后的研究确认了这种以大阻力循环形式进行的力量训练的效果。与采用传统力量训练形式的受试者相比，采用8周大阻力循环力量训练干预计划的受试者获得了相似的力量提高（1RM强度的深蹲和卧推）及卧推抛起的功率输出分数，另外还获得了瘦体重的增长（Alcaraz等，2011）。大阻力循环形式的训练单元持续时间较传统训练明显缩短，另外还有身体成分的额外改善，这一点在传统力量训练群体中并没有观察到（Alcaraz等，2011）。后面的这一发现与以前报告的大阻力循环方法可以产生更大的心血管反应是相符的（Alcaraz等，2008）。Kraemer（1997）较早的一项研究报告指出，在采用大阻力循环训练形式进行多组80%或85%1RM强度的力量训练后，美式橄榄球运动员的力量——耐力能力（受试者完成80%或85%1RM强度负荷的重复次数）获得了提高。这要部分地归因于大阻力循环训练带来的乳酸缓冲能力及全身酸碱平衡能力的提高（Kraemer，1997）。

只要在组间进行充分的休息（3min），就可以重复完成特定RM的强度负荷，这一点已经被研究所证实（Kraemer，1997）。所以，组间的休息间隔时间是影响完成特定RM强度负荷重复次数的关键因素。当休息时间减少时，可能会使运动员完成训练计划中特定RM强度负荷重复次数的能力降低（Kraemer，1997）。在转换到下一个练习前，顺次完成一个练习的规定组数可能会使组间休息不充分，从而不能成功完成特定RM强度负荷的规定重复次数。运动员通常自己决定组间间歇时间，可能会因急于在有限的时间内完成所有练习而导致组间休息时间减少。而大阻力循环训练方法可以避免这种现象。因为运动员在执行下一组练习前正在完成大阻力循环训练过程中的另一个练习，这样下一组特定练习所牵涉的肌群就可以得到休息。

## 5.4　力量训练方法与模式

特定训练模式的具体约束决定了对神经肌肉系统的肌肉间及肌肉内部协调能力的刺激（Carroll等，2001）。这样，某一特定力量训练方式的生物力学特征（包括运动学和动力学特征），就会影响任何训练效应向神经肌肉某些短期表现方面的直接迁移程度（Newton等，1999）。这个概念被称为“动力性一致”（dynamic correspondence）。

所以，力量训练过程中施加阻力的方式是影响神经肌肉刺激的主要因素。对大多数的多关节练习动作来说，以自由重量作阻力通常更具功能性，因为练习者需要稳定自己的身体及额外的阻力，同时还要控制和引导动作方向（Carroll等，2002；Stone等，2000b）。例如，自由重量练习比传统的叠加配重式阻力器械练习更能发展肌肉间及肌肉内部的协调能力，这一点可以在获得的更大力量增长及在竞技表现及生物能学表现方面更好的迁移上得到反映（Stone等，2000b）。

随着力量和体能训练产业的不断发展，已经出现了许多其他的抗阻练习方法和新颖的力量训练练习方法。因此，根据所能获得的合适器械情况，体能专家会有更多的选择。这些选择包括依靠自身体重提供阻力的悬吊训练方法，高度专业化的多样化阻力器械以及气动阻力训练模式。此外，在进行传统的自由重力练习时，弹力带、绳子和链子等也经常被采用。

目前还缺少数据证明生产商所宣称的某种装置和设备对运动员的竞技能力发展具有优越性。总体来说，多数器械限制了身体的移动并反过来限制了自由力量练习的运用程度。这种情况下提供的机械刺激及神经刺激不符合标准运动条件下遇到的实际情况（Frost等，2010）。同样地，有人建议用弹力带或链子在运动范围的不同点上人工操控施加的阻力来改变力量训练模式的运动学和动力学特征，但这种在非竞技比赛条件下人工制造的动作练习可能提供不了实际比赛所需要的神经协调能力（Frost等，

2010）。

相反，采用叠加配重或气动阻力的滑轮拉线装置为练习者提供了一个在不同方向上提供阻力的练习手段。等惯性自由重量练习的一个限制是，练习所施加的力是由重力加速度控制的，它只在垂直向下的方向上起作用。

大部分与集体性项目运动相关的动作都部分或全部地依赖于单腿支撑。所以，单侧支撑练习必然成为集体性项目运动员训练的重要组成部分（McCurdy和Conner，2003）。一项以无训练经验人群为对象的研究发现，单侧力量训练在力量增长和垂直弹跳力改善方面与双侧力量训练相比具有相似的效果（McCurdy等，2005）。与双侧力量练习相比，单侧支撑练习能够使运动员靠优势侧腿发力的倾向得到限制（Newton等，2006）。例如，在对美国大学生女子垒球运动员的双腿后置杠铃深蹲练习的观察中发现，其优势侧的腿和非优势侧的腿产生的力不同（Newton等，2006）。所以，应该调整训练的组数和/或重复次数，以增加对非优势侧腿的刺激。无论是从功能性还是竞技能力的角度来说这一点都是非常重要的；而且从损伤预防的角度看，力量和柔韧性的不平衡与损伤的发生率有联系，所以增强弱势侧的训练也有助于损伤的预防（Knapik等，1991）。

同样地，集体性项目中的上肢运动通常是单侧的。所以，对运动员的上肢力量和爆发力的训练，应适当强调双臂的交替训练和单臂的抗阻训练。由于单侧抗阻训练导致的躯干不平衡需要由躯干对侧的肌肉力量来补偿，所以这种练习需要更强的躯干稳定性（Behm等，2005）。这种稳定性挑战与比赛中的实际动作要求是一致的，因此从训练效应迁移的角度看是非常有益的。

参与练习的肌肉数量以及训练的频率和负荷（重复次数乘以举起的重量）将会影响体成分的适应性（Stone等，2000a）。能募集大量肌肉的自由重量练习，有更高的代谢需求和荷尔蒙反应，这往往有利于身体成分的改变。这对于将高度发达的瘦体重水平作为关键训练目标的接触性集体项目非常重要。同样地，能募集大量肌肉参与工作的多关节自由重量练习可以发展局部肌肉耐力和力量耐力（Kraemer等，2002）。

## ■ 6 力量训练变量的进阶

当训练增长获得了持续的适应时，就应该逐步提高训练的应激水平。如果不能使神经肌肉系统不断处于超越原有适应水平的应激状态，随着时间的推移，即使是最好的训练计划也不可能一直产生显著的效果。要么提高举起的重量，要么提高完成动作的加速度（或是这两个变量的任何组合），这些提高力量需求的措施都可以达到提高训练强度的目的。通过操控训练的强度、训练量或训练的频率（每块肌肉群每周的训练次数），也可以达到同样的提高（Kraemer等，2002）。最后，力量训练干预提供的对促进肌肉间和肌肉内部协调所需的神经刺激，是另一种促进训练进阶的选择。随着训练经验的增长和训练水平的提高，需要用更具挑战性的组织方法和更复杂的训练参数操控才能引发训练效应的出现（Newton和Kraemer，1994；Kraemer等，2002）。

## ■ 7 力量训练模式的进阶：专门性连续体

随着时间的推移，系统、有序地调整训练方法适应神经肌肉和动作控制的发展要求，不仅有利于训练的持续发展，也有利于前一训练阶段训练效果的迁移。为了在连续性训练周期的训练计划中促进运动员竞技能力的发展，重视前一训练周期引发的训练适应是非常重要的，因为这将最终决定在全年大周期训练过程中长期训练效应的积累（Bondarchuk，2007）。在考虑到训练的专门性和训练效果的迁移时，不仅要关注短期内可见的直接训练效果，也要关注运动员能力发展的长期非直接效果；如果训练方法的调整和使用适当，这些短期和长期的效果迁移将最终在运动员的竞技能力提高中得到体现。这个原则是Bondarchuk（2007）描述的训练效果迁移及其分级模型的核心宗旨。

例如，在年度训练开始阶段实施的训练可能会以大阻力模式为特色，目的是最大限度地增加力量以及提高收缩成分和结缔组织的适应能力。这种基础能力一旦在年度训练的早期得以实现，之后的连续性训练周期就会将训练目标转向有更高技术要求的抗阻训练及有更高平衡性及稳定性要求的训练形式上来。在向赛季末期过渡的时候，训练模式选择的顺次发展可能会以最具专项特点的训练模式作为发展顶峰，呈现出与比赛实际动作高度的动力性一致，以获得最大程度的短期训练效果迁移。

以操控神经肌肉需求的方式促进训练模式进阶发展，应该与之前提到的以关注神经肌肉控制能力为特点的集体性项目力量训练方法的变化相一致。在设计运动员的力量训练计划时，应该在训练模式的变化上充分考虑到决定很多集体性项目运动员是否优秀的是其动作的控制能力而不是总的力量能力这一事实（McGill，2006d）。

### 7.1 一般力量发展

正如前面曾讨论的那样，传统的抗阻力量训练模式为运动员的机械及形态适应提供了最有效的手段，这些是最佳力量和爆发力发展的先决条件。因此，在一般力量发展阶段，力量训练方法的选择往往采用传统的“举重”训练模式，例如杠铃深蹲和硬拉。然而，那些需要更大协调能力和能够提供额外身体姿势控制力量的其他训练方法，在这一阶段也将发挥一定的作用。例如，与传统的后置杠铃深蹲相比，前置杠铃深蹲练习可以用更少的压力负荷募集到水平相当的肌肉数量，这对那些有下肢损伤史的运动员是非常重要的（Gullet等，2009）。

前置杠铃深蹲在发展好的动作技术方面也有明显的好处：由于练习自身的限制，本质上在没有适当技术时这个练习是很难操作的。具体而言，杠铃置于肩前面意味着运动员为了执行这个练习必须控制身体姿势，并在整个动作范围内维持这种练习形式，否则可能会使杠铃落地。同样地，一旦发展了好的动作技术，也不能忽略传统的后置杠铃深蹲练习在此阶段中的作用，因为传统的杠铃后置深蹲练习可以负载更大的重量，这被证明在发展力量方面非常有效（Wilson等，1996）。

除了双侧的负重训练模式，力量练习选择也应该包括一些单侧的负重训练模式。即使是在一般力量发展阶段，力量训练的“动力性一致”仍然是一个需要考虑的问题，这将有利于集体性项目运动员力量发展过程中单侧支撑训练方法的运用。关键的是，一项关于单侧力量训练模式和双侧力量训练模式的肌肉活动和激素反应的研究证明，有训练经验的大学水平运动员采用自由重量阻力的分腿蹲练习（在那项研究中称之为“投手蹲”）产生的肌肉激活数值及训练后的睾酮浓度数值与双腿练习效果相似（Jone等，2012）。这些发现支持了单侧的杠铃负重抗阻练习形式。（图5.1）

**图5.1 杠铃分腿蹲**

在集体性项目运动员的单侧力量训练方法中，肩负杠铃的箱子上步练习特别重要。研究已经证明，在这种训练方法的离心和向心收缩阶段都可以显著地引发臀部肌肉的激活（Simenz等，2012）。例如，运动员以6RM负荷强度做箱子上步练习时（箱子高度为18in，1in≈25.4mm），其在向心和离心收缩阶段的臀大肌激活水平都是相当可观的，臀大肌激活数值明显大于后置杠铃深蹲练习。从生物力学的角度来看，这个练习代表的是一个从单侧支撑姿势开始的包括了伸髋和伸膝动作的闭链运动，该运动方式反映了运动员在比赛中的跳跃和移动特点。

## 7.2　过渡力量训练模式

运动员采用的训练模式通常以二分法进行分类：一般的或“非专项”的重量阻力训练之后往往紧接着高度“专项”的训练模式和功能性的训练方式。为了在练习方式选择上获得一个连贯的、阶梯式的发展，需要对专项训练连续体上一般训练和专项训练这两个极端之间的过渡性训练模式做出明确考虑。因此，应在一般准备阶段之后到赛季中期和赛季后期高度专项化训练之前的训练阶段，实施“过渡”力量训练模式。这个方法类似于Bondarchuk（2007）在“阶梯模式”中描述的“专项准备”和“专项发展”周期。

过渡训练模式的运用填补了一般训练与专项训练之间的空白，本质上是对传统力量训练模式的变化和发展。每个相继训练阶段采用的训练模式都会越来越重视专项性和动力性一致问题。从这个观点来看，下肢力量训练会越来越重视单侧训练模式。同样地，训练方式的选择应该以促进运动员神经肌肉协调和姿势稳定性的渐进发展为特征。为此，与前面介绍过的双侧支撑杠铃深蹲练习一样，单侧支撑的前置杠铃力量练习模式的各种变化也是值得考虑的。

练习选择的另一个重要因素是用力方向。鉴于在一般力量发展阶段采用的单侧或双侧下肢力量训练模式已经包括了垂直方向的地面反应力量，过渡训练阶段的力量练习选择也应该将水平方向的地面反应力量考虑进去，因为这正是移动动作的力学特征。同样地，也有必要从以矢状面为主导的训练模式转换到多方向运动的训练模式上。例如，文献中曾描述过的分腿蹲和箱子上步练习的各种侧向、斜向和交叉变化。（图5.2~图5.4）

图5.2　后置杠铃箱子上步

图5.3　前置杠铃斜向分腿蹲

图5.4　后置杠铃侧向箱子上步

对一项在18in高箱子上执行的负重侧向、斜向和交叉上步动作调查研究发现，不同的练习动作对臀部肌肉（包括对臀大肌、臀中肌、股二头肌和半腱肌、股直肌、股中肌和股外侧肌等）的激活程度不同（Simenz等，2012）。在过渡力量训练阶段，这些练习的每一个变化和发展都是值得考虑的。

在过渡力量训练阶段，上肢力量发展的练习选择同样以各种传统力量训练模式的变化为特征的。例如，标准的哑铃上肢力量练习中的手臂交替变化动作，为腰骶-骨盆区域和肩袖的稳定性提供了力量训练刺激。以前的研究曾报告，以哑铃（Behm 等，2005）和轮滑（Tarnanen等，2012）为阻力进行的单臂上肢力量练习，能使不同的躯干稳定肌群被显著激活。（图5.5）

图5.5　斜板哑铃交替卧推

## 7.3　力量训练的迁移

正像之前所表明的，本训练阶段的动作选择应该重点放在动力性一致上。这样才能在动作的专项练习方法连续体上有更进一步的发展，所选择的这些训练方法将有利于训练效应最直接地迁移到专项运动的动作中。所以，本阶段的力量练习选择对身体稳定性和协调性的要求是最高的。传统的下肢力量练习模式的各种变化包括最具挑战性的各种头上举练习形式（图5.6），以及多方向练习形式（图5.7）。

图5.6　杠铃头上举箱子上步

图5.7 哑铃多方向分腿蹲

同样地，上肢力量训练模式将以站姿负重动作为特点。不同方向上的上肢抗阻动作的各种单臂变化也同样是其特色。这样，所选择的上肢力量训练模式将可以把上、下肢的肌肉都募集到，并且对能够抵抗不稳定力矩和维持体位完整性的躯干肌肉有相当大的激活作用（Fenwick等，2009；Santana等，2007）。（图5.8~图5.9）

图5.8 滑轮双臂交替飞鸟

图5.9 滑轮单臂划船

## ■ 8 总结和训练建议

因延长的赛季和大量并行的体能和技术练习以及全队配合所带来的时间限制，是所有集体性项目的优秀运动员所面临的共同问题，所以效率和有效性是身体准备过程中最为最重要的要求（Peterson等，2004）。评估集体性项目运动员力量训练计划的一个关键标准，是与训练投入的时间相比，该训练计划能在多大程度上提高运动员的竞技能力，以及使运动员健康地参加全队训练和比赛（Young，2006）。考虑到同时进行的机能训练的潜在干扰，特别是在接触性项目的训练和比赛中由身体接触带来的物理应力干扰（Hoffman 和Kang，2003），使所实施的任何力量训练最优化就显得尤其重要（Leveritt和Abernethy，1999）。这些困难进一步提高了人们对集体项目运动员力量训练计划的效率及有效性的重视。

本章重点介绍了集体性项目力量训练方法中的神经肌肉控制问题。无论运动员从事的是什么项目以及训练经验如何，最初的训练计划目标都应该放在解决运动员的活动度和稳定性的缺陷上面，这些缺陷损害了运动员在运动过程中有效完成基本动作的能力。运动员一旦建立了这种活动度和稳定性方面的基础能力，训练方法的选择就应该朝着多关节动作的方向发展，这些动作与运动员的专项动作特点是一致的（Baechle等，2000；Stone等，2000a）。这种专项化的训练方法可以激活更多数量的肌肉，提高肌肉间和肌肉内部的协调能力和局部神经控制，并有利于这些训练效应向竞技能力的迁移（Sheppard，2003；Young，2006）。

为了提高运动员的平衡性、稳定性和神经肌肉控制能力，在年度大周期力量训练的练习方式进阶发展上，应逐步引入单侧支撑抗阻练习以及上肢交替练习和单侧肢体变化练习等力量练习形式。同样地，具有类似进阶步骤的速度-力量和超等长练习，也可以引入到运动员的身体准备过程中，尤其在进入到赛季的关键阶段时。加速度训练也可以在运动员的训练计划中作为一种提高训练强度的途径来使用。从专项的角度来看，速度-力量练习应在动作速率上与比赛实际中的RFD相符，并以符合专项需求的肌肉内部协调能力为特征（Young，2006）。

谈到集体性项目运动员的力量训练形式，体能训练专家可能会考虑对练习的结构进行试验。研究已经证明，对奥林匹克举练习的传统组内结构进行操控（在两次连续地重复动作之间采用较短的休息间隔），可以在一组连续的重复性动作练习过程中减轻延迟性疲劳对动作的运动学表现造成的损害（Haff等，2003）。通过抵消特定的组间练习疲劳，大阻力循环模式可能增强练习的运动学表现。也有早期的证据证明，这种做法可能会增强心血管功能（Alcaraz等，2008），并对力量-耐力有类似的好处，另外还可以缩短完成练习所需要的时间。

总的来说，体能专家应该采取重点关注动作质量的神经肌肉训练方法，而不仅仅是增加负荷重量。这种重视神经肌肉的做法是非常有意义的。因为通常来说，区分优秀运动员与非优秀运动员的是肌肉控制功能的改善，而不是单纯的力量和爆发力的测试数值（McGill，2006d），尤其是在集体性项目中更是这样。从这个意义上讲，与以练习次数训练运动员和把训练关注点放在举起的负荷上的做法相反，应该向运动员灌输这样的原则：如果无法用完美的动作举起给定的负荷，就意味着你还不能举这个重量。在运用这种训练方法时，应考虑采取措施保持身体姿势和正确的动作形式，并应当消除即时性疲劳影响——例如，可以把一组动作分成几个小部分（特别是在负荷增加后的初始阶段）。这类似于奥林匹克举运动员采用的集群组数训练，该方法也被建议给其他项目的运动员使用（Haff等，2003和2008）。

# 第六章

# 爆发力训练

## ■1 导 言

爆发力表现是由所执行任务的具体约束和神经肌肉系统类型的特点所决定的，如力量-速度曲线和肌肉的长度-张力之间的关系（Cormie等，2011a）。影响功率输出的一些神经肌肉系统的独立因素已经被分离出来（Newton和Kraemer，1994；Newton和Dugan，2002）。这些与爆发力表现有关的神经肌肉因素是可以训练的，采用分离或者组合的训练方式发展任何一种这些神经肌肉因素，都对会对爆发力表现产生有利影响（Newton和Kraemer，1994）。反过来，发展有利于爆发力表现的任何一种神经肌肉因素，都需要合适的专门性训练刺激。

在发展爆发力或速度-力量时，训练的专门性是显而易见的。已经确认，在力量和爆发性动作中观察到的神经肌肉放电模式是明显不同的（Ives和Shelley，2003）。所以，神经肌肉的放电模式和肌肉间的协调能力需求，是区分训练模式对发展爆发力是否有效的关键因素（Young，2006）。

速度-力量训练包括能够满足爆发力发展的一类特殊训练模式。速度-力量训练模式已被证明具有影响爆发力表现（例如摸高）的专门能力，这种专门能力独立于任何一种力量能力（例如最大力量）的改变所带来的影响（Newton等，1999；Winchester等，2008）。

与力量训练方式一样，除了要考虑神经肌肉的放电模式和肌肉间的协调能力，也要考虑速度-力量训练方式向竞技能力的迁移，速度-力量训练迁移作为竞技能力也是由训练方式对竞技能力的动力性一致决定的。因此，为了提高训练的有效性，速度-力量训练同样也必须满足与竞技能力或专项技术动作相关的动力学、运动学和力学标准。

## ■ 2 爆发力和速度-力量的训练方法

在历史上，一直存在着关于发展爆发力的最佳训练方法的不同学派观点。曾有人建议，只发展力的增长能力（即力量），然后通过后续的专门练习迁移这种力的增长就足够了（Kraemer，1997）。这种方法在本质上是对“爆发力=力×速度”公式中的“力”这个因素的解释。然而，爆发力是一种神经肌肉系统的习得性运动技能，而且是一种明显有别于最大力量的能力（Ives和Shelley，2003）。虽然最大功率输出依赖于在不同程度上由所对抗的阻力决定的力量（Stone等，2003a），但专项运动中的爆发力表现具有一些独立于肌肉的基本产力能力的因素。这一点已被优秀运动员的最大力量与爆发力测试得分的明显分离现象所证明（McBride等，1999；Delecluse等，1995）。

通过观察不涉及任何最大力量增长的短期速度-力量训练干预对爆发力表现的改善，证明了专项训练对爆发力发展的有效性（Newton等，1999；Winchester等，2008）。同样，已发现奥林匹克举可以提高依靠力量的优秀运动员（举重冠军）的向心收缩爆发力（蹲跳高度）（Hakkinen等，1987）。对训练有素的运动员来讲，传统的抗阻力量训练模式尽管能获得1RM强度力量的明显增长，但在发展下肢爆发力方面（垂直弹跳高度）是相对无效的（Baker等，1996）。

这些观点导致了肌肉爆发力多维度结构观点的产生。对功率输出产生影响的数种神经肌肉系统的独立成分已经被分离出来（Newton和Kraemer，1994；Newton和Dugan，2002）。每一种对爆发力表现有影响的独立成分都是可以通过训练得到提高的。混合训练模式建议应采取一系列的训练变化专门训练与爆发力表现有关的每一种神经肌肉能力（Newton和Kraemer，1994）。通过适当的针对性训练，这些因素都有对爆发力发展做出各自贡献的潜力。综合发展这些因素，可以进一步产生提高运动员爆发力的累积效应。

混合训练模式的有效性，被其引发的比大力量或高功率训练模式更佳的训练效果所证明（Harris等，2000）。据报道，采用大力量和高速爆发力混合训练模式进行训练的集体性项目运动员（美式橄榄球运动的大学运动员），在范围更广的竞技表现测试中获得了更大的成绩增长。如果单独使用其中的一种模式进行训练，大力量训练模式在最大力量（1RM负荷）和大负荷速度-力量（1RM负荷悬垂提拉）的测试分数上只获得了有限的增长，对运动员的动力性竞技表现测试则没有任何影响；相反，采用高速爆发力训练会导致动力性测试成绩增长，但大负荷抗阻能力并没有任何改变（Harris等，2000）。有趣的是，组合训练不仅超越了与之相关联的任何单一训练模式的效果，而且获得了在大力量训练和高速爆发力训练单独实施时都未曾有过的测试增长（10yd距离的敏捷折返跑和垂直跳跃能力）（Harris等，2000）。对有力量训练经验的运动员单独实施大力量训练模式或高速爆发力训练模式，其获得的训练适应仅限于力量-速度曲线中与训练模式特点相关的区域。而且，混合训练模式能最有效地提高运动员的垂直跳跃高度（下肢爆发力的标准测度）（Baker，1996）。混合训练模式在力量-速度曲线的更广范围上取得了更好的训练效应，这还要归功于混合训练模式能同时利用爆发力发展的不同途径促进爆发力表现的发展（Harris等，2000）。

## ■ 3 影响肌肉爆发力表现的因素

下面将对影响肌肉爆发力的各个因素依次进行讨论。

### 3.1 最大动力性力量

根据力量-速度曲线，低速练习可以发展最大力量。不过在所有爆发性动作的最初阶段都需要这种力量能力来克服系统速度为零或系统速度很慢情况下的惯性（Stone，1993）。因此，最大力量对动作开始阶段力量发展的初始速率有主要影响（Stone等，2003a）。特别是对移动和跳跃动作而言，即使没有外部阻力，也会有一种来自运动员自身体重的明显惯性成分需要克服。如果有任何变向动作，这种惯性成分就尤其重要，因为为了在新的方向上运动，运动员必须首先克服原来方向上的动量。

因此，相对于体重的最大力量就成为各种竞技性动作中总体爆发力表现的一个关键因素（Peterson等，2006）。1RM强度力量与爆发力输出（甚至是无负荷情况下的跳跃）之间有高度的相关性。而且，慢速力量的增长对运动员在负荷/功率曲线上大阻力区域的机械性功率输出有影响（Stone等，2003a）。尤其是对身体接触性项目的运动员而言，拥有产生抵抗外部阻力的爆发力能力是一个重要因素，这种能力同样高度依赖于高水平的力量输出和最大力量。

### 3.2 力的增长率

力的增长率（RFD）描述的是在有限的时间内产生力的能力。它表示的是肌肉运动过程中力-时间曲线的斜率。在很多竞技运动中，力的增长的时间间隔是非常短的——通常在300ms内（Newton和Kraemer，1994）。基于这个事实，一些学者认为RFD可能是影响竞技能力的最重要能力（Wilson等，1995）。因此，RFD通常被认为与运动员在特定动作中的快速加速能力有联系（Stone，1993）。

速度编码是影响RFD的主要因素；具体地说，就是在动作允许的力的增长窗口期内运动单位的最大放电速率（Behm，1995）。运动单位的募集是另外一个重要因素：高阈值运动单位的快速募集以及最高速的力的增长能力和功率输出能力，与最大爆发力的发展有直接关系。与慢速渐进式收缩相比，弹射式活动过程中发生的快速收缩的运动单位激活阈值相对较低（Cormie等，2011a）。因此，以弹射式收缩为特征的训练模式将有利于这种能力的发展。

因此，为了训练神经肌肉系统在专项运动技术所允许的较短时间内产生最大的力，训练过程中所采用的练习形式的向心收缩持续时间也必须同样地短。有研究报告：力量训练的时间安排越接近于实际竞技动作的时间特点，其与实际竞技表现的相关性就越高，这个发现支持了上述观点（Young等，1995）。同样地，基于上述认识，传统的大力量训练对运动员RFD成分的发展只能是次优的。例如，完成一次较大重量的杠铃深蹲大约需要1.5~2s（Baker，2001b）。相反，在最大弹射式向心收缩动作较短的力的增长窗口期内，其运动单位的放电速率却是相当高的（Hedrick，1993；Behm，1995）。在某些条件下，已经记录到非运动员群体在等长训练后获得了等长RFD的改善（Behm和Sale，1993）；但是，等长训练（Morrissey等，1995）和等长RFD分数（Wilson等，1995）与竞技能力之间的关联是受到质疑的。

### 3.3 高速力量

高速力量代表的是在高收缩速度下产生力的能力。如果运动员不能以比赛和专项动作所需的速度表现出更大的产生力的能力，那么这种以较慢的动作速度发展起来的最大力量对专项运动的帮助不大（Hedrick，1993）。这种能力部分地取决于与肌纤维长度相关的解剖学和机械因素。虽然肌纤维长度在很大程度上是由遗传因素所决定的，但也存在慢性训练适应性反应的空间，这些慢性适应可能包括肌纤维长度的增加或串联肌节数量的增加（Cormie等，2011a）。

在力量-速度曲线的快速区域表现出的RFD改善，其神经基础包括对运动单位在短时间隔内的快速放电能力的适应（Hedrick，1993），也可能包括优先对高阈值运动单位的募集（Stone，1993；Cronin等，2001a）。这种肌肉内部协调能力的适应，导致了在力-速度曲线的高运动速度区域出现的专门性改善（Stone，1993）。快速力量的提高也可能包括肌纤维水平上的改变。研究已经证明，合适的训练可以引发肌纤维收缩特性方面的适应，使肌肉的最大收缩速度和功率峰值得以提高（Malisoux等，2006）。

### 3.4 拉长-缩短周期能力

在绝大多数运动项目中都涉及某种形式的预先拉长或反向运动，这些将有助于增加向心收缩阶段的力和功率输出（Cormie等，2011a）。这种输出功率的增加来自于在离心和向心运动之间的过渡过程中肌肉和肌腱结构间的相互作用，被称作“拉长-缩短周期”（stretch-shortening cycle，SSC）。肌肉的SSC不仅包括与机械运动相关的肌肉收缩和结缔组织的结构，也包括在局部脊髓水平上的神经反射能力。

研究者越来越多地根据力的应用或与地面接触的持续时间来区分快速SSC（100~200ms）和慢速SSC（300~500ms）。对训练有素的运动员的研究发现，SSC变化是相对独立于肌肉最大力量的（Plisk等，2000）。肌肉SSC对向心功率输出的贡献，部分地取决于骨骼肌肉复合物存储和使用弹性张力的能力（Yessis等，1994；Newton等，1997）。正因为如此，改变这些原有结构的机械适应性有利于提高向心功率的输出（Cormie等，2011a）。

除了改变结缔组织结构被动性的机械性适应外，因肌肉激活水平变化引发的肌肉和肌腱的主动性强度变化也是明显的。在跳跃动作中，肌肉快速SSC对向心功率输出的贡献，也因触地前和触地过程中神经输出的变化而发生了变化。经过适当的训练（如超等长训练），肌肉的快速SSC能力可以获得提高。

“牵张反射”可能是构成这种对预先拉长之后立即进行的向心功率输出增加有贡献的神经机制的另一个因素。这是一种脊髓水平上的局部外周反射，这种反射有利于刺激拉长的肌肉收缩，努力使肌肉恢复到它之前的长度（波塔奇和楚，2000）。这种由牵张反射介导的神经冲动被叠加在主动肌的自主神经冲动上，从而在随后阶段产生更大的向心输出功率（Newton等，1997）。

## 3.5 神经肌肉技巧和协调性

爆发力的最后一个成分是神经肌肉技巧。与专项力量相似，运动员专项爆发力训练的有效性，取决于他们能在多大程度上在执行与实际比赛情况一致的动作和运动技巧过程中展现前面描述的那些爆发力因素（Smith，2003）。这包括肌肉间和肌肉内部的协调能力（Newton和Kraemer，1994）。

从广义上讲，肌肉内部的协调能力包括对与动作相关肌群的运动单位的募集和激发能力。这种肌肉内的协调能力包括来自于大脑运动皮质的下行神经冲动以及源于局部脊髓的神经兴奋及抑制输入（Cronin等，2001b）。运动单位募集数量的增加，专项运动技术涉及的运动单位下行神经冲动和神经兴奋的输入，对力量和功率输出有积极影响。运动任务的约束条件将在很大程度上决定需要什么样的肌肉协调能力。例如，爆发力表现过程中肌肉内部协调的一个关键方面，是在专项技术动作允许的窗口期内产生力的能力（Cormie等，2011a）。

肌肉间的协调性指的是在执行竞技和运动技巧动作中相关肌肉的协调活动（Young，2006）。一个特定动作所牵涉的主动肌、协同肌和对抗肌之间的相互作用是非常复杂的，既需要激活强度也需要激活时机（Cormie等，2011a）。如果不能与特定动作中动力链上涉及的其他肌肉群协调一致的话，孤立地提高单一肌肉群的力量或功率输出，将不可避免地对竞技能力造成损害。因此，肌肉间的协调能力不仅包括激活时机，也包括使动作流畅和速度更快所需的肌肉放松能力（Cormie等，2011a）。例如，肌肉间协调能力的一个重要适应，就是主动肌和对抗肌的共同收缩减少，这可以产生更大的角速度和转动力矩（Newton和Kraemer，1994）。

肌肉间的协调能力是决定竞技运动相对的“净”运动技巧的关键因素。对技巧性运动项目涉及的精湛技巧而言，如投掷和击打动作，参与活动的动力链上的各个关节及肢体之间的协调能力对动作速度和功率输出的作用更为重要。例如，像棒球、板球和无挡板篮球等项目中的特色动作——单手肩上投掷，是一个包括下肢、骨盆、躯干、肩和上肢环节的有序的多节段运动，运动最终传导到指尖和球。肌肉间的协调能力不仅仅涉及使肢体产生力和运动。在击打和踢的动作中发现，躯干肌肉组织的激活出现了双峰模型特征（McGill等，2010）。肌肉这种有序的“收缩-放松-收缩”活动包含了一个使身体的核心区域“绷紧”为肢体加速发动击打动作的预先神经冲动，紧接着的放松阶段则使全身动作流畅、快速，当肢体击打到目标时第二次冲动定时发放使身体再次“绷紧”。因此，肌肉间的协调能力与专项动作更为接近（Young，2006）。

## ■ 4　发展肌肉爆发力的速度-力量训练模式

传统的力量训练提供了发展最大力量的方法，也为借助随后的专项训练将这种能力最终转化为肌肉的爆发性表现提供了必要的发展基础。因此，力量训练在肌肉爆发力的长远发展方面起到了至关重要的作用。没有这种基础的产生力的能力以及由大量抗阻训练所带来的身体形态和神经适应方面的发展，运动员将不能产生高水平的肌肉爆发力。因此，运动员需要通过合适的抗阻训练发展最佳水平的肌肉力量，把抗阻训练作为发展专项爆发力的前提。力量训练采取的具体方法在前面的章节中已经介绍过。有证据表明，“较强的”受试者通过速度-力量训练（弹射式抗阻训练）获得的爆发力输出效果更大，这个发现支持了以上的观点（Cormie等，2010a）。需要注意的是，在该研究中，“较弱的”受试者也对速度-力量训练干预产生了积极的训练反应。

为了发展专项性的肌肉爆发力表现能力，仍需要在这个初步的基础发展上进行符合专项特点的速度-力量训练。因此，额外增加的速度-力量训练已经产生了比单纯负重阻力训练引发的训练效果更大的训练效益（Newton等，1999；Baker，1996；Delecluse等，1995）。在发展各种能够增强爆发力表现的因素方面，速度-力量训练模式被认为是最佳手段。正如标题所暗示的，速度-力量练习综合了大力量（肌肉质量和加速度的产物）和高速度这两个因素（Hydock，2001）。速度-力量训练以在整个运动范围内（Stone等，1993）的最大RFD为特点（Hedrick，1993）。因此，这些以发展爆发力为指向的练习被一些学者称为“完全的加速”练习（Baker，2003）。

速度-力量训练的潜在适应性包括肌肉收缩因素的改进——例如最大收缩速度和肌纤维功率输出的增加（Malisoux等，2006）。速度-力量训练也与高阈值的II型肌纤维的优先性肥大有关（Stone，1993）。意向是与速度-力量训练相关的神经适应的关键（Behm和ale，1993）。由于其固有的爆发性质，速度-力量练习更适合激发爆发性的意向。在传统的力量训练条件下，如卧推，除了要考虑力学因素外，也必须要教会运动员有意识地努力提高爆发性意向，使爆发力训练效果最优化（Jone等，1999）。据报道，当在训练中让运动员自行选择上举速度时，训练后的速度增长效果会减少一半（Jone等，1999）。

## 4.1 奥林匹克举训练模式

由于兼有力量和速度的特点（Hydock，2001），奥林匹克举被归类为速度-力量练习方式（Stone，1993）。奥林匹克举的上举动作是独一无二的，因为阻力负荷是沿着身体的自然流线向上加速而重力作用会使举起的负荷减速，这意味着神经肌肉系统不会在杠铃运动过程中起制动作用（Kraemer，1997）。运动员在执行奥林匹克举动作时，提升自身重心是完成动作的一个重要组成部分（Garhammer，1993）。与弹射式训练模式在动作的结束部分释放负载相比，奥林匹克举动作的外部负载（通常是一个杠铃）在整个动作过程中都一直施加在练习者身上：在向心收缩的结束阶段，杠铃仍继续向上移动，运动员仅仅是脚离开地面。

### 4.1.1 应　用

据报告，奥林匹克举的平均机械功率输出为：杠铃抓举3 000瓦，杠铃高翻2 950瓦，这将近是后置杠铃深蹲或硬拉动作功率输出（1 100瓦）的3倍（Stone，1993；Garhammer，1993）。第二次发力阶段记录到的功率输出峰值是出现在其他阶段的5倍（5 500瓦）（Stone，1993）。这些举重动作中的最大推进力与跳跃动作中的推进力相似（Stone，1993）。

奥林匹克举动作的独特方式使其能用爆发性动作对抗重量负荷（McBride等，1999）。这种方式能使重负荷的速度-力量和RFD因素同步发展。与力量举运动员相比，奥林匹克举运动员的力量测试得分一样，但动态爆发力表现得分更优，这反映出奥林匹克举训练融合了重负荷和高速度的特点（McBride等，1999）。这就是说，奥林匹克举运动员确实在其训练中进行了以力量为导向的练习，这对他们的力量发展是有利的。据报告，无论附加外部负荷与否，奥林匹克举运动员在执行反向动作跳跃（即有预先下蹲动作的跳跃）时都比重量举运动员产生更大的速度和功率（McBride等，1999）。

同样地，与短跑运动员相比，奥林匹克举运动员表现出更卓越的力量（1RM深蹲）能力（McBride等，1999）。从这些数据可以推断：在发展动态爆发力方面，奥林匹克举训练与冲刺训练同样有效，比重量举训练更有效；在发展最大力量方面，奥林匹克举比冲刺训练更加有效。同样地，调查发现，奥林匹克举运动员在动态抗阻运动中的表现比短跑运动员更好，这一点与身体接触性项目尤其相关（McBride等，1999）。奥林匹克举运动员在这些方面的卓越表现表明，奥林匹克举练习提供的速度-力量练习可以潜在地发展这种产生爆发力对抗阻力的能力，特别是对于那些像橄榄球和其他有身体接触的运动项目，采用奥林匹克举练习是非常有用的。然而，需要进行可控的前瞻性研究得出明确的结论。

鉴于奥林匹克举动作中的动力学和运动学特点与纵跳动作之间的关联，有研究建议以更容易向跳跃表现迁移的方式发展速度-力量（Baker，1996）。一项关于半职业联盟式橄榄球运动员的研究发现，对于纵跳、20m冲刺跑和速度-力量（负重深蹲跳）测试成绩表现更好的运动员来说，以其相对体重计算的悬垂高翻测试得分是有差别的（Hori等，2008）。之前对相似受试者的研究表明，以相对体重计算的悬垂高翻测试得分，是联盟式橄榄球运动员加速（10m跑）和短跑冲刺（40m跑）能力的重要预测指标（Baker 和 Nance，1999b）。按照相同方法对非运动员受试者进行的研究表明，经过8周的奥林匹克举结合大重量抗阻训练，虽然运动员的30m跑成绩没有变化，但深蹲跳、反向运动跳跃及10m冲刺成绩都有提高（Tricoli等，2005）。

运动员每次试举的相对负荷会影响功率输出。以悬垂高翻动作为例，用受试者个人50%~90%的1RM负荷做悬垂高翻时，最大功率输出和平均功率输出会随负荷的不同而发生变化（Kawamori等，2005）。奥林匹克举动作的一个独一无二的特征是，其达到最大机械功率输出时的相对负荷值，要相对高于其他力量和速度-力量训练模式，包括弹射式训练模式。从激活高阀值运动单位和运动单位募集的数量原则视角来看，奥林匹克举的这个独特特征可能是有利的（Cormie等，2011b）。在这项研究中，尽管最大输出功率在负荷变化范围内没有出现明显的变化，但最大功率输出和平均功率输出出现在70%1RM负荷强度时（Kawamori等，2005）。一项最新研究分别测量了杠铃和运动员身体质量的最大功率输出，结果表明：在相当于深蹲动作的80%1RM负荷强度时，高翻动作中“身体+杠铃”系统的整体功率输出最大（McBride等，2011）。

训练负荷的选择也部分地取决于运动项目的特征。例如，相对较轻的负载可能适合于像排球和篮球等运动项目。相反，像90%1RM这样相对较高的负载可能更适合于有身体碰撞的运动，如橄榄球运动和美式橄榄球运动，在这些运动中需要克服对方运动员带来的外部阻力（Cormie等，2011b）。但在上述任何一种情况下，在以力量和速度-力量为导向的训练周期都需要进行一定范围的负荷变化。

奥林匹克举是一种结合了力量、爆发力和神经肌肉协调因素的运动方式，这种方式有利于训练效果向竞技能力转移，如纵跳能力（Kraemer，2002）。以相对体重计算的杠铃高翻动作的最大推进力与跳跃动作是相似的（Stone，1993）。同样地，奥林匹克举动作的发力涉及一定的力的产生时间，通常第二次发力时间在100~200ms之间（Garhammer，1993）。由于生物力学特性相似以及是在类似的时限内产生向心收缩力量，奥林匹克举通常被作为一种能够模拟运动员专项动作的练习方式在身体准备过程中使用（Souza等，2002）。

### 4.1.2 机 制

奥林匹克举练习以优先产生向心力量和爆发力为特色。在像奥林匹克举动作这样的快速向心收缩活动中肌肉在整个向心收缩阶段都是缩短的，而肌肉-肌腱单位的大部分收缩都发生在肌肉筋膜而非肌腱（Kawakami，2002）。一般将向心功率输出获益的机制归因于RFD和速度-力量的提高（Stone，1993；Garhammer，1993；McBride等，1999；Souza，2002）。RFD峰值的提高已经在1RM强度的奥林匹克举（抓举）和竞技表现（投掷距离）测试评分中介绍过（Stone，2003b）。对训练反应的观察发现，奥林匹克举练习对肌肉间和肌肉内部的协调因素均有涉及（Newton和Kraemer，1994；Hedrick，1993）。肌肉间协调能力的潜在适应包括：募集高阀值运动单位能力的提高，以及协同肌激活能力和减少对抗肌同步收缩能力的增强。

肌肉内部协调能力的提高主要是通过高阀值运动单位的募集和单个运动单位短时间内快速放电能力的提高实现的（Hedrick，1993）。肌肉内部协调能力适应的另一个方面，是伴随肌肉快速向心收缩过程中的神经肌肉学习效应（Morrissey等，1995）。这种习得的“神经策略”包括主动肌的运动单位在动作开始之前的短暂时间内表现出的优先抑制性输入及预期性启动现象（Baker等，2001d）。（图6.1）

图 6.1 杠铃分腿挺举

### 4.1.3 局限性

与SSC相反，大多数奥林匹克举特别是杠铃提拉动作发展的是向心收缩输出功率（Hakkinen等，1987）。通过对优秀举重运动员一年的举重训练调查记录发现，在用相同的负载训练后，运动员在负重和不负重下的蹲跳高度有显著提高，而反向跳跃能力（慢速SSC表现指标）没有明显变化（Hakkinen等，1987）。同样地，这些运动员的蹲跳和反向跳跃成绩也表现出很小的差异，表明跳跃表现的SSC提高有限（Baker，1996）。

虽然奥林匹克举一再展现出能改善运动员的垂直跳跃能力，但这种双侧速度-力量训练效果是否会转移到运动员的冲刺能力上仍有一定的不确定性（Young，2006）。尽管跳跃高度和其他测试得分有提高，但大量的研究都未能证明奥林匹克举训练能提高运动员的短跑成绩（Harris等，2000）。一项包括奥林匹克举衍生动作（大腿中部的拉和推）的高校足球运动员训练研究表明，虽然在跳跃高度和攀爬楼梯的表现上有所改善，但不能提高30m跑的成绩（Harris等，2000）。另一项针对大学生足球运动员的更近期研究，对比了奥林匹克举和重量举练习模式，同样没有在两种训练模式中观察到40yd冲刺跑和T形变向表现的改变（Hoffman等，2004）。

变向能力看起来既不依赖于杠铃悬垂测试成绩（Hori等，2008），也不对涉及标准的举重动作的训练有类似反应（Hoffman等，2004；Tricoli等，2005）。这一结果可能是由于经典举重动作的双侧本质及其主要以产生垂直方向的力为特点而导致的。就是说，奥林匹克的动作中的确存在单腿和分腿的各种变化形式，这些变化形式使其能够更便利地迁移到更广泛的竞技和运动经济动作中去。在抓举阶段采用经典举重动作时，由于技术缺陷的限制可能会限制运动员举起的重量（黑德克等，2001）。在杠铃提拉的变化中，相对于典型高翻和抓举动作允许操纵高的负载约是最大负荷的110%~120%，这可能会由于提拉技术的不足而造成的更大的缺陷（黑德克，2001）。杠铃高翻窄拉阶段变化有同样的生物力学特征，包括提拉第二阶段的最大功率（Souza等，2002）。同样地，杠铃宽拉也有第二阶段的特点，第二阶段的宽拉和窄拉动作的输出功率相似（Garhammer，1993）。

在核心力量产生的抓举阶段的特点是典型举重的挺举和高翻效果很小。这些杠铃提拉的变化对发展举重运动员的速度、强度是一个很好的选择，并允许在发展关键的提拉第二阶段的技术。此外，这些提拉动作允许操纵相当高的负重对这种情况的全面操作，特别是那些熟练技术动作的运动员。

正是由于这两个原因，提出举重提拉动作的变化是最大的选择，当运动员开始进入力量训练阶段的大训练周期。

## 4.2 弹射式阻力训练

弹射式训练（ballistic resistence training）代表了另外一种主要的发展向心爆发力能力的速度-力量训练形式。释放掉负载或是在动作结束时使身体在自由空间运动，是这种训练形式的特点。正是由于这种特性，使弹射式训练在发展肌肉爆发力的爆发性元素时优于传统的力量训练方式（Cronin等，2003）。具体来说，弹射式训练允许在练习的整个动作范围内产生爆发力，因为在动作结束时没有使负荷"刹车"停下来的需求。（图6.2）

图6. 2　杠铃分腿高翻

由于在练习动作结束前加速阶段并没有终止，这反过来允许产生更高的速度进而在之后的动作中达到更高的速度峰值（也就是功率峰值）（Newton等，1996）。因此，Cronin和他的同事发现解除负荷是影响功率峰值的最重要因素（Cronin等，2003和2001a）。这一点在下述事实中得到了很好的反映：在负荷被释放到自由空间的情况下，上肢在承受30%~60%1RM强度负荷范围内可以产生更大的平均速度和最大速度（Cronin等，2003）。

传统力量训练方式对训练速度-力量是不适合的。尝试以爆发式用力的方式运用传统力量训练（将杠铃尽可能快地举起并在动作结束时握住杠铃）发展爆发力，已经被证实是适得其反的（Newton等，1996）。用这种方式举起较轻的"最大爆发力"负荷（45%1RM），可在高达40%的运动范围内导致动作速度出现显著的降低。结果，在向心收缩动作开始阶段10%以上的运动范围内，卧推练习的力量和速度数值都相应地小于相同负荷的卧推抛起这样的弹射式练习的效果（Newton等，1996）。这表明主动肌的肌肉活动减少，这一点可以从相同负荷的卧推练习的肌电数值低于卧推抛起练习的事实中得到证实（Newton等，1996）。

当爆发式地进行卧推练习时，尤其是以较轻负荷进行的爆发式卧推练习，会增加对抗肌的同步收缩（Cronin等，2001a）。结果，训练刺激效应会被动作中有消极影响的部分所减弱（Cronin等，2001a）。而且，用最大加速度举起次最大阻力会使杠铃获得相当大的动能，而这些动能最终将在动作范围的末段被肌肉和关节所吸收（Newton和Kraemer，1994）。因此，试图以这种方式运用传统的力量训练发展爆发力反而会增加损伤风险。

### 4.2.1 应 用

蹲跳已经被确认为是优秀力量运动员发展下肢爆发力（纵跳高度）的有效训练模式（Newton等，1999；Wilson等，1993，Baker等，1996）。短期（5周）的蹲跳训练也被证明可以显著改善美国大学生足球运动员的最大速度-力量（1RM高翻）（Hoffman等，2005）。在速度-力量和纵跳表现方面出现的这些变化，似乎与1RM强度负荷的力量和力量峰值或肌肉形态的变化无关。一项关于业余运动员采用蹲跳训练的竞技效果和适应机制的近期研究表明，该训练可以显著提高运动员的功率峰值、RFD和速度峰值（Winchester等，2008）。但是，伴随着这些速度-力量量度的提高，运动员的力量峰值、1RM深蹲成绩或者肌纤维类型没有显著的变化。

与蹲跳明显类似的上肢练习是卧推抛起。这种训练模式已经被证明能引发上肢爆发力的显著增长（Lyttle等，1996）。与传统的抗阻训练相比，卧推抛起练习中较大的速度和弹射式动作模式的专门性更容易刺激功能性的高速适应（Cronin，2003）。因此，卧推抛起训练被认为能显著改善优秀棒球运动员的功能表现（McEvoy和Newton，1998）。对这种弹射式训练的一个实用性考虑是，它需要昂贵的装置将杠铃安全地限制在垂直方向上运动，并且一旦杠铃在动作结束被释放出去时可以制动杠铃的下降。一种替代的练习方式是弹射式俯卧撑练习，由于是以运动员自身的体重作为抛射到自由空间的负荷，这种练习避免了需要专门的设备来抓住外部负载。

与标准的修正版俯卧撑（用膝支撑）相比，女性受试者采用弹射式修正版俯卧撑练习（在动作的顶点双手离开地面）被认为能使弹射式爆发力获得显著提高（通过实心球掷远来评估），也可以获得相似的力量增长（1RM的卧推）（Wathen等，2000）。

### 4.2.2 机 制

大多数的弹射式抗阻训练都有一个预先的离心动作或反向运动。因此，这些训练模式中肌肉与肌腱间的相互作用与奥林匹克举这样的向心收缩训练模式是不同的。具体而言，在大多数向心动作的收缩过程中，收缩大部分发生在肌腱，而观察到的肌束长度变化有限（Kawakami等，2002）。从本质上讲，准等长形式的肌肉收缩主要是为了增加肌腱的弹性。离心收缩的重要性明显在于：通过弹射式抗阻训练（蹲跳）获得的功率输出的提高，有很大部分要归因归功于离心收缩阶段产生的适应性（Cormie等，2010b）。这些适应性可能包括肌肉-肌腱运动单位的机械性能变化，就像在快速超等长训练中观察到的那样（Fuller尔等，2010）。

肌肉内部的协调性包括伴随弹射式动作的高速收缩出现的高阈值运动单位的募集及其激活能力的提高（Stone，1993；Hedrick，1993）。与传统的力量训练相比，最大弹射式肌肉动作涉及的运动单位放电率更高（Behm，1995；Hedrick，1993）。弹射式收缩看起来好像是按照期望发生的弹射式动作部分地被更高的运动中心预先编程了，然后再根据运动过程中来自感受器的反馈对运动单位的激活进行一些修改。因此，重复训练会导致一种学习效应，提高运动单位在弹射式动作允许的短暂的力的增长间歇时间内的高速放电能力（Ives和Shelley，2003）。据报告，弹射式训练的训练适应包括放电频率峰值的提高，而且这种更高频率的放电似乎贯穿在整个向心动作的延伸部分（Cormie等，2011a），这个发现支持了弹射式练习的学习效应。

同样地，肌肉间的协调和对抗肌的同步收缩在很大程度上是预先编程的，并且这被认为是一种保护机制，通过预先感知弹射式动作过程中的力和肢体加速度，起到维持关节完整性的作用（Behm，1995）。在反复进行的弹射式训练过程中出现的对抗肌的精细调节，可能会减少对抗肌的同步收缩以增加净向心力的输出。有研究建议，卧推抛起训练中的加速、减速情况，都应该更与专项动作特点高度接近（Cronin等，2003）。在这种情况下，弹射式训练具有通过增强肌肉间的协调来提高竞技能力的类似优点。

### 4.2.3 最大功率训练方法的争议

以最大机械功率输出为特征的弹射式训练被认为是发展肌肉爆发力的最佳训练手段（Wilson等，1993；Baker等，2001a和2001b）。这些方法已经被证明能有效凸显运动员的功率输出和动力性竞技表现（Wilson等，1993）。然而，从方法论的角度看，尝试确定运动员个体的最大输出功率负荷往往会得到不同的结果。很多早期研究中的最大功率测试值受多种因素影响，包括训练活动的限制以及被试的相对力量和力量训练史（Baker，2001c；Harris等，2007）。

同样地，最大功率的实践意义被许多学者所质疑。从本章前面讨论过的肌肉爆发力发展的多维度本质来看，发展速度-力量的最佳方式是以某个单一百分比的1RM负荷强度进行训练的观点似乎是违反直觉的（Cronin和Sleivert，2005）。优秀运动员（联盟式橄榄球运动员）的测试数据也显示，以处于最大功率负荷值两边的不同负荷值执行特定的训练动作（史密斯机蹲跳），得到的功率输出值相差很小（Harris等，2007）。

最近的众多研究已经指出了最大功率值计算方法中的缺陷（Cormie等，2007a）。例如，已经证实的以杠铃和运动员自身体重为负荷测试的最大功率是不同的：以杠铃为负荷测试的最大功率峰值是在一个相当大的外部负荷（80%1RM杠铃蹲跳）时最大，远远大于以运动员身体作为负荷（0%1RM蹲跳）测得的最大功率（McBride等，2011）。如果计算正确，弹射式蹲跳练习中身体+杠铃“系统”达到最大机械功率输出的实际外部负荷也多次被证明等于零——也就是以体重为阻力（Cormie等，2007b；Dayne等，2011McBride，2011）。

无论确认的最大功率负荷是多大，单独采用这种训练方式往往容易忽略专门性原则。虽然一个特定的训练负荷对于一个给定动作的机械功率输出增长来说可能是最佳的，但如果该负荷与运动员在比赛中实际遇到的负荷没有关联，则训练效应以后能够在多大程度上迁移到竞技能力中就存在疑问了。单独以某一相关负荷进行训练也不大可能引起力量-速度曲线上其他区域的改善。因此，采用多种负荷进行训练就是最好的方法（Cronin和Sleivert，2005）。

在为蹲跳和弹射式俯卧撑等将身体推送到自由空间的弹射式练习选择外部负荷时，应该考虑运动员自身体重的作用（Cronin和Sleivert，2005）。事实上，这往往要在外部负荷的大小和形式与运动员执行动作时的爆发性之间做出权衡。因此，对身体姿势、举的技术以及所获得的速度和高度增长情况进行的定性评估，也可以用来指导运动员的弹射式阻力练习负荷选择。

### 4.2.4 局限性

标准的弹射式阻力训练模式往往是双侧的（例如，杠铃蹲跳）而且以主要产生垂直方向的力为特征。因此，这些训练模式可以以一种更有利于迁移到垂直方向上的双侧运动的方式发展速度-力量——因此，蹲跳训练能有效提高纵跳测试分数。然而，这些训练模式对提高水平方向上的周期性单侧动作（例如短跑）爆发力的效果不明显。一项为期10周的蹲跳研究发现，受试者的弹跳高度、等速伸膝测试分数和6s冲刺跑表现均有提高，而30m跑成绩没有任何显著改善（Wilson等，1993）。

弹射式阻力训练模式可以采用分腿站立或单侧支撑等多种变化，这些变化可以令人信服地向单侧动作提供更多的训练效果迁移。图6.3所示的肩负杠铃迈上箱子跳起就是这类练习的一个例子。其他的例子包括一些常用于快速超等长训练的改进练习形式——即仅执行这些练习的向心收缩阶段动作。这些练习通常只使用运动员的自身体重作为阻力，但也可以采用杠铃或哑铃来提高潜在的阻力。到目前为止，很少有文献关注这些已知的练习。为了确定这些训练模式是否有效，并确定多大的外部阻力才是更合适的等问题，需要对这些练习做进一步的研究。

图6.3 肩负杠铃迈上箱子跳起

## 4.3 超等长训练

### 4.3.1 应　用

超等长训练（plyometric training）是一种特殊的速度-力量训练练习，强调离心和向心运动的结合和拉长-缩短周期能力的发展（Matavulj等，2001）。超等长训练基本上来说分两类。

慢速拉长-缩短周期超等长训练的特点是有一个预先的离心收缩阶段且在固定支撑物上执行，例如反向运动跳跃（即跳起前有一个预先的反向下蹲动作）。快速拉长-缩短周期超等长训练的本质特点是有一个预先的腾空阶段，所以与地面接触的时间是非常短的。这方面的一个例子是跳深（即在一定高度的箱子或台子上自然下落，着地后立即起跳）；然而，快速拉长-缩短周期超等长训练也包括重复性跳跃动作和周期性的连续跳跃动作。（图6.4）

图6.4 分腿交替连续跳

采用超等长训练的最大好处是发展运动员利用拉长-缩短周期增强向心收缩功率输出的能力。例如，跳远和三级跳远动作都有重要的拉长-缩短周期成分，跳远和三级跳运动员在执行单脚跳这样的拉长-缩短周期任务时，会表现出下肢肌肉-肌腱有效刚度的增强（Rabita等，2008）。因此，超等长训练除了能为有训练经历的优秀青年运动员做好身体上的准备外，还能显著改善这些运动员的纵跳表现（Matavulj等，2001）。据一项调查文献的元分析报告，慢速拉长-缩短周期（反向跳跃）和快速拉长-缩短周期（跳深）超等长训练都能显著改善运动员的纵跳能力（Markovic等，2007）。

一篇关于超等长训练干预对短跑表现影响的文献综述也报告了有利的结果（Saez de Villarreal等，2012）。由于其他速度-力量训练模式对短跑成绩的迁移有限，所以这是一个特别重要的发现。这项研究也确认了对冲刺跑表现有更好训练效果的快速超等长训练干预设计的相关因素。例如，采用不同的超等长训练模式组合，包括水平方向上的超等长练习，可以获得速度表现的最大增长（Saez de Villarreal等，2012）。从专门性的观点来看，水平方向上的周期性单侧连续跳跃和水平方向上的超等长跳跃练习，是发展冲刺跑能力的最佳训练模式（Young，2006）。单脚连续跳跃尤其具有与冲刺跑过程中记录到的水平推进力、脚的触地位置和触地时间和及肌肉激活等相似的特点。相应地，早期的研究已经发现，采用包括单腿跳跃和水平方向上的单侧连续跳跃等在内的超等长练习，能提高加速跑（10m跑冲刺时间）和100m全程跑的成绩（Delecluse，1995）。

同样被证实的还有，在不同方向上执行的单侧反向跳跃动作其离心阶段的运动学特征是明显不同的（Meylan等，2010）。在这项研究中，离心阶段获得的速度峰值与前向和侧向的水平跳跃距离都有正向的统计关系，但与跳跃高度没有这样的关系。为了反映实际运动中需要的多方向动作，慢速和快速SSC超等长练习都是必要的，这不仅牵涉相关方向上的水平推进力发展，也事关这些动作中的专项性离心收缩活动，以获得所需的专项性神经肌肉适应。

### 4.3.2 机 制

由超等长训练提供的拉长-缩短周期刺激已经被证明能显著提高II型肌纤维的收缩速度和最大功率输出（Malisoux等，2006）。超等长训练也可以使肌腱结构产生结构上的适应（Fouré等，2010）。虽然经过短期的超等长训练干预后肌腱的横截面积没有变化，但可以观察到肌腱结构性质的变化。这些适应改变了肌腱的机械特性，包括肌腱强度和能量消耗的变化（Fouré等，2010）。

除了肌肉和结缔组织的这些机械适应性外，超等长练习带来的拉长-缩短周期的改善机制也始自神经。肌肉内部协调性能的改变包括来自高级运动中枢的神经输入的递减性变化。超等长练习的神经激活反应的表现之一，就是慢速拉长-缩短周期（例如反向跳跃动作）和快速拉长-缩短周期（例如跳深）动作准备阶段及离心收缩阶段的主动肌预先激活（McBride等，2008）。肌肉的预先激活可以增加肌肉-肌腱复合体的有效刚度。具体而言，在脚触地之前的短时间隔内激活肌肉，这意味着肌腱在脚与地面接触之前已经产生了张力，其导致的效果是在脚在与地面接触过程中肌束长度只发生微小的变化，这样就使肌肉-肌腱复合体的大部分长度变化发生在肌腱部位，有利于肌肉在离心收缩阶段做进一步拉伸，并在起跳前的向心收缩阶段因弹性回缩而快速缩短。这有助于分别提高离心和向心收缩阶段弹性能量的存储和恢复。

这种神经输入递减的另一个假设，是通过高尔基体腱器官对预拉阶段之前及期间的牵张反射神经通路抑制进行局部调节（Taube等，2008）。超等长训练可导致反向运动过程中牵张反射调节的神经冲动抑制的解除，它的作用是提高在随后向心收缩阶段肌肉的功率输出（Newton和Kraemer，1994）。

下肢伸肌肌群向心收缩爆发力和RFD的提高，证明了之前描述的由下肢超等长练习所引发的适应（Matavulj等，2001）。循序渐进地提高跳深高度的短期跳深式超等长训练，可以改善离心收缩形式的RFD（Wilson等，1996）。离心收缩形式的RFD改善能够增加肌肉-肌腱运动单位的弹性能量储存，这构成了渐进式超等长训练导致的SSC能力改善的基础（Wilson等，1996）。

### 4.3.3 局限性

尽管超等长训练在以下肢为主导的运动项目中被广泛运用，但仍缺乏对超等长训练最佳负荷的系统研究（Wilson等，1993）。上肢和下肢超等长训练的标准方法同样是凭经验确定的（Wathen等，2000）。由于缺乏这样的数据，体重通常因其方便而被用作抗阻训练的阻力，这可能是造成向心运动过程中功率输出增长比其他速度-力量训练模式小的原因（Wilson等，1993）。然而，在超等长训练中增加负荷可能是适得其反的，因为这可能导致对神经激活的保护性抑制效应——正像在跳深练习中增加高度所观察到的那样。一项关于超等长训练与短跑成绩关系研究的元分析发现，增加外部阻力不能获得更进一步的好处，这个发现支持了上述这种观点（Saez de Villarreal等，2012）。

在设计超等长训练时，由于已公开的不同种类超等长训练模式相对强度指导原则的不确定性，确定练习选择及其发展进程是很复杂的。最近的调查显示，在各种超等长练习中测得的肌肉活动（肌电值）和地面反应力量，在某些情况下与已经发表的这些练习强度的指导原则没有什么相似之处（Ebben等，2008；Wallace等，2010）。同样地，训练量的指导原则往往是基于对一个练习单元中脚与地面接触次数的武断限制。相反，最近的一项元分析研究指出，每次练习的训练量超过80次跳跃对短跑成绩的提高有较大帮助（Saez de Villarreal等，2012）。

在超等长训练中主动肌激活能力的增强能否迁移到跳跃高度和距离的增加上，取决于增加的向心收缩能量与离心阶段吸收的能量之间的净平衡（McBride等，2008）。例如，根据运动员的反应性速度-力量和快速拉长-缩短周期能力，跳深高度有可能比反向跳跃高度高，也可能没有反向跳跃高度高。因此，运动员采用高强度超等长训练的表现将取决于他们的训练经历，包括最大力量能力以前是否参加过离心负荷训练和拉长-缩短周期形式的训练。测量运动员的蹲跳和反向运动跳跃高度，以及从一系列跳落高度执行的跳深练习的跳跃高速，为了解运动员的拉长-缩短周期能力提供了一种手段。如果跳深的跳落高度超过运动员的理想高度，就会丧失神经的预先激活，跳深的高度将急剧下降。这看起来似乎是可随训练更改的保护性反应。

采用跳深练习提高冲刺速度似乎是个糟糕的选择，因为跳深通常表现的是在垂直方向上的双腿发力能力（Young，2006）。因此，采用为期10周的跳深训练，尽管反向跳跃能力有明显的改善，但对30m冲刺成绩没有明显的改善（Wilson等，1993）。同样地，冲刺跑的力量产生时间间隔不到垂直弹跳力量产生时间的一半，并且远远短于所采用的速度-力量训练模式中力量产生的时间（梅罗和Cormie，1994）。这可能是试图使速度-力量练习在较长距离（比30~40m更长的距离）冲刺跑表现中发挥较大效应却频繁失败的原因之一，尽管速度-力量练习能显著改善垂直爆发力及加速度（10m短跑）测试成绩（Wilson等，1993；Lyttle等，1996Harris等，2000）。之前已经提到，力量教练对上肢爆发力训练还没有统一的一致认识（Baker 和 Nance等，1999a）。训练和研究中的大多数超等长训练都是密集的下肢训练（McEvoy和Newton等，1998），发展上肢拉长-缩短周期能力的训练在文献中很少受到关注（Newton等，1997）。

少数以训练上肢为目标的超等长训练通常采用实心球作为训练阻力。与相应的下肢超等长训练相比，采用这种重量提供的外部负荷刺激要小得多。实际上，从仰卧姿势投掷实心球或其他足够重的物体提供必要的外部负荷（46%~63%1RM），如果不使用特殊的设备是不可行的。因此，通过投掷下落的实心球不能获得像在下肢跳深练习中那样的离心式的RFD提高（Wilson等，1996）。

各种弹射式俯卧撑练习显示出作为上肢超等长练习等价物的潜在使用前景。例如，以反向运动执行的弹射式俯卧撑练习可被用来发展运动员的慢速拉长-缩短周期能力，而从一个突起的木块上下落的弹射式俯卧撑练习可以发展快速拉长-缩短周期能力。后者与Jone和他的同事在其研究中描述的超等长俯卧撑测试是一样的（1999）。

## 4.4 综合训练

### 4.41 应 用

综合训练或者对比负荷训练，是一种经常与弹射式练习或超等长练习结合使用的方法。对比负荷训练的特点是，在进行全程加速（典型的弹射式）练习之前，先进行一个以力量为主导的更重负荷的练习（Young等，1998；Baker，2003）。这种方法试图利用前面的重负荷激发的瞬间机械效应及神经效应去增强随后进行的速度-力量练习的功率输出（Baker，2003）。这种现象被称为“激活后加强”效应（Chiu等，2003）。

从本质上讲，前面的肌肉收缩有两个延迟效应，影响接下来的收缩时间间隔。一种影响是疲劳，另一种是“激活后加强”效应（Kilduff等，2007）。这两个相反效应的净效应决定了在初始活动后既定时间点的即时反应。尝试操纵这些短暂影响的目的，就是利用加强效应的影响尽量减少疲劳（Kilduff等，2007）。

使竞技能力的提高最大化同时使有害的疲劳影响最小化的关键，是前面一组重负荷练习的负荷和量，以及重负荷组练习与目标活动练习之间的时间间隔（Kilduff等，2007）。等长及动力性重阻力模式已经被成功地应用于产生“激活后加强”效应的影响——通常的研究已经采用接近最大阻力的后置杠铃深蹲练习（Chiu等，2003）。然而，也有研究证明，在同一个弹射式阻力训练（蹲跳）中进行一组负荷介于中间的较重阻力的训练，可以获得短期的竞技能力提升（Baker，2001d）。理论上来说，从减少疲劳影响的观点看，采用速度-力量练习作为预先负荷应该是有利的。考查间歇时间的研究一般分别采用大负荷的杠铃深蹲和卧推作为下肢和上肢动作训练的预先负荷。有研究报告，8~12min的恢复时间对竞技能力的提高似乎是最佳的（Kilduff等，

2007）。然而，这可能会因预先负荷组练习的收缩模式及运动员个人训练经历的不同而不同（Paasuke等，2007）。

#### 4.4.2 机 制

张力敏感的收缩及其神经机制，已经被确认为是相对负荷训练中观察到的即时性训练反应的原因（Baker，2003；Chiu等，2003）。机械因素涉及肌肉-肌腱运动单位内部一系列弹性成分刚度的瞬间变化。这种肌肉收缩效应的生物化学变化之一，是在肌肉初始动作中由钙离子释放发起的调节性肌球蛋白的磷酸化（Chiu等，2003）。这个过程使肌动蛋白-肌球蛋白复合体对在随后的肌肉收缩过程中进一步释放的钙离子更为敏感，因此提出了“激活后加强”效应（Paasuke等，2007）。

各种假设的神经机制主要涉及运动过程中对运动单位的自体调节性输入的急剧变化（Kilduff等，2007）。外周通道的部分适应性变化很可能涉及从更高的运动中枢向低一级中枢传输刺激的降低。在运动单位水平上的调和因素可能是高尔基腱器官（GTO）和伦肖细胞。神经系统的净外周效应包括主动肌抑制性输入的减少和对抗肌运动单位相互抑制作用的增加（Baker，2003）。研究称，这些机械效应和神经效应是短暂的，在最初高强度的预负荷组练习开始后约20min这些效应就会消失（Kilduff等，2007）。

#### 4.4.3 局限性

由于缺乏对比负荷的数据，迄今为止很少有研究关注到综合训练产生的慢性影响（Paasuke等，2007）。结果，由长期综合训练引发的竞技能力的任何改善，其可能的机制迄今为止都尚未确定。这些方法的应用似乎也依赖于运动员个人的训练状态。据报告，下肢力量和增强的强度之间表现出显著的正相关，这表明竞技能力的即时性增强机制在训练状态的提高中发挥着越来越重要的作用（Young等，1998）。有研究证明，在运动员受试者中观察到竞技能力提高与“刺激后加强”效应相一致，而在参加业余训练的受试者中并没发现这样的反应（Chiu等，2003）。另一项研究发现，爆发力好的运动员的“激活后加强”效应不同于耐力运动员（Paasuke等，2007）。“激活后加强”效应的幅度和时间可能因运动员训练经验的不同而不同。

迄今为止，即时性的对比负荷效应已经被广泛地应用于下肢训练，通常是以蹲跳练习作为目标性弹射式活动。在预先执行一个以力量为主导的较重负荷的下肢力量练习后立即进行的立定跳远、纵跳和蹲跳成绩测试中，观察到了下肢动力性竞技表现的即时性加强（Young等，1998；Baker，2003）。上肢综合训练得到的数据一直是模棱两可的。最近的研究阐明，以一组较轻负荷（约65%1RM强度的卧推）进行的预负荷练习，能最有效地提高随后进行的目标性上肢爆发力练习的功率输出（Baker，

2003）。这就是之前的研究用较重的上肢训练负荷（85%~90%1RM强度的卧推）却没有观察到任何即时性竞技能力提高的原因（Baker，2003）。然而，最近一项以联合式橄榄球职业运动员为对象的研究发现，在先进行一组3RM负荷强度的卧推练习后的不同时间点上，弹射式卧推抛起练习的功率输出峰值都获得了显著的提高（Kilduff，2007）。

## 4.5 协调性训练

### 4.5.1 应　用

从发展精确运动技术的角度看，为了提高功率输出向运动技术的迁移，训练刺激必须与比赛中遇到的动作模式和速度高度相关（Kraemer等，2002）。这对有经验的运动员来说可能是特别明显的（Newton和Kraemer等，1994）。肌肉内部和肌肉间的协调性是这其中的关键因素，特别是主动肌、协同肌和对抗肌激活的程度和时机。“协调性训练”的概念已经被引入到符合上述标准的训练模式的描述中。

“协调性训练”的概念描述的是一种以主动肌、协同肌和对抗肌的协调为特征且高度复制了竞技活动的动作模式及时间的训练模式（Newton和Kraemer等，1994）。很多运动的技术活动，如投掷和击打运动，都涉及横切面的运动以及通过连续的多环节运动产生的转动力矩和整个运动链上的角动量传递（Aguinaldo等，2007）。相反，前面章节中描述的训练模式主要涉及直线加速运动。因此，成功的协调性训练模式一般采用对专项性动作模式直接施加阻力的方式（Escamilla等，2000；van den Tillar，2004）。例如，滑轮拉线装置已经被用于发展肩上投掷动作的爆发力（奥特玛等，2008）。

大量的研究已经证实协调性训练干预能发展（单手）投掷动作的功率输出。当执行弹射式运动技术动作时，使用重力装置的原理是在实际的目标动作过程中提供阻力。因此，弹射式阻力训练过程中采用的手段应与特定运动项目的特点相同。或轻或重的不同形式的球已经分别被作为发展速度和力量所需要的负荷来使用（van den Tillar，2004）。以轻球为负荷载体的训练干预的好处已经在此前一些肩部投掷动作的研究中进行过报告（van den Tillar，2004）。同样地，以轻球和重球组合为特色的训练，已被证实能通过对球体重量的调节成功地提高运动员的肩上投掷速度（DeRenne等，1994和1990）。然而，研究发现，使用较重球体进行地训练干预对肩上投掷项目运动员的影响更大（Escamilla等，2000；van den Tillar，2004）。更重要的是，以训练后提高了的投掷速度进行投掷练习似乎能保持投掷动作的准确性（Escamilla等，2000）。

此前，DeRenne等人的数据证实，采用±20%的规定重量变化对超轻和超重训练干预都是有效的，这与之前关于投掷运动员的研究数据是一致的（Escamilla等，2000）。另一些关于肩部投掷的研究已经报告，以超重100%的球体进行训练是有效的（van den Tillar，2004）。van Huss等人对肩部热身活动的研究表明，采用比规定的球体重120%的11oz（1oz≈28.35g）实心球，能显著提高投掷速度（van Huss，1962）。然而，在采用这种超重差异的实心球（超过规定重量的100%）进行的肩部训练研究中，通常没有报告能够获得投掷速度的提高（van den Tillar，2004）。

最近的许多研究已经对足球、篮球和无挡板篮球运动中双手头上投掷动作的协调性训练进行了调查（van den Tillar和Marques，2011）。有人认为，实心球训练干预所采用的负荷可能是一个关键因素。在本次调查中，采用3公斤实心球进行为期6周的训练被证明能显著提高头上投掷动作的速度；这比规定的足球重量重6倍（van den Tillar和Marques，2011）。在对双手旋转投掷橄榄球动作的实心球训练干预调查研究中得出了相似的结果（Gamble，2005）。这些研究结果表明，集体性项目的双手投掷动作的负荷量级，可能已超过了单手肩上投掷动作的最佳负荷。

### 4.5.2　机　制

通过调整训练使用的实心球重量（加重或减轻）来提高投掷速度的准确机制仍有待阐明。在目前的研究中观察到的传球技术速度的增加技术可能是受神经因素的影响，因为相对较重的实心球提供的负荷可能不足以引起肌肉形态的变化。这些潜在的神经因素可能包括RFD的提高。RFD参数依赖于肌肉的激活速率（Stone等，2003b），并且增加的速率主要归因于在力的产生的短暂时间间隔内运动单位激活能力的提高（Behm，1995）。传球动作中特定肌肉组织的高速力量增加可能也是原因之一。在以前的学者所做的关于肩上投掷动作的研究中曾做出过受试者有选择地募集高阀值运动单位的能力获得了提高的假设，这也可能发挥了作用（DeRenne等，1994）。同样地，主动肌、协同肌、对抗肌的肌肉间协调能力的改善，也可能有助于投掷速度的提高。

### 4.5.3　局限性

为了促进速度力量训练模式向运动技能的迁移，以专项化程度极高的负荷进行练习看起来是非常必要的。在由多个时间阶段组成的一系列连续的动作中，例如投掷动作，熟练的技术动作能提供更高程度的协调性也许并不令人吃惊（Aguinaldo等，2007）。例如，从动作模式的角度看，双手头上投掷实心球和双手胸前投掷实心球动作与棒球投掷动作的差别看起来太大了，这种训练刺激不能对棒球投掷速度产生训练效应，即使是对那些没有抗阻训练经验的青少年运动员来说也是这样（Newton和McEvoy，1994）。同样地，尽管有研究指出卧推抛起练习的力-时间曲线与卧推练习相似性很大，但在发展女性运动员的无挡板篮球投球速度时，卧推抛起训练并没有比传统的卧推训练表现出任何的优势（Cronin等，2001b）。作者得出的结论认为，卧推抛起的动作速度与无挡板篮球的胸前传球动作速度完全不同，所以与传统的卧推训练相比，卧推抛起很难获得更好的胸前传球速度训练效果。

从发展精确的运动技术的角度看，如果使用的负荷对比度太大，就会出现对精确运动模式的破坏，从而抵消任何从训练中获得的利益（Baker，2001d）。为了将角动量从髋部传递到投掷臂，单手肩上投掷这样的技巧性动作将依赖于对多环节旋转动作的角度和时机的精确控制（Aguinaldo等，2007）。在这种情况下，如果实心球过重，运动员必须从力学特点上调整自己的投掷动作来进行补偿，这样带来干扰其高度协调的动作顺序的风险。例如在Straub关于单手肩上投掷的研究中，受试者投掷的实心球的重量每周逐渐增加，最后一周球的重量达到17oz（比标准重量重240%），最终标准重量实心球的投掷速度没有任何改善（Straub，1968）。

同样值得注意的是，研究指出采用增加负荷的协调性训练干预获得的竞技能力改善，与不额外加载负荷的重复训练所取得的进步没有什么不同。例如，一项对双手头上投掷动作的研究报告，经6周训练后，标准球组运动员的投掷速度提高与实心球组或组合组（采用实心球和标准球）相比没有差别（van den Tillar和Marques，2011）。之前关于短跑训练模式的研究也报告了类似的发现，只进行标准冲刺跑的训练组比采用抗阻冲刺跑训练或辅助冲刺跑训练的训练组能更好地提高竞技能力（Kristensen等，2006）。

采用较重或较轻的专项化技术手段的协调性训练模式最适合投掷动作这样的弹射式运动技术——器械在动作结束可以释放出去。在以球拍或球棒作为运动器械的其他项目中采用这种训练模式会出现更多的问题。例如，挥动一个较重的球拍，在动作结束时较重器械的动量将被四肢和关节吸收。这带来了明显的损伤风险，尤其是如果重复训练的话。对这些击打类运动项目而言，滑轮形式的阻力可能为协调性训练提供了一种更安全和更切实可行的选择。特别是气动阻力的轮滑可能提供了一种更轻的适合弹射式击打动作的外部负荷，而且没有配重叠加式轮滑经常发生的器械损坏问题。然而，迄今为止的研究只调查了利用滑轮装置发展运动员的投掷速度，目前还没有数据确认这种训练方法适合应用于击打类项目。

## ■ 5 总结和训练建议

爆发力显然是多维度的，爆发力的发展取决于一系列的肌肉形态、机械性和神经肌肉方面的适应性（Cormie等，2011a）。因此，为实现爆发力的最优化发展需要各种不同的训练方法，以充分发挥各种不同因素对提高肌肉爆发力表现的作用。训练模式的选择将取决于运动员或运动技能中存在的问题（Baker和Newton，2005）。最佳训练方法在一定程度上也取决于运动员个人的训练能力和以往的训练经历。

例如，运动员个人的力量基础及其适应窗口期都是需要考虑的重要因素（Baker和Newton，2005）。对有较少和中等程度力量训练经验及相应最大力量水平的运动员而言，最合适的力量训练可能就是同时促进他们的力量和爆发力的提高（Cronin等，2001b；Newton和 McEvoy，1994）。对那些有较好的力量训练基础的运动员而言，会出现力量训练的收益递减现象，所以尽管会观察到力量的增长但爆发力的改善不大。因此，为了获得爆发力的显著提高，必须使这些运动员接受更多的专项化速度-力量训练模式训练（Cormie等，2011b）。

在通常情况下，在一个大训练周期内采用速度-力量的综合训练模式，随着时间的推移很可能会产生较好的爆发力提高效果（Cormie等，2011b）。奥林匹克举训练模式能促进向心收缩爆发力的提高，并凭借较大的外部阻力获得最大爆发力表现。弹射式抗阻训练提供了一种提高向心收缩功率输出的手段，这部分地是由于发生在离心收缩阶段的训练适应；杠铃蹲跳过程中“运动员身体”的功率峰值和“运动员身体+杠铃”这一系统的功率峰值，也明显高于0%~80%1RM负荷杠铃高翻训练中获得的效果（McBride等，2011）。超等长训练能促进慢速拉长-缩短周期和快速拉长-缩短周期两种性能的改善，可以采用超等长训练进行高度专项化的动作模式训练，这有利于训练效应在水平方向和多方向上的迁移。最后，协调性训练模式提供了一种为投掷和击打这样的运动技术发展专项化爆发力能力的手段。

有计划地变化训练计划，是随着时间的推移获取爆发力最佳发展的一个重要因素（Winchester等，2008）。这涉及所采用的训练模式及速度-力量训练的强度。在力量训练过程中采用一定范围内的负荷变化通常能获得更好的爆发力训练效果（Cormie等，2011b）。一种波浪式起伏的周期训练模式已经被成功应用在一项短期（8周）的速度-力量训练研究中，其特点是练习内容之间和连续训练周之间的训练强度都变化（Winchester等，2008）。

在连续进行地练习组别和重复性练习过程中，单元练习形式也对训练刺激及力量和速度参数有影响。据报告，在奥林匹克举训练（80%1RM强度的杠铃高翻，3组×6次）中采用的组间休息参数，对第2组和第3组练习中的功率峰值、力量和速度衰减有显著的影响（Hardee等，2012）。同样地，为了提高每次重复动作的质量和增加练习变化，可以改变每组速度-力量练习的方式（Haff等，2008）。这样的训练方法涉及“集群”或“暂停-休息”练习组别的使用：这种练习方式涉及组内单个重复动作之间的短暂休息时间。据报告，当以“集群”方式进行各组练习时，连续重复的奥林匹克举练习（窄拉）的上举速度能被更好地保持（Haff等，2003）。与连续进行6次重复的传统训练方式相比，在以“1次、2次或3次重复配合休息间歇”的“集群”方式进行的弹射式抗阻练习（杠铃蹲跳）中可以观察到类似的功率输出和速度练习结果（Hansen等，2011）。由于后面这项研究的受试者是有丰富训练经验的职业和半职业运动员，这些研究发现尤其值得注意。因此，采用这种训练方法能够使运动员受到的机械刺激最优化（Hansen等，2011），在神经协调方面也同样能够获益（Haff等，2008）。在规划运动员的速度-力量周期计划时，根据阶段训练目标（例如，爆发力及爆发力-耐力），在训练周期的不同时间变化组间及组内训练参数，是体能专家可能使用的另一种训练工具。

# 第七章

# 速度和灵敏性训练

## ■1　导　言

集体性项目中的速度和灵敏性代表着复杂的运动技巧，这是被大家所公认的（Verkhoshansky，1996）。因此，发展速度和灵敏性的训练看起来需要神经肌肉的高度专门性。同样地，在为特定的运动项目设计速度和灵敏性练习时，必须考虑生物力学特征的专门性问题。发展速度和灵敏性时，也必须要考虑支撑速度和灵敏性的感知觉成分，这些成分包括预测和决策；这些约束条件具有专项和专项位置特征。

速度能力的发展必然包括各种各样的因素。例如，对运动员来说需要潜在的力量来克服其身体自身的惯性。在每次脚与地面接触推动身体向前时，同样需要速度-力量和拉长-缩短周期能力。除了身体能力，速度还高度依赖于神经肌肉的协调性和机械性能等方面的能力。为了最终迁移到竞技能力中去，所有这些组成成分都必须用专门的运动形式（例如跑步和滑冰）和运动项目的特征性动作速度方式来训练。

变向能力是相对独立于直线速度能力的（Little和Williams，2005；Young等，2001a）。多方向加速及减速运动涉及运动方向的改变，是运动中所涉及的专项能力和应当被训练的能力，反过来又会加强灵敏性表现（Jeffreys，2006）。集体性项目的灵敏性不仅包括改变运动方向的能力，还包括对特定运动环境中线索的预判、阅读和反应能力（Sheppard和Young，2006；Young和Farrow，2006）。

由于运动项目的本质各不相同，高速动作的起始条件可能也各不相同。同样地，集体性项目运动员的反应速度和灵敏性，表现在运动员对运动实际动情况的反应上。（Young等，2001a）。因此，感知-运动耦合和决策在发展运动员比赛情况下的速度和灵敏性表达能力方面起着至关重要的作用。

## ■ 2　速度和灵敏能力的可训练性

从传统上来说，教练员对是否能够通过训练提高速度的问题是存在争议的，但近年来人们的观念在一定程度上已经发生了变化。教练员逐渐认识到尽管遗传因素对速度有重要影响，但越来越多的人开始接受通过适当的训练干预可以发展运动员的速度能力这样的观点。但关于灵敏性是否可以通过训练获得改善的辩论仍在一定程度上继续着（Gamble，2011a）。

有越来越多的数据支持训练干预能提高运动员的变向（Brughelli等，2008）、预判和决策能力等灵敏性方面的表现（Serpell等，2011）。为引发这些方面的改善，需要专门的训练；速度训练本身不会提高变向能力或灵敏能力。

## ■ 3　速度和灵敏性发展的专门性

作为运动员灵敏性能力的指标，直线冲刺成绩和变向测试分数之间通常只有非常有限的统计学关系。一项关于职业足球运动员的测试表明，加速成绩、最大速度和变向能力之间的相关系数非常低（Little和Williams，2005）。作者得出的结论是，速度和灵敏性是两种相对独立、互不相同的能力。此外，当灵敏性测试中包括任何一种运动技巧因素时，这些能力的测试成绩之间的相关性显著降低（Young等，2001a）。

这些研究结果反映的是直线跑和变向动作之间的力学差异（Sheppard和Young，2006；Young等，2001a）。主要的差异包括步态的力学特点，减速及侧向加速需求，以及涉及相当多的髋关节外展和内侧方向的地面反应性力量的变向动作（McLean等，2004）。

有研究报告，在进行为期6周的直线冲刺训练后，训练效应对变向能力改善的迁移非常有限（Young等，2001a），这使得训练效应的专门性说法更具说服力。在这项研究中，由于灵敏性测试的复杂程度提高（数量更多的变向和折转角度变化），直线冲刺训练后的变向表现提高很小。反过来看，灵敏性训练也是这样的结果。经过6周的灵敏性训练，在选择各种不同数量的方向变化进行测试时发现灵敏性得到了提高，但直线冲刺测试成绩没有提高（Young等，2001a）。这些支撑灵敏性的变向能力似乎是独立于直线冲刺能力的，因此必须通过特殊的训练才能提高（Jeffreys，2006）。

## ■ 4　冲刺跑的力学特点

### 4.1　冲刺跑过程中脚的踏地动作

冲刺跑时脚与地面接触的持续时间是非常短暂的，在这段时间间隔期间运动员有机会推动自己向前运动（Weyand等，2010）。由于这些原因，与脚的踏地动作相关的诸多方面，都会对最大限度地推进身体向前运动并最大限度地减少阻力产生相当大的影响（Gamble，2011b）。其中的一个例子是脚在触地初始阶段与身体重心的位置关系。运动员在移动过程中，脚的位置不能超出身体重心太远是至关重要的，超出太远将会产生过度的制动效果。在高速运动中，脚最初蹬地的最佳位置是在身体重心之前，这样可以最大限度地缩短脚与地面接触的时间间隔（Nummela，2007）。

同样地，脚和下肢的运动指向及脚与地面接触时的相对运动，也将决定着制动力和推进力的相对大小。如果在脚与地面最初的接触中脚是向前移动，就会产生阻碍摩擦力；因此脚应该向后运动，这样做的目的是产生最小的阻力和最大的推进力（Nummela，2007）。脚与地面接触的面积也是一个重要的影响因素。如果运动员用双脚的脚后跟着地的话，将会产生更大的反作用力；但这样做不仅会增加冲击力，而且也会增加制动阻力（Divert等，2005）。因此，观察到的优秀短跑运动员都是用足弓或前脚掌着地（Lieberman等，2010）。除了减少制动阻力和增加推进力，脚的这种着地方式也能提高弹性势能的储存和释放（Jungers，2010）。

### 4.2 手臂动作对步态力学特征的重要性

虽然在文献中没有得到广泛的证实，但经常会听到短跑教练员谈到手臂动作对良好的短跑力学特征的重要性。在初始加速过程中，运动员采用了手臂快速向后摆，同时同侧腿向前移动，而异侧手臂有力地向前向上摆动相结合的方法。同侧手臂驱动作用是短跑所有阶段的特色；本质上，肩的反向旋转和手臂的向后摆动，有利于髋的旋转和腿的向前摆动。当手臂被强制性限制时，手臂动作对跑的力学特征的重要性就会显示出来（Fujii等，2010）。在这样的限制条件下，运动员必须采用更短的步幅，以便通过增加步频的方式来进行补偿。

在加速阶段，对侧手臂的前、后摆动起到了独特的作用。这种运动类似于运动员在纵跳推进阶段的手臂摆动（向前摆动）。在跳跃动作中，当下肢的伸肌将运动员向上推进时，手臂的摆动有助于绷紧躯干部位，以及有助于产生向上的动量，最终使产生的力矩值增加，得到更大的跳跃高度（Feltner等，1999）。在跑的初始加速阶段，手臂向前的摆动起到了与跳跃动作中向上摆臂同样的作用（使躯干绷紧和提高力矩的产生），起支撑作用的下肢将运动员向前推进同时异侧腿向前摆动。

集体性项目运动员在运动中也必须适应运动中的球或运动器械，例如曲棍球棒。控球或运球，都要与运动员自己的身体姿态和运动技术相适应，要和运动中场地对手臂动作的限制条件相适应。这些技术变化代表了区分优秀运动员和低水平运动员的专项能力。例如，技术娴熟的篮球运动员在运球时为了保持髋关节和下肢的机械性能，通常会增加肩部的转动（Fujii等，2010）。因此在发展运动员速度和灵敏性过程中应该注意改善这些跑步技术。

## 4.3 冲刺跑不同阶段的跑动力学特点

短跑过程中的步态周期可以分为两个不同的部分。

（1）触地和支撑阶段。这开始于最初的脚触地时，结束于当脚离开时，也就是“脚趾离地”，支撑阶段可以细分为制动或缓冲阶段和推进阶段。

（2）腾空或摆动阶段。由初步的动作复原组成，在该阶段，最初的下肢向后运动先慢下来，之后当腿被向前带动通过身体重心时腿的运动方向就逆转了，然后继续向前摆动直到脚落地为下步做准备。

在初始加速阶段和最大运行速度阶段存在着显著的运动力学差异。各自的支撑和摆动阶段的持续时间不同，是差异之一。在最初的起步加速过程中，脚与地面的接触时间是比较长的；在运行到最大速度阶段，脚与地面接触的时间必须是非常短暂的。另一种主要的不同包括身体姿势和最初蹬地时的位置。具体而言，在加速阶段身体有明显的向前倾斜，而在最大运动速度时通常采用直立身体姿态（Weyand，2010）。在加速阶段，为了最大限度地产生向前的推动力，最初的蹬地位置在运动员的重心后方（Kugler和Janshen，2010）；在最大速度阶段，脚与地面的接触位置明显在运动员身体重心的前面。

## 4.4 运动中的速度表现

集体性项目运动员的短跑技术看起来不同于田径运动员的短跑技术（Young等，1995）。此外还有研究证明，集体性项目运动员与田径运动员相比，加速阶段应该更短，以便运动员在较短距离内获得最大的速度（Baker和Nance，1999）。关于田径运动员和集体性项目运动员的研究发现，发展加速能力的方法与最大短跑速度的相关性并不大（Young等，1995；Cronin和Hansen，2005）。这反映了一个事实，即这些能力的肌肉募集方式和运动能量释放方式不同。

在一些集体性项目中，与通过长距离获得的最大速度相比，加速度和短距离运动速度可能与运动项目的相关性更大（Cronin和Hansen，2005）。高速运动的距离通常比较短，且一般涉及运动中直接参与击打和防守的动作。在有限场地面积内运动的集体性项目（篮球，排球）运动员以及其他场地集体性项目中一些具体的场上位置，很少会通过足够长距离的高速运动达到最大速度运动（McInnes等，1995）。因此，对这些运动员来说最大速度训练看起来是次要的，他们很少会在赛场上使用到这些能力（Young等，2001a）。相反，运动场地较大的集体性运动项目（如橄榄球和足球）

中，当运动员开始短距离冲刺时他们可能已经是处在跑动状态了（即已经有了一个预先的加速），这样就允许场上特定位置的运动员在一定距离内达到接近最大速度的跑速（Little和Williams，2005）。对这些运动员来说，发展他们的长距离最大速度能力也是一个重要的训练目标。

## ■ 5　集体性项目中灵敏性表现的不同方面

关于灵敏性的界定最近有了一个明确的定义：对刺激反应做出的变速或变向的快速全身动作（Sheppard和Young，2006）。因此，在集体性项目中，灵敏性不仅包括改变方向的能力，还包括对运动情况的预判和决策能力。

### 5.1　变向动作的力学特征

变向动作加速阶段的力学原理与之前描述过的直线加速阶段获取推进力的原理有很多相似之处（Gamble，2011c）。例如，在预定运动方向上，身体与地面的倾斜角和脚与身体重心的相对位置将决定在垂直和水平方向上的地面反作用力，也因此决定了水平方向上的净推动力（Kugler和Janshen，2010）。然而，从定义上看，变向动作需要直线运动中并不明显的指向身体内侧的地面反作用力（McLean，2004）。因此，两者在肌肉的募集方面也有相应的不同，特别是变向动作涉及更大程度的肌肉内收和外展，并且髋带周围的不同肌肉对变向动作的产生都有直接贡献。

根据运动员的初始速度和偏离原来运动方向的程度，运动方向的改变通常包括一个缓冲阶段，在这个阶段中运动员必须降低他们的运动速度，紧跟着进入被推向一个新的方向运动的阶段（Brughelli等，2008）。这种改变方向的减速运动需要制动阻力的产生。为了使重新设定的身体重心有利于减缓运动势头，这些减速运动需要调整身体姿势，还要考虑到直线运动中介绍过的脚的不同位置和脚与地面的接触时间。因此，减速运动被认为是一种特殊的运动能力（Griffiths，2005；Lakomy和Haydon，2004）。

此外，在变向动作中的减速和加速阶段的转换，通常包括离心和向心运动的结合，还有其他一些方面（Gamble，2011c）。

### 5.2　灵敏性的感觉、知觉和决策因素

运动方向的变化对身体的平衡能力提出了更大的要求，特别是对动态稳定性和下肢神经肌肉的控制能力提出了更高的要求。在反应条件下执行变向动作反过来对身体的不同感知觉控制提出了挑战（Gamble，2011c）。当在反应条件下执行同样的变向任务时，神经肌肉控制会遇到更大的复杂性挑战，这一点从可测量的动力学和运动学特征上可以反映出来（Besier等，2001）。

在对运动刺激的反应中，除了有关的感觉和认知能力外，灵敏性的限制条件也可能决定运动员的预判和决策能力。例如，当拦截一个球时，有经验的运动员通常采取一种预测动作策略，这种策略是基于球最初的运动轨迹提前预判球的运动（Gillet等，2010）。对高水平的运动员的观察发现，这些运动员对比赛情况下的有关线索有良好的洞察、选择和处理能力（Holmberg，2009）。在预判动作反应后，运动员将根据实际观察到的球的运动轨迹调整和改变他们的运动，这些调整包括进一步的视觉运动能力，这种能力同样可以用来区分运动能力的高低（Gillet等，2010）。因此，优秀运动员对灵敏性拥有高度的意识和反应能力，运动员在比赛情境下所面对的限制也具有高度的专项特征（Gamble，2011c）。

## ■ 6　影响速度发展的因素

许多不同的因素决定着比赛过程中的速度能力表现。每一种影响因素对发展速度能力来说，都可以看作是一种途径，通过这种途径可能会提高速度的表现能力。为了最大限度地获得整体速度的发展，应该通过特定的训练对每一种影响因素进行积极的干预。因此，采用多维度的方法发展运动速度似乎是最合适的方法，正如第六章介绍过的发展爆发力的“综合方式”训练方法（Newton和Kraemer，1994）。

开始几步的速度表现方面的技术和运动学特征，与在较长距离最大速度冲刺跑中观察到的不一样（Delecluse，1997）。第一步的速度（0~5m短跑时间）和加速能力（10m快速跑）已经被用来区分运动员的30m跑能力（Cronin和Hansen，2005）。虽然集体性项目运动员（职业和半职业橄榄球运动员）的第一步速度和加速数据彼此密切相关（r=0.92），但这些能力与运动员的最大运动速度关系不大（Cronin和Hansen，2005）。因此，不仅可以单独评价这些能力，而且经过不同的距离和不同的训练刺激可以分别发展这些能力中的每一种（Cronin和Hansen，2005）。由于短距离速度对集体性项目非常重要，采取专门训练提高决定运动员加速能力的运动技术和神经肌肉能力就显得非常必要（Cronin和Hansen，2006）。

### 6.1　力量和速度-力量训练方式

从克服运动员自身惯性的角度看，特别是在起动的高速运动时，最大力量和速度-力量（爆发力）是关键的因素。通过增强运动中肌肉产生力的能力，有可能提高运动员在比赛中进行高速运动的加速度和速度（Cronin和Hansen，2006；Hoff，2005）。在特定的运动项目中应用适当的力量训练，是实现这一目标的方法之一（Verkhoshansky，1996）。

在短跑冲刺的不同阶段，占主导地位的力量能力也各不相同（Young等，

1995）。相对于身体质量的最大力量在最初的加速阶段是相对更为重要的（Young等，2001a）。向心收缩的速度-力量对最初的加速度和经过较长距离获得的速度来说都是很重要的（Young等，2001a）。反应力量能力在使运动员获得更大的运动速度和脚与地面接触时间最短方面，发挥着越来越重要的作用（Young等，2001a）。快速拉长-缩短周期能力对最大短跑速度同样是至关重要的。

相关的研究声称，速度-力量测量值与集体性项目运动员的速度能力密切相关。在一项对联盟式橄榄球项目的半职业和职业运动员的研究中发现，只有负重蹲跳和纵跳（蹲跳和反向跳跃运动）分数能够对运动员进行“快组”和“慢组”的有效区分（Cronin和Hansen，2005）。另一项对联盟式职业橄榄球运动员的研究发现，较高的速度-力量测试分数（较高负荷的蹲跳和3RM杠铃悬垂高翻）与运动员的速度表现有较强的统计关系（Baker和Nance，1999）。最近一项以澳大利亚职业橄榄球运动员为对象的研究指出，运动员的悬垂高翻分数能成功地区分其短跑冲刺能力（快速组和慢速组）（Hori等，2008）。

为了提高速度能力，需要加强对髋、膝和踝部位肌肉的力量训练，因为在短跑冲刺阶段都会涉及这些部位（Deane等，2005；Delecluse，1997）。在髋关节和膝关节角度符合跑的要求情况下，奥林匹克举练习和蹲跳这样的弹射式练习有利于运动员下肢速度-力量的增长（Cronin和Hansen，2006）。采用奥林匹克举动作进行的短期训练，被证实能显著提高有力量训练经验、充满活力的男大学生的10m跑速度（Tricoli等，2005）。3RM杠铃悬垂高翻和蹲跳训练与橄榄球运动员的10m冲刺和40m冲刺成绩的相关性，支持了这种观点（Baker和Nance，1999）。

然而，尽管之前的相关研究指出了肌肉本身的速度-力量的重要性，但是很少有关于力量和速度-力量训练成绩对提高速度能力的系统研究。提出这个观点的原因之一是，通常的速度-力量训练研究采用弹射式训练或者奥林匹克举训练模式，这种训练模式通常主要涉及的是双侧的和垂直方向的爆发力（Young，2006）。这样就产生了明显的有关运动力学和运动专门性的质疑，因为短跑涉及的是单侧的周期运动和水平方向上的力量。根据这个结论提出了以下两点建议：第一，为了把速度-力量的增长迁移到短跑表现中，逐步将训练模式进阶到奥林匹克举的各种单侧和分腿变化，可能是很有必要的。第二，水平方向的速度-力量练习和超等长动作练习，例如单腿连续跳跃练习，可以发展速度力量和反应力量，该练习方式能为速度表现提供更大的训练效应迁移（Young，2006）。

## 6.2　冲刺跑的超等长专门练习

冲刺的不同阶段都不同程度地依赖于于慢速（300~500ms）和快速（100~200ms）

拉长-缩短周期能力，在加速过程中依赖于慢速拉长-缩短周期运动，因此需要脚与地面接触的持续时间更长。之后快速拉长-缩短周期占主导地位，因为运动员脚与地面的接触时间越短越能产生更高的速度。快速拉长-缩短周期能力与有训练经验的运动员的30m冲刺跑和更长距离（超过100m）成绩显著相关（Hennessy和Kilty，2001）。对优秀女子短跑运动员的研究发现，事实上，跳深高度被认为是一种最能预测运动员短跑成绩的单项指标。

专门的冲刺训练和连续跳跃练习是发展拉长-缩短周期能力的传统手段。为了促进训练效果向运动能力的迁移，需要考虑运动项目的专项特点，使练习采用的力-时间特征反映运动员在赛场上遇到的那些高速运动的力-时间特征是非常重要的（Mero和Cormie，1994）。当发展拉长-缩短周期能力时，特别重要的一点是特定练习中涉及的脚与地面的接触时间。特别是在踏地和单脚连续跳跃练习中，会出现过多的制动和补偿性推进阶段，这将降低拉长-缩短周期的训练刺激，并制约其引起神经肌肉适应性改变的有效性（Mero和Cormie，1994）。

这其中的一个原因是踏地和单脚连续跳跃练习是以脚跟先触地而不是最大跑速时以足弓触地，从生物力学角度来看这又是不利的。最佳的连续跳跃的特点是，最初与地面的接触的部位是足中部，并且接触时间很短，这避免了上述的那些问题，因此，这很可能有利于拉长-缩短周期和神经肌肉的适应性（Mero和Cormie，1994）。一项以单侧和水平方向的连续跳跃练习为特色的短期超等长训练研究，被认为能成功提高10m（加速度）和100m（最大速度）短跑时间，这个发现支持了上述观点——尽管该研究是以非运动员为被试进行的（Delecluse等，1995）。

## 6.3 抗阻的协调能力训练模式

抗阻冲刺跑是一种专门发展加速度的训练方法（Cronin和Hansen，2006）。这可能仅仅需要一个倾斜面就可以获得。向上冲刺涉及的运动变化包括更大的躯干弯曲和脚蹬地时与身体重心之间的距离减小——这有利于延长推进阶段脚与地面接触的时间（Paradisis和Cooke，2001）。这样的变化可能会复制加速阶段出现的力学特征（Cronin和Hansen，2006），这些变化包括明显的向前倾斜和更多的膝关节伸肌参与（Delecluse，1997）。

拖拉较重的雪橇或轮胎能同样被用来作为发展短距离直线冲刺能力的阻力。用这种方式使用阻力需要更大的躯干和骨盆稳定性。因此，在短跑冲刺运动中应该要促进发展腰骶骨盆的稳定性（Cronin和Hansen，2006）。拖拉动作可能会产生与那些用上坡冲刺跑训练相似的运动学变化（更大的躯干倾斜、髋关节屈曲及脚与地面的接触时间延长）（Lockie等，2003），这些变化可能有利于加速度的发展。较重的牵引负荷看起来对短跑冲刺能力的干扰程度更大（Lockie等，2003）。出于这个原因，通常建议负载较轻的重量（大约为身体重量的10%），然而，运行表面产生的摩擦力是另一个很难量化的影响因素（Cronin和Hansen，2006）。另一种可能更加实用的方法是评估给定的负载对竞技能力（短跑冲刺）的影响程度如何。指导性建议是，如果大于10%身体重量的负荷对短跑冲刺时间的影响程度太大，就应该进行调整（Cronin和Hansen，2006）。

增加运动员的“体重”是另一种方法，通过这种方法教练员可以增加速度训练中的阻力（Cronin和Hansen，2006）。负重背心为运动员在垂直方向上（而不是水平方向上）提供了不同形式的负载重量。虽然这样运动员的步长和步频会较少，脚与地面的接触时间会增加，但当穿着负重背心时，关节的活动度没有明显的变化，这将有利于支撑这种训练模式的生物力学特征（Cronin和Hansen，2006）。

## 6.4　专项速度发展

短跑是一个高度复杂的运动技能，涉及多个肌肉群的高度激活（Ross等，2001）。速度也被归类为一种相对封闭的、可通过训练加强的运动技能，具有可预测、可计划的运动模式（Young等，2001a）。短距离冲刺跑训练后，肌肉的激活顺序和由此产生的运动力学特征都发生了变化（Ross等，2001）。因此，特定的神经肌肉训练对发展所需要的肌肉内部协调性和对高速运动中涉及的专项化节奏调整和运动模式的执行都是至关重要的。

### 6.4.1　加速阶段的速度发展

从运动力学和运动学的具体观点来看，发展加速度的训练方法应该旨在复制加速阶段的运动力学特征，如在推进过程中涉及的更大的髋关节伸展和膝关节屈曲（Cronin和Hansen，2006）。

此外，在加速技术练习过程中，特别是在最初的几步中，以下因素应该被重视。

（1）手臂向后摆动驱使同侧膝向前运行经过身体中线。

（2）在前进方向上对侧手臂的摆动——类似于在垂直跳跃推进阶段采用的手臂摆动动作。

（3）从脚趾站位开始，身体倾斜大约与垂直方向成45°，或者在跑动开始时倾斜角度在30°~40°范围内（Kugler和Janshen，2010）。

（4）髋关节、膝关节和脚踝关节要完全伸展，这样可以使身体从头顶到脚趾成一条直线。

开始阶段降低身体重心，对有经验的运动员在加速运动过程中所需要的身体向前倾斜程度来说是一种很好的工具。从弯曲的起始位置开始的三点式蹲踞起跑，同样为发展手臂动作和腿部驱动提供了一种手段。原地起动练习的过程也包括为了达到预期的身体倾斜和脚步位置而采取的各种各样的起动策略。例如，为了产生向前的倾斜和支撑脚的位置在运动员身体重心的后面，可以采用向后落脚的措施，这也被叫作“虚步”（Frost等，2008）。这些运动策略也包括一种预负荷动作，例如落步，这有利于提高输出功率和推动力，类似网球运动员采用的弓步来提高第一步的加速度（Gamble，2011b）。

另一个需要考虑的重要因素是在比赛中的加速度和最初的第一步速度的条件（Young等，2001a）。运动员可能从原本处于的静止状态或运动状态（在不同的方向上）去加速拦截一个球或者参与到比赛中。因此，运动员必须具备从最初的各种起始状态进行加速和在短距离内产生需要的速度的能力（Cronin和Hansen，2006）。出于同样的原因，除了传统的从站立姿势开始外，应该发展从不同的身体姿势和位置开始的加速技术，也要发展从运动状态下开始的加速能力。最后，为了发展在加速运动中的观念和行动的融合，在进行练习时应该发展包括这些不同反应条件下的加速技术（Gamble，2011b）。

### 6.4.2 最大速度的发展

提高短跑运动速度的一个重要方面，是最大限度地提高脚与地面接触时的地面反作用力和限制脚与地面的接触时间（Hunter等，2005）。运动员在脚向后蹬地的过程中，产生的相对于运动员身体质量的推进刺激，最能预测运动员的短距离（约为16m）冲刺速度（Hunter等，2005）。脚在向前的方向上运动时，髋关节和膝关节转动和蹬地过程中的协调能力是一种复杂的神经肌肉技能，为了发展这种能力需要对运动员进行专门的训练。以增强运动单位募集能力（肌肉内部的协调能力）和肌肉间的协调能力为目标的高速度训练，已经被证明能提高运动员的速度表现（Delecluse等，1995）。事实上，传统的冲刺训练看起来是一种更加适合短期内提高运动技术和速度的训练方法（Kristensen等，2006）。

特别是直线冲刺跑技术也可以通过合适的技术练习被训练和加强（Cissik，2005）。就其本质而言，这些练习通常是自定节奏和在次最大速度状态下执行的。这方面的例子包括步行练习，例如通常被田径运动员所采用的“A”练习（发展静态平衡能力）和“B”练习（在静态支撑面上发展动态平衡能力）。这些练习存在着各种各样的进阶形式，包括连续跳或者交换跳的变化。发展维持稳定的平衡姿势是至关重要的，因为从稳定的平衡姿势状态起动，脚可以直接作用于地面产生地面反作用力推动身体前进。同样，这些练习提供了一种发展所需要的姿势控制和协调性的方法，以保持在腾空阶段下肢动力链和躯干在垂直方向上绷紧，并避免每一次脚与地面接触时身体向下垮塌（Nummela等，2007）。这些技术练习提供的其他作用是在腾空阶段（即脚趾离地）的末期和摆动阶段的早、中期之间的转化过程中，传授和强化正确的动作“复原”力学原理。具体而言，这些练习重点强调了腿在身体下面运动时的弯曲，以减少身体的惯性力矩（van Ingen Schenau等，1994）。

虽然所描述的这些技术练习强调了冲刺跑力学特征的某些特定方面，但这些练习也明显不同于高速跑的力学特征和运动速度特点。因此，为了把训练效果转化为竞技能力，这些技术训练必须最终实际运用到短跑比赛中（Cissik，2005）。运动员在进行短跑冲刺时通常展现出最大的运动速度，这是非常重要的，因为在以不同的速度进行冲刺时，各肌肉的神经肌肉协调模式是不同的。运动员在不同情况下进行短跑冲刺练习时，也应该反映与比赛相适应的运动速度和运动距离。此外，当设计涉及带球或运球项目的速度训练课时，也应该注意使专项性的高速运动练习与专项运动中的球或器械适应（Fujii等，2010；Sheppard和Young，2006）。

## ■ 7 影响灵敏性发展的因素

最近关于灵敏性的定义有一个明确的界定：对刺激反应做出的变速或变向的快速全身动作（Sheppard和Young，2006）。因此，在集体性项目中，灵敏性不仅包括改变方向的能力，还包括对运动情况的预判和决策能力。正如速度表现能力，在大致相同的情况下，集体运动项目的灵敏性表现受多种因素的影响（Gamble，2011c）。此外，改变运动方向也要考虑其他方面的因素，例如在各个方向上加速和减速的需要。从根本上说，集体性项目的灵敏性同样包括对与比赛相关的线索的反应，如感知-运动耦合和决策等因素（Sheppard和Young，2006）。

关于发展运动项目灵敏性有两种观点（Bloomfield等，2007）。一种涉及在相对封闭空间内的运动技术练习，经常用专业的商用设备，例如：绳梯、小栏架和弹力带。另一种观点主张一种更加开放的技术训练方法，这种方法被认为是在一个更加开放的环境下发展运动的灵敏性，因此更加接近比赛的实际情况（Bloomfield等，2007）。

### 7.1 力量和速度-力量训练模式

侧向运动是集体运动项目中运动员竞技能力的一个特征。特别是竞技比赛中频繁出现的闪避对手的行动往往始于侧向移动（Twist和Benicky，1996）。同样地，侧向切入动作（快速变向来闪避防守队员）涉及髋关节外展和向内的侧向地面反作用力来推进侧向移动动作（McLean等，2004）。因此，发展在这些不同运动平面上的速度-力量看起来对发展侧向加速度是非常重要的，这和在矢状面上为了提高直线加速度采用的发展速度-力量的练习是大致相同的（Hedrick，1999）。

据报道，标准的双侧力量和爆发力测试值（蹲跳、负重和不负重的纵跳）通常与变向能力的关系不大（Sheppard和Young，2006）。澳大利亚橄榄球运动员规定的杠铃悬垂高翻同样与这些运动员的变向能力关系不大（Hori等，2008）。发展速度-力量的练习通常都具有双侧和矢状面运动的特征，但这些练习对发展所需要的变向运动可能存在不足，而通过合适的单侧力量练习能更好地发展运动员的变向能力。合适的单侧力量训练和超等长练习，可能更有利于发展运动员改变运动方向时需要的力量（向心收缩和离心收缩）、速度-力量和反应性力量能力（Twist和Benicky，1996）。同样地，这些练习一定以在运动的相关平面上产生力和推进动作为特征。这是一个值得进一步研究的领域。

根据在这些运动过程中脚与地面的接触时间，慢速拉长-缩短周期因素也对运动员的竞技能力有贡献。由于在变向运动中脚与地面的接触时间比冲刺运动中更长，所以在变向运动中慢速拉长-缩短周期因素（300~500ms）比快速拉长-缩短周期（100~200ms）更为重要。看起来，反应力量成绩（例如，跳深测试数据）与变向能力有更密切的统计学关系，而向心收缩力量训练成绩与变向运动却没有密切的联系（Sheppard和Young，2006）。出于这个原因，建议采用专门的训练措施来发展这些肌肉的适应性，例如单侧和双侧的跳深训练，都能潜在地提高运动员的变向能力（Young和Farrow，2006）。为了发展变向运动中涉及的相关动作，这些发展反应力量的训练也应该以包含反转方向和侧向动作的单腿超等长练习为特征。（图7.1）

图7.1 拉线抗阻交叉侧弓步

## 7.2 姿势控制能力和身体的稳定性

腰骶-骨盆的稳定性和神经肌肉控制能力（包括全身的身体感知觉和平衡能力）都能有效地

改善运动员的变向能力。运动员的意识、身体的控制能力和身体重心的位置都是至关重要的因素，因为这些因素能使运动员有效地进行灵敏性运动（Yaggie和Campbell，2006）。维持腰骶-骨盆的稳定性和强壮的躯干姿势，看起来对保持变向运动中下肢运动的运动力学特征和高效地传递从地面产生的向上作用力是至关重要的（Kibler，2006）。（图7.2）

图7.2 单腿交替侧向跳上箱子

动态平衡能力也很重要，它能使运动员更有效地消除涉及减速和变向运动的不利因素（Myer等，2006a）。无论最初的起始姿势是加速、减速还是变向运动，都需要调整到合适的身体姿势（Young和Farrow，2006）。对于变向运动来说，控制身体姿势的一个主要方面就是控制躯干相对于骨盆的位置和方向（Kibler，2006）。例如，在横向切入动作中，当运动员用外侧脚切入的时候，为了获得最大程度的水平推进力他们通常会向另一个新的运动方向倾斜。同样地，在运动中为了有效地传递、转移这些从地面产生的反作用力，最佳的操作方法是需要运动员通过一个稳定的躯干来维持张力（Young和Farrow，2006）。正因为如此，一般来说，整个腰骶-骨盆区域的稳定性和力量对竞技运动中特别是变向运动中涉及的动力链（从支撑基础到肢体末端）的最佳功能是至关重要的（Kibler等，2006）。

变向运动的训练计划能提高运动员的预测能力，它能更加容易地调整所需的身体姿势。对于没预测到的切入运动应根据外部反应线索进行调控，但这些姿势调整起来非常困难，这反过来会影响下肢关节负荷（Besier等，2001）。由此可见，反应条件下的姿势调整应该被纳入运动员的训练计划中（Besier等，2001；Craig，2004）。

## 7.3 变向运动技能的发展

特定的变向训练已经被证明适用于变向能力的测试成绩，特别是那些涉及类似切入角度的运动（Young等，2001a）。结合专项的横向切入运动练习能发展运动技术和加强特定的神经肌肉类型（Craig，2004）。这种方法类似于Bloomfield及其同事所描述的体能训练计划中的灵敏性发展方法（Bloomfield，2007）。

从集体性项目的本质来看，当运动员为了对队友、对手和球的运动做出反应，经常需要大幅度地降低运动速度（Lakomy和Haydon，2004）。在进行变向运动时，运动员的减速能力是很重要的（Griffiths，2005），因为他们在推动身体向一个新的方向运动之前，首先要制动他们原来向前运动的势头（McLean等，2004）。尽管如此，在集体性项目中通常不能解决减速的问题（Lakomy和Haydon，2004；Griffiths，2005）。因此，发展减速技术能力的针对性神经肌肉训练，是一个有助于对集体性项目运动员进行调查和研究的新领域。

简单的锥形标识物最初被用来标记运动方向的变化。与灵敏性训练方法相关的专业训练设备事实上并不是这些训练方式成功的关键（Gamble，2011c）。涉及专业训练设备的训练可以很容易地被等效的练习所取代，因此在今后的训练中应开发一些类似的对灵敏性提高没有任何不利于影响的练习（Bloomfield，2007）。例如，在球场或训练房内标记直线可以用来代替绳梯指导运动员步法的训练。事实上，这种方法可能是合适的，因为当运动员在没有设置绳梯设备的地面上训练时，他们很少会去观察地面。

这可以通过用静态标志杆或站立的运动员来刺激一个后卫运动员。最近的研究发现，即使是一个静态假想对手的出现也会对运动员的跨步切入动作的力学特征产生显著的影响（McLean，2004）。模拟的对手（一个骨架模型）刺激，导致运动员的切入动作更有力量（更大的地面反作用力），这相应地需要更大的髋部屈曲度和更大的膝关节（弯曲和外翻）活动度（McLean等，2004）。通过融入与比赛相关的动作，可以提高这种自定进度的练习难度（Twist和Benicky，1996）。

更进一步的发展是根据对特定外部线索的反应执行切入动作。有预判和无预判的切入动作的力学特征和关节的运动学特点是明显不同的（Besier，2001）。因此，为了提高神经肌肉控制能力和协调能力来适应比赛中执行的灵敏性运动，在训练中必须设置无法预测的切入动作。这需要在后面的章节继续探讨感知觉-运动耦合和决策因素。

手臂动作是一种经常被忽略的灵敏性组成部分，它在运动员变向运动过程中能显著影响运动效率（Brown和Vescovi，2003）。当运动员用外侧脚做切入动作时，闪避切入动作（通常用来躲避对手的策略）过程中的一个重要方面，是推动内侧手臂在相反的方向运动来协助推动内侧腿朝着一个新的运动方向运动。在向一个新的方向跨出第一步后，外侧手臂后摆协助身体旋转，使外侧腿向新的方向运动。在切入动作最初一步和第二步过程中，保持手臂紧贴身体摆动是非常重要的，这样可以减少不必要的惯性和在需要的方向上直接加速（Brown和Vescovi，2003）。向任何其他专项技巧一样，这些因素也必须通过专项技术练习加以解决。

对于涉及持球（美式橄榄球、英式橄榄球）或持运动器械（曲棍球、冰球）的运动项目，有证据显示，技术好的运动员当他们手持本项目所需的运动器械时能展表现出更好的灵敏性（Kraemer和Gomez，2001）。在设计这些运动项目的灵敏性训练时必须考虑这些因素。因此，随着训练的进展，通过结合球或者其他运动器械，可使训练变得越来越符合项目的专项特征（Jeffreys，2006；Sheppard和Young，2006）。

## 7.4　灵敏性发展的迁移训练

在运动过程中，预先计划好的变向运动（例如设置的固定障碍）和根据对比赛具体情况（运动的球，对手和队友）做出反应的特定运动灵敏性是非常不同的（Sheppard和Young，2006，Young和Farrow，2006）。在发展灵敏性的最初训练阶段过程中，以灵敏性表现为特征的变向运动可以通过重复自定进度和越过固定障碍（锥形标识物、回旋杆等）的专项技术练习来实现。

这种变向训练基本上是固定的技能练习，因为动作都被预先计划好并且不需要任何反应和决策（Sheppard和Young，2006）。然而，灵敏性的最终特征是对变向或变速等外部刺激的反应（Sheppard和Young，2006）。因此为了发展灵敏性，训练计划中静态练习环境下的变向动作必须发展为在开放条件下进行（即要求对刺激做出反应）（Craig，2004）。要求运动员根据具体的外部线索反应去起动运动和变向，这不同于预先设计好的变向运动（Young和Farrow，2006）。为了调整身体姿势和促进运动的实施，这样的训练对提高反应时间和处理外部环境线索的能力是非常重要的。这些能力也有不利方面的影响：在执行无法预测的切入动作过程中膝关节承担的负荷显著增加（Besier等，2001）。因此，为了防止非接触性膝关节损伤，在操作无法预测的切入动作时，看起来需要合适的动态神经训练强调身体姿势控制和正确的下肢对齐方式（Besier等，2001）。

专项灵敏性发展的迁移，可以通过逐步消除运动员对事先可预测的动作反应来实现（Besier等，2001）。这一过程完全可以看作是两个练习环境截然不同的极端——一个是持续的固定的运动练习环境，另一个是完全开放的技能练习环境。力量和体能专家可以采用在这两个极端之间的过渡练习方式使运动员应对逐步增加的感知觉挑战。逐步进阶的例子包括：从自己制订的速度到最大操作速度；从固定障碍到最初训练计划预先设置要求的障碍；从简单的反应（单一反应）到复杂的反应（多种运动影响）；最终决策与阅读-反映真实对手的练习的结合。

随着灵敏性训练的提高，与特定运动相关的适当的限制也应该被添加到训练环境中，例如对方运动员和比赛场地的尺寸（Handford等，1997）。同样地，找出与比赛相关的阅读-反应线索并结合最终的决策，可能会进一步帮助把变向速度转移到专项运动的灵敏性中（Handford等，1997；Young等，2001a）。设计这些开放性技术的阅读-反应练习时，必须首先根据运动项目和运动员所打的场上位置特点，确定专项运动因素和运动反应特点（Jeffreys，2006）。为了快速地做出决策，这些根据比赛的具体情况预测比赛进程和线索的能力，被确定为是影响高技术水平运动员移动速度的一个关键因素（Young和Farrow，2006）。然而，对处在运动技能连续体末端的开放性技能而言，也许有人会说这种先进的认知技能的获得可能更适合在教练员指导下的技术和/或战术训练和竞技运动领域。

## ■8 总 结

很多个性品质都有助于速度表现。发展速度-力量看起来对提高运动员在高速起动速度时克服自身惰性方面是很重要的；然而，变化常规的速度-力量训练方式，可能会提供一种把训练效果迁移到速度能力的更佳途径。

超等长训练有助于发展提高速度能力的拉长-缩短周期的组成元件——特别是在加速阶段的慢速拉长-缩短周期和最大速度时的快速拉长-缩短周期；这种训练应该适当重视单腿跳跃和水平方向的跳跃练习。除了通过速度-力量训练提高力的产生能力，也能通过具体的加速训练方式提高加速能力。

无论是发展加速度或者是最大速度，神经肌肉方面的因素特别是肌肉内部的协调性可以通过具体的技术训练来发展，这些技术训练必须包括合适距离的实际冲刺练习。针对速度表现的复杂性，采用综合训练方法对影响速度的每个方面进行积极干预，乎是发展整体速度能力的最佳途径。

在集体性项目中，发展灵敏性在很大程度上和发展直线速度一样，多种因素都影响灵敏性的表现。此外，对每种因素的专门训练被认为需要充分利用所有已经确定的因素，这将有助于提高运动员的灵敏性。姿势控制、神经肌肉技巧、侧向加速度、减速和反应力量能力都是成功的变向运动中的灵敏性所涉及的。

在知觉方面，刺激反应和代表另外一种挑战的决策因素都必须适合专项灵敏性的发展。从本质上讲，所有这些因素的发展包括通常采用的运动项目灵敏性的发展方法（Bloomfield，2007），包括从闭合性技能练习到最终的开放性技能练习。

# 第八章

# 腰骶骨盆的核心稳定性

## ■1 导 言

为了提高运动能力，核心区域的稳定性训练已经成了运动员日常训练中不可分割的一部分（Carter等，2006；Liemohn等，2005）。核心训练通常被用于物理治疗（Brown，2006），很多案例表明核心训练能够从多方面提高训练效率，如对损伤的预防和康复。

在运动医学文献中，核心稳定性被描述为“腰骶部–髋部–骨盆部肌群的运动能力和控制能力”（Leetun等，2004）。它包含了脊柱、骨盆、髋部和邻近中央的股骨以及附着在上面的相关肌群（Kibler等，2006）。在骨盆周围有29块独立的肌肉，而且，在完成不同的任务和姿势时，发挥稳定性作用的肌群也会改变（Juker等，1998）。因此，通用术语“核心”的概念，可能在不同条件下包含不同的组成元素（Mendiguchia等，2011）。

“核心训练”比通常意义上文献中所指的核心力量训练更复杂。由于脊柱、骨盆和髋部结构和连接的复杂性，运动中会涉及很多不同的肌肉，因此，要发展腰骶–骨盆的稳定性会涉及很多因素。在现实中，“核心训练”已经成为任何一种涉及某些方面的“腰骶–骨盆稳定性”的所有练习的通用标签（Gamble，2007a）。

这种混淆源于大家不清楚“核心训练”对于健康和运动表现的作用不同（Stanton等，2004；Tse等，2005）。腰骶部稳定性训练通常从预防运动损伤和提高运动能力两方面入手（Kibler等，2006），“核心训练”通常被用于预防损伤。然而，经验表明腰骶部位的稳定性对于提高运动表现的作用更容易被忽视。

## ■ 2 核心的不同作用

如果仅依靠骨骼和韧带而不考虑肌肉，人体只能负担20lb的负荷（Barr等，2005）。这说明脊柱需要依靠不同的肌群组织来提供稳定性（Cholewicki和McGill，1996）。肌肉及其连接系统为脊柱提供不同方向、姿势和负荷下的稳定性（Juker，1998）。因此，根据具体需求的不同，肌肉的参与也会有很大改变。

在动态条件下的脊柱稳定性通常被称为动态平衡能力（Anderson和Behm，2005），大多数移动和稳定四肢的肌肉都附着在“脊柱-髋-骨盆”结构上，“核心”肌肉共同的作用就是作为运动的增效剂（McGill，2010），其区域通常被描述为“动作的支撑基础”（Kibler等，2006）。运动中的动作大多是多方向的，因此绝大多数运动都需要腰骶-骨盆的稳定性（Leetun等，2004）。

而且，在运动中脊柱承担了不同方向的压力和剪切力（Cholewicki和McGill，1996；Stephenson和Swank，2004）。髋骶部肌肉的同步收缩为脊柱和躯干提供了稳定性（McGill，2010），这为动力链的传递提供了帮助，使能量能够有效地从地面传导至四肢末端（Behm 等，2005；McGill，2006c）。

研究表明，次最大水平的肌肉激活已足以为脊柱提供有效的稳定性（Cholewicki和McGill，1996），因此，持续的次最大水平的肌肉激活对维持日常任务所需的脊柱稳定性是至关重要的（McGill，2007b）。躯干肌肉的耐力测量值与脊柱的稳定性以及疼痛和损伤发生率之间存在高度的相关（McGill，2006b）。相反，在较高的受力情况下，大肌群必须对脊柱提供支持，同时产生推进力、对抗不必要的动作。这反过来需要各种不同的力量能力。

## ■ 3 腰骶骨盆稳定性的组成

在既定条件下，有不同的系统为“脊柱-骨盆-髋”复合体提供稳定性。根据任务和负荷条件的限制，每个系统都有不同的组合方法。以下是决定每个系统对“脊柱-骨盆-髋”复合体稳定性贡献的关键要素：

- 身体姿势——尤其是运动员是否处于负重情况下。
- 上肢的参与程度。
- 躯干和四肢的运动形式。
- 运动员承受的内、外部负荷情况。

### 3.1 腰椎和骨盆带的深层稳定肌群

深层腰椎稳定肌群有一些节段水平上的附件（Anderson和Behm，2005；Barr等，

2005）。最被广泛认可的稳定肌群主要是腹横肌和多裂肌，然而还有很多肌肉包含其中，比如回旋肌（McGill，2007a）。这些肌肉很小，产生力矩的能力有限，所以只能提供局部支持。因此，这些深层姿势稳定肌群被统称为“局部稳定系统”（Carter等，2006；Liemohn等，2005）。

观察表明，深层稳定肌群可以在较低的兴奋情况下（约10%~30%的最大负荷强度）长时间工作，这与表层肌群的疲劳机制不同（Barr等，2005）。这些深层稳定肌群中也含有大量的本体感受器（McGill，2007a），能够起到收集肌肉对身体姿势的本体感受和为脊柱和骨盆定向的作用。

腰椎的节段控制能力和骨盆定向能力对脊柱承受的负荷有很大影响，且这些稳定肌群的激活对腰椎的稳定性至关重要（Cholewicki和McGill，1996）。稳定肌群的重要性可以从患慢性腰部疼痛运动员的肌肉萎缩中得到体现（Barr等，2005；Danneels等，2001）。

腰椎的姿势控制能力，尤其是骨盆的定位和定向能力，在决定其他肌肉能力进而稳定“脊柱-骨盆-髋”复合体使其发挥应有功能过程中起到了至关重要的作用（Workman等，2008）。尤其是要避免骨盆前倾，因为骨盆前倾会对其他肌群特别是髋带肌群产生不良影响。骨盆前倾（以及由此导致的腰椎前凸），会造成腰痛和腹股沟痛或损伤（Waryasz，2010）。

因此，维持腰椎的“中立”姿势，控制骨盆在全部三个运动面/轴的正确位置和定位，对任何活动都十分重要。训练和比赛涉及的任何活动都必须以深层稳定肌群的参与为基础。

在教运动员如何使用深层稳定肌群时，所采用的提示或技术对维持运动员的脊柱和腰骶骨盆稳定性具有深远影响。尤其是要避免任何鼓励腹部凹陷的技术或使肚脐向脊柱靠拢的提示（McGill，2007c）。在教运动员学习使用深层姿势控制肌群时，所采用的提示或技术应确保运动员的腹部形状或表面的几何形状不发生改变，这样才能避免大肌肉群的参与，真正募集这些深层稳定肌群。但在承受较大负荷的竞技任务时，运动员将需要较大的肌群发挥其功能，对躯干提供支持。

## 3.2 躯干的肌肉和结缔组织结构

这些肌群的子系统还包含很多大肌肉群和表层肌肉群，如腹直肌，腹内、外斜肌，后背肌，还有人体最大的伸肌群背阔肌和髂肋肌，这些肌肉都被腰背筋膜统一地束缚和覆盖在一起（McGill，2007a）。这些不同的肌群间通过结缔组织而共同被激活、产生张力，为脊柱包裹上紧实的外衣（McGill，2007a）。这层由肌肉和结缔组织构成的外衣起到了支撑脊柱和腰椎的作用。另外，由于腹内斜肌、腹外斜肌、腹横肌等相互协调、交互支撑，使人体在不同维度产生稳定的支撑（McGill，2007c）。腹部大肌群也负责躯干的运动，例如腹直肌和腹横肌，也参与扭转和侧屈动作（McGill，2007a）。就是说，这些动作通常主要来源于对四肢的支撑。

### 3.3　肩袖肌群

由于肩袖较大的肌肉都附着在腰背筋膜上（例如斜方肌和背阔肌），它们能够为脊柱提供张力和稳定性，就如上文提到的“外衣”一样（Pool-Goudzwaard等，1998）。通过这种方式，连接在肩胛骨和胸廓之间的肩袖肌群在大强度外力作用下，为躯干提供进一步支撑（McGill，2007a）。（图8.1）

图8.1　跪姿滑轮手臂交替下拉

另外，当上肢承受负荷时，肩胛骨和肩袖的肌群负责稳定肩胛带，进而使得整个躯干形成刚体。尤其在上肢闭链运动的时候，例如俯卧撑练习，这些肌群帮助运动员稳定肩胛带，使上肢固定在地面上。接下来提到的髋带肌群也有许多相似之处。

### 3.4　髋部肌群

髋部肌群的解剖学功能是支撑骨盆和躯干。髋部肌群的第一功能是支撑下肢和稳定骨盆（Kibler等，2006）。尽管髋部韧带结构产生的支撑作用远大于肩袖关节，髋部肌群的工作方式仍与肩袖肌群相似（Fabrocini和Mercaldo，2003）。髋部肌群可以固定下肢和稳定骨盆，进而使躯干和脊柱形成一个刚体（McGill，2007a）。

髋部肌群的另一个作用是在运动中将下肢产生的力传导给躯干，另外，在步行和跑步步法训练中，这些肌肉在产生力矩和旋转动作中发挥重要的作用。例如，在一个对棒球投手的研究中发现，臀肌在投掷动作中扮演非常显著的角色（Oliver和Keeley，2010）。臀肌（臀大肌和臀小肌）和投掷动作中骨盆的运动学特征（盆轴的旋转速度）有直接关系。

### 3.5 小　结

很明显，腰骶-骨盆的稳定性是多维度的。McGill（2006）已经阐述了，为了确保提供最佳的稳定性，联合支撑脊柱稳定的不同肌群必须保持平衡。鉴于脊柱、骨盆、髋部的关节和结构的复杂性及其所涉及的不同肌群，不难发现，发展腰骶-骨盆的稳定性需要包含一系列不同的因素（Gamble，2007）。

核心的作用依赖不同元素的统一整合（Borghuis等，2008）。管理这些不同系统的募集和肌肉协调的神经肌肉控制是非常复杂的。例如，要保持在动态运动中腰骶-骨盆的稳定性，需要有不同的核心肌肉为此做准备（Barr等，2005；Leetun等，2004）。因此，在某一动作发生前，提供基础支撑的肌肉就已经被激活了（Anderson和Behm，2005）。

这种预先的姿势调整避免了躯干的多余动作，为运动提供了稳定的支撑。神经肌肉系统要保持肌肉稳定的功能，不但要预判动作的方向和力的大小，还要对突然的动作和负荷做出迅速反应（Barr等，2005）。长期患腰部疼痛的人会表现出神经肌肉反馈缺陷和肌肉反应延迟，同时伴随着脊柱和骨盆定向能力的降低，就是神经肌肉控制重要性的典型性反映（Barr等，2005；Rogers，2006）。

## ■ 4　从事集体性运动项目对“核心”的需求

不同功能的子系统协同配合为腰骶-骨盆提供稳定性，这要求力量、耐力、爆发力等多种元素的参与（Willardson，2007）。例如，既要保持稳定姿势，同时又要做技术动作，这需要不同肌群的力量和耐力。

另外，根据运动项目的不同，需要动态和静态条件下的各种各样的神经肌肉控制和力量能力。在执行有负荷的竞技动作时，加固或支撑脊椎的肌肉同步收缩需要准等长形式的力量。投掷和鞭打动作通常要求躯干肌群稳定来提高旋转力。相反，减速或者变向运动需要核心肌群克服运动员自身惯性产生的离心力量。最后，保持腰骶-骨盆的稳定性需要提高核心耐力和快速呼吸条件下的稳定能力。

## 4.1 腰骶-骨盆的稳定性与损伤

这些保持身体姿态的肌群能够帮助脊柱避免过度被牵拉，保持骨盆和脊柱在正常的生理位置，减少外力对其施加的作用，避免损伤（Danneels等，2001；McGill，2006c）。另外，在大负荷条件下，有更多的浅层肌群支撑躯干和抵抗外力（McGill，2006c）。

腰骶-骨盆的稳定性缺失通常是损伤产生的原因。这个综合支撑系统上任何一点的薄弱或缺陷都会导致软组织结构的破坏，最终导致损伤和疼痛。因此，在各种腰骶-骨盆稳定性的肌肉功能测试中表现出的测试得分低或得分不平衡，都是损伤的风险因素（McGill，2006c）。被动稳定性受损和运动模式紊乱（主动稳定性补偿）也通常会导致损伤（McGill，2006b；Montgomery和Haak，1999）。例如，核心稳定性和髋部肌群功能降低会导致腰背部疼痛。通过正确的训练，既能防止损伤，又可以避免损伤的复发。

大量研究结果支持了以下论断：对腰骶-骨盆稳定性涉及的不同方面进行训练，可以降低损伤的发生率（Barr等，2005；Cusi，2001；Hides等，2001；Tse等，2005）。例如，躯干肌肉耐力测试得分通常和腰部损伤和疼痛有对应关系。瑞士球训练能够有效提高久坐人群的躯干能力测试得分（Carter等，2006）。

由于腰部是运动中仅次于踝和膝的第三大常见损伤部位，有必要对腰痛进行针对性的干预（Nadler等，2000）。腰部疼痛和损伤在业余运动员和专业运动员中都很普遍，会严重损害运动员的训练及比赛能力（Montgomery和Haak，1999）。女性运动员的腰部损伤尤其普遍。来自美国全国大学生体育协会1997-1998赛季大学生比赛的损伤数据表明，女性运动员的腰部损伤几乎是男性运动员的两倍（Nadler等，2002）

除了与脊椎损伤有直接关系，通过从支撑脚到脊椎的下肢关节动力链的传递，腰骶-骨盆稳定性也对下肢关节的功能和损伤风险产生影响（Leetun等，2004；Nadler，2000）。腰骶-骨盆的稳定性缺陷，尤其被认为在膝关节韧带的损伤机制中起重要作用（Hewett和Myer，2011）。因此，在一些旨在纠正容易导致运动员下肢损伤的神经肌肉控制缺陷的调查及干预中，已经将腰骶-骨盆控制的角色作用和与核心稳定性相关的不同方面作为主要内容。

## 4.2 “核心”对于下肢神经肌肉控制的贡献

脊柱-骨盆-髋部的肌群为下肢动力链提供了核心控制（Mendiguchia等，2011）。近年来，许多运动医学研究证实了腰骶-骨盆稳定性造成下肢运动损伤的生理机制（Zazulak等，2007）。这些与下肢支撑有关的腰骶-骨盆稳定性及躯干定位和运动控制方面的“核心”贡献，尤其与女性运动员的膝部损伤机制有密切关联（Hewett等，

2009）。

在不同运动任务中，男性运动员和女性运动员对躯干的控制能力不同。例如，女性运动员通常在落地动作中保持直立的身体姿态。有学者认为女性运动员的躯干和髋部肌群的募集和激活方式不同，但是目前尚无研究资料证实这一点（Mendiguchia等，2011）。这些动作特征对膝部韧带，尤其是前交叉韧带（ACL）产生较高的损伤风险。相似的是，如果躯干运动和定位的控制能力受损，运动员的重心就会在多方向运动中对下肢关节的力矩产生带来不利的影响（Hewett和Myer，2011）。在旋转和加、减速运动中，躯干额状面的稳定性差会导致女性集体性项目运动员的膝部韧带损伤（Zazulak，2007）。

通过这些发现可以看到，运动员的躯干姿势，尤其是女运动员的躯干姿势，不但可以改善运动过程中下肢关节的落地缓冲，也可以改善下肢的力学结构特征。通过运动训练提高姿势控制能力，可以在落地后的紧急变向环节更好地稳定躯干和控制四肢运动，提高下肢的运动能力和动力链效率（Mendiguchia等，2011）。髋部肌群对躯干肌群的支撑和控制作用很大。因此，除了发展脊柱两侧的肌群，髋部肌群的力量和功能尤其是髋部外展肌群应当被优先发展。初步的调查研究表明，发展髋部和躯干部的神经肌肉控制能力，可以作为降低膝部损伤风险的方法（Myer等，2008）。

## 4.3 核心的功能和表现

腰骶-骨盆区域是动力链中的重要环节，它将运动动作中涉及的从支点到肢体末端的各个环节整合起来（Kibler等，2006）。从这一点上看，腰骶-骨盆区域的稳定性在运动动作和技术中是非常重要的。不同肌群协同收缩保持核心区域稳定可以促进力量的有效传导（McGill，2010）。例如，通过肌电图观察鞭打动作中躯干两侧肌群放电情况，第一次高峰出现在鞭打动作开始时，第二次高峰（最大力）出现在运动员接触鞭打目标时（McGill等，2010）。

除了在末端环节（四肢）为动作提供稳定支撑，核心还是产生旋转力矩并将其传递到四肢的源泉。例如，在棒球投球动作中，通过髋部和躯干的扭转产生角动量，接着传递到肩关节产生扭转力矩，最终再传递到投掷臂将球投出（Aguinaldo等，2007）。这就要求腰骶-骨盆稳定性和力量的发展应该与提高运动表现的需求相一致，教练员应当结合具体的运动项目设计有针对性的核心力量训练。

目前，文献中已有针对核心力量训练和运动员的动作表现关系的研究，但是这部分研究文献非常少，也缺乏结合运动项目特征的核心训练的可持续研究（Gamble，2007a）。而且，研究者们很难区分开核心耐力和核心力量，都是对有训练经验的运动员在既定条件下加入小负荷的力量干预来评估其核心稳定性。尽管如此，一些这类测试仍然报告了与竞技表现的不同测试之间的显著关系（尽管是由弱到中等）。

在目前有限的研究中，一些核心力量训练对核心力量增长的效果并不太明显，有的研究结论可能为其解释了原因（Stanton等，2004；Tse等，2005）。最新研究印证了在改善运动成绩中核心力量所发挥的作用（Saeterbakken等，2011）。

为了在发力时保持整个身体的稳定性，运动员需要核心肌群的力量和耐力，而且需要其在动态和静态运动中保持力量和耐力的能力。另外，在大多竞技运动和集体性项目中，动作通常是多方向的，因此，运动员需要拥有在所有三个运动平面的核心稳定性（Leetun等，2004）。

## ■ 5　训练核心的综合方法

如前文所述，有不同的系统为腰骶-骨盆的稳定性提供支持，在不同动作中，这些肌群扮演不同的角色为躯干提供支持。如下观点已经得到广泛认可：提高腰骶-骨盆稳定性和耐力的最优方法，是要提高不同肌群的综合力量（Hibbs等，2008）。而且这些力量、耐力和稳定性的训练要在不同的动作和身体姿势下完成。在提高运动员的核心能力进程中，需要根据不同的训练目标采用不同的训练模式。

### 5.1　身体姿势稳定的神经肌肉训练

有些学者质疑对提高局部稳定起作用的维持姿势肌群进行专门练习的必要性，他们认为在高强度的核心训练和有挑战的器械训练中，这些肌群随大肌群同时动员，已经得到了训练。但是为了避免在有些动作训练中大肌群对保持姿势肌群的代偿，要提高核心的力量和稳定性，不能忽视深层维持姿势肌群为局部稳定性和支撑提供的帮助（Hibbs等，2008）。

为了保持人体平衡和对腰骶-骨盆姿势的精确控制，通常认为需要对维持姿势肌群和其神经肌肉控制能力进行专门的训练（Hibbs等，2008）。这种形式的训练主要是在低强度下提高力量耐力和对动作的控制，这与高强度下提高对核心的刺激有很大区别。

如在前文所提到的，用这种形式训练在技术训练的开始阶段可以保证更多的深层肌群参与，让保持姿势肌群扮演重要的角色。要避免腰部变形而导致腹部大肌群参与代偿（McGill，2006c）。

#### 5.1.1　低阈值的核心训练

这些训练模式应当包含很多地面练习和在矫正训练与预防训练中采用的练习。这方面的例子包括手足爬行、仰桥和俯卧伸髋等（McGill，2007b）。这些练习的训练目标是髋部深层稳定肌群或是针对髋部肌群的低强度练习。本质上来说，这些练习可以被视作发展运动员控制能力和姿势肌群及髋部肌群的工具（Hibbs等，2008；McGill，2010）。这些练习的另一个功能是发展肌肉本体感觉能力以及脊柱和骨盆的定位感知能力（Carter等，2006）。这就要求在练习过程中保持自然的脊柱位置和维持骨盆的稳定。

练习时的提示对于肌肉的激活和募集发挥了重要作用，例如，女性运动员在做有口头提示的俯卧伸髋练习时臀肌的激活时间和程度好于没有任何诱导的练习（Lewis和Sahrmann，2009）。另外，练习时的动作幅度也影响了肌肉的激活和关节的受力。

发展这些能力的所有练习模式都包含一个共同的元素——在练习时保持静态支撑。静态支撑被证明对于发展深层肌群效果很好，如多裂肌，这和传统的康复训练有很大不同。采用重复训练法，每次静态支撑的时间小于10s，避免氧气匮乏和酸中毒的不良影响（McGill，2010）。教育运动员在静态支撑阶段采用独立的充分呼吸模式，可以保持稳定肌群的激活。在有挑战的呼吸条件下保持姿势稳定肌群激活的能力，是衡量稳定肌动作控制模式是否有效的关键指标（McGill，2007a）。另外，深呼吸可以帮助表层腹部肌群放松，促进脊柱稳定感受器和腹部深层肌群的激活。

有一项以优秀集体性项目运动员为研究对象的研究，对不同种类的低强度腰骶-骨盆稳定性练习的即时性效果进行了调查（Crow等，2012）。在这项研究中，研究者选择了包括手足爬行、仰桥和俯卧单腿伸髋等练习形式用于激活臀部肌群，并要求运动员在执行最高强度的蹲跳练习之前完成这些激活练习，并与在振动平台上有热身活动及没热身活动情况下执行这些激活练习的效果相对比，结果表明在执行最高强度的蹲跳练习之前完成激活练习会在随后的蹲跳练习中观察到更高的功率输出（Crow等，2012）。这似乎说明，在训练和比赛前的热身活动中融入这些激活练习能够提高竞技表现。

### 5.1.2 姿势控制和本体感觉训练

本体感觉控制能力的重要性与核心稳定性高度相关已经获得广泛认可（Borghuis等，2008）。因此，单独实施本体感觉训练可以提高核心稳定性和姿势控制标准测试的分数（Romero-Franco等，2012）。在半球形平衡训练设备上进行的本体感觉训练模式，也同样被报告对下肢的生物力学特征和下肢关节的负荷有积极的影响（Myer等，2006a和2006b）。这一点与某些特定的运动员群体尤其有关联，例如女运动员，她们在运动中很难表现出最佳的身体姿势控制（Mendiguchia等，2011）。

发展这些因素的一些练习与在第三章中提到的练习模式有共同之处。另外，专门的平衡和本体感受练习可以结合运动项目中经常使用的具体动作进行练习。例如，短跑运动员的一系列本体感受练习会使用平衡球设备及瑞士球（Romero-Franco等，

2012）。这些训练会提高运动员的身体姿势控制能力和重心控制能力。

## 5.2　腰骶-骨盆力量和较大负荷的稳定性训练模式

在接下来提到的较大负荷训练模式中，深层姿势肌群的激活是至关重要的。从概念上讲，深层肌群代表了核心的“核心”，被大肌肉群和结缔组织所包裹。开始阶段也要进行上文中提到的姿势肌群的练习，这会帮助更好地稳固骨盆和躯干连接成一个整体，而保证髋部和躯干大肌群能有效发挥功能。大肌群的同步收缩可以保持姿势肌群在某些专门练习的大负荷下形成刚体。

大负荷核心力量或稳定性的练习需要在脊柱的自然生理位置进行，与仰卧起坐这样让脊柱做屈伸的运动有很大不同。让脊柱和骨盆处在自然生理位置的练习，能够更好地反映在大多数快速和变化方向的动作中的身体姿势。而且，这种方法也避免了腰部疼痛和损伤的潜在风险。反复的脊柱屈伸运动所产生的累计效应会超过软组织的承受范围，在腹部屈和坐起的练习中，腰大肌会不断被使用，对脊柱产生较大的应力（McGill，2007b）。一份关于脊柱和躯干肌群的调查表明，类似仰卧起坐和腹部肌群屈伸的练习会对脊柱产生较高的应力。

### 5.2.1　静态躯干稳定性练习

如前文所提，可以选择不同的俯桥、侧桥等有效的练习，这些练习有许多提高稳定性和力量的进阶方法。例如，稳定性练习中可以用对侧肢体运动的方法进阶，或者在不稳定设备上进阶（如BOSU球等）或者在不稳定设备上完成既定动作进一步提高脊柱肌群和腹部肌群的稳定能力（Vera-Garcia等，2000）。这些进阶练习也可以被组合到静态核心稳定性练习中。（图8.2）

图8.2① 半球形装置（BOSU球）上的侧桥

图8.2② 半球形装置（BOSU球）上的侧桥

在发展髋部和脊柱稳定肌群时，人们广泛使用不同方向的脊柱桥练习。根据练习中记录到的肌电数据（Behm等，2005）和腰部压缩负荷（Axler和McGill，1997），侧桥练习的有效性和重要性早已被发现（Gamble，2007）。侧桥提供了对躯干肌群负荷较高而对脊柱负荷很低的练习方法，尽管这两个元素很难得到全面提高。

### 5.2.2 强化髋部的练习

练习模式包含在临床和康复训练中一些常用方法的修改版，如仰卧脊柱桥练习。例如，加载负荷版的仰卧脊柱桥练习，被称为“杠铃髋推”，已成为近年来比较流行的练习形式（Contreras等，2011）。除了外加阻力以外，使用离心方法的修正训练也应该被考虑。一个以杠铃为负荷的脊柱桥练习示例是，在进行双腿支撑的向心运动之前先做仰卧单腿支撑的离心运动。

### 5.2.3 旋转稳定性训练模式

像躯干稳定性练习所描述的那样，主要选择标准练习（如俯桥、臀桥、侧桥等）的进阶版进行训练。俯桥对旋转稳定性的挑战最为明显，它经常在动作筛查中用于评估旋转稳定性（McGill，2006a）。通过操控肢体与支撑面的接触点，可以调整旋转稳定性练习的难度。例如，将俯桥练习的双侧负重转换为单侧负重。这些练习也可以结合不稳定的平面进行，例如采用BOSU球或瑞士球。

### 5.2.4 单侧抗阻训练模式

腰骶-骨盆训练的形式包括使用壶铃或自由重量交替肢体或单侧肢体抗阻，同时要求肢体在负重情况下保持姿势稳定。这些练习要求躯干和髋部的核心肌群在四肢完成抗阻训练时保持肢体的稳定，既提高了旋转稳定性，又增强了核心肌群力量。

例如，调查显示，以站立姿势完成的各种上肢抗阻练习是躯干肌群力量训练的主要形式（Tarnanen等，2012）。一项以前的研究曾在交替肢体和单侧肢体的抗阻训练中记录到选定核心肌群的明显激活（Behm等，2005）。所以，该研究提出，与各种常见的脊柱桥式核心稳定性练习中相对较低的肌肉激活水平相比，这种方法能够更好地引发核心力量增长所需的躯干肌群激活水平。据报告，一系列的单侧上肢滑轮抗阻练习可以引发躯干和后背肌群高于60%最大力量的激活水平，这一发现支持了上述论点（Tarnanen等，2012）。（图8.3~图8.4）

这种训练形式要强调动作的专门性（Hibbs等，2008）。特别是，躯干肌群的募集与激活顺序要与专项动作的实际情况高度一致。为了适应预测到的稳定性挑战，运动员需要一定程度的躯干肌肉激活的前馈控制（Hibbs等，2008）。所以，为了能够充分利用训练带来的神经适应，核心力量训练计划设计应该反映运动员在实际运动中遇到的动作形式及负荷特征。

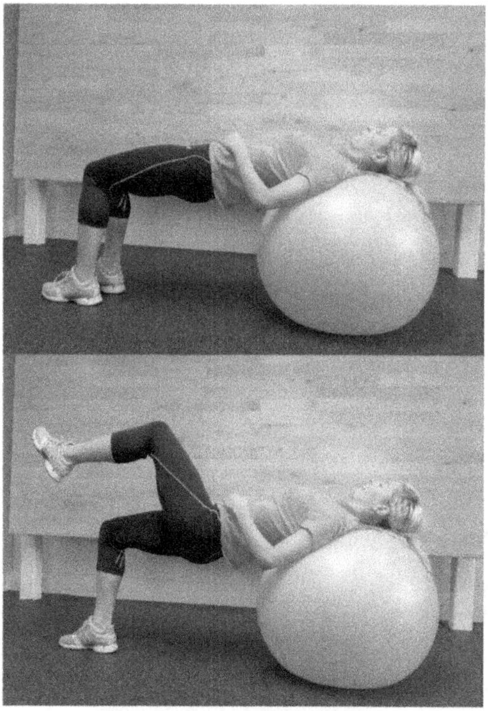

图8.3 瑞士球单腿支撑臀桥

图8.4 单腿站立滑轮双臂交替推

### 5.2.5 旋转训练

区分开旋转和旋转力矩是非常重要的。在负荷条件下完成旋转动作尤其容易损伤脊椎。总体上，最安全、最好的方法就是将旋转练习和涉及旋转力矩的练习分开完成。具体来说，旋转动作应该在有限负荷下完成，而且主要是通过髋产生的旋转力矩来完成，此时脊柱应绷紧并处于中立位置（McGill，2010）。

在运动中，尽管为了维持核心的强壮和稳定而保持髋部和肩部对齐（即保持在同一条直线上）和重要，但在髋和肩各自独立运动时，保持腰骶-骨盆的稳定性和姿势仍很重要。这种情况不仅出现在短跑的腾空过程中，也发生变向运动的旋转动作中。从这个角度来看，稳定性训练的进阶练习选择必须使肩的动作与髋分离，反之亦然。（图8.5）

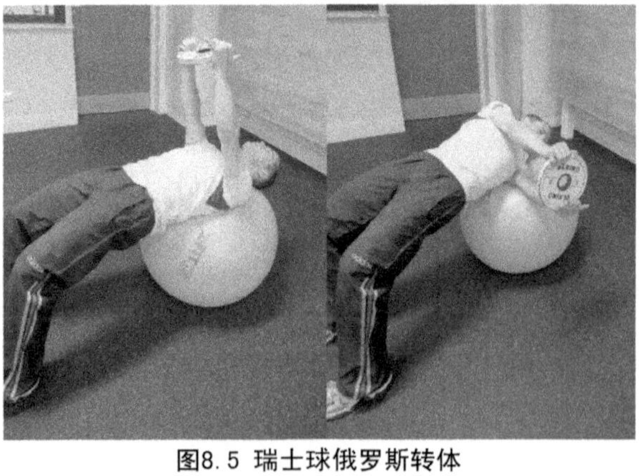

图8.5 瑞士球俄罗斯转体

## ■6　总　结

对运动员的核心进行系统训练需要了解与腰骶-骨盆稳定性有关的各个方面。例如，低负荷的稳定性和姿势训练可以在日常训练的基础上，与各种可以引发高水平肌肉激活和力量增长的高负荷训练模式结合，后者的训练可以结合力量房中的大负荷抗阻训练进行。由于发展局部稳定肌群的低负荷训练需要高度的注意力集中，建议将低负荷的训练作为一个独立的环节进行训练。另外，这种形式的训练已经被成功地作为热身活动的一部分或其他训练单元内容之前的训练内容来开展。

与其他练习形式一样，腰骶-骨盆稳定性训练应当包含进阶训练和专门性训练。例如动态腰骶-骨盆稳定性训练，应当与运动员的整体周期训练计划相协调。而且训练方法也应当根据运动员的专项需要和损伤史进行选择。这需要进行运动筛查或健康检测，如屈伸肌群、侧桥的时间耐力测试等。

在比赛日的热身活动或等待参加比赛的时候，为了激活腰骶骨盆功能和避免脊柱受伤，也不能忽视核心训练。尤其是集体性项目的替补运动员，坐在替补席等待参加比赛过程中腰椎的僵硬程度会增加——这将把赛前热身获得的积极效应消耗掉（Green等，2002）。因此，热身活动中不能忽视腰骶-骨盆稳定肌群的激活，尤其是对替补运动员而言。

第九章

# 损伤预防训练——风险因素识别

## ■1 导 言

准备活动最主要的作用就是帮助防止运动损伤，并且要从根本上降低运动员在比赛中出现运动损伤的频率和严重程度。由此可见，加强力量训练的一个积极方面就是能够提升自身力量并加强肌肉、骨骼及结缔组织的结构完整性。这些都可以有效地提高这些组织的耐受力。

专项体能训练可以有效地影响集体性项目运动员的损伤发生率。经过适当体能训练的运动员对容易导致损伤的神经肌肉疲劳的抵抗能力更强，这是一种普遍的保护效应（Hawkins等，2001；Murphy等，2001；Verrall等，2005）。这一点的重要性已经被很多项目比赛最后阶段出现的高损伤发生率所证实，而比赛的最后阶段正是运动员最疲劳的时候（Best等，2005；Brooks等，2005a；Hawkins和Fuller，1999；Hawkins等，2001）。符合专项需求的适当机能训练有助于对抗神经肌肉疲劳的消极影响（Heidt等，2000；Verrall等，2005）。

除了这些一般力量训练的保护性作用和通过新陈代谢的调节来提高运动员在比赛中抵抗疲劳所带来的压力和影响外，训练的另外一个应用就是专门性地预防与运动有关的特殊损伤（Kraemer和Fleck，2005）。特殊的神经肌肉和力量训练干预能够预防运动中可能产生的特殊危险因素和损伤机制所造成的伤害。因此，设计合理的专项化的运动损伤预防训练的第一步，就是确定特定运动项目和不同运动姿态的损伤，以及与这些损伤相关的危险因素。同样地，另外一个相关的考虑就是内在的危险因素也许会导致个别运动员易受某种伤害。

## ■ 2　集体项目运动员的损伤风险因素

损伤风险可分为不同运动员的自身固有风险因素和外在风险因素，及运动员的训练和比赛环境（Arnason等，2004；Quarrie等，2001）。设计损伤预防计划的第一步应先要识别不同运动员特有的内在风险因素和运动员在比赛中的外在风险因素（Murphy等，2003）。曾经的诱发因素和特有的损伤鉴别机制以及具体的预防措施都可以被用来解决这些内在的、外在的风险因素（Arnason等，2004；Barr和Krosshaug，2005）。

### 2.1　内在损伤风险因素

对集体项目中的运动员进行单独分析，为我们提供了鉴定内部风险因素的平均值。相关信息包括年龄，种族，性别，人体测量特征，医疗史（包括以前和现在的损伤状态），训练状态以及包括活动度和稳定性的动态测试在内的肌肉骨骼评估。例如，从年龄上可以预测普通的损伤风险（Murphy等，2003）——据报告，在冰岛的一队成年足球运动员中，年龄较长者罹患运动损伤的频率会更高（Arnason等，2004）。黑人运动员更容易患某种肌肉损伤——特别是腘绳肌拉伤（Woods等，2004）。集体项目中身体质量大的运动员表现出了更高的损伤风险，例如无身体接触的脚踝扭伤（McHugh等，2006）。

性别是集体性项目损伤的一个主要内部风险因素：女性运动员要更多地忍受大量的下肢损伤（Murphy等，2003）。膝关节损伤是女性运动员性别风险因素中极为显著的一种——女性运动员在参加比赛时更容易遭受前交叉韧带（ACL）损伤，大概是男运动员的2~10倍（Silver和Mandelbaum，2007）。美国大学生联盟的检查数据显示，前交叉韧带损伤在女性大学生足球和篮球运动员身上的发生频率近几年基本上保持不变（且始终高于男性），而男性大学生足球运动员前交叉韧带损伤的发生率却比1990~2002年期间下降（Agel等，2005）。这种女运动员的损伤比率偏高现象已经引起足够多的研究和关注，并且相关人员设计了大量的预防措施去解决女性运动员膝关节的高损伤率。

经鉴定，旧伤是诱发运动员出现新损伤的关键性内部风险因素（Meeuwisse等，2003；Murphy等，2003；Quarrie等，2001）。例如，在一群成年足球运动员中，那些曾经受伤4~7次的运动员更容易受伤——特别是同一部位的重复损伤（Arnason等，2004）。康复不足和过早地参加比赛同样被认为是造成损伤的内部风险因素（Murphy等，2003）。重复损伤只会让曾经受伤的部位比新伤更加严重（Brooks等，2005a，2005b）。

个别筛查和功能评估可以用来鉴别内在的骨骼肌肉风险因素（骨骼肌肉和运动

筛查的细节问题在第二章有较多涉及）。关节的松弛程度与损伤风险有关——关节松弛度大意味着关节的机械性不稳定程度增加，从而易导致损伤率增高（Murphy等，2003）。肌肉的柔韧程度评价体现的是另一个内部损伤风险因素。在赛季中持续遭受腘绳肌和股四头肌损伤痛苦的足球运动员，其赛季前的腘绳肌和股四头肌柔韧性评估平均得分比那些没有受伤的运动员都要低（Witvrouw等，2003）。另一个报告提到，髋关节运动范围评估分数的降低，与紧接着发生的大腿收缩肌拉伤之间有着类似的联系（Arnason等，2004）。力量和柔韧性的不平衡也与损伤风险有联系（Knapik等，1991）。

## 2.2 外在损伤风险因素

和环境相关的外部风险因素关系着比赛和训练的特征性需求，例如竞赛水平、装备、环境条件和比赛地面。一些流行的损伤类型往往是由某些特定运动造成的。而且运动员在比赛中受到的损伤要远远高于训练中（Murphy等，2003）。高水平竞技比赛中的个别项目通常伴随着较高的损伤发病率，还有一些经常出现的特定损伤——如前交叉韧带损伤（Orchard等，2001）。

训练计划设计及实施过程中的错误也是一个外在的损伤风险因素。例如，如果教练员的指导不力或执教能力不佳，可以造成运动员举的技术不良和形成错误的运动力学特征，从而导致肌肉骨骼结构受到过度牵拉。类似的训练错误还包括由于力量训练计划欠缺导致的肌肉失衡和旧伤的加剧。同样地，像从频率和量上过度加强训练负荷这种错误的训练计划，会导致骨骼肌肉无功能性地过度延伸，从而使运动员容易出现过度使用性损伤以及延迟性神经肌肉疲劳导致的损伤。

运动装备在预防接触性损伤方面或许会带来积极的因素，但也有可能带来消极影响。消极的案例包括：足球鞋在一定程度上增加了鞋和运动场地之间的摩擦力，但也增加了前交叉韧带损伤率（Lambson等，1996）；而后跟部带气垫的篮球鞋将脚踝损伤风险提高了4倍，因为它降低了运动员脚跟的稳定性（McKay等，2001）。积极案例包括：大学生冰球比赛中要求强制使用的面罩，面部护具的使用大幅度降低了运动员面部和牙齿的损伤（Flik等，2005）。矛盾的是，护具的使用增加了一些更容易导致损伤的攻击性行动及损伤风险（Barr和Krosshaug，2005）。一种观点认为外部环境条件和比赛场地之间的相互作用是损伤风险的一个重要因素——尤其是天气情况对比赛场地和运动鞋之间的摩擦阻力产生的影响（Orchard等，2001）。

流行病学的研究为特定集体性项目运动员提供了在比赛中识别外部风险因素的资料。参加集体性项目训练和比赛会有一些固有的风险因素，并且会随着场上位置的变化而变化；反过来这些风险因素也往往会反映一些报告过的特定损伤。因此，损伤监控为研究比赛中不同类型和不同位置的损伤发病率提供了非常有价值的原始资料。损伤监控的数据资料可以使研究者进一步洞察不同场上位置的特定风险因素，可以用来研究训练与比赛的相关损伤风险，还可以用来研究比赛中不同阶段损伤的频率和类型（Shankar等，2007）。

## ■ 3　特定集体性项目的代表性损伤数据

### 3.1　棒　球

棒球运动中所产生的损伤大部分与肩部有关；损伤机制通常源自于训练和比赛中重复进行地投掷动作。肩袖肌肉问题是常见的病例之一，由于这种损伤属于过度消耗性损伤，因此初期病情往往不易察觉（Mullaney等，2005）。对于肩部冲击伤来说，肩部撑起肱骨头的肌群与负责手臂投掷速度加速的肌群之间的微妙平衡，是一个显而易见的重要因素。

疲劳状态下投掷技术走形所引发的受伤概率会不断提高。也就是说，在受控条件的模拟比赛中，投手可以更好地抵抗与疲劳有关的投掷运动学和动力学特征改变（Escamilla等，2007）。一份关于肌肉疲劳度的研究指出，大学和低级别联赛投手们都能很好地完成不同类型的上、下肢力量训练，且赛前与赛后的力的输出得分差别不大（Mullaney等，2005）。但是，该报告没有发现外旋肌力输出的明显降低，这可能是因为投掷动作主要以离心形式的收缩为主；而肌肉在反复进行离心式收缩时，会趋于保持更好的力的输出效果。

同样，棒球运动员投掷时髋部、躯干和肩部转动的时机，也与造成肩部和上肢疼痛的损伤有关（Aguinaldo等，2007）。具体来说，就是髋部、躯干和肩部转动的程度与顺序决定了角动量是如何从这些部位转移至肩和上肢关节末端的。如果时机不对，就会有角动量的损失，运动员就必须增加肩和上肢的扭转力矩来保持投掷时的速率（Aguinaldo等，2007）。这种情况下会增加肩部和肘部的损伤概率，尤其是在初级运动员中。因为上肢关节增加扭转力矩会使关节和结缔组织承受更大的拉力。研究发现，职业运动员投球时躯干转动的时机与大学、高中和少年运动员不同（Aguinaldo等，2007）。职业运动员在投球过程中，启动躯干转动的时间较晚，因此，他们的内部扭矩较低，受伤概率要低于大学和高中运动员。

棒球投手惯用手和非惯用手之间动作幅度与力量比例通常是不同的。具体来说，相对非惯用手，惯用手内旋动作幅度较小，外旋动作幅度较大（Mullaney等，2005）。这些柔韧性上的改变为肌肉力量的适应性所反映。相比身体另一侧，投手惯用手一侧一般会在内旋时获得较大的力的输出，外旋时力的输出较低（Mullaney等，2005）。这些运动员在进行肩袖肌肉力量测试时得分普遍不高。青年棒球运动员经常出现肱骨头部软骨损伤的情况。该症状又被称为“小联赛肩”（Little Leagueshoulder），或肱骨脱离。这个本质上由肱骨颈部生长板反复损伤衍生而来的症状在青年投手中很常见。导致该类损伤的主要因素包括投掷动作中的高扭转应力和干扰力以及肌肉骨骼系统的发育缺陷（Sabick等，2005）。由于生长板在承受扭转负荷时的复原能力很低，投掷动作产生的扭转力就成为骨骺损伤的主要原因。

## 3.2 足 球

现有数据显示，一个颇具实力的足球运动员在一个赛季中至少会受到一次足以影响发挥的损伤（Junge和Dvorak，2004）。据报道，在冰岛第一级和第二级联赛踢球的运动员，比赛中每1 000h受伤24.6次，训练中每1 000h受伤2.1次（Arnason等，2004）。四家英国职业足球俱乐部提供的数据显示，他们的运动员在比赛中每1 000h受伤的次数是27.7次，训练中每1 000h受伤3.4次（Hawkins和Fuller，1999）。同样是这四家俱乐部，青年运动员在比赛和训练中每1 000h受伤的次数分别为37.2次和4.1次，相对成年运动员高出许多（Hawkins和Fuller，1999）。

足球运动中的损伤通常发生在下肢——受伤主要涉及踝和膝关节，以及大腿和小腿的肌肉（荣格，2004）。下肢损伤占到了冰岛高级联赛运动员损伤数据中82%（Arnason，2004），在英国职业联赛中则达到了87%（Hawkins等，2001）。根据一份早期的调查，英国职业足球运动员最经常受伤的身体部位依次是大腿（23%）、脚踝（17%）、膝（14%）和小腿（13%）（Hawkins和Fuller，1999）。最常见的损伤形式前三名依次是肌肉拉伤（41%）、扭伤（20%）和撞伤（20%）。

肌肉拉伤在足球运动员损伤中拥有极高的发生率，比赛中每1 000h会发生8.4次肌肉拉伤，训练中每1 000h发生0.8次（Arnason等，2004）。由于该项运动的特殊要求，足球运动员的腘绳肌（Verrall，2005）与内收肌（Arnason等，2004；Nicholas和Taylor，2002）受伤的风险很大。关节与韧带扭伤也很常见，冰岛优秀成年足球运动员比赛中每1 000h这种损伤的出现次数为5.5次，训练中每1 000h约受伤0.4次（Arnason等，2004），其中大部分受伤部位在膝和踝。英国职业足球运动员膝韧带受伤的人中有3/4是内侧副韧带损伤（Hawkins和Fuller，1999；Hawkins等，2001）。但是，在较为严重的膝韧带损伤中，受伤部位大部分是前交叉韧带（Arnason等，2004；Hawkins和Fuller，1999）。

英国职业足球运动员每次受伤导致的训练和比赛缺席天数平均为24.2天（Hawkins等，2001）。约1/3运动员的损伤源自与其他运动员的身体接触（Junge和Dvorak，2004）——实际上，英国职业足球运动员的损伤中，有41%与身体接触有关（Hawkins

和Fuller，1999）。无论是成年职业运动员还是青年运动员，惯用腿受伤的概率都要高一些，从中可以看出运动员在铲球或被铲时多数使用的都是惯用腿（Hawkins和Fuller，1999；Hawkins等，2001）。非身体接触类损伤通常发生在奔跑和变向时。

调查显示，足球运动员重复受伤的概率很高。同样部位的再次受伤占到所有损伤中的约25%（Hawkins和Fuller，1999；Junge和Dvorak，2004）。该发现揭示旧伤是导致重复受伤的一大隐患（Arnason等，2004）。而再次受伤后导致的训练和比赛缺席时间也比初次受伤长（Hawkins等，2001）。这也说明，对优秀足球运动员受伤后——尤其是脚踝扭伤或臀部肌肉拉伤后，所采取的康复措施不足或不彻底（Hawkins和Fuller，1999；Junge和Dvorak，2004）。

英国职业足球运动员的训练受伤高峰期在7月份，这时恰逢季前训练结束，而比赛受伤的高峰期则在赛季起始的8月份（Hawkins等，2001）。因此，季前体能训练的内容与有效性以及赛季后必要的状态调整需要有所改善。与之相反，青年运动员的受伤高峰期集中在赛季行将结束时（Hawkins和Fuller，1999）。疲劳的累积与比赛场次过多所带来的负担是主要原因之一。

根据损伤的定义，优秀成年女子足球运动员整体的受伤数据和男子运动员差不多。德国联赛比赛中，每1 000h受到的外伤（与过度使用造成的损伤相对）次数是23.3次，训练中每1 000h受伤次数为2.8（Ford等，2005）。美国职业运动员在比赛和训练中受伤的次数要相对低一些，原因可能是数据采集方法的不同（Giza等，2005）。优秀女子足球运动员受伤部位集中在下肢——概率在60%（Giza等，2005）和80%（Ford等，2005）之间。一份针对美国高中女子足球运动员的调查发现，赛季中300多位受伤的参赛队员（年龄跨度为14~18岁）受伤部位都在下肢（Heidt等，2000）。

基本上，女子足球运动员损伤所处的部位平均分布在大腿、膝和踝（Ford等，2005）。但是，一份针对美国职业女子足球运动员的调查显示，头部与面部受伤的概率也很高（Giza等，2005）。另有调查认为，女足运动员腰部受伤的次数也不低（Nadler，2002）。该调查的依据来自德国女足联赛中上报的大量背部受伤数据（Ford等，2005）。女足运动会导致大量的（下肢）关节与/或韧带扭伤，但肌肉拉伤的概率相对男足要低一些（Ford等，2005；Giza等，2005）。

另一个明显的区别是，女足运动员的损伤通常更为严重（Heidt等，2000）。原因包括女足运动员，尤其是在比赛中，前交叉韧带经常受伤。优秀女足运动员比赛中每1 000h前交叉韧带受伤的次数为0.90次（Giza等，2005）到2.2次（Ford等，2005）。美国全国大学生运动协会的损伤数据显示，大学女足运动员前交叉韧带受伤的概率要超过大学男足运动员（Agel，2005）。另外，同样是前交叉韧带受伤，相比于男足运动员，女足运动员受伤的根源更多地来自于非接触性情况。

## 3.3 排球

排球比赛中每1 000h运动员受伤次数为4.1次，训练中每1 000h受伤次数为1.8次（Verhagen等，2004）。下肢急性损伤为排球运动中最常见的损伤类型，一般症状为韧带扭伤。在荷兰排球联赛一个赛季受伤的100名男、女运动员中，有41人的受伤部位为踝——其中踝内翻扭伤的人最多（Stasinopoulos，2004）。脚踝受伤的队员中，有将近2/3受伤的地点是网前，原因是拦网或扣球落地时与队友或对手发生了肢体接触（Verhagen等，2004）。

与男子排球运动员的数据不同，女子排球运动员在训练和比赛中受伤的概率差不多。美国全国大学运动协会排球比赛中，每1 000h女子排球运动员受伤的次数为4.58次，这个数字与同样人群训练中每1 000h受伤4.1次差别不大（Agel等，2007c）。但是对于比赛和训练中踝关节韧带扭伤的次数却有明显差别，分别为44.1次和29.4次。引发比赛中脚踝受伤率高的部分原因是，正式比赛中运动员间的身体接触次数要远高于训练。肩部损伤在女子排球运动中也较为常见——尤其是肩部肌肉和/或肌腱的扭伤（Agel等，2007c）。

排球运动中，脚踝一旦受伤，损伤反复的概率很大（Verhagen等，2004）——脚踝受伤的排球运动员中有1/4在接下来的12个月中旧伤复发。排球运动员最常见的过度使用损伤部位是肩或腰、膝是排球运动员第三常见的过度使用损伤部位。

出色的排球运动员惯用手一侧的肩经常出现肌肉骨骼的不适，这是疲劳性损伤的前兆（Stasinopoulos，2001）。一份针对顶尖排球运动员的调查显示了一系列不适症状，包括：（惯用手一侧相对非惯用手一侧）肌平衡失调、肩部活动能力受限、离心力量缺陷、外旋能力减弱以及肩胛骨不对称。以上这些情况下导致的向心收缩的内旋肌力量与离心收缩的外旋肌力量的不均衡，被认为与优秀运动员惯用手侧的损伤有紧密的联系（Stasinopoulos，2001）。

排球运动中另外一个常见的损伤类型为髌骨肌腱炎——这是一种被俗称为“跳跃膝”（jumper’s knee）的症状（Gisslen等，2005）。由于运动员经常忍受这种疼痛坚持比赛，各种损伤观察研究都下意识地低估了这种疲劳性损伤的影响（Verhagen等，2004）。实际上，很多出色的排球运动员职业生涯中都备受“跳跃膝”的困扰，该症状甚至在一些青年运动员中也开始流行（Gisslen等，2005）。

## 3.4 篮　球

一份来自美国大学生篮球比赛的损伤检测报告指出，在美国全国大学生运动协会的篮球联赛中，运动员在每1 000h比赛里受到的损伤次数为9.9次（Dick等，2007b）。该数据比加拿大大学生男子篮球联赛每1 000h受伤4.94次要高很多（Meeuwisse等，

2003）。来自加拿大的这份报告还发现，加拿大大学生篮球运动员在比赛和训练中受轻伤（缺席7次训练以下的伤势）的概率差不多。但在比赛中遭受严重损伤的概率是训练中的3.7倍。而美国大学生运动协会篮球训练中每1 000h受伤次数为4.3次（Dick等，2007b）。

美国大学生运动协会男子篮球运动员受到的损伤主要位于下肢。在比赛和训练中脚踝韧带扭伤分别占总损伤的26.2%和26.8%（Dick等，2007b）。在加拿大大学生的篮球比赛中，脚踝损伤也是最常见的损伤。但在训练中，膝成了运动员最脆弱的部位（Meeuwisse等，2003）。膝伤在美国大学生运动协会的篮球比赛中和训练中也占到了总损伤的10%——其中最常见的症状为膝内部紊乱（韧带和/或软骨受伤）或膝盖骨受伤（Dick等，2007b）。虽然篮球并不是传统意义上的身体接触类运动，加拿大大学生篮球运动员的损伤中还是有1/3源自运动员之间的身体接触（Meeuwisse等，2003）。即便如此，加拿大大学生篮球运动员的前交叉韧带损伤大部分是由于非接触性原因导致的（Agel等，2005；Dick等，2007b）。多数损伤发生在篮下，而在众多的场上运动员中，中锋是受伤最多的人。

美国大学生女子篮球比赛中，每1 000h运动员受伤次数为7.68次（Agel等，2007b）。这个数字比美国高中女子篮球比赛（每1 000h受伤3.66次）要高（Borowski，2008）。美国女子篮球运动的损伤也集中在下肢，占到了总损伤的60%（Agel等，2007b）。一份针对高中女子篮球的调查发现，35.9%的损伤发生在脚踝和/或足部区域，膝伤（占总损伤的18.2%）紧随其后（Borowski，2008）。一份早期研究显示，腰是女子篮球运动员第三容易受伤的部位（Nadler等，2002）。但最近的研究发现，美国高中和大学女子篮球运动中，头部和/或脸部成为了第三容易受伤的部位（Agel等，2007b；Borowski，2008）。

女子高中篮球运动员最常见的损伤症状为膝韧带扭伤（Borowski，2008）。到了大学里，膝内部紊乱无论在比赛还是训练中都是第二常见的症状（脚踝韧带扭伤排名第一）（Agel等，2007b）。女子篮球运动中，膝伤在所有导致赛季终结的损伤中占到了91%（Ford等，2003）。美国大学生运动协会1990－2002年的损伤数据显示，大学女生前交叉韧带受伤的概率要高于男生（Agel等，2005）。这些年来，大学女子篮球运动员的前交叉韧带损伤大部分都源于非接触性情况（根据年份不同，比例保持在64.3%~89.7%）。监测职业女子篮球联赛中脚踝损伤数据的曲线在联赛开始的头两个月里达到了顶峰（第一个月最高）（Kofotolis和Kellis，2007）。由此可以看出，运动员在赛季开始前的准备不够得当。

身体接触导致的损伤占到了美国大学女子篮球运动员总体损伤情况的较大一部分，比率达到了46%（Agel等，2007b）。同样，一份针对希腊女子职业篮球的调查显示，大部分比赛中的脚踝扭伤发生在篮下区域（Kofotolis和Kellis，2007）。与此相关，经常位于篮下的场上运动员受伤的概率最高（Kofotolis和Kellis，2007）。

### 3.5 无挡板篮球

关于无挡板篮球，尤其是优秀无挡板篮球运动的损伤记录，公开发表的资料很少（Gamble，2011）。根据现有的报告，无挡板篮球运动中的损伤主要集中在下肢（McManus等，2006），典型症状为韧带扭伤和撕裂（Hume和Steele，2000；Stevenson等，2000）。在比赛中受伤的比例要多于训练中的（Saunders和Otago，2009）。脚踝对于业余和优秀无挡板篮球运动员来说都是最容易受伤的部位，其次是膝（McManus等，2006；Saunders和Otago，2009）。脚踝侧面扭伤尤其被认为是无挡板篮球运动最常见的损伤（Hopper等，1999）。这种损伤通常是由于落地时整个足底未能同时接触地面，以及强大的反方向作用力造成的。

无挡板篮球运动中脚踝的受伤一般都是因为落地和运动员间的身体接触（Hume和Steele，2000；Saunders和Otago，2009）。常见的脚踝损伤与其极高的复发率导致无挡板篮球运动员容易患上“慢性踝关节不稳定症”（Holmes和DrustHunter，2009）。研究发现，脚踝受伤的无挡板篮球运动员有半数都有病情复发的记录（Hume和Steele，2000）。

### 3.6 美式橄榄球

最近一份详细的美式橄榄球损伤监测报告称，美国高中和大学参与美式橄榄球运动的运动员受伤率是篮球（在美国青少年中第二流行的运动）运动员的2倍（Shankar等，2007）。来自美国大学生运动协会的这份报告显示，每1000名参与美式橄榄球运动的大学生中就有36次受伤记录，该数字是美国大学篮球运动中相同数据的3.5倍（Dick等，2007a）。参与美式橄榄球运动的大学生比高中学生的受伤概率高（Shankar等，2007）。不出意外，大部分的损伤都来自擒抱或被擒抱时与他人所发生的身体接触（Shankar等，2007）。

高中与大学的美式橄榄球运动员受伤部位与症状类型比较相似。美式橄榄球大学生运动员中，膝伤（占总损伤的16.4%）是最常见的，接着是肩伤（占总损伤的13.2%），然后是踝伤（占总损伤的12.7%）（Shankar等，2007）。美国全国大学运动协会的数据总体比例与此差不多，不过，踝伤排在了第二（Dick等，2007a）。在高中，膝伤（占总损伤的15.2%）与踝伤（占总损伤的15.2%）排名前两位，然后是肩伤（占总损伤的12.4%）。在美国大学运动协会的男子美式橄榄球比赛中，剧烈冲撞引起的损伤占很大一部分（Dick等，2007a）。在高中，剧烈冲撞引起的损伤也同样很多

（Shankar等，2007）。

在美国高中和大学里，激烈比赛所带来的运动损伤比训练中要高很多（前者几乎是后者的8倍）（Shankar等，2007）。美国大学运动协会的秋季男子美式橄榄球训练中，每1 000次出勤要受伤4次，而春季训练的同样指数相对较高为10次（Dick等，2007a）。比赛中，肌肉和/或跟腱扭伤的概率要低一些（高中比赛中为10次，训练中为24次；大学比赛中为14次，训练中为25次）（Shankar等，2007）。与之相反，比赛中韧带扭伤的概率要比训练中高（高中比赛中33次，训练中29次；大学比赛中39次，训练中25次）（Shankar等，2007）。

训练中的损伤多是韧带扭伤和肌肉/肌腱拉伤，二者合起来大概占到了高中美式橄榄球总受伤次数的53%（Shankar等，2007）。高中训练中的损伤多为轻伤，与在比赛中的受伤相比复原速度要快。数据证实，高中春季联赛训练中的受伤率是大学的2~3倍，此期间的严重损伤比例也更大（Dick等，2007a）。导致此种情况的原因，与运动员努力训练争取主力位置有一定的关系。同一份报告指出，在所有运动员中，替补运动员在训练中的受伤概率要更高一些（Albright等，2004）。这与他们在训练中承担的“炮灰”角色有一定关系。

无论是高中还是大学，美式橄榄球运动员在跑动中受伤的概率最高（Shankar等，2007）。跑动带来的损伤也更多被鉴定为重伤，跑动所带来的赛季终结伤势是最多的。由此可以看出，高中美式橄榄球比赛场上最容易受伤的进攻和防守位置分别是边锋和边后卫（Shankar等，2007）。在大学阶段，这两个位置依然是最容易受伤的，外接手（12.3%的受伤率）和跑锋（12.1%的受伤率）也加入了他们的行列。而在所有级别的美式橄榄球运动中，跑锋是最容易受伤的位置（Shankar等，2007）。比赛的损伤数据显示，传球是最容易导致外接手（进攻时）和侧卫（防守时）受伤的方式（Shankar等，2007）。

### 3.7　英式橄榄球

由于本身就属于身体接触类的运动，英式橄榄球（亦称联合式橄榄球，Rugby union）一直都有很高的损伤率。运动员所属的比赛级别越高，受伤的概率就越大（Quarrie等，2001）。迄今为止最全面的职业橄榄球病理学研究是在英国进行的，由英国超级联赛俱乐部在两个赛季间全程参与（Brooks，2005a）。总体上，英式橄榄球运动员每1 000h受伤次数为91次，远远超过其他运动的受伤概率。而英式橄榄球国际比赛中的受伤概率更高，2003年橄榄球世界杯期间，每位运动员1 000h内受伤达到97.9次（Best等，2005）。

也许并不奇怪，接触性损伤是英式橄榄球职业比赛中最主要的损伤形式（占总损伤的72%）（Brooks等，2005a）。这个数据与澳大利亚联合式橄榄球优秀青年运动员的统计结果相类似（McManus和Cross，2004）。前锋位置（负责争抢控球）的运动员在定位球时受伤率最高。运动战中，前锋同样因为经常做出激烈的拼抢和扭打动作而受伤率较高；而后防位置受伤率高的时段是在防守阶段，尤其是擒抱或者被擒抱时（Brooks等，2005a）。整体上，国内成年职业联赛中，在无身体接触阶段受伤最多的是后卫——同样的情况也发生在澳大利亚联合式橄榄球优秀青年运动员的比赛中（McManus和Cross等，2004）。

下肢是英式橄榄球运动中最容易受伤的部位，而最常见的症状是大腿血肿，不过这种损伤不会造成运动员的长期休养（Brooks等，2005a）。后防运动员的腘绳肌损伤是橄榄球比赛中第二常见的损伤。膝是职业橄榄球运动中最伤不起的：一旦受伤，很可能就是重伤，所带来的训练和比赛缺席天数是所有损伤中最多的（Brooks等，2005a；Dallalana等，2007）。比赛中的身体接触可导致高达72%的膝部损伤（Dallalana等，2007）。比赛中由擒抱（尤其是背后擒抱）所引发的前交叉韧带损伤占72%、内侧副韧带损伤占46%。由于肩部是冲撞时常用的部位，因此肩伤所致的训练和比赛缺席天数排名第二（Gamble，2004b）。

与联盟式橄榄球运动相比，联合式橄榄球运动中不同的场上位置有截然不同的比赛角色（Gamble，2004b）。这也进一步导致了比赛中不同位置运动员的受伤类型迥异（Brooks等，2005a）。例如，接球前卫与钩球队员是职业联赛比赛中最容易受伤的两类人，而重伤概率最高的两个位置分别是右边锚锁队员和侧边锋。总体上，本土职业联赛比赛中最危险的（综合考虑受伤频率和重伤频率）的两个位置是钩球队员和外侧正锋。国际比赛（2003年橄榄球世界杯）的数据显示，侧边锋和外侧正锋受伤率最高（Best等，2005）。类似的是，8号位和侧边锋这两个位置是澳大利亚国家青年橄榄球锦标赛比赛中，受伤风险最高的（McManus和Cross，2004）。

毫不奇怪，联合式橄榄球运动员在训练中的受伤率较低——无论何种类型的训练（Brooks等，2005b）。相反，训练中的严重损伤导致的缺勤天数却比比赛中的严重损伤要多。大部分训练中的损伤都涉及下肢，且主要由肌肉和/或肌腱拉伤或韧带拉伤组成。身体接触技巧训练导致的损伤率最高；但是，跑步训练也占训练损伤的较大比例，而非接触类损伤占损伤总数的比例高达57%（Brooks等，2005b）。尽管与后卫相比前锋队员大量的椎间盘和/或神经根损伤是由力量训练导致的，但力量训练是所有训练模式中损伤率最低的（Brooks等，2005b）。

## 3.8 联盟式橄榄球

与英式橄榄球的情况一样，联盟式橄榄球比赛的主要损伤也是擒抱类损伤

（Gabbett，2004），尤其是被擒抱的动作更是联盟式橄榄球成年职业运动员的首要致伤因素。对业余水平的运动员而言，擒抱（与被擒抱相对）损伤似乎在比赛的损伤总数中占比更大——这可能是由于业余比赛的防守强度水平较低所致（Gabbett，2004）。

另一个与英式橄榄球有共性的发现是，水平较高的联盟式橄榄球比赛的损伤发生率也会升高（Gabbett，2004）。联盟式橄榄球比赛中最常见的损伤部位是头和颈（Gabbett，2004）。肌肉损伤是不同水平的联盟式橄榄球比赛中最常见的损伤类型。

联盟式橄榄球比赛不太强调定位进攻，每次擒抱后也不再对控球权进行争夺。所以，与英式橄榄球运动相比，联盟式橄榄球运动员的场上位置更同质化一些。即便这样，前锋在比赛中使用擒抱和被擒抱的机会也都更多一些，这一点可以从在各种水平的比赛中前锋的总体损伤率都比后卫更高的事实中得到印证（Gabbett，2004）。

相关研究也显示，联盟式橄榄球训练的损伤率低于比赛的损伤率（Gabbett，2004）。联盟式橄榄球运动员的训练损伤主要是下肢损伤，大多是下肢肌肉拉伤。这与职业联合式橄榄球的研究发现类似。一项针对联盟式橄榄球运动员的研究发现，与传统的以跑为主要内容但没有任何比赛技术因素的训练课相比，在体能训练课中进行以技术为主的比赛式体能训练可以降低损伤的发生率（Gabbett，2002）。

### 3.9　澳式橄榄球

对于三个赛季（1997~2000）的澳式橄榄球调查报告显示，在比赛中每1 000个运动员每小时会出现25.7例新伤（Orchard和Seward，2002），原有损伤的重复发生率也较高。据报道，在澳式橄榄球运动中，大腿是频率最高的损伤部位，肌肉拉伤则是最常见的损伤类型（Orchard和Seward，2002）。腘绳肌拉伤是这项运动中一个特别值得关注的问题（Verrall等，2005），因为研究发现腘绳肌损伤的复发率高达34%，而其他所有损伤的复发率只有17%。

前交叉韧带扭伤是排在腘绳肌损伤之后最常见的损伤——这种损伤大多数不是由于身体接触造成的（Orchard和Seward，2002）。报告中提到，澳式橄榄球比赛中前交叉韧带完全撕裂伤的相对发病率是0.82‰——其中0.62‰的前交叉韧带损伤是由非身体接触造成的（Orchard和Seward，2001）。前交叉韧带的重建史被认为是澳式橄榄球运动员发生损伤的一个重要内部风险因素。在澳式橄榄球运动中，赛前的天气情况也被认为是造成前交叉韧带损伤的外在风险因素。特别是赛前28天的湿度和全年的降雨量都被认为会影响前交叉韧带损伤的频率——很可能是由于在特别干燥的运动场地上运动鞋和场地表面的摩擦力造成的（Orchard和Seward，2001）。

## 3.10 冰 球

一项美国大学生冰球研究报告指出，运动员在比赛中的损伤率为13.8‰，在训练中的损伤率为2.2‰（Flik等，2005）。报告称大部分损伤是由于与对手的接触和碰撞（占总数的32.8%）或是与场地周边的挡板发生碰撞（占总数的18.6%）造成的。运动员中最常见的损伤部位是膝和/或腿（占总数的22%）、头（占总数的19%）及肩（占总数的15%）（Flik等，2005）。

据报告，脑震荡是美国大学生男子冰球队发生频率最高的一种损伤——在所有已报告损伤中占18.6%——主要出现在竞争激烈地比赛中（Flik等，2005）。一些违规动作——特别是肘击——被认为是比赛中最容易造成对手脑震荡的动作。前锋队员要承担更多的冲击——要忍受由对方防守队员造成的比其他位置运动员高出两倍的脑震荡损伤（Flik等，2005）。研究表明，内侧副韧带拉伤是发生频率第二高的损伤——所有的内侧副韧带损伤都发生在比赛当中。还有一种在疲劳情况下出现频率较高的损伤就是脚踝韧带联合伤或者叫脚踝扭伤——这种冰球比赛中的常见损伤在其他运动中是不常有的。这种脚踝联合韧带扭伤相当平均地分布在比赛和平时训练中（Flik等，2005）。

据报告，加拿大大学生男、女冰球运动员的损伤率没有出现太大的差异（Schick和Meeuwisse，2003）。然而，女子大学生冰球运动员参加的比赛要比男运动员少得多。通过对比赛数据的比较发现，男、女运动员的损伤率差距还是相当大的：平均每1 000场比赛的男、女受伤比率是，男运动员为22.4‰，而女运动员为10.43‰（Schick和Meeuwisse，2003）。2001年美国大学体育总会对美国女子冰球比赛四个赛季的损伤监控数据显示，运动员在比赛中的损伤率为12.6‰，相比之下训练中的损伤率为2.5‰（Agel，2007b）。美国大学体育总会的数据与前面加拿大报告的女子大学生冰球运动员的损伤数据是明显相似的（Schick和Meeuwisse，2003）。

女子冰球运动在比赛规则上与男子项目有着本质的不同：比赛时间更短及不允许故意用身体去阻截对手。尽管如此，出现在女子冰球比赛中的大量损伤（占总人数的96%）还都以接触性损伤为主（Schick和Meeuwisse，2003）。美国大学体育总会的统计数据也显示，女子大学生冰球运动员所承受的近一半损伤都是由比赛中的身体接触造成的（Agel，2007a）。即便如此，加拿大冰球比赛的数据显示女子冰球运动员接触性损伤的严重程度要比在疲劳后继续比赛发生的损伤小得多——男子大学生冰球运动员则要承担更多、更严重的损伤（其结果是损伤后至少得缺席14个单元的训练课）（Schick和Meeuwisse，2003）。

男运动员方面，加拿大大学生男子冰球运动员最常见的损伤是脑震荡；其次是踝关节扭伤和内收肌拉伤（Schick和Meeuwisse，2003）。美国大学体育总会的统计数据也相当近似——脑震荡是最常见的损伤（占损伤总数的21.6%），然后，膝关节内脱位（占总数的12.9%），还有肩伤——特别是肩锁关节损伤（占总数的6.8%）成为仅次于前者的常见损伤（Agel，2007b）。加拿大大学生男子冰球运动员还要遭受一定的面部损伤，这在加拿大大学生女子冰球运动员中还是前所未有的（Schick和Meeuwisse，2003）。

## ■ 4　损伤预防训练干预的风险因素分析

运动员除了日常的力量训练外，特殊的力量和神经肌肉练习或许是防治常见损伤的特有措施。这种特殊的针对力量训练的损伤预防措施的价值尚未被发现。特殊的力量训练只在集体性项目运动员出现损伤情况后被运用过一次（Wagner等，2003）。尽管越来越多的研究详尽地叙述了不同运动的损伤资料，但是却很少有为体育运动进行的损伤评估预防措施。例如，尽管足球运动员在当前最受欢迎，但通过检索发现有关足球运动员损伤预防的文献中只有四篇研究包含其预防的标准与措施（Olsen等，2004）。

特殊运动处方的进行要建立在对个别运动项目需求的分析上，包括调查比赛中的常见损伤。损伤筛查之后，每个运动员的损伤史和对个别运动员损伤的特殊需求有很大帮助。每一次和个体评估相结合的运动分析，都有助于鉴别不同的身体部位更倾向于何种类型的损伤。

一旦确定，损伤预防干预计划的设计就应该有针对性地着手去解决那些容易造成特殊损伤的运动项目和运动员的损伤风险因素（Nicholas和Taylor，2002）。一些能够了解其诱发因素和损伤原理的特殊损伤是这个预防措施的第一受益者（Barr和Cross奥格，2005）。这些数据能反映更多不同集体项目的损伤情况（Junge和Dvorak，2004）——这些情况会在下一章节进行总结。

## ■ 5　确定损伤的风险因素和损伤机制

### 5.1　踝关节

在多数体育运动中，小腿是损伤率最高的部位（Thacker等，2003）。踝关节扭伤占运动中总损伤数的1/3（Osborne和Rizzo，2003）。一旦受伤，复发的风险就会增加（Osborne和Rizzo，2003）。据报告，有过踝关节损伤史的职业和业余篮球运动员的踝关节比正常人的受伤概率要高出5倍（McKay，2001）。美国大学生足球运动员里有过旧伤的运动员，其脚踝再次受伤的概率要高出正常人6倍（Taylor等，2006）。

### 5.1.1 踝内翻损伤

由于韧带松弛从而导致保护踝关节的韧带机械稳定性降低因而容易诱发脚踝扭伤（Wikstrom等，2007）。除了韧带的稳定性有所减低外，神经肌肉和本体感觉的功能也会受到损伤；脚踝韧带损伤后，踝关节的原始感应传感器功能也会遭到破坏（Lephart等，1998）。这种对躯体感应反馈功能的干扰直接导致运动员对脚踝关节位置和位移感应敏感度的降低（Hertel，2008）。损伤后导致的本体感觉和神经控制的紊乱被叫作"踝关节功能紊乱"并且伴随着身体姿势平衡能力和动态稳定性的欠缺（参见第三章）（Wikstrom等，2007）。

在严重的情况下，复发性的踝关节损伤会导致慢性踝关节不稳定（CAI），这种复发性的踝关节损伤会使踝关节的不稳定症状一直持续，比如在正常行动中踝关节突然出现软弱无力现象。各种感觉运动和机械运动缺陷被认为会导致慢性踝关节不稳定（Holmes和DrustHunter，2009）。慢性踝关节不稳定通常包括两者结合的不稳定，主要是由于身体姿势的变化和最初损伤对关节结缔组织的影响以及本体感觉和运动感觉的下降，还有对自身力量调控的不足造成的（Hertel，2008）。

踝关节损伤后的机械运动和功能性不稳定可以通过矫正包扎和外部支撑来增加稳定性以减少随后的损伤发生率（McKeon和Mattacola，2008）。外部支撑主要是以绷带和护踝的形式，然而这些保护措施只能有效地减少那些有旧伤运动员的损伤（Osborne和Rizzo，2003；Stasinopoulos等，2004）。此外，通过护踝的固定所起到的保护作用还可以降低踝关节扭伤的复发率。那些有过4次或以上踝关节扭伤的排球运动员就是没有认识到护踝的重要性（Stasinopoulos等，2004）。

第一次踝关节损伤（那些没有过下肢关节损伤史的运动员）常受性别的影响，一种趋势显示女子高中和大学生运动员更多地遭受踝内翻损伤（Beynnon等，2005）。经研究表明女子篮球运动员第一次脚踝内翻损伤的人数远高于男子篮球运动员。女子运动员中，她们所参加的集体项目的类型也影响到她们初次的脚踝扭伤，女子篮球运动员的首次受伤人数就比女子曲棍球多得多（Beynnon等，2005）。这种情况在男子高中和大学生运动员中还没有出现过。

绝大部分集体性项目中的踝内翻损伤，都是由于在脚落地受力情况下踝关节跖屈造成的。通常情况下这种损伤机制都是因为在下落过程中触碰到了其他队员的身体（Kofotolis和Kellis，2007）。例如，排球运动员脚踝损伤就经常是因为拦网后踩在队友或者对手脚上而造成的（Verhagen等，2004）。同样，职业和业余篮球运动员中近半数的脚踝损伤通常都是因为在落地时踩到其他运动员的脚上造成的（McKay等，2001）。

一种普遍的无接触性脚踝损伤机理就是当身体变向扭到了脚踝而发生损伤

（McKay等，2001）。当运动员变向时，那些踝关节机械运动和功能稳定性曾经遭受破坏的运动员，更容易发生这种无接触性的损伤。那些体重大又有踝关节损伤史的运动员就更容易出现无接触性损伤了。据报告，在美国大学生足球运动员中，体重大且有踝关节损伤史的运动员发生踝关节无接触性损伤的概率，要比体重正常且无损伤史的运动员高出19倍（Taylor等，2006）。体重大的运动员在变向时所带来的强大惯性，将增加其支撑脚和踝关节所承受的压力。身体承受的较大的反作用力以及因先前脚踝损伤而引起的机械性和功能性的不稳定性，都可能使运动员维持踝关节动态稳定性的能力接近破坏极限（Taylor等，2006）。

### 5.1.2 踝的下胫腓联合损伤

虽然不像脚踝侧面扭伤那样常见，但是下胫腓联合损伤在有身体接触的体育运动中也占有相当大的比重（Williams等，2007）——特别是冰球，更是这种损伤的高发运动（Flik等，2005）。这种损伤包含了韧带以及远端胫骨和腓骨的损伤。下胫腓联合的传统损伤机理是由于踝关节在背侧弯曲和脚内翻的情况下向内旋转发力造成的——关键因素还是因为距骨向小腿大力旋转造成的（Williams等，2007）。与脚踝的内翻扭伤相比，下胫腓联合损伤的继发性损伤很少。特别是严重的韧带撕裂伤（归为三级韧带联合伤）可以通过手术修复。直到最近，缺乏重视与认知一直被认为是下胫腓联合损伤的主要因素。相似的是，目前有关这种损伤的资料也很少，特别是有关下胫腓联合损伤的康复和预防方面的资料更少。

## 5.2 膝关节

### 5.2.1 膝韧带损伤

膝关节韧带损伤是最容易击垮集体性项目运动员的损伤（Thacker，2003）。在所有损伤种类中，膝关节韧带损伤（尤其是前交叉韧带和内侧副韧带）所带来的缺勤天数是最多的（Thacker等，2003）。而2/3前交叉韧带损伤会伴随着膝盖软骨的损坏，导致更进一步的下肢机能缺失（Silvers和Mandelbaum，2007）。最坏的情况，膝关节韧带损伤——尤其是前交叉韧带伤——会导致职业生涯的终结，并被迫接受置换手术修复完全断裂的前交叉韧带。这种运动员往往在手术后比他人更早地患上骨关节炎（Silvers和Mandelbaum，2007）。不像脚踝可以依靠缠绕外部胶带来减少受伤概率，护膝等保护性装备目前无法对膝关节减少受伤率产生任何积极的影响（Hewett等，2006b；Silvers和Mandelbaum，2007）。这对日常训练中对膝关节的防护提出了更高的要求（Hewett等，2005）。

膝关节韧带的伤势很可能在未来引发一系列其他症状。一旦受伤，膝关节会因为物理变化而发生机能紊乱，比如结合部松弛以及由躯体感觉和本体感觉遭受破坏导致的功能性不稳（Ingersoll等，2008）。这些因素都大大增加了旧伤复发的可能性（Murphy，2003）。前交叉韧带受损或神经外科手术重建的人会表现出躯体感觉的受损，有些人的这种症状会持续很长时间（Ingersoll等，2008）。当膝盖弯曲度小于15° 时，本体感觉功能的紊乱会持续更长时间（Lephart等，1998）。对股四头肌和腘绳肌的神经抑制影响也是前交叉韧带损伤的典型后遗症，力量和机能都将因此受损（Ingersoll等，2008）。前交叉韧带重置手术之后的12个月内，是运动员同一膝关节旧伤复发的高度敏感期（Orchard等，2001）。而在此期间，运动员的另一侧前交叉韧带还有可能受伤。这种损伤对于之前的旧伤和未受过伤的肢体都有巨大的隐患。

集体性项目的运动员特别容易在膝关节部位受伤，这种损伤在有无身体接触的情况下都会发生。值得注意的是，前交叉韧带断裂通常是在无身体接触的情况下发生的（Chappell等，2002）。这种病例占到了前交叉韧带损伤的三分之二（Hewett等，1999和2006a）。非接触性膝损伤通常是发生在减速和转向时（Silvers和Mandelbaum，2007）（Ford等，2003；Hewett等，2006b；Quatman等，2006）。因此，集体性项目中涉及跳跃、落地以及转向的动作是导致运动员膝伤的罪魁祸首。

对抗性的运动，比如足球和橄榄球，会增加运动员膝关节损伤的概率。运动员参与这些项目时，必须在对手压迫下进行多次变向的移动，并且随时面临正面铲抢的冲击。所以，这些项目中，直接身体接触所导致的前交叉韧带和内侧副韧带损伤的概率特别高（Thacker等，2003）。来自美国大学生运动协会的报告证明了这一点，由于对身体冲撞的要求更高，曲棍球比赛中前交叉韧带受伤的概率甚至比足球和橄榄球还要高（Mihata等，2006）。

侧向急停变向会导致膝关节外翻，增加内侧胫骨的力矩以及膝关节前部的负荷（Kaila，2007），这些都将使前交叉韧带处于拉紧状态。尤其是在侧向急停变向动作中，从对韧带的拉紧程度上说，这种膝关节的外翻负荷比在矢状面上承受的向前的剪切力更有可能导致前交叉韧带的断裂（Silvers和Mandelbaum，2007）。而在侧向急停变向动作中，如果同时有胫骨向内旋转和/或着地脚处于内旋位置，前交叉韧带承受的扭转力及断裂风险概率会更大（Silvers和Mandelbaum，2007）。

从关节的运动力学及负荷情况看，反应性的侧向急停变向与提前准备好的侧向急停变向有很大区别。具体来说，与提前准备好的情况相比，在对一个外部线索做出即时反应时，虽然膝关节屈、伸的时间差不多，但膝关节所承受的外翻和内旋力矩都要大得多（Besier等，2001）。而实际上，在应对反应性的侧向急停变向时运动员很难预先调整身体姿势，导致下肢的运动学特征和所承受的负荷发生改变，而这又反过来对前交叉韧带和内侧副韧带施加了更大的潜在损伤风险（Besier等，2001）。因而，集体性项目的运动员膝关节损伤发生率很大，因为他们要时不时向侧方移动以躲避来自对手的正面铲抢（McLean等，2004）。

普遍认为，女运动员遭受严重前交叉韧带损伤的概率更高，根据运动项目的不同，差别在2~10倍之间（Silvers和Mandelbaum，2007）。不少解剖学和生物力学因素被认为是青少年和成年女性运动员膝关节损伤的因素（Ford等，2003；Noyes，2005）。一项生物力学研究表明，与男性运动员相比，女性在膝关节弯曲角度较低时，其在承受扭转力矩情况下的被动关节刚度更小（25%），而在旋转动作过程中的关节松弛度更大（28%）（Hsu等，2006）。女性运动员的膝关节机械性不稳是与生俱来的，这又经常与下肢生物力学特征不良混杂在一起。

这种性别间的差异部分来自于成长期和成熟效应，因为男女之间的这种差异在青春期前不是十分明显（Hewett等，2006b）。青春期下肢长度的增加与体重的增加同时出现，但并没有出现女性运动员力量的自然增长。所以，女性运动员在躯干整体运动和下肢重心的控制上面临着艰巨挑战。因而，女运动员经常表现出"韧带优势"现象，也就是在没有足够的肌肉力量维持稳定性的情况下，过度依赖韧带来支撑下肢关节（Ford等，2003）。结果，女运动员在运动过程中表现出她们特有的姿势控制特征和下肢生物力学特征，这将她们置于极高的膝关节韧带损伤风险中（Barber-Westin等，2006；Quatman等，2006）。

例如，与男运动员相比，女运动员在执行竞技动作时更倾向于比较直立的姿势，下肢相对伸直，大腿向内侧旋转（Leetun等，2004）。这种姿势让膝关节处于机械性不稳的位置。这种状况在女运动员落地和转向时尤为常见（Thacker等，2003）。一个针对有准备侧向急停变向动作的研究发现，与男运动员相比，女运动员的髋、膝、踝和/或踝关节角度区别很大，膝关节的旋转动作也差别很大（McLean等，2004）。

这类姿势特点在膝和踝关节处最为明显，也证实了女运动员不经常使用髋部肌群来协助或控制下肢动作（Hewett等，2006b；Landry等，2007）。腰椎与髋部肌肉功能对于下肢提供的神经肌肉支持已经引起了重视。这被认为对前交叉韧带损伤的机制有直接影响（Hewett和Myer，2011）。

对于前交叉韧带损伤来说，腰椎-髋部-盆骨复合体的角色就是控制姿势以及躯干在运动中的移动（Myer等，2008）。在一份具有前瞻性的报告中，躯干侧面力量的测量被用来预估女运动员（而不是男运动员）遭受膝关节韧带损伤和前交叉韧带损伤的可能性（Zazulak等，2007）。控制躯干侧面倾斜度的能力与女运动员前交叉韧带损伤的概率紧密相关（Zazulak等，2007）。该理论被最近一次对前交叉韧带损伤时的视频捕捉研究所证实：针对这些视频的分析发现，女运动员前交叉韧带受伤时，侧面躯干倾斜与不断增加的膝关节扭转度同时出现（Hewett等，2009）。而这一现象，在针对男运动员前交叉韧带受伤时所捕捉的画面中没有出现。

女运动员的神经肌肉募集模式也是不同的（Hewett等，2006b）。比如，女运动员更倾向于使用股四头肌而不是腘绳肌，这种现象被称为“股四头肌优势”（Ford等，2003）。这种行为会增加膝关节的前向剪切力，进而增加前交叉韧带的扭转力矩（Silvers和Mandelbaum，2007）。相反，腘绳肌会在下肢受力或连续移动时削减膝关节受到的压迫。因此，腘绳肌也被称作“前交叉韧带兴奋剂”（Hewett等，1999）。所以，“股四头肌优势”对女运动员的前交叉韧带是有害的。

类似的区别也体现在青春期男女足球运动员在被动侧向急停变向时对腓肠肌的运用上（Landry等，2007）。腓肠肌的激活，尤其在与股四头肌一起被激活时，会对前交叉韧带潜在地施加更大的压力。女运动员会同时表现出对腓肠肌的整体激活程度过高及对内、外侧腓肠肌激活的不平衡现象，其对外侧腓肠肌的激活程度明显高于内侧腓肠肌（Landry等，2007）。

### 5.2.2 髌腱炎

除了膝关节韧带和关节软骨的损伤，过度使用膑韧带所造成的慢性损伤在跳跃性运动中也很常见。膑腱炎，或俗称“跳跃膝”，在排球运动员中尤为常见（Gisslen等，2005）。虽然会影响状态，但运动员们通常会选择忍受这种病痛坚持训练或者比赛（Verhagen等，2004）。由此造成的累积性损伤最严重可以导致职业生涯终结，并被强迫接受外科手术（Kettunen等，2002）。

对于膑腱炎潜在病理的理解目前还不够透彻——现有的研究倾向于它不属于炎症病例。膑腱炎现在看来属于多因素共同引起的——很多肌肉骨骼因素组合在一起造成了该症状，每个病例中的具体组合方式各有不同。目前的观点认为，与膝盖骨相连的结缔组织所受到的压力，在这种损伤的机理中起到了一定的作用（Cowan等，2009）。因此，髌腱炎在涉及较高的伸膝力矩以及需要反复跳跃的运动中比较常见（Visnes和Barr，2007）。

髌腱炎所导致的身体损伤包括腘绳肌与股四头肌的能力减弱（Witvrouw等，2001）。肌肉力量的不均衡或者离心力量的减弱也是其所导致的症状。肌肉功能和膝关节内外侧结缔组织的不均衡可以导致髌骨轨迹的紊乱。具体症状通常为股外侧肌肉与股内侧肌肉的萎缩（Cowan等，2009）。用来保证腰椎稳定性和控制下肢的髋部肌肉也被认为是引发髌腱炎的原因之一（Cowan等，2009）。例如，有报告显示，患髌骨疼痛的运动员，其臀部外旋肌群的等动向心和离心力矩以及髋部外展肌群的离心力矩均会受损（Boling等，2009）。躯干两侧的屈肌等动力量缺陷也会导致髌骨疼痛（Cowan等，2009）。

与下肢生物力学特征有关的神经肌肉控制也同样与该病有紧密相连（Cowan等，

2009）。在训练和比赛中涉及大量的重复性特定动作（尤其是跳跃动作）的运动员，容易遭受慢性、渐进发展的髌腱炎的困扰。

### 5.3 腘绳肌

腘绳肌损伤是足球、英式橄榄球、美式橄榄球等运动中最常见的非身体接触类损伤（Opar等，2012）。一份关于英国足球联赛的病例监测报告显示，腘绳肌损伤是所有损伤中患病率最高的（占总损伤的12%），尤其是在英超联赛的运动员跑动过程中（占总损伤的28%）（Woods等，2004）。英式橄榄球职业联盟的数据支持了这个结论：橄榄球运动跑动中受到的概率最高的损伤就是腘绳肌损伤，不过踢球时遭受的腘绳肌损伤一般比较严重（Brooks等，2006）。体育项目中最容易使腘绳肌受伤的运动员群体是需要经常进行高速跑动和变向的那部分人。比如英式橄榄球项目中，后卫在比赛中（不是训练）腘绳肌受伤的概率要高于前锋（Brooks等，2006）。

英国职业足球赛中的大部分腘绳肌损伤（53%）都与股二头肌有关（Woods等，2004），大多数其他运动也是同样的情况（Opar等，2012）。典型的腘绳肌损伤部位位于肌肉和肌腱的连接处（Peterson和Holmich，2005）。该类损伤要么潜在地持续损伤肌肉，要么瞬间爆发（Opar等，2012）。腘绳肌损伤通常都与跑步有关（Woods等，2004；Brooks等，2006）。跑步时的起跑和摆腿后期是两个最容易让腘绳肌受伤的时段（Opar等，2012）。这些时段内，腘绳肌被拉伸到极限并承担了大量的离心载荷。同时，让腿减速的离心动作与向心动作之间的转化也导致了大量的突发损伤（Woods等，2004）。这类转化期间，腘绳肌的损伤被认为是最容易产生的损伤之一（Peterson和Holmich，2005）。

腘绳肌首次受伤可以产生很多症状。包括柔韧性和腰骶-骨盆姿势控制缺陷，疲劳以及肌肉力量和功能的不平衡（Opar等，2012）。同时具有离心力和拉伸负荷的动作，比如踢球，也会增加腘绳肌受伤的概率（Opar等，2012）。职业英式橄榄球运动中替补队员腘绳肌受伤的概率要超过主力队员（Brooks等，2006）。类似的情况是，严重腘绳肌损伤发生的时间段主要集中在下半场。这些情况表明，不充分的准备活动可以提高腘绳肌受伤的概率。

比利时足球赛季前的腘绳肌柔韧性测试显示，之前受过腘绳肌损伤的运动员的肌肉柔韧性比没有受过伤的运动员低（Witvrouw等，2003）。但这个发现不具广泛参考性，若干其他研究没有发现腘绳肌损伤史与其柔韧性有太大的关联（Opar等，2012）。腘绳肌受伤后其柔韧性会降低（Croisier，2004），而且也会增加重复受伤的概率（Opar等，2012）。另外，在澳式橄榄球运动的报告中，25岁以下运动员髋部屈肌柔韧性降低也会增加腘绳肌受伤的概率（Gabbe等，2006）。

腰骶-骨盆的姿势，尤其是骨盆前倾，也使腘绳肌承受额外的拉力和受伤风险（Opar等，2012）。如果腰骶-骨盆稳定性缺失，腘绳肌在完成自身运动功能的情况下，还要被迫对骨盆提供支持。这不但会降低肌肉的运动效率，还会提升其疲劳度。二者都会置腘绳肌于容易受伤的情境。澳式橄榄球运动中，人们通过视频分析认为，跑动中躯干前倾也经常引发腘绳肌受伤（Verrall，2005）。这种情况经常发生在冲刺以及试图接球时。骨盆前倾会拉长腘绳肌，因此给予后者更大的拉力和潜在的受伤可能（Croisier等，2004）。

由于疲劳，比赛结束前腘绳肌损伤概率的增加是足球、橄榄球等集体性项目中常见的情况（Brooks等，2006；Woods等，2004）。据观察，如果比赛前一周进行了大运动量训练，那么累积的疲劳度也会增加比赛中腘绳肌受伤的概率（Brooks等，2006）。疲劳的肌肉在被拉伸时无法承受过多的载荷（Croisier等，2004）。集体性项目中的腘绳肌高损伤率，部分原因是因为在慢节奏比赛阶段重复进行高密度的爆发性动作（Verrall等，2005）。

优秀足球运动员力量不均衡与腘绳肌损伤的联系已经被广泛研究。腘绳肌与股四头肌向心和离心力的两侧不对称（惯用腿和非惯用腿），股四头肌向心力对腘绳肌向心力的对比数据，以及股四头肌向心力与腘绳肌离心力的混合对比数据，都被用来衡量力量的不均衡。一项针对职业足球运动员的调查显示，在赛季准备期进行以上测试可以预测之后赛季中的腘绳肌损伤情况（Croisier等，2008）。

损伤史对腘绳肌损伤影响很大（Verrall等，2005）。足球等集体性项目中很多腘绳肌损伤都是旧伤复发（Arnason等，2008）。根据运动类型、早前伤势的严重程度以及两次受伤之间的时间长短，腘绳肌旧伤复发的概率在14%~63%之间（Peterson和Holmich，2005；de Visser等，2012）。而且腘绳肌的二次损伤往往比之前更为严重（Brooks等，2006）。受伤后回归赛场的第一个月是个关键时期，英式职业橄榄球运动员在这期间旧伤复发的概率为59%（Brooks等，2006）。虽然在这方面的研究数量惊人，但通过传统恢复手段来减少腘绳肌旧伤复发率的尝试在过去30年中未获成功（Mendiguchia等，2012）。

受伤后，运动员会表现出多种结构和功能性的变化（Opar等，2012）。比如，在伤愈重返赛场已达一年的情况下，通过扫描仍能看到腘绳肌上的伤疤组织（Mendiguchia等，2012）。腘绳肌受伤后肌肉动员能力也会发生变化（Sole等，2012）。这些变化会受到受伤肌肉长度与张力关系的影响。即使运动员接受了全面的康复疗程，而且看起来所有功能都已恢复，受伤肌肉长度与张力关系的持续性副作用仍然会提高运动员旧伤复发的概率（Opar等，2012）。

一些研究显示，一部分在临床上表现上与腘绳肌拉伤类似的股后损伤，经核磁共振检查后发现实际上是源于腰椎问题（Orchard等，2004）。相信这是由于腘绳肌上分布的L5-S1神经的原因（运动员有时感到小腿疼痛也是由于这个原因）。脊柱区域的神经根冲撞与截留会产生与肌肉损伤本体感觉类似的症状（Orchard等，2004）。

## 5.4　腹股沟

内收肌或者腹股沟拉伤在很多集体性项目中都比较常见——尤其是冰球、足球和澳式橄榄球（Maffey和Emery，2007；Nicholas和Taylor。2002）。医疗人员、训练师和教练们要注意防止腹股沟受伤的运动员伤情演化为骨炎或疝气（Lynch和Renstrom，1999）。其他一些相同症状的潜在严重疾病也要第一时间预防。

集体性项目中的腹股沟损伤可分为急性突发和慢性过度使用两种情况。急性突发的损伤通常会导致长时间的休养，期间无法正常训练和比赛。患有慢性症状的运动员通常选择忍受腹股沟的病痛坚持训练和比赛（Engebretsen等，2010）。运动员急性腹股沟受伤的过程一般是，脚被固定、大腿处于外展位而髋部突然性地剧烈外旋（O'Connor等，2004）。很多运动中的内收肌高损伤率都是由于该运动需要多次变向或高速运动中转向。在稳定和降低下肢速度的过程中，内收肌的角色涉及高强度的离心力载荷，这也是引起扭伤的主要原因之一（Taylor等，2001）。

旧伤始终被认为是导致腹股沟受伤的潜在风险（Engebretsen等，2010）。例如，一份关于职业冰球运动员的报告指出，前一个赛季遭受的损伤是导致随后发生严重腹股沟损伤的重要原因（Emery和Meeuwisse，2001）。而腹股沟损伤本身也具有很高的复发率（Arnason等，2004；Murphy和Emery，2007；Nicholas和Taylor，2002），传统被动的治疗方法在治疗腹股沟伤痛方面作用很小。因此，处理过程需要加入积极的力量练习来储备腹股沟肌肉的力量和功能（Taylor等，2002）。

赛季前的临床等长力量测试中如果被发现腹股沟肌肉力量欠缺，男子足球运动员在未来赛季中腹股沟受新伤的可能性就会增大（Engebretsen等，2010）。内收肌与外展肌力量的不均衡，也被认为是导致内收肌拉伤的一个主要因素（Nicholas和Taylor，2002）。一份来自职业冰球队的报告指出，如果一个队员在季前内收肌力量测试时得分低于80%的外展肌力量测试得分，他在下赛季腹股沟受伤的概率将大增（Taylor等，2001）。

类似的情况是，一个运动员如果在赛季开始时体能训练准备不足，也很可能遭受内收肌损伤的打击（Maffey和Emery，2007）。一个未能完成足够的非赛季训练的运动员，在参加球队的赛季前训练时内收肌受伤的概率很大（Emery和Meeuwisse，2001）。这也强烈暗示，疲劳也是导致内收肌损伤的重要风险因素，这与腘绳肌损伤的情况相似。

与腘绳肌损伤研究成果类似，内收肌的柔韧性与内收肌拉伤之间的关系也是确定的。足球运动员髋部外旋时的被动活动范围基础得分与随后的内收肌损伤发生率有关（Arnason等，2004）。但在职业冰球运动中没有发现这种关联，这可能暗示内收肌柔韧性对损伤风险的影响很可能取决于不同的运动（Taylor，2001）。

腰椎-骨盆稳定性不足也是造成内收肌拉伤的原因之一（Maffey和Emery，2007）。腰椎深层稳定肌群的功能受损，与运动员长期的腹股沟疼痛史有关联。由于支撑骨盆和下肢的稳定肌功能不全，运动肌的力量就会向躯干传递，从而将内收肌置于损伤风险中（Maffey和Emery，2007）。骨盆的稳定性差和下肢对齐障碍，会使内收肌尝试给予弥补，因而使内收肌承受额外的张力（Lynch和Renstrom，1999）。因此，在腹股沟疼痛的治疗中，应积极加强髋部和腹肌力量以增强腰椎-骨盆的稳定性。

## 5.5 腰 椎

体育项目中，腰是仅次于踝、膝的第3易受伤部位（Nadler等，2000）。尤其是在需要挥臂和投掷动作，进而需要髋部、骨盆与脊柱进行旋转动作的运动中（Harris-Hayes等，2009）。相对来说，女运动员的腰椎损伤率比较高。1997-1998赛季，美国全国大学生运动协会的损伤数据显示，女性腰椎受伤的概率几乎是男性的2倍（Nadler等，2002）。

腰部的疼痛和损伤机制通常是累积性的。一次性受伤的情形只是一部分（McGill，2007b）。而急性腰椎损伤与慢性腰椎损伤时间的区别也很明显。急性腰椎疼痛的治疗方式一般是通过休息，传统治疗甚至自然痊愈（Rogers，2006）。而慢性腰椎问题（症状延续3个月以上）通过休息和被动治疗是无法解决的。这种情况被普遍认为需要依靠积极的主动训练来调整（Danneels，2001）。

临床观察发现，当脱离了支撑的肌肉时，人的脊椎只能承受大约9kg的力量，肌肉给予腰椎的主动支持影响可想而知（Barr等，2005）。腰部疼痛通常伴随着多种肌肉稳定性的紊乱（Rogers，2006）。研究发现，慢性腰椎损伤中，腰椎深层支撑肌肉会逐渐萎缩（Barr等，2005）。而这种萎缩的肌肉可以通过适当的训练来恢复，并同时消除腰疼的症状（Hides等，2001）。患慢性腰椎疼痛的人还会表现出神经肌肉损伤和肌肉反应延迟，并进而减弱腰椎骨-盆的感知能力（Barr等，2005）。但这些功能性的损伤是否是腰椎疼痛的主因或主要副作用还有待商榷（McGill等，2007b）。

集体性运动需要肌肉从力量和耐力方面为脊柱提供三个运动面上的稳定性（Barr等，2005；Leetun等，2004）。这个整体中任何一点出现削弱或损伤都能给组织结构系统（韧带和关节组织）带来伤害，造成损伤或者疼痛（Barr等，2005）。躯干屈肌和伸肌力量与耐力上的不均衡也会导致腰椎受伤（Rogers，2006）。相对躯干肌肉的力量而言，耐力是最能导致腰椎疼痛的因素（McGill，2007b）。

在通过下肢执行直立和承重等动力性活动过程中，髋部肌群对骨盆的稳定性起主要作用（Nadler等，2000）。遭受腰痛困扰的运动员会表现出臀部伸肌与内收肌功能的丧失（Nadler等，2002）。这些肌肉间的力量失衡也是导致腰椎损伤的原因，这在女运动员中间尤甚（Nadler等，2000）。髋关节的等长外旋力量，是预测大学生运动员腰部和下肢损伤的最佳指标（Leetun等，2004）。不灵活或较弱的髋部旋转肌群还导致运动员的骨盆对齐障碍；而脊椎会以过度运动的方式补偿髋部旋转肌群的功能缺陷（Regan，2000）。以上两个因素都会导致腰椎疼痛或受伤。

## 5.6　肩关节

由于肩关节具有极高的活动度，它对动态（即来自肌肉的）稳定性的依赖极强（Wagner，2003）。主动稳定性是由多块肌肉的协同功能提供的，尤其是控制肩胛骨与胸廓的肌肉以及控制盂肱关节的肩袖肌肉（Myers和Oyama，2008）。这种肌肉间的协作效应，是由肌肉与结缔组织内机械性敏感受体传导产生的综合感知运动系统控制的。这个系统内任何一块肌肉的功能改变或架构被破坏，都会损害到肩关节的结构完整性，进而引发损伤。

### 5.6.1　急性肩部损伤

在英式橄榄球、美式橄榄球和冰球等对抗性运动中，肩伤是导致缺席训练和比赛的主要损伤。根据英式职业橄榄球联盟的数据，肩伤导致的缺勤总天数仅次于膝伤，排名第2（Headey等，2007）。美式橄榄球运动也报告了类似的数据：2004年全美橄榄球联盟中一半的大学生伤员伤在了肩部，其中1/3的人之前做过肩伤手术（Kaplan等，2005）。来自芬兰冰球运动的损伤数据同样显示运动员肩伤占了很大比例，尤其是在20~24岁和25~29岁这两个群体中。在所有的肩伤报告中，有一大部分（79%）源于与对方身体或场地设施的直接接触（Molsa等，2003）。

这类接触性肩伤主要来自比赛中的擒抱。因而，场上位置中主要涉及擒抱和高速冲撞的运动员肩部受伤概率最高（Headey等，2007）。美国大学生橄榄运动员中，肩锁关节分离是最常见的症状（Kaplan等，2005）。前向不稳定也是常见症状之一，这种伤主要影响防守位置的运动员（Kaplan等，2005）。英式职业橄榄球比赛的数据也显示，对运动员影响最大的肩伤是肩锁关节分离（Headey等，2007）。根据英国职业橄榄球联盟的统计，导致运动员缺勤天数最多的肩伤是肩部脱臼（Headey等，2007）。肩袖撕裂和冲击伤也是英式职业橄榄球运动员（Headey等，2007）和美国大学生橄榄球运动员中常见的肩伤症状（Kaplan等，2005）。肩袖撕裂被认为是运动员直接接触时肩部最容易遭受的损伤。英国职业橄榄球联盟比赛的最后一节和训练临近结束时，是肩部最容易受伤的时段（Headey等，2007）。这个数据表明疲劳是导致冲撞中肩部受伤的主要因素之一。另外，肩部短时间内多次受到冲击也会导致轻伤，从而成为造成肩关节稳定性损伤的潜在因素。运动员肌肉受损的程度和其在一场比赛中进行及遭受到的冲撞擒抱次数成正比（Takarada，2003）。这类肌肉损伤会导致短期功能不全，在一定时间（几天）的休息后即可痊愈。一个运动员的训练强度也会影响到肌肉损伤的程度（Takarada，2003）。

肩伤的旧伤复发率很高——27%的英国职业橄榄球联盟运动员遇到过肩伤复发的情况（Headey等，2007）。急性肩伤会造成结缔组织和关节结构的损伤，进而减弱肩关节的机械稳定性。即使机械稳定性未减弱，功能稳定性也会由于损伤对感知功能的副作用而受到影响（Myers和Oyama，2008）。感知功能缺失和为盂肱关节提供稳定性以及控制肩胛骨和胸廓关节的肌肉功能紊乱，会给肩关节的结构稳定性带来严重影响。

旧伤复发所带来的缺勤天数往往比初次受伤时更多（Headey等，2007），这可能是由于多次受伤降低了关节的结构稳定性所造成的。脱臼和/或不稳定性损伤的旧伤复发率较高，英式职业橄榄球运动员中此类损伤的复发率高达62%（Headey等，2007）。这些调查还发现，试图通过休养使此类损伤涉及的部位完全恢复是非常困难的。

### 5.6.2 肩关节的过度使用损伤

过度使用的肩关节损伤在集体性项目中也很常见，尤其是以投掷和击打为主的棒球和排球项目。例如，过顶掷球和击球通常会导致某个肩袖肌肉的力量与功能紊乱，从而引发疼痛等症状（Wilk等，2002）。训练和比赛中重复进行的投掷与击打动作所带来的累积性肌肉压力和微创，会使以离心收缩方式促进肱骨减速制动和盂肱关节稳定的肌肉发生渐进性的力量减弱（Behnke，2001）。例如，沙滩排球运动中因外旋肌力量减弱导致冈下肌萎缩的现象非常常见（Lajtai，2009）。

运动员内、外回旋肌的力量指数常用来鉴定其慢性肩伤的受伤概率（Niederbracht等，2008）。特别是，外旋肌离心力量相对于内旋肌向心力量的减弱，与肩部疼痛和肩上击打或投掷项目的肩部损伤之间有显著的关联（Stasinopoulos，2001）。

除了力量减弱与失衡外，重复性的竞技动作和离心负荷还会导致肩胛骨稳定性和位置感的损害（Stasinopoulos，2001）。这种肩胛-肱骨节奏（即肩胛骨以其自身的运动及定位对上臂的运动进行回应的能力）的破坏，还会导致盂肱关节的不稳定（Brummitt和Meira，2006）。这也是导致从事头上运动（例如排球运动）的运动员发生肩痛及肩伤的常见机制（Stasinopoulos，2001）。

## ■6 总 结

内部风险因素可以导致运动员受伤。同样地，参加特定运动也是导致运动员某种损伤的外部风险因素。流行病学数据总结并详细阐述了不同集体性项目运动中典型的受伤部位、形式、概率和程度。当具备内部风险因素的运动员参与某项运动，暴露在外部风险因素前，受伤只是时间早晚的问题（Barr和Krosshaug，2005）。这个触发事件属于损伤机制——集体项目运动中常见的典型性损伤机制已在此总结过。

据此分析，下一步需要做的就是设计训练干预方案，在其中强调受伤风险因素并根据已知的受伤机制实施具体的防范措施。这类干预的目的有两个：减少总体受伤概率以及运动员受伤的程度。由于事发的突然性，一些损伤——比如与他人身体接触所导致的损伤——是无法避免的。但是，受伤的严重程度可以通过之前专门训练在一定程度上得以减轻（Barr和Krosshaug，2005）。

第十章

# 损伤预防训练——专门性训练干预

## ■1 导 言

专门性体能训练对训练和比赛过程中的损伤风险有积极影响。专门性体能训练的一个普遍性保护效应，就是它能够增强运动员对易导致损伤的神经肌肉疲劳的抵抗能力（Hawkins等，2001；Murphy，2003；Verrall，2005）。其重要性在比赛末段运动员损伤高发的疲劳期表现最为明显（Best等，2005；Brooks等，2005a；Hawkins和Fuller，1999；Hawkins等，2001）。这一观点在中学生女足球运动员的随后赛季中得到证明，凡是在赛季前参加过适应性体能训练的运动员在赛季中都能减少一般性的损伤（Heidt等，2000）。更多的专门性机能训练在抵抗神经性肌肉疲劳方面显得更为有效（Verrall等，2005）。通过这种方式，机能训练对损伤风险的保护作用展现出专门的效果。

力量训练同样起到预防损伤的作用，通过力量训练可以使肌肉骨骼系统更为强健，从而提高对比赛压力的承受能力（Kraemer和 Fleck，2005）。对男足运动员来说，增加力量训练可以在接下来的赛季中减少一半的损伤（Lehnhard等，1996）。这其中的一方面原因是，力量训练使运动员对激烈运动中肌肉微细损伤的抵抗力增强，并且可以快速恢复（Takarada等，2003）。由于力量训练被限制在与练习动作牵涉的四肢及肌肉相关联的骨骼和结缔组织中，因此力量训练的保护功能也具有一定的特异性。

然而，传统的训练方式无法解决特定损伤的关键性风险因素及神经肌肉控制缺陷方面的问题。例如，孤立的力量训练，即使增强了女运动员的力量水平，也不会对容易导致她们膝关节损伤的下肢异常生物力学特征产生显著的影响（Herman等，2008）。为了对集体项目运动员容易出现的特定损伤进行特殊保护，应实施有针对性的干预措施应对那些潜在的风险因素。

损伤预防训练既包括对首次损伤的保护，也包括降低旧伤复发的风险。前面章节已经探讨了损伤风险因素与特定运动项目和场上位置的关系，以及影响运动员个体的内在风险因素。本章将着重探讨神经肌肉和力量训练干预对不同集体性项目风险因素和损伤机制的作用及影响。

## ■ 2　损伤预防训练

通常情况下，在研究领域和运动实践中采用的损伤预防干预措施，与康复治疗中成功采用的方法在本质上是一样的。这不仅关系到训练模式，而且还包括训练参数，如频率、强度和量。例如：很多康复训练一般都采用每日训练的模式，而有些离心训练与训练单元相适应采用一日训练两次的方法（Rees等，2009）。遗憾的是，由于缺乏对损伤防护治疗的调查研究，相应的剂量-反应关系还没有得到确立（Engebretsen，2008）。然而，从力量训练的相关文献中不难看出，这种每日1次或2次的训练频率不但与肌肉和结缔组织适应过程相反，而且与神经肌肉适应的最优范围也相反。运动医学文献的研究结果已经确认：损伤预防及康复的训练安排，不能用运动训练计划中的训练变量、练习方式进阶及周期安排等来解释（Rees等，2009）。

就练习选择来说，预防特定损伤的最佳训练模式还有待解决。然而训练干预已经被证实对特定损伤的康复很有效，用这种方法也会使损伤的恢复有一个好的开端。同样应该承认，对一个健康运动员的能力要求，应完全不同于一个最近受到损伤困扰的运动员。支持这种观点的学者认为，就特定损伤来说，标准康复程序中的“预防法”并不能非常显著地降低健康运动员的损伤发生率（Engebretsen等，2008；Kraemer和Knobloch，2009）。

例如，Fredberg及其同事采用离心康复训练程序中的低强度自身重力阻力练习来治疗跟腱和髌腱炎，但是并没有减少足球运动员随后发生的损伤。事实上，研究初期无异常症状但在干预训练开始前的超声扫描中显示跟腱或髌韧带异常的运动员在随后赛季中的损伤率比该研究中的健康运动员要高。这个结果表明，这种训练干预不仅未能提供任何预防功能，而且作为早期的治疗和康复模式也是无效的（Fredberg等，2008）。

基于以上观察，设计损伤预防训练时，很有必要将有损伤史的运动员与健康的运动员区分开。通过问卷调查或者访谈，可以很容易地将那些因有损伤史和/或存在功能性缺陷的高损伤风险运动员识别出来，并利用运动医学文献中的临床评估方法为运动员的损伤定级（Engebretsen等，2010）。在第二章中曾提到，大量的临床试验可用于肌肉骨骼评估；也有一些用于提示下肢损伤风险因素的神经肌肉控制功能评估，这在

第三章中有详述。对于有过特定损伤记录的运动员来说，最重要的是考虑具体的风险因素来判断是否会再次发生损伤。从这个角度来看，考虑到特定损伤所引起的神经肌肉和感觉缺失也很重要。

在这种情况下，用来防止损伤发病（复发）率的训练干预，可能与特定损伤康复的后期阶段所采用的方法大致相同。然而，应该指出的是，以康复练习为特征的标准预防性干预在某些研究中无效，甚至对那些被确认为处于较高损伤风险以及功能减弱边缘的人群也无效（Engebretsen等，2008）。这表明，即使是对有旧伤的运动员来说，用标准的“康复”方法进行损伤防护训练也是不够的。

在任何情况下，原来健康（相对某一特定损伤而言）的运动员，似乎需要一种不那么保守的、更具进取性的训练方法，而不是仅仅采用与康复训练相同的方法。与受伤运动员相比，健康运动员为获得预期适应所需要的训练强度阈值或神经肌肉挑战应该更高一些。受过伤和未受过伤的运动员的动机也存在差异。健康运动员没有这样的内在动机——即愿意承受这种干预训练以便减轻疼痛和其他症状，而受过伤的运动员却有。同样地，为了提高长期训练过程中的服从度以及促进持续性的训练适应，在进行这种干预训练时有必要降低运动处方中的训练频率和强度，以减少健康运动员采用这种训练方式时感到的乏味和无聊。

## 2.1 综合性损伤预防训练

损伤的预防干预作为一个课题在运动医学的相关文献中常常被提及（Emery和Meeuwisse，2010）。但一些处于特定损伤风险之中的运动员却很少能够按照干预训练计划去训练，在某些情况下运动员甚至无法完成起到预防效应的最小训练频率和训练量（Engebretsen，2008）。一般情况下，集体进行损伤预防训练比让单个运动员去做的效果好，也更容易坚持下去。还有一种方式也能使运动员坚持进行损伤预防训练，那就是把训练计划融入训练前的热身活动中（Gilchrist等，2008）。

由此可见，在可能的情况下，损伤预防干预应该以小组形式进行，并予以适当的监督。此外，服从并不仅仅是跟着做，而是要看动作执行的质量如何（Engebretsen，2008）。而动作执行的质量取决于运动员的注意力和训练时的主观意愿。从这个角度来看，这种干预训练被纳入运动员日常训练的程度越大，运动员的服从程度也就越好。例如，干预训练不应该作为发展力量和募集肌肉的独立训练单元来使用，而应该将其整合到有监管的运动员力量训练计划中。同样地，神经肌肉的矫正性训练也可以融入速度与灵敏性训练单元，动态平衡和稳定性练习可以作为运动员训练前的标准热身活动来执行。

### 2.2　训练的强度和难度变化

正如前一节中讨论的那样，为了引发健康组织的适应性，保护性或预防性训练的强度需要超越一定的阈值。而且，为了与训练的适宜负荷原则相适应，高强度的预防性训练应以募集高阈值运动单位为目标，因为运动员在执行高速度的竞技动作及对抗高强度的外部阻力（例如与对手有身体接触）时将使用这些运动单位。

同样地，健康运动员也应更快地适应，为了避免在训练中出现停滞就需要一个逐渐提高难度的训练。不同训练参数的难度提高也要与不同的康复治疗阶段相适应。很明显，一个受伤的运动员在训练时有一定的限制不代表健康运动员也要有。之前有过特定损伤史的运动员在进行康复训练时，应先确定一套系统的康复训练标准，例如应该从基础的专门性神经肌肉控制和运动感知能力训练开始。

## ■ 3　损伤预防的训练干预

### 3.1　踝关节

不管运动员有没有踝关节的损伤史，增强下肢肌肉的本体感受功能和动力稳定性，都是预防踝关节损伤的关键因素。来自肌肉和踝关节的机械性刺激感受器神经冲动传入，在踝关节的位置感知和运动感觉意识方面起着重要作用（Holmes和Delahunt，2009）。适当的力量训练和神经肌肉训练，是一种提高运动员本体感受能力的有效方法。各种力量训练和神经肌肉训练干预已经被证实可以用来提高运动员的本体感受能力和在运动时对踝关节位置的感觉能力（Holmes和Delahunt，2009）。

之所以很多踝关节会重复损伤，其主要原因应归咎于受伤关节的本体感受能力的降低。先前有过踝关节损伤的运动员，会通过给小腿和脚踝打绷带以增加对皮肤的刺激从而提高自己的本体感受能力（Hopper，1999）。有过踝关节损伤史的运动员的一个典型特征，就是由运动感觉不足而导致的踝关节功能性不稳定（Hertel，2008），而且由于初次损伤时对韧带和关节囊的破坏，踝关节的功能性不稳定往往还会和机械不稳定性联系在一起。临床上称作慢性踝关节不稳定症，这是一种非常严重的运动损伤（Holmes和 Delahunt，2009）。

很显然，矫正这些不足都应该以预防踝关节的再次损伤为出发点。那些患有慢性踝关节不稳定症的运动员都表现出了本体感受能力的下降，尤其是踝关节在冠状面位置感知能力的受损（Holmes和Delahunt，2009）。同样的，有慢性踝关节不稳定症的运动员在运动过程中肌肉运动感觉也容易遭到破坏。因此，姿势控制和静态平衡性练习被经常应用于减少由慢性踝关节不稳定症所带来的伤害，而且经研究发现，神经肌肉控制的动态稳定性的练习也对它有一定的影响（Holmes和Delahunt，2009）。

通过训练来提高受伤踝关节的本体感受能力被证实对于减少踝关节的二次损伤风险有一定的影响（Osborne和Rizzo，2003；Stasinopoulos，2004）。高中男足运动员所进行的单足平衡性训练干预被认为是无接触式踝关节高危因素，但是在一定程度上这种训练却成功降低了踝关节的损伤率并且在训练时受损伤的脚踝和较大的身体质量得到了完全的抵消（McHugh等，2007）。有研究表明有过踝关节错位损伤史的男足运动员有三种预防干预方式（外转肌的力量训练，外部支撑和本体感受训练），只有踝关节的本体感受训练才能降低再次受伤的比例（Mohammadi等，2007）。对于有过踝关节损伤史的运动员可以借用迷你蹦床来增强身体姿势的稳定性，这和平衡垫的效果是一样的（Kidgell等，2007）。对于大多数有过踝关节损伤史的运动员来说，本体感受训练有一定的保护效果，但是他们却从未进行过外部支撑练习（Stasinopoulos等，2004）。

相关文献一贯认为干预训练对预防踝关节首次扭伤是十分有效的，就好比平衡和本体感受训练在损伤恢复中的作用一样（McKeon和Mattacola，2008）。例如，平衡性训练干预对于减少男女高中足球运动员踝关节扭伤的发病率是很有效的，而且对于篮球运动员来讲，不管有无踝关节损伤史，这种训练都具有很大的积极作用（McGuine和Keene，2006）。相关文献中模棱两可的例子就是没有踝关节损伤史的运动员可以轻而易举地对本体感受训练作出反应，并未遇到足够的挑战。

那些没有踝关节损伤史的运动员就不会表现出运动感觉缺失的现象，但是对于踝关节有过受伤史的运动员来说很难达到基本的功能性。因此再多的平衡性训练也不会有多大收效的。对于这些运动员来讲，多一些挑战性的训练模式来提高他们的动态位置控制和动态稳定性似乎是更有效果的。请读者参照第三章的定义以及对训练模式的描述。

这种训练能力要求在正常步法移动和落地动作时的稳定性，包括由踝关节、肌肉和皮肤的本体感受器所传导的身体对前向加速的控制（Hertel，2008）。这些本体感受性的能力都会受到踝关节慢性不稳定症的影响，因此自然会影响到患有此种损伤运动员。所以有过踝关节损伤史的运动员应该多进行动态稳定性和动态平衡性的训练，直到恢复到运动感觉能力的最低水平为止。考虑到静态平衡训练干预的效果比较有限，因此，患有踝关节慢性不稳定症的运动员都应该采用动态平衡性训练（McKeon和Hertel，2008）。为了支撑上述论点，以动态平衡和动态稳定性为主的练习被应用于对踝关节慢性不稳定症的恢复，据报道，使用这种训练模式的运动员患处的功能都得到了较大的提高McKeon等，2008）。高频率的训练对本体感受性和平衡能力的训练干预是有帮助的（McKeon和Mattacola，2008）。如果本体感受性的训练能够持续下去，那么效果会更加明显（McKeon和Hertel，2008b）。

肌肉力量的不足时是踝关节损伤的一个因素。有可能短暂的力量下降是由神经抑制引起的，就像最初受伤时力量的消失一样（Hertel，2008）。然而，对于患有慢性踝关节不稳定症的运动员来讲，这种力量的缺失会持续下去。和临床上认为腓侧肌肉组织为重点相反，基于对相关文献的研究，内转肌群才与这种力量的缺失有更直接的关系（Holmes 和 Delahunt，2009）。适当的力量训练来恢复功能并提高力量有助于预防二次损伤的发生。闭链运动中多种水平的单足支撑练习对这种力量的恢复是大有裨益的（Bellew和Dunn，2002）。通常情况下，这种联系应该光脚进行并且可以尝试在不稳定的平面上进行，例如泡沫垫。

考虑到绝大部分踝关节损伤都是在落地和变向时发生的，因此适当的移动技巧讲解和训练也是降低踝关节损伤的一种方法（McKay等，2001）。这种方法对曾经有过踝关节扭伤的运动员尤为有用，因为运动员在受伤后都有改变自己原有训练方式的趋向（Wikstrom等，2007）。正确技术动作的再训练对于患有功能性踝关节不稳定的运动员是很重要的。为了支撑这一观点，通过实验发现，进行单一的跳跃和落地技术训练能够减少女排运动员的损伤以及对进行本体感受能力训练具有效果（Stasinopoulos，2004）。矫正神经肌肉训练和身体姿势控制以及移动技巧在第三章中有详细的论述。

在当今出版的文献资料中，有关踝关节损伤的治疗与恢复的调查与研究还有一定的局限性。现如今还没有明确的应对这种专项损伤的指导方针。由于相关信息的缺乏，所以新的训练方式应以康复训练的高级阶段的指导思想为出发点，包括力量和神经肌肉训练，有点类似于预防踝关节横向错位扭伤的训练。

## 3.2 膝韧带损伤

应进行干预训练来降低运动员膝关节韧带损伤的风险，特别是预防女性运动员的前交叉韧带损伤，通常是关注生物力学的相关知识和神经肌肉的风险因素（McLean等，2004）。当前关于男性运动员的研究还相对较少，但是多种神经肌肉训练干预方法已经被用来减少女性集体性项目运动员的前交叉韧带损伤的发病率了（Hewett等，1999；Mandelbaum，2005）。有记录的且行之有效的关于减少前交叉韧带损伤率的训练干预通常包含多个组成部分，其目的在于寻找神经肌肉训练之间的联系。一系列训练模式被应用于前交叉韧带的预防干预上，包括力量训练、强动训练、多种多样的本体感受和平衡训练法以及移动技巧训练（Hewett等，2006a）。比如说女性运动员首次前交叉韧带损伤的预防方法已经被辛辛那提的运动医药研究和教育基金会所确立（Hewett等，1999）。最近，由于控制躯干位置的神经肌肉能力的不足以及女性运动员前交叉韧带损伤原理的报道，髋关节的训练越来越被人们重视（Zazulak，2007）。

力量训练和其他形式的神经肌肉训练结合在一起是一种最常见的（并不是所有）能够成功预防膝关节损伤的方法。练习的选择应以提升和加强最邻近身体中央的臀部肌肉组织的力量为主（Myer等，2008）并且后群肌肉的发展也是相当重要的。通过机械性刺激感受器的对肌腱组织反应的灵活度是膝关节动力稳定性的重要因素（Lephart等，1998），这也可以体现出肌腱在进行负重练习和闭链运动中对前交叉韧带的重要性（Hewett等，1999）。因此腘绳肌功能的强弱成了膝关节动态稳定性的重要因素。所以，除了本体感受性训练，肌腱力量的专门强化也是提高膝关节在运动中稳定性的重要方面。这项训练对那些肌腱力量发展停止较早的女性运动员尤为重要：有报道称13~17岁的群体进行肌腱力量训练和11岁群体没有显著差别（Barber-Westin等，2006）。

较为有效地对膝关节损伤风险和发病率的干预训练通常以矫正运动员的移动技巧为主（Silvers和Mandelbaum，2007）。这种训练的一个明显的重要的特征是它包含专项化的训练和对于运动员运动过程中安全与不安全的生物力学的反馈（例如下肢的对称性练习）（Hewett等，2006a）。调整运动技巧有潜在的可能来降低运动员在落地和快速移动中外力对膝关节韧带（特别是前交叉韧带）的扭矩（Myer等，2005）。对身体姿势的控制影响到了软组织吸收关节负荷和相关肌肉（例如腘绳肌）保护下肢关节的能力，就好比运动员在落地时膝关节和髋关节的弯曲程度（Lephart等，2005）。具体的移动技巧和神经肌肉训练方法在第三章有详尽的讨论。

高强度的强动训练通常与其他未见报道的成功预防前交叉韧带损伤的训练方法区分开来（Hewett等，2006a）。这很可能是由于膝关节的各种保护因素之间的联系引起的。首要保护因素的关键就是要提升运动员在落地和跳跃移动时运动感觉的控制能力，包括提前采取措施和本体感受度的能力（Hertel，2008）。其次要注意运动员在落地过程中和跳跃移动时离心力量的发展和肌肉的灵活度（McBride等，2008）。这些训练或许可以提高运动员在落地时膝关节抵消外力的能力。

在相关文献中，臀部和下肢都和膝关节的损伤有一定的联系（Hewett和Myer，2011）。腰骶-髋-臀联合体不光控制着下肢的移动（Mendiguchia，2011），其姿势和运动还影响着运动员膝关节所受的压力。后者主要与女性运动员前交叉韧带的损伤机理有关（Hewett等，2009）。通过专项化的神经肌肉训练来提升运动员对躯干和髋部的控制力已经被视为一种用来降低膝关节损伤的预防措施（Myer等，2008）。不同形式的身体姿势平衡和单足稳定性训练早已显示出了对预防膝关节损伤风险的益处（Myer等，2006b）。同时在干预训练时还要尤为注意躯干核心力量和桡侧稳定性的发展（Zazulak等，2007）。读者参照第八章关于运动员发展核心力量以及稳定性的训练模式的论述。（图10.1）

图10.1　低箱单腿屈膝、屈踝

为了防止运动员旧伤的复发和新伤的出现，对先前有过膝关节韧带损伤运动员的筛查是很关键的，尤其是有前交叉韧带损伤的运动员（Orchard等，2001）。那些通过手术来修复前交叉韧带和患有前交叉韧带功能缺失的运动员，其对躯体感觉功能的破坏和二次损伤发病率的提高都会持续很长一段时间（Ingersoll等，2008）。因此，不仅要关注那些新近受伤的运动员，对那些长时间没有损伤的全能型运动员也要提高警惕。肌肉灵活度作用的抑制也被发现存在于那些前交叉韧带修复和前交叉韧带功能缺失的运动员身上（Ingersoll等，2008）。因此，通过干预训练来修复运动感觉能力以及预防二次损伤的发生就要与 训练模式相结合，包括通过力量训练与不同训练模式的结合来发展运动员的静态平衡能力、动态平衡以及动态稳定性。重要的是在训练时一定要两条腿平衡发展，因为一条腿受伤后其对身体机能的影响在另一条腿上也会有显现（Ingersoll等，2008）。

## 3.3　髌腱炎

离心力量训练往往是把内侧的股四头肌和髌韧带的特殊发展作为髌腱修复的一部分（Zwerver等，2007）。一系列的训练模式正在被应用于髌腱炎的防治上，包括可控离心膝关节伸屈运动，例如快速落下深蹲和跳起快速落地（Visnes和Barr，2007）。单侧单腿下蹲运动已被证明是一种有效的康复方法。这些运动通常是在一个斜面上进行，上身微微向前倾保持直立的姿势和腰部以下对齐，以便支撑腿的膝盖和脚趾处在同一条直线上（Visnes和Barr，2007）。

生物力学分析证明，在一个最小角为15° 的斜面来专门锻炼髌骨肌腱比在平面上做下蹲练习更为有效（Zwerver等，2007）。移动练习时的最佳幅度为膝关节弯曲成60° 。而超过这个幅度，髌骨关节所受到的压力就会远远超过髌腱所能承受的力（Zwerver等，2007）。对于有髌骨肌腱病症状的运动员来说，弯曲程度应该以在移动时感到疼痛了为止，运动员的训练范围就应该掌控在这个范围内（Visnes和Barr，2007）。在这个特定的范围内，还可以通过外部负重来实现进一步的恢复锻炼，如手持哑铃或将哑铃举至肩上。事实证明，增加一个10kg的背包就相当于增加了23%的膝关节力矩（Zwerver等，2007）。然而，为了在运动过程中使下肢关节承受一个适当的力度，在增加外部负重时保持直立的姿势就显得非常重要了。

尽管离心训练对有髌骨肌腱病症状的运动员来说是有效的，但研究资料表明离心训练干预对那些超声扫描肌腱异常有发病风险但却没有症状的运动员的训练效果就相对较小（Fredberg等，2008）。此外，现今的研究数据并没有表明一些标准化的离心训练模式有减少了膝关节肌腱病首次发作的迹象和症状。因此没有合理的证据去支持大量投入使用这种传统的训练模式可以作为一种预防首发肌腱病损伤的方式来应用的。

然而，也许可以这样推测：越不保守的方法对这种离心负荷的作用也就越大，而且选择更先进的训练模式会带来更高水平的改变，也许这样就可以起到更好的保护性作用。一项关于离心训练中肌腱的负荷量的调查表明，在肌腱上有一种负荷和卸荷的波动模式，这种模式不同于在向心训练中所观察到的恒定模式（Rees等，2009）。由此可以推测，这些区别于传统训练模式中肌腱的负荷波动可能就是引起肌腱结构改造的特殊刺激。另外，这些肌腱负荷的波动是由运动员在做高难度离心动作时肌肉的紧张引起的（Rees等，2009）。离心训练阶段的负重跳跃移动练习对肌肉灵活度的改变在先前的训练中早就有过记录（Cormie等，2010a）。因此可以推测，在离心训练阶段可以通过适当的离心负重练习来增强运动员的肌肉灵活度和张力从而给肌腱减负已达到保护作用。由此可知，离心训练所提供的刺激就是为了还原竞技赛场上所可能遇到的各种负荷和身体运动。

臀大肌群对髋关节的稳定性、单足站立时的身体姿势的平衡性以及运动员的移动都起着至关重要的作用，负荷对膝关节的影响也被视作是髌腱腱病的重要损伤机制（Boling等，2009；Cowan等，2009）。为了支撑这个观点，身体姿势平衡性练习和动态稳定性训练模式已经被证实可以用来减少优秀女足运动员髌腱炎病的发病率（Kraemer和Knobloch，2009）。鉴于躯干力量减弱和髌腱炎病之间的关系来看，躯干力量的增强和臀部外展肌肉的训练将同样重要（Cowan等，2009）。由于股四头肌和肌腱的柔韧性不足容易导致损伤的发生，因此，髋关节和膝关节周围附着的肌肉的柔韧性也应该得到提高（Witvrouw等，2001）。

### 3.4　腘绳肌

越来越多的运动员在比赛过程中出现腘绳肌的拉伤，愈发凸显出专业的热身活动在训练和比赛中的重要性（Brooks等，2006）。热身后的肌肉与没有热身的相比在机械性能上都有很大不同，特别是在肌肉的弹性方面。同样地，热身活动的选择对神经肌肉功能也有一定的影响（Bradley等，2007；Little和Williams，2006a）。值得一提的是，很多替补运动员都忽视了热身活动的重要性，因此损伤率也较高（Brooks等，2006）。

运动中髋关节的姿势及稳定性也是导致腘绳肌拉伤的一个因素。可以通过训练干预来矫正骨盆前倾，从而对减少腘绳肌拉伤有一定的帮助，特别是减少错误姿势给臀肌带来的负面影响（Mendiguchia等，2012）。初步的迹象表明，通过干预训练可以有效地增强髋关节的稳定性从而减少运动员的腘绳肌拉伤，因此损伤风险也随之下降（Mendiguchia等，2012）。同样地，通过增强力量和强健臀部肌肉的练习也可以是一种行之有效的预防干预手段（Mendiguchia等，2012）。除了加强髋关节的稳定性，臀部伸展肌，尤其是臀大肌和腘绳肌的协同作用所带来的臀部肌肉的拉伸更是给运动员的奔跑提供了更大更强的动力。臀大肌力量和灵活性的下降直接导致了腘绳肌的拉伤，并且和运动员的二次损伤也有一定的关系（Mendiguchia等，2012）。稳定性训练可以有效降低有腘绳肌损伤史的运动员二次损伤的发病率，因此，康复训练和损伤预防干预都会采用这种训练方式（de Visser等，2012）。

力量的不平衡也有可能导致腘绳肌的拉伤。一项调查发现，通过等速力量测试对足球运动员力量的不平衡进行评估，特别是向心股四头肌和离心腘绳肌做功的混合比，通过调查数据来评估力量矫正训练对可能出现的腘绳肌损伤的作用（Croisier等，2008）。一部分在赛季前的测试中力量不平衡的运动员在进行了一段时间的力量矫正训练后都恢复了正常的力量比例。这些通过矫正训练恢复力量平衡的运动员在随后的赛季中受伤率比原本就力量平衡的运动员还要低一个量级（Croisier等，2008）。这个发现足以证明通过矫正训练来恢复不平衡力量的正常化对于减少损伤发病率的功效。

为了在疲劳时肌肉功能受损的情况下还能产生额外的力量，发展肌肉力量恰好为腘绳肌功能的延展提供了一种方法。和力量训练相比，适当的代谢调节对于预防由疲劳引起的腘绳肌损伤的作用同样重要（Verrall等，2005）。有研究证明在赛前训练计划中间歇式地加入专项化的无氧训练对于减少腘绳肌的拉伤有很大的作用（Verrall等，2005）。训练干预对于减少腘绳肌的损伤是成功的，有很多比赛都因运动员腘绳肌的损伤而输掉了，但是都归咎于训练时采用了高强度的专项化间歇训练取代了次最大负荷的无氧训练而造成的。

虽然从数据上看还有点模棱两可，但是柔韧性的不足确实是足球运动员腘绳肌拉伤的风险因素之一（Witvrouw，2003）。柔韧性的下降所带来损伤同样会增加二次损伤的风险（Opar等，2012）。因此，最好的柔韧性训练方式被应用于为那些支撑腿和非支撑腿腘绳肌柔韧性下降或者是发展不平衡的运动员进行功能性矫正。鉴于髋屈肌柔韧性的下降和腘绳肌的拉伤经常发生在年龄较大的运动员身上，因此，在训练时对髋屈肌的拉伸也应该被慎重考虑（Gabbe等，2006）。髋屈肌的紧密性会导致骨盆的前倾，其前倾程度与腘绳肌的损伤有一定的关系（Opar等，2012）。为了避免比赛过程中出现任何潜在的负面影响，在比赛、训练或是独立的柔韧性训练项目结束之后的冷却期间，进行动态拉伸和有同伴协助的柔韧性训练也许可以得到最佳的练习效果（Gamble，2011e）。（图10.2）

图10. 2 BOSU球上单腿髋关节屈和伸

研究表明，有过腘绳肌损伤史的运动员在运动中会出现体力透支的倾向。在一定范围的等速测试中（尤其是离心测试得分和向心与离心测试的比率），与那些没有损伤的运动员相比，这些曾经有过运动损伤的运动员的得分往往偏低（Croisier等，2002）。经研究证实，这些体力缺陷可以通过矫正性训练得以弥补。而且，在12个月的跟踪研究期间发现这些矫正性训练还可以避免身体出现进一步的损伤（Croisier等，2002）。其他研究者也表明了其观点——也就是在有记录的膝关节最高等速同轴屈肌力矩是明显不同的，其原因是有过腘绳肌损伤史的运动员的伤腿与另侧健康肢体相互排斥的结果（Brockett，2004）。

部分研究者认为做一些离心的强化性练习对预防腘绳肌劳损，尤其是对那些之前有过腘绳肌损伤史的运动员来说是格外重要的（Arnason等，2008；Brockett等，2004；Brooks等，2006）。一些与传统训练模式不相符的离心训练正在引导着拉伸训练的转变（Brockett等，2001）。因此，这种离心训练为调整最佳角度的变化提供了一种方法，这样一来，与最大峰值相关的肌肉群可以进一步地接近受伤前的筛查标准，从而帮助运动员恢复较长的肌肉长度来避免自己再次受伤（Brockett等，2004）。在训练中断后所进行的其他活动中，采用离心训练能对减轻离心肌肉受损起到持续性的保护作用，这种现象被称为“反复较量效应”。

用于调查离心训练对预防损伤影响的研究通常采用康复训练中相同的矫正力量训练。“北欧腘绳肌”练习被应用于大量的研究中；这项练习是在训练者的双脚受到同伴的保护下，以一种屈膝的姿势进行的；当他们向前倾倒时，他们就竭力抵制自己向前倒。一些证据表明，这种形式的离心训练对运动员可能会有一定的保护作用，它可以减少他们在集体性项目中腘绳肌受伤的次数（Arnason等，2008；Brooks等，2006）。然而，一些研究中的数据有点模棱两可，而且符合这种形式的训练也很少被报道（Opar等，2012）。

然而，在腘绳肌受伤后所采取的传统的康复治疗方法在较长的一段时间内对降低运动员的重复受伤率被证明是无效的，这一点应该被人们所意识到（Mendiguchia等，2012）。在体育运动中，移动是对训练模式的一种反映，而且，离心力量是在所要求的运动范围和肌肉伸展的长度基础上发展起来的，这就训练的选择而言是至关重要的。例如，关于伸展腘绳肌上离心力量的具体发展情况已经被介绍（Croisier等，2002）。在项目的训练周期起始阶段，一些前期的训练诊断以及后期的损伤预防训练的动作以及各种晋阶练习内容将会制订下来（Opar等，2012）。基于这些原则，北欧腘绳肌练习代表了一种非专项的训练模式。因此，只采用这种训练不能为运动员提供所要求的全面发展的技能，而应该考虑一些具体的训练模式（Mendiguchia等，2012）。例如，在相关的肌肉长度基础上，直腿拉伸带来的变化更有利于运动员获得离心力量（Opar等，2012）。

### 3.5　内收肌

考虑到内收肌不足与损伤之间的关系，运动员可以加强力量训练来预防腹股沟损伤（Engebretsen等，2010）。为了支撑这一训练方式，经研究证实在赛季前进行内收肌的力量训练其损伤率要比先前赛季低得多（Taylor等，2002）。矫正性的力量训练尤其适用于这些内收肌力量弱于外展肌力量的运动员（Taylor等，2001）。有针对性地加强依靠内收肌来识别身体失衡的能力可以有效地降低内收肌劳损的发病率，这一观点已经得以证实（Nicholas和Taylor，2002）。同样地，对那些有腹股沟疼痛和有损伤史的运动员来说，针对内收肌的力量训练已经被确认为是他们训练干预的重要组成部分（Taylor等，2002）。就运动方式的选择而言，鉴于内收肌主要是用于封闭式的活动，因此，针对内收肌的力量训练也应该是封闭式的。基于身体素质不太好的运动员腹股沟更容易受伤这一现象，适当地调节运动方式也被视为一种预防腹股沟受伤的方法（Maffey和Emery，2007）。这种针对运动员的保护措施是为了降低伤害，同时也反映了剂量效应关系——运动员训练的越多，他们受伤的概率越小（Emery和Meeuwisse，2001）。因此，专门应用于增强忍耐力和提高内收肌群的抗疲劳能力的训练干预也应被推荐给运动员们。（图10.3）

**图10.3 哑铃单腿直腿硬拉**

尽管这一发现不是一成不变的，但有报道称受损的内收肌的柔韧性与内收肌拉伤概率之间是有关系的。足球运动员髋部外展的被动运动范围基础分数与内收肌损伤的发病率有一定的关系（Arnason等，2004）。而在关于职业冰球运动员的研究中，这种关系并未被发现，这表明了内收肌的柔韧性对运动员的受伤率所产生的影响可能依赖于他们所从事的运动（Taylor等，2001）。因此，像足球这样有风险的运动应多采用柔韧性训练。此外，应该使从事其他运动的运动员的训练也包括这些练习。（图10.4）

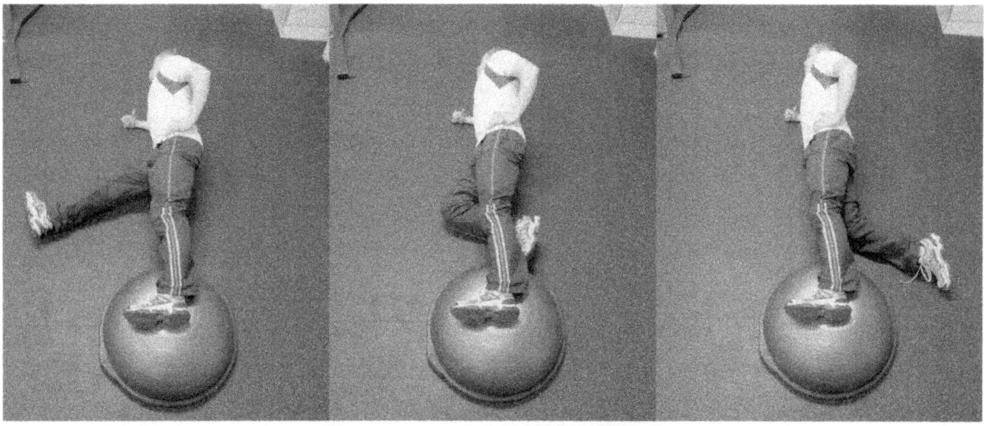

图10.4 BOSU球上的侧桥单腿摆动

由于盆骨稳定性的缺陷被认为是造成腹股沟拉伤的危险因素，因此，预防性的训练干预应该包括能增强盆骨稳定性的训练。旨在促进深层腰脊椎处的肌肉和臀部肌肉康复及增强它们功能的矫正性训练也应被推荐给运动员，尤其是那些有腹股沟疼痛史和内收肌拉伤史的运动员们（Maffey和Emery，2007）。作者参考了第八章关于特殊训练干预的内容。

## 3.6 腰　椎

集体性项目运动员的肌肉要兼具力量和耐力，从而可以加强脊椎在三个运动平面的稳定性（Barr等，2005；Leetun等，2004）。耐力不是躯干肌肉的绝对力量，但却是腰背疼痛的主要因素（McGill，2007b）。基本上，用来支撑某动作的肌肉以等长收缩的方式运行，从而使腰椎更加稳定。因此，包含一种静态支撑点的训练模式能更有效地促进那些患有慢性腰背疼痛病人腰椎的稳定性（Danneels等，2001）。

臀部肌肉在以直立的姿态进行的所有的动态活动中起主要作用（Nadler等，2000）。尤其是在单腿站立时其产生和传递到下肢的力量对稳定髋关节很重要。通过核心力量训练纠正髋关节外展的力量失衡对降低后续的背部疼痛发生率有一定的帮助（Nadler等，2002）。等距臀部外部旋转强度被认为可以最佳的预测大学生运动员腰背部和下肢损伤发病率的重要手段之一（Leetun等，2004）。在投掷和身体接触类的技巧性的体育运动中，就腰背疼痛和劳损而言，臀部肌肉功能的重要性，臀部及髋关节运动和腰椎之间的协调性已经引起了运动员们的高度重视（Harris-Hayes等，2009）。

预防损伤的一个重要方面是神经肌肉和运动技巧的训练，从而可以加强运动的安全性，保护脊柱以及强化运动模式。当身体处于一种弯曲的状态时，腰椎难以抵抗身体的压力和切力，从稳定性的角度来看，当脊柱不偏不倚地对齐时对身体是最有益的（McGill，2007b）。因此，当运动员进行体育训练时，脊柱保持一种正直的状态对维持腰椎的稳定性是有利的，而且可以有助于运动员保护他们脊柱的联合结构及结缔组织。于是，保护脊柱的一个关键性的训练策略就是要经常注意臀大肌而不是腰椎的运动。采用这些“安全的”姿势和运动策略不仅可以保护脊柱而且可以帮助运动员们拥有更加优秀的体育表现（McGill，2007b）。

腰背部疼痛往往伴随着各种各样的稳定肌肉的劳损，基于这些发现，加强深层支撑肌肉处的力量及有利于其复原的矫正性神经肌肉训练对那些有腰脊椎疼痛病和损伤史的运动员们来说可能是必要的（Rogers，2006）。同样地，那些慢性腰背疼痛患者的深层腰肌处的稳定性肌肉是萎缩的（Barr等，2005）。值得注意的是，通过适当的训练干预及缓解腰背疼痛症状，这种萎缩似乎是可以被治愈的（Hides等，2001）。有慢性腰背疼痛的患者也出现了神经肌肉反馈受损和肌肉反应延迟的现象，这降低了他们脊椎和髋部的感知力（Barr等，2005）。因此，就保持腰椎柔韧性和减小腰椎疼痛和受伤的风险而言，增强感觉运动控制的“本体感受”训练的重要性已经引起了人们的高度重视（Borghuis等，2008）。

旨在解决因各种运动的功能缺陷带来的腰背疼痛和损伤的专项训练对防止运动员首次受伤及预防那些患有腰背疼痛病史的运动员的伤再次复发起一定的保护作用。这种训练应该包括能增强人们的肌肉力量，尤其是提高能改善腰椎柔韧性，克服臀部肌肉的虚弱，不平衡性以及腰椎耐力，提高人们保护腰椎的意识及髋关节的稳定性（Rogers，2006）。依据不同运动姿势和运动类型，各种各样的系统和肌肉在身体部位的不同组合里运作以保证腰-髋部-臀部这一综合体的稳定性；因此，运动员们也被要求进行各种各样的训练（Axler和McGill，1997）。为了使臀部肌肉组织更紧凑并帮助运动员增强自身平衡性和本体感受性，训练除了应包括站立姿势时所进行的训练，还要涉及闭链式的负重训练。作者参考了第八章关于增强腰椎腰椎稳定性的叙述。

运动员的准备活动应该包括神经肌肉和运动技巧的训练，因为它们不但能强化运动员腰椎姿势的安全而且还强调从臀部到躯干的移动（Barr等，2005；McGill，2007b）。当臀部肌肉时，采用正确的运动策略和运动姿势以保证肌肉在功能允许范围内移动和很重要的。就预防运动员腰背疼痛和受损而言，针对臀部和下肢柔韧性的训练是另一个重要的方面。

## 3.7　肩关节

### 3.7.1　急性肩伤

基于损伤通常会在后期的比赛和训练课中持续这一发现，有学者提议疲劳因素是运动员在身体接触性运动中出现的接触性肩伤发病率的一个原因（Headey等，2007）。同样地，在比赛和训练课中因反复碰撞而造成的微创伤是可以快速康复的这一现象也促进了这一发现的产生（Takarada，2003）。这一发现的意义之一是，教练必须合理地安排运动员的康复时间，使他们更好地参与比赛和训练运动技能，从而防止累积损伤。这种损伤会削弱运动员的身体机能，使他们的肩伤越来越严重。在高强度训练后，训练干预也能增强运动员的抗疲劳能力，降低肌肉的损伤程度。因此，包括力量训练、调整接触技巧以及适当的体能储备在预防肌肉受伤、促进身体机能恢复及消除疲劳方面发挥着重要作用（Takarada，2003）。

能够加强肩胛带关节的稳定性，增强肌肉力量及整合肌肉功能的定向训练干预为增强肌肉结构完整性和降低肩关节活动受限提供了一种方法。由于肩关节结合处高度灵活性的缘故，所以它严重依赖肌肉功能的稳定性。在运动过程中，由于大部分肌肉的移动范围都起源于盂肱关节、肩胛骨关节及胸锁关节（Myers和Oyama，2008），因此，这些部位应该是训练干预的中心。考虑到疲劳给肩伤发生率所造成的影响，运动员们应该谨慎地处理训练强度和自身的耐力强度（Headey等，2007）。

对于肩关节而言，预防性力量训练的最佳方法在一定程度上依赖于运动员的外在条件。例如，如果身体某些肌肉的个别不平衡已经被确认，那么将进行对专项肌肉群的力量训练（Beneka等，2006）。如果失衡没有被确定或先前存在的不平衡已经被解决，那么就说明正在进行更为复杂的练习方式（Malliou等，2004）。这些练习不但可以一种更为综合时尚的方式来唤醒肩膀处和上肢的肌肉（使专项运动被合并）而且可以促进功能力量的发展（Giannakopoulos等，2004）。然而，在体育运动中，尤其是易有肩伤倾向的运动员需要不间断地有针对性地增强旋转肌群和肩胛骨的稳定性，这一点是不容忽视的（Gamble，2004b）。

不管是以自由调节重量的形式（例如哑铃）还是以滑轮形式呈现的阻力，对这些练习而言一般都是很好的选择，因为它们不但消除了与阻力带或橡胶管相关的长度-拉力关系，而且它们极大地减轻了前进过程中的负荷量。针对肩胛骨稳定性的练习应该包括划船和牵引运动，这些运动的焦点都集中在肩胛骨的回缩和内收上。例如，滑轮和哑铃列成一行，滑轮下拉练习，当仰卧时向上拉起时就是另一个标准。有些运动的焦点集中在受控的肩胛骨的伸展性上，例如，哑铃的推拉练习（Escamilla等，2009）。依据上肢及其所受到的运动限制，四个旋转肌群在不同程度上都被一一激活

（Decker等，2003；Takeda，2002）。这种练习的选择遵循了把比赛过程中运动员的动作模式和所承受的负荷都一一反映出来的原则。

考虑到较高的复发率和再次复发的严重性，对那些先前患有肩伤的运动员来说，解决由身体机能和运动感知控制所留下的后遗症都是非常重要的（Headey等，2007）。肩关节机械运动的不稳定性极易造成损伤的发生，例如关节囊和韧带的松弛，因此，提高动作的稳定性是很重要的，同时也为自身的本体感受性提出了更高的挑战（Myers和Oyama，2008）。有些运动员先前就患有肩损伤，因而，为了解决他们的神经肌肉和功能稳定性中的缺陷，利用运动感知训练干预来帮助他们恢复本体感受力是非常重要的。下面这一部分将讨论具体的训练方法。

### 3.7.2 肩关节的过度使用损伤

慢性肩痛和肩伤与肌肉力量的不平衡性或与肩关节旋转肌群功能障碍有密切的联系。旋转肌群除了能巩固盂肱关节，它还能增强控制肩胛骨和胸锁关节处的肌肉。例如，相对脆弱的外旋肌群不但与严重的肩伤有一定的联系而且在高水平运动员身上是普遍存在的（Stasinopoulos，2001）。对运动员来说进行盂肱关节及肩胛骨处肌肉的定向力量是极其必要的。尤其是对那些从事投掷和冲撞类运动的运动员来说，这种训练可以帮助他们免受肩痛和损伤的影响（Wagner，2003）。这种训练应包括矫正干预和力量耐力训练。

因此，当解决盂肱关节间的平衡问题时，应当以评价内外旋转肌群力量强弱为起点（Beneka等，2006）。如果可行，就可以利用等速装置来进行这项评价（Giannakopoulos等，2004）；如果不可行，可以利用哑铃替代（Beneka等，2006）。在任何一种情况下，对内外旋转肌群的评估都是在上臂伸展90度的位置进行的。在投掷和冲撞运动中如果要加强盂肱关节的稳定性，就要考虑到外旋肌群是以一种离心的方式工作的，因此，离心力量和扭矩测量与这些肌肉是最相关的（Niederbracht等，2008）。内旋肌群的向心力量对抗外旋转肌群的离心力量时所产生的强度比被认为是最有效的。改善外旋转肌群的离心强度得分与内旋转肌群的同心力量有关这一问题似乎是很重要的议题（Niederbracht等，2008）。外旋转肌群里的向心力量的改善并不总是在预防损伤的训练干预后被呈现出来的。然而，不管向心扭矩缺少何种变化，离心强度措施都可以改善针对外旋转肌群的专项的力量训练（Niederbracht等，2008）。

训练模式可以解决旋转肌群失衡，这一观点已经得到了证实。大量的不同类型的练习都可以单独激活四块旋转肌群或把它们整体激活（Escamilla等，2009）。单独的哑铃练习，等速训练，上肢复合关节力量训练被用于提高内外部扭矩比率的峰值（Malliou等，2004）。用于改善旋转肌群的具体的练习已经被推出。一些比较复杂的练习也被运动员所采纳，这些练习可以使他们的肌肉获得更大的力量发展

（Giannakopoulos，2004）。控制肩胛骨和胸锁关节活动的肌肉在帮助运动员在运动中使肱骨头正好处在骨头窝的最佳位置有着重要作用（Behnke，2001）。为了维持关节的完整性及避免盂肱关节处发生碰撞，因此，在运动员的体能训练中，时刻关注这些部位的肌肉是很关键的。

胸带处出现的功能障碍问题并不总是运动的结果：错误的姿势会把肩胛骨置于一种牵拉的状态，从而产生所谓的“圆肩”。体能准备中出现的错误动作对肩胛骨的位置也会产生相似的影响：身体前部的肌肉（尤其是胸部）的失衡发展会造成一种拉伸的静止姿势。针对中下部背肌（菱形肌，中下斜方肌）的力量训练可以内收肩胛骨，这种力量训练在矫正运动姿势特点这方面发挥着重要作用。适当的练习可以强健背部肌肉，而积极地伸展收缩有助于把肩胛骨处位于静止部位的肌肉恰当地转移到所需的部位。

肩胛骨处有损伤感以及由胸廓控制的肩胛骨的运动能力也逐渐降低，这些现象普遍地发生在那些从事投掷和冲撞类项目的且曾患有肩痛和肩损伤运动员身上（Stasinopoulos，2001）。使运动员的身体机能逐渐下降的这些因素不但会影响他们肩关节的旋转肌群而且也会影响盂肱关节的原动力。能够观察到的感觉运动控制中的变化与严重的肩伤是由抑制效应导致的。而抑制效应是由运动员患处的疼痛和冲击引起的（Myers和Oyama，2008）。力量训练不但为改善感觉运动的控制力提供了一种方法，而且能帮助运动员恢复身体机能以免受疼痛干扰。包括哑铃和滑轮练习等一系列练习被推荐用于训练肩胛骨的稳定性（Brummitt和Meira，2006），在运动过程中，这些训练可以增强运动员的肌肉力量而且可以提高他们控制肩胛骨处肌肉的能力。在比赛过程中，为那些肩关节有损伤的运动员制订矫正性的本体感受训练方法是很有必要的。

尤其是对于那些需要弹跳的运动（排球）及投掷运动（棒球、垒球、手球）而言，柔韧性训练能够消除内旋转肌群在对抗外旋转肌群的运动范围时所产生的特有变化，这一观点似乎已经得到了大众的认可和赞同（Lintner等，2007）。对于绝大多数棒球投手而言，减少肩部肌肉的内旋增加外旋是很重要的（Mullaney等，2005）。这被认为是在练习和比赛过程中反复进行投掷运动的结果。然而，增加的外旋肌对身体运动的适应也是很重要的。相对于持久的适应，逐渐减小的内旋转范围似乎是可以被修正的。职业棒球投手进行柔韧性训练的目的是通过适度的减少关节囊周边肌肉附着的松弛度，以提高肩部灵活性测试得分。（图10.5~图10.8）

图10.5 俯卧哑铃外旋

图10.6 俯卧哑铃侧举

图10.7 滑轮手臂交替反向飞鸟

图10.8 滑轮对角线拉

## ■4 总 结

考虑到相关训练干预的研究还存在诸多缺陷，只有少量研究为预防损伤的发生提供了一些有效建议，就好比预防腘绳肌拉伤的训练干预一样（Peterson和Holmich，2005）。在这些研究欠缺的情况下，对那些专项的损伤而言，依靠一些已知可以有效避免损伤的机制去预防一些相关的风险因素是很有必要的。

普遍的预防损伤的方法如下。

· 通过改善对本体感受和神经肌肉的控制来解决身体机能的稳定性。

· 合并下肢肌力链的所有部分——重视后臀肌肉组织在为下肢提供临近关节的控制力及吸收着地受力方面发挥的重要作用（Hewett等，2006a）。

· 增强肌肉力量和矫正力量失衡从而增强关节处的机械稳定性。

· 通过定向的柔韧性训练解决肌肉在灵活性和柔韧性方面出现的过紧和失衡现象。

为了使这些训练干预更有效，设计预防损伤的训练干预不仅要针对损伤还要针对运动类型（Barr和Krosshaug，2005）。实际上，这意味着运动方法应与专项条件下所进行的运动保持一致。

# 第十一章

# 计划和进度
# ——训练的周期安排

## ■1　导　言

训练变化对成功的训练处方来说非常重要（Fleck，1999；Stone等，2000b；Willoughby，1993）。周期安排为有计划而系统地变化训练参数提供了框架（Brown 和 Greenwood，2005；Plisk和Stone，2003；Rhea等，2002；Stone等，2000b）。与没有负荷变化的训练相比，周期性的训练安排能引起训练反应的提高（Fleck，1999；Stone等，2000b；Willoughby，1993）。

因此，现在的共识是周期训练能为力量、爆发力、身体成分和其他竞技能力变量提供更好的发展（Fleck，1999；Stone等，1999a，1999b，2000b；Wathen等，2000；Willoughby，1993）。尽管如此，支撑我们做出最佳周期训练安排决定的研究数据仍然有限，尤其是在对运动员群体进行周期安排时（Fleck，1999；Cissik等，2008）。因此，周期训练计划的选择，在很大程度上可能取决于某一具体运动项目的赛历以及运动员当前正在进行的技术训练及其他训练情况（Wathen等，2000）。

从这个角度来说，在尝试将周训练期理论应用于集体性项目的训练设计时将面临独特的挑战。集体性项目的运动员需要参加大量的技术和/或战术训练，以及全队的整体配合训练和比赛。所以，成功地为集体性项目设计周期训练计划需要相当程度的计划能力和技巧（Gamble，2004b）。事实上，在大多数集体性运动项目中都存在无数阻碍周期性训练计划有效应用到实践中的困扰。

尽管有这些考虑，周期理论所带来的训练变化对于集体性项目的运动员来说仍然非常重要。某一特定集体性项目的周期计划安排，应与其赛季长度、比赛数量及频率等专项需求相适应。对全年不同训练中周期的分期方法选择，也应反映各自训练阶段的需求。

# ■ 2 训练变量

训练变量对于成功的训练处方来说至关重要（Fleck，1999；Stone，2000b；Willoughby，1993）。根据一般适应综合征或者最近的适应-疲劳理论（Chiu和Barnes，2003），持续地承受相同的训练刺激并不会随着时间的推移引起进一步的适应，而且迟早会导致竞技能力的下降（Wathen等，2000）。因此，训练变化的一个方面就是避免训练适应中的“高原期”或者“不良反应”（由无计划的过度训练和训练过度给竞技表现带来的负面影响）。

计划运动员的训练时遇到的另一个问题，就是在任何一个时间段只能设定2~3个训练目标（Zatsiorsky和Kraemer，2006），尤其是在涉及有相反荷尔蒙反应的冲突性训练目标（如有氧代谢和无氧代谢）时，以及涉及对训练适应有影响的神经肌肉疲劳时，就会出现这种情况。有多重训练目标的运动项目需要以系统的方式变化训练，以便综合考虑运动员全年训练各个阶段的不同目标。

训练所需的变化程度也很可能要依个人特定的训练经验而定（Plisk和Stone ，2003）。训练参数变化不多的比较基础的周期计划，对青少年运动员或训练经验较少的运动员会更有效。但这样的计划并不适合高水平运动员。

## 2.1 训练的周期计划

周期理论起源于对训练适应过程的控制，主要是想避免出现不良适应阶段，以及减轻非功能性运动过度或慢性过度训练或无名竞技状态低下综合征风险（Wathen等，2000；Brown 和 Greenwood，2005）。周期理论为有计划和系统地变化训练提供了框架，有规律地变化训练刺激可以避免训练反应高原期的出现。

所以，与没有训练负荷变化的训练相比，周期训练能引起训练反应的改善（Fleck，1999；Stone等，2000b；Willoughby，1993）。然而，目前发表的有足够篇幅评估不同周期训练方法效果的文献还很少（Fleck，1999）。目前在选择最佳的周期方法为运动员做训练计划时，只能根据不充分的数据作出决定。

在选择最恰当的周期计划为年度训练进行周期安排时，特定运动项目的赛历是一个要考虑的主要因素（Wathen等，2000）。为运动员的训练进行计划安排时需要考虑的另外一个重要因素，是当前训练与项目的技术和/或战术练习之间的相互作用。除了对时间安排的关注，特定运动项目所需的训练目标数量和种类是另外一个关键考虑。

## 2.2 周期性进度安排及训练效果的迁移

除了避免训练单调性带来的潜在消极影响，采用周期性的进度安排可以优先选择年度训练中某一特定时间的训练目标。周期计划及其恰当的进度安排也为体能训练专家利用前面训练周期阶段的残留效应提供了便利（Zatsiorsky和Kraemer，2006）。从本质上来讲，前面周期阶段的训练可以增强运动员在接下来的训练周期阶段中的某些特定训练反应。特别是在为不同方面的身体准备选择训练模式时，通过在接续训练周期中安排连贯进阶的训练处方，就可以获得这种训练的“叠加”效应。图11.1证明了这一点。

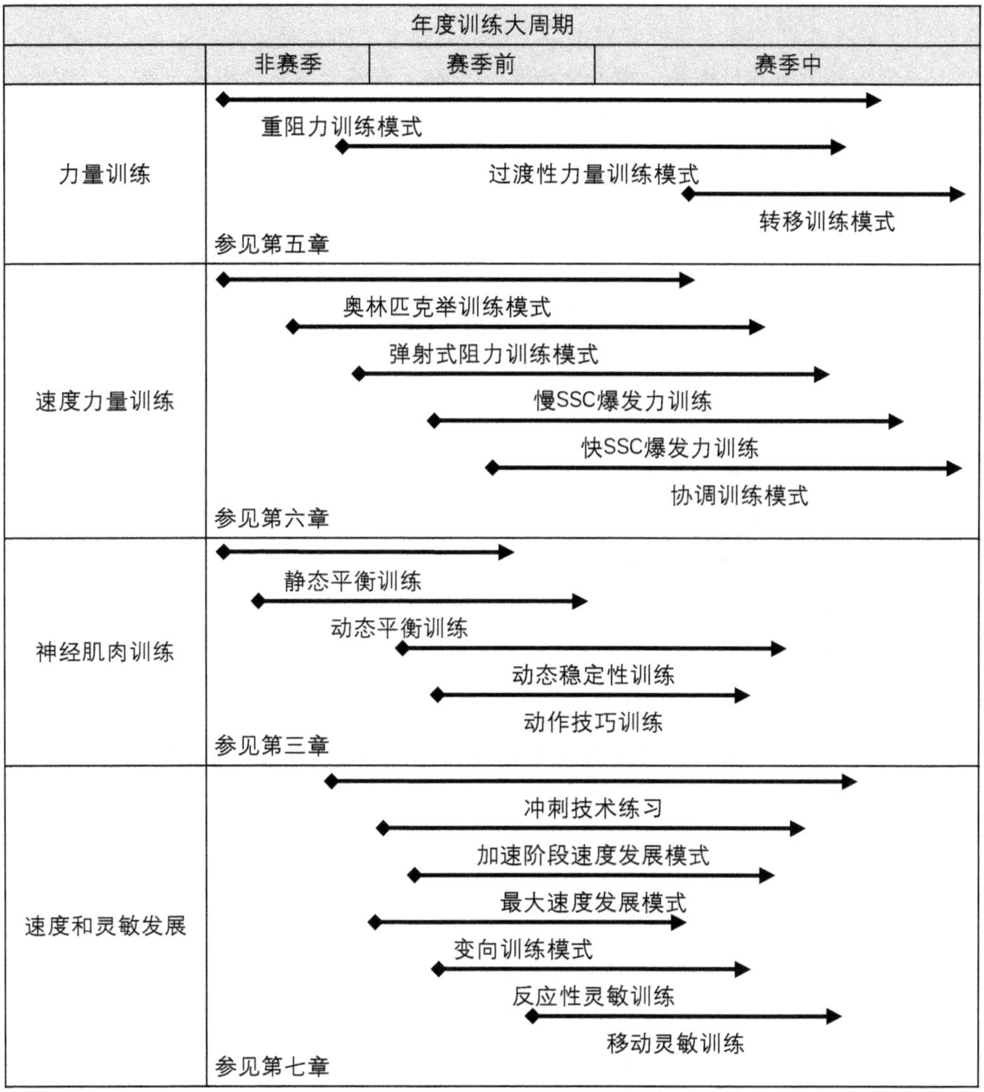


图11.1　周期性进度安排的练习选择

### 2.3 训练强度、量及内容的周期计划

在传统的周期训练模式中，年度训练或者大周期训练分为一个最初的“一般准备阶段”（GPP），其次是“特殊准备阶段”（SPP），最后以比赛阶段为高峰而结束。通常，“一般准备阶段”（GPP）之前是前一赛季之后的一段积极休息时间，而且每个训练周期可能还会被一些内部的“过渡”周期进一步细分为若干阶段（Wathen等，2000）。每个周期的训练目标都遵循一个特定的顺序（Zatsiorsky和Kraemer，2006）。

一般准备阶段的目标是一般力量和/或力量耐力训练及基本的机能训练，以便为一年内随后的训练阶段打下基础。特殊准备阶段的训练目标就由一般力量顺序推进到力量/爆发力，并且转至强度更大的机能训练。比赛阶段的主导训练目标是取决于运动项目本身的，但一般来说该阶段的力量训练主要是爆发力和爆发力-耐力，机能训练则要高度符合专项运动的生物能学特征。

与各个周期阶段的训练目标相适应，在年度训练早期的几个循环或大周期的一般准备阶段，训练是以大运动量和低强度为特点的（Wathen，2000）。一般说来，随着年度训练从特殊准备阶段推进到比赛阶段，就应该增加训练强度而相应减少训练量。无论采取什么样的周期安排，训练强度和量将在整个训练的大循环过程中普遍地呈现出强度逐渐增加、训练量逐渐减小的趋势。另一个在比赛周期阶段中发挥作用的因素是在赛历关键阶段降低训练频率和训练量，它能减弱残余疲劳效应，使训练效应在运动员的竞技表现上完全体现出来（Zatsiorsky和Kraemer，2006）。

为了系统性地改变训练刺激、促进持续性的训练适应，周期性地变化练习和训练模式很重要（Zatsiorsky和Kraemer，2006）。周期计划的经典训练模式，是从一般准备阶段的一般训练模式向越来越专项化的训练模式进阶转换，特别是在运动员进入到比赛周期的关键阶段时。所以，一般准备阶段的典型特征就是一般性力量训练和包括交叉训练在内的相对非专项化的体能训练。相应地，特殊准备阶段的特征是向专项力量训练及能够反映比赛特征的机能训练模式渐进式推进。这个向着最专项化的力量和体能训练模式的渐进式转变，旨在将训练大周期开始阶段的几个周期发展起来的一般或非专项力量及体能基础，迁移到运动员在比赛阶段所需的专项力量及健康中去。

## ■ 3 周期训练的规划

在规划运动员的训练时，人们习惯于把“大周期”（年度训练或2年周期或以奥运会为目标的4年周期）划分为称为“中周期” 的更小模块（Zatsiorsky和Kraemer，2006）。在每个中周期内部，是被称为“小周期”的更小模块，通常由1周或2周的时间模块组成。周期计划应该在从大周期到中周期和小周期的不同水平上综合考虑有计

划的训练变化及时间安排。例如做大周期水平的规划时，必须要考虑赛季中的一些重要日期。而小周期水平的规划不仅涉及各个单元的合理组织以满足中周期训练的特定阶段目标，还要安排好训练周以满足比赛及不同训练模块和技术和/或战术练习的需要。安排每个小周期也需要考虑冲突性训练形式（例如有氧训练与力量/爆发力训练）之间潜在的负面相互作用。

## 3.1 周期安排

不同的周期模式在文献中已有详细描述。此处仅对不同运动中应用的周期安排分类做一概述。

### 3.1.1 线性周期安排

周期训练的经典“线性”模式特点是在连续进行的中周期计划中逐渐增加训练强度，同时逐渐减少训练量。这种渐进式推进将在比赛周期达到顶点，并与赛历中的一个或多个主要比赛时间相一致，使运动员的体能在这些比赛中达到巅峰状态（Wathen等，2000）。以相反方式进行的反向周期计划安排方法也开始运用，即在训练开始阶段采用高训练强度、小训练量的训练，而后减低训练强度并增加训练量，最终以低训练强度和大训练量的安排结束。然而，反向线性周期训练方法的效果一直不如标准线性周期方法和其他方法（Prestes等，2009；Rhea等，2002）。

在经典的线性周期模式中，年度训练各连续阶段之间的训练处方存在很大变化，但是在每个训练模块内训练处方很少或没有变化。因此，这种方法可能无法为运动员提供足够的训练刺激变化和深度训练体验。对传统线性周期的修正模式已开始得到运用，其特点是能提供更多训练参数变化的强化训练中周期。Allerheiligen及其同事们（2003）描述的8周线性强化模式就是一个例子，该模式以循序进行的2周中周期强化训练为主要特点。最近一项研究成功地实现了另一种每周都变化训练参数的强化线性周期方案，该方案采用的是训练强度逐步增加，而训练量逐渐降低的经典分叉模式。

### 3.1.2 单元周期安排

这种修正的周期方法是作为解决传统线性方法的缺点并适应现代高水平运动训练及比赛而提出的，尤其是应对很多项目的运动员在参加不同形式的混合训练时遇到的挑战（Issurin，2010）。单元周期安排的基本原理是基于不同形式的训练将产生冲突性的生理和内分泌反应的论点，长期进行这种混合训练将引发过度疲劳，且随着时间的推移会使训练刺激达不到最佳效果。但这种论点遭到了其他学者的质疑（Kiely，2010）。

单元周期安排提出的解决方法是，每个训练中周期都只侧重一个更加单向的训练。确切地说，就是在中周期训练的任何时候都要将运动员同时进行的不同形式训练限制在最小数量内。这种方法的本质是提出一种短期（1~3周）强化单元，以只发展一或两种选定能力的大量针对性训练为特点，后面通常衔接一个为运动员的某个确定比赛做准备的降低负荷安排，以及一个为接下来的密集训练周期做准备的积极恢复阶段（Issurin，2010）。

### 3.1.3 波动周期安排

非线性或起伏的周期安排涉及训练小周期内的训练强度和训练量变化，以及两个中周期之间的变化（Wathen，2000）。由于非线性起伏周期安排能引起周期内及周期间更高水平的训练变化，这种方法更合适高水平运动员（Monteiro，2009）。这种方法还用于使运动员在跨越较长时间的多个比赛中保持接近巅峰的水平。每个小周期内的训练变化也兼顾到了需要同时加以解决的多重训练目标（Zatsiorsky和Kraemer，2006）。

每日和每周的非线性周期安排在文献中都有记载并已经在训练领域应用（Buford等，2007）。每日非线性周期安排涉及每天的变化，这样，周训练中每个训练单元提供的训练刺激是明显不同的（Rhea等，2003）。每周非线性周期安排涉及在连续训练周之间训练强度的巨大波动，但每周内的单元计划是保持一致的。有证据表明，对训练经验较少的运动员来说，由于肌肉疼痛的原因，训练强度的巨大波动可能会限制这种训练方法的有效性（Apel，2011）。在这种情况下，传统的线性方法会更有效，也因而可能更适合于青少年运动员或训练经验较少的运动员。

### 3.1.4 加量中周期

加量中周期方法的训练变化已经成功地在联合式橄榄球及联盟式橄榄球运动中应用（Baker1998年）。这种训练形式由阶梯状增长的负荷及其紧接着的明显的减量训练负荷（训练量×训练强度）组成。通常，加量中周期方法以大约4周为一个周期实行，作为负荷卸载周的最后1周要大大降低训练负荷。这样设计是为了在时间上适应疲劳反应和训练适应的生理过程（Plisk和Stone，2003）。这些小周期以较大或较小的相对强度连续地重复。这样，这种基本模式就被连续地施行，以达到波浪状提升训练强度和训练量的目的。

## 3.2 在职业化的集体性项目中运用周期安排

据报告，为不同水平集体性运动项目工作的体能教练均采用周期方法设计训练计划。根据一份调查，美国绝大多数的大学一级体能教练采用周期安排的方法（Durell等2003）。对北美的职业化集体性运动项目进行的类似调查表明，他们采用周期方法设计训练计划堪比大学体育（Ebben和Blackard，2001；Ebben等，2004；Simenz等，2005）。其中包括美国职业篮球联赛（NBA）（90%的受访者使用周期计划）（Simenz，2005），全国曲棍球联合会（91.3%的受访者使用周期计划）（Ebben等，2004），以及大棒球联盟（83.4%的受访者使用周期计划）（Ebben等，2005）。

据报道，美国国家橄榄球联盟（National Football League）的教练是迄今为止使用周期计划模型最少的（只占69%）（Ebben和Blackard，2001）。这也许是由于这项运动的身体接触性本质导致的。在训练的周期计划问题上，研究者曾引述一个教练的话："橄榄球的力量训练不同于任何其他项目。要想让他们健康，你就训练他们"（Ebben和Blackard，2001）。本研究的数据收集时间比其他调查（1997-1998）都明显要早，这可能也是造成橄榄球项目教练员使用周期训练安排比例相对较低的一个原因。这可能也相应地解释了为什么调查样本中使用"高强度训练"方法的教练相对较多（占19%）（Ebben和Blackard，2001），此时"高强度训练"方法正在流行。

损伤和延迟性疲劳这样的困难更凸显了为集体性项目运动员，尤其是有身体接触的集体性项目运动员设计周期训练方案的独特挑战。尽管有这些考虑，训练的变化对集体性项目的运动员来说仍然是极其重要的。减轻训练的单调是非常重要的，因为单调会影响运动员在漫长赛季的训练和比赛中对教练员的服从（Wathen等，2000年）。抛开运动员的动机不谈，长期以同样的方式进行训练也是适得其反甚至是有害的。短期训练研究始终认为，由周期性训练变化构成的训练方案能够产生更好的结果（Stone等，2000b；Willoughby，1993）。因此，必须寻找解决这些难题的方法，以便将周期训练整合到特定项目运动员的身体准备过程中。

## ■ 4　集体性项目周期训练的挑战及实用解决方案

### 4.1　延长的赛季

频繁地参赛和赛季持续时间延长是季节性集体项目教练的一个主要障碍。为帮助田径运动员进行赛季准备，教练员们发展出了典型的周期模式对训练变量进行计划安排（Plisk和Stone，2003）。结果，出现了以延长的训练周期为特色的经典线性周期模式，帮助运动员渐进准备年内的1~2个锦标赛（Wathen等，2000）。

足球和联合式橄榄球运动的赛季周期可以跨越35周以上，尤其是在欧洲。如果教练遵循经典训练模型，训练将因竞赛阶段的持续变得相当锥形化。这对大多数集体性项目的运动员来说是明显不利的（Baker，1998；Hoffman 和 Kang，2003）。研究已经确认，遵循这种有严格竞赛阶段限制的重复计划，可能会带来赛季过程中瘦体重的过度损失，这对大多数力量性运动项目是不利的（Allerheiligen，2003）。考虑到要在数月内持续进行正常的训练，实现这种必要的训练变化是一个相当大的挑战。

在赛季中保持力量训练，以防止力量、爆发力和瘦体重的重大损失，是至关重要的（Allerheiligen，2003；Baker，1998）。赛季训练的周期计划安排必须区别于赛季前训练和赛季后训练的周期计划安排。在后面的章节将对此进行更为详细的讨论。

## 4.2 多重的训练目标

集体性项目需要数个完全不同的训练目标。这些目标包括但不限于：增加肌肉围度，发展最大力量和爆发力，提高机能能力和损伤预防（Gamble，2004b）。必须在训练的计划安排过程中解决这些多样且往往互相矛盾的训练目标。所以，在运动员准备阶段的不同时间点，教练员要系统地、有计划地变化训练安排及重点，以获取不同的训练效应。

由于神经肌肉和新陈代谢训练目标以及技术和战术练习需要的不同，一些周期策略未必适合于某一特定的运动项目。竞技能力交替发展周期模型是一个不太适合很多集体性项目的多重训练目标的周期计划例子（Plisk和Stone，2003）。共轭（成对）周期计划模型是一种高级的周期计划方法，通过交替地在一段时期内侧重一种竞技能力（例如力量），然后在接续训练周期中侧重对另一种竞技能力（速度）进行超负荷刺激，达到利用连续超负荷训练周期的健康和疲劳效应的目的（Plisk和Stone，2003）。在这种方法中，两个主要的训练目标通常是成对的。在对成对目标中的一种骨骼肌品质（力量）进行超负荷训练过程中，对另一种未被强调的骨骼肌品质（速度）应维持低训练量的保持计划（Plisk和Stone，2003）。这种超负荷周期连续地进行交替。集体性项目通常需要数量更多的训练目标，而不仅仅是这种周期计划强调的两个骨骼肌品质目标，使得共轭周期计划模式显然无法解决集体性项目的多重训练目标问题。

曾有人建议，在为集体性项目进行年度训练计划安排时，波浪式、“非线性”的周期方法可能更实际（Wathen等，2000）。理由是这样的周期化策略可以使训练强度和训练量以及训练周期内和训练周期之间的训练更富于变化。这样，多个训练目标在每个小周期训练中都可以得到强调（Zatsiorsky和Kraemer，2006）。然而，在一年训练的某些阶段，特别是非赛季和赛季前，与经典的线性周期模型相似的连续方法可能还是有可取之处的。这将在后面的章节中进一步探讨。

## 4.3 不同形式训练的相互作用

在做集体性项目运动员的力量训练计划时，教练必须考虑周训练中同时进行的不同形式训练之间的相互作用（Gamble，2004）。所以，涉及技术和/或战术的单元和集体练习等身体活动也应该被考虑进去。特别是要考虑在许多集体性项目中与力量和爆发力训练及速度发展并列的大量身体机能训练。有证据表明，在一个训练日中先进行耐力训练会使运动员参加力量训练的能力受到削弱（Kraemer等，1995；Leveritt和Abernethy，1999）。据报道，在大量的机能训练后，运动员无法以相同的重复次数完成给定负荷的练习任务，而如果不事先进行耐力练习的话他们就能够完成（Leveritt和Abernethy，1999）。

伴随着这些干扰性影响的还有机体对力量和耐力训练做出的冲突性激素反应，这可能会使力量和爆发力训练反应变得比较迟钝。进行耐力训练后再在同一天进行力量训练，尤其会使爆发力指数这样的训练成果受到影响（Kraemer等，1995）。因此，这似乎暗示，对神经肌肉协调需求更高的力量和爆发力训练效果对这些干扰效应是最敏感的。

### 4.4 同时进行技战术训练带来的时间限制

职业化的集体性项目因需要大量的全队练习和其他技术练习而使训练时间有限，因此做身体准备的时间效率至关重要。由于赛季来临，注意力不可避免地要转移到战术方面——进行大量的全队训练为即将到来的比赛做准备（Hedrick，2002；Wathen等，2000）。所以，这个时期中如何使训练的时间效率最大化仍然是需要重点考虑的。

训练时间有限的问题也许可以通过优化训练的时间效率来解决。在单个训练单元中将技术、战术练习与身体训练结合起来使训练包含不同的元素，是一个好的策略。尤其是在赛季中，全队练习中可以包含速度和灵敏练习（Wathen等，2000）。同样地，爆发力练习可以合并到力量训练中——例如采用复合训练方法。

采用与比赛相关的方法进行机能训练，就是一个将生理和技术训练相结合的好例子（Gamble，2007b）。当训练的重点转移到技术练习和比赛战术时，训练中涉及的技能元素就会鼓励教练员继续通过与比赛有关的训练进行机能训练（Gamble，2004）。使用这种形式在赛季持续进行机能训练，很可能使心肺耐力在赛季中期得到更好的保持。

### 4.5 来自比赛的身体压力影响

在规划比赛期间的训练时，不可避免地要考虑到运动员每场比赛后的恢复。特别是比赛刚结束之后的几天，为了使身体得到恢复，运动员的体能训练强度和数量很可能会受到限制。因此，大量耗费体力的练习单元和比赛有可能使运动员赛季中的肌肉质量减少（Allerheiligen，2003）。

尤其是在有身体接触的运动中，必须考虑训练和比赛中由对手的猛烈身体接触和比赛场地地面带来的身体压力。尤其是在赛季中，肌肉组织受损带来的后果可能危及运动员所能承受的力量训练量和内容，随着时间的推移则可能降低力量和爆发力水（Hoffman 和 Kang，2003）。

在安排赛季训练及赛季前最后阶段的热身比赛过程中，应根据运动员的身体状态采取适当措施调整训练单元。在比赛结束当天或随后的几天里，力量训练应被限制在轻量恢复性练习上，同时实施即时性的恢复练习。同样地，如果某一天有运动员报告说尚未从过度疲劳中恢复过来或被诊断出了影响那天特定练习内容安排的急性损伤，体能教练就要准备好修改那天的训练计划（Plisk和Stone，2003）。

## ■ 5 集体性项目赛季周期训练计划的实际应用

正如在本章前面讨论过的，训练负荷的变化程度取决于运动员的年龄和训练经验。优秀运动员可以承受较高的训练压力——因此在年度训练的很大一部分时间里训练强度和训练量都可以接近他们所能承受的上限范围（Wathen等，2000）。此外，为使训练效应最大化，优秀运动员往往也需要更大程度的训练变化（Plisk和Stone2003；Stone等，2000b）。

在本节中，将以中周期为例进行描述，说明一个普通的集体性项目运动员在年度训练每个阶段的周期计划策略。每个训练周期所用方法的基本原理概述如下。具体的训练计划变化，例如每个阶段的长度和练习的选择，将根据赛季的长度和特定运动项目需求的变化而变化。表11.1～11.4是周期计划的样例。

### 5.1 非赛季的周期训练计划

为了清楚起见，集体性项目的“非赛季”阶段将被定义为开始系统的技术和战术训练之前的一段时期。无论体能训练专家实际上是否有监管“非赛季”阶段的权利，在运动员结束比赛后的休假返回球队报到时，体能训练专家往往会根据教练组的意愿推迟训练开始的时间，使运动员能更充分地恢复。但由于赛季的长度，特别是在欧洲的足球和联盟式橄榄球项目中，通常情况并非如此。

在经历漫长赛季的比赛后，给运动员提供一段时间的积极休息是非常重要的（Wathen，2000）。也就是说，要保障这段积极的休息时间，避免运动员在不在状态的情况下开始非赛季训练。同样地，从运动员即将要进入到受监管的训练阶段这个角度看，允许运动员不受监管地开始非赛季的早期训练或许是有意义的。通过限制训练场上环境的单调性（指使运动员不受监管地进行训练），对那些经历了漫长赛季的运动员来说无疑是有心理上的好处的。

非赛季的训练规划类似于经典的一般准备阶段。在年度训练中，这个时期的训练通常以强度较低、量较大和频率相对较高的训练模式为特色，而且在练习选择上强调有利于全面发展的一般训练模式。因此，在运动员的准备阶段，非专项的一般力量练习还是有优点的（Siff，2002）。这样做的原因之一涉及训练变化问题，不应该在持续一年的训练时间里全部使用专项化的力量练习手段（Wathen等，2000）。另外一个决定因素是，这个阶段的训练目标应该是为在年度训练后面阶段专注于运动员的专项发展打好竞技能力基础。

这样，在运动员回来报到开始新的年度训练周期时，应首先对运动员进行肌肉骨骼检查和运动模式筛查，并以这些检查结果作为制订非赛季力量训练计划的起点。练习选择应针对解决识别出的缺陷并专注于发展对基本竞技动作起决定作用的力量和神经肌肉能力，例如负重全蹲、分腿蹲和台阶踏步等练习变化。同样地，本阶段的上肢力量发展将强调在各种平面进行的一般性推、拉、举等动作。（表11.1）

**表11.1 典型的非赛季训练中周期**

| | 训练模式 | 强度、量及频率的周期安排 |
|---|---|---|
| 力量训练 | 一般力量训练模式（参照第五章）<br>解决筛查中识别出来问题的纠正性练习 | 线性的 |
| 速度力量训练 | 无 | 无 |
| 爆发力训练 | 无 | 无 |
| 机能训练 | 有氧间歇训练（参照第四章）<br>交叉训练模式和跑步训练模式的结合 | 线性的 |
| 速度训练 | 无 | 无 |
| 变向训练<br>灵敏训练 | 无 | 无 |

## 5.2　赛季前的周期训练计划

正如前面所暗示的，集体性项目的“赛季前”被视为是赛季开始前的一段受到监管的训练时期，在该阶段将同时执行技术和战术训练。因此，在这个阶段，必须将生理方面的训练与运动员的其他训练安排在一起。从这个角度来看，教练团队成员互相协作按照训练计划实施训练是至关重要的。

在集体性项目的赛季前训练中，传统的线性训练周期安排仍然值得应用。根据特定项目的赛季前训练时间长度，赛季前训练的初始部分可能是非赛季训练阶段开始的一般准备性训练的继续。余下的赛季前阶段将类似于经典模型中的“特殊准备阶段”。大体上，在此期间计划的练习强度将逐步增加而练习量相应地逐步减少。训练目标将按下述顺序转换：从增加肌肉围度和/或肌肉耐力训练转换到力量训练，最后是赛季开始之前的爆发力训练。

对集体性项目运动员赛季前准备阶段的经典线性模型进行的修正建议，是缩短各相应周期的时间（Hedrick，2002）。每个中周期长度及特点的重要程度是由运动项目的相应需求决定的。例如，对一项依赖瘦体重的运动项目而言，训练量大、以增加肌肉围度为导向的周期会相对更长、更加突出。相反，肌肉围度过度发达会起相反作用的运动项目，将更倾向于力量尤其是爆发力周期的训练。

同样，在前面一节描述的板块周期方法可能也是赛季前训练周期的一个可行替代方案（Issurin，2010）。根据可用时间内什么是最合适的，赛季前周期可分为不同长度的板块。依照这种方法，在每个训练板块内只有2或3个训练目标能被优先考虑。连续性训练板块的训练目标选择应强调适当的顺序，以充分利用前一个训练周期残留和累积的训练效应（Issurin，2010）。例如，在赛季前早期进行的大阻力力量训练将对赛季前后期进行的专门性力量和速度训练效果有积极的影响。

另一个进一步的建议是，通过改变每个不同训练周的最大重复次数（RM）负荷，将每日变化模式融入训练过程中。这样，就可以在小周期内和小周期之间实现多重水平上的训练变化。有研究暗示，这样的训练方法有利于激发出最佳的训练效应（Stone等，2000b）。以这样的训练强度和训练量进行的赛季前周期训练，可能既包含了线性周期元素也包含了波动式周期元素，在一个更广泛时期内的逐渐增加训练强度同时减少训练量的总体趋势下，使每周的训练量和训练强度都发生变化。

从起始阶段的一般力量到赛季前训练高峰阶段的爆发力和专项力量训练，力量训练模式的选择同样应遵循不同阶段训练目标的顺序发展原则（Wathen，2000）。因此，当运动员在赛季前的训练周期中取得进步时，力量训练练习的选择应从速度力量训练模式向更多的专项训练方式转变。（表11.2）

**表11.2 典型的赛季前训练中周期**

| | 训练模式 | 强度、量及频率的周期安排 |
|---|---|---|
| 力量训练 | 从赛季前早期阶段的一般力量训练发展进阶到特殊准备阶段的力量训练发展模式（参照第五章）<br>解决筛查中识别出来问题的纠正性练习 | 线性 |
| 速度力量训练 | 在赛季前中期引入双侧的弹射式抗阻训练模式和基本的奥林匹克举练习（参照第六章） | 线性 |
| 爆发力训练 | 在赛季前中期引入双侧的慢速拉长-缩短周期（SSC）训练模式，然后进阶到单侧的慢速拉长-缩短周期（SSC）训练模式（参照第六章） | 线性 |
| 机能训练 | 在赛季前后期，从有氧间歇训练过渡到无氧间歇训练再到反复冲刺跑训练（参考第四章）<br>基于技术的比赛练习和适当强度的体能练习的组合训练模式 | 线性 |
| 速度训练 | 赛季前中期引入技术发展练习和加速原理的指导/发展，然后进阶到较高速度的反复冲刺跑练习和加速练习（参照第七章） | 线性 |
| 变向训练灵敏训练 | 赛季前中期引入动作技巧练习，然后进阶到反应灵敏练习（参照第七章） | 线性 |

## 5.3 赛季周期训练计划

波动式的非线性训练周期模式是典型的赛季周期训练模式（Wathen等2000）。其基本原理是这种训练方法可能更适合使运动员在一个延长的正规赛季中始终保持接近本人的巅峰状态。体能专家利用这种训练模式下每个训练小周期的训练处方变化，能同时兼顾到集体性项目赛季前的多重训练目标（Zatsiorsky和Kraemer，2006）。

然而，在赛季的周期训练中是有不同的替代方法可选择的。资料显示，在赛季中执行以经典的线性周期模式为特点的延长训练模块，可能不足以维持美式橄榄球这样需要爆发力的项目运动员的瘦体重（Allerheiligen，2003）。另一个推荐给依赖力量和爆发力的集体性项目运动员的训练方法，是连续地进行两周加强式的线性周期模式训练。这种八周训练模式可以在整个赛季训练周期中重复使用（Allerheiligen，2003）。也可以以相同的方式运用一种每周都进阶训练参数的"加强式线性"训练方法（普雷斯特等，2009）

前些节中提到的"累加式周期训练"是另一种适用于赛季周期的训练模式（Plisk和Stone等，2003）。该方法可通过改变每个累加周期的长度适应赛历。对阵特别强劲对手的重要比赛意味着赛季中常规训练时间的减少。当很多比赛被浓缩在一段很短的时间内完成时，也同样需要降低训练频率。这些情况下都需要留给队员一周降低训练负荷的时间，使他们能以最佳状态迎接比赛。因此，根据这些比赛时间的不同，累加式周期训练模式的时间范围会在2~4周，其中总要包含1个降低负荷的休息周。所以，在累加式周期训练模式的小周期中，训练周与休息周的比例可能会是1：1、2：1或3：1。赛季中小周期的这些变化如何被有序地规划在训练计划中，要视赛季内不同阶段比赛的特点和强度而定。

资料显示，为了保持比赛时运动员的力量水平，平均训练强度应该保持在肌肉最大疲劳承受度的80%以上（Hoffman 和 Kang，2003）。同样地，在赛季期间的训练频率建议保持在2次/周（Wathen等，2000）。因此，每周应有2天需要进行多关节参与的较高负荷训练（≥80%1RM，或≥8RM）。这样的负荷计划可以在整个赛季保持甚至是提高美式橄榄球运动员的力量水平（Hoffman 和 Kang，2003）。

与此相符，职业运动联盟中的大多数体能教练通常报告在赛季中每周进行2次力量训练（Ebben和Blackard，2001；Ebben等，2004，2005；Simenz，2005）。然而，没必要过于严格地执行这些针对赛季中训练的建议。在推荐的参数范围内，能够将训练频率和训练强度维持在平均训练强度水平上的一定范围内的训练频率和训练参数变化都是可以接受的。在赛季的不同时期，运动员每周的训练频率可能在1~3次之间变化。同样地，不同的训练强度可以在赛季的不同时期运用，但整个赛季仍然应该将平均训练强度保持在80%1RM以上。

相反，在赛季过程中总会有机会进行更为集中的力量训练——如在比赛较少的赛历期间，或在赛季中的国际比赛休息时。在像欧洲的足球和联盟式橄榄球这样的赛季很长的项目中，保持生理适应可能是必要的。尤其是在依赖较高水平的瘦体重、力量和爆发力的对抗性项目中，更是这样。因此，在赛季中的合适时期，可以实施一些短的超负荷小周期训练，紧接着进行轻负荷训练或积极性休息。对于这些赛季中的“休克”板块，体能专家可以采用类似于板块周期模式的方法进行（Issurin，2010）。

## 5.4 每周的小周期训练计划

在运动员不需要参加比赛的时期，赛季前的周训练计划目标应该是注意保持健康和消除疲劳。这样，就可以在训练周的早期安排需要运动员精力充沛地动用最大神经肌肉协调才能完成的训练单元，而在训练周的末期安排使运动员感到疲劳的训练，以便让运动员利用周末进行休息和恢复（Chiu和Barnes，2003）。（表11.3~表11.4）

表11.3 典型的赛季训练中周期

| | 训练模式 | 强度、量及频率的周期安排 |
|---|---|---|
| 力量训练 | 从特殊准备阶段的力量发展进阶到转移训练模式<br>（参照第五章） | 累加周期 |
| 速度力量训练 | 进阶到高级的奥林匹克举、单侧弹射式阻力训练模式，引入协调训练模式（参照第六章） | 修正的线性周期 |
| 爆发力训练 | 从单侧慢速拉长–缩短周期（SSC）训练模式进阶到快速拉长–缩短周期（SSC）训练模式（参照第六章） | 修正的线性周期 |
| 机能训练 | 有氧间歇训练、无氧间歇训练和反复冲刺跑训练循环<br>（参照第四章）<br>根据不同模块进行的基本体能练习及含专项动作模式的高强度体能练习 | 模块周期 |
| 速度训练 | 进阶到与比赛相关的加速度和速度练习（参照第七章） | 周波动周期 |
| 变向训练<br>灵敏训练 | 进阶到更具挑战性的、专项情境下的反应灵敏练习以及合作练习（参照第七章） | 日波动周期 |

表11.4 典型的"巅峰"训练中周期

| | 训练模式 | 强度、量及频率的周期安排 |
|---|---|---|
| 力量训练 | 转移训练模式（参照第五章） | 累加周期 |
| 速度力量训练 | 单侧弹射式阻力练习训练模式和抗阻冲刺跑训练模式（参照第六章） | 累加周期 |
| 爆发力训练 | 主要是单侧拉长–缩短周期（SSC）训练模式（参照第六章） | 累加周期 |
| 机能训练 | 反复冲刺跑训练和速度–耐力训练（参照第四章）<br>高强度专项动作模式体能练习 | 日波动周期 |
| 速度训练 | 与比赛相关的高强度加速度和速度练习（参照第七章） | 日波动周期 |
| 变向训练<br>灵敏训练 | 高强度的专项反应灵敏练习和合作练习（参照第七章） | 日波动周期 |

相反，赛季中的周训练计划安排有双重目标需求，不但需要运动员从之前的比赛中恢复过来，还要在为下次比赛做好准备的周训练末期避免出现过多的残余疲劳。整个赛季训练周期的训练参数都应该这样变化。同样地，为适应前面提到的运动员当前的身体状况，体能教练应随时做好修改某一特定训练日训练安排的准备。

训练日的训练安排顺序，是将同步进行的机能训练对力量和爆发力训练效果影响降至最低的关键（Leveritt和Abernethy，1999）。研究证明，当力量（或速度力量）训练作为训练日的优先内容且安排在机能训练之前时，可以降低这种干扰（Leveritt和Abernethy，1999）。按这种顺序进行训练安排可以使职业联盟式橄榄球运动员的力量训练效应最大化，使运动员在漫长的赛季（29周）内保持力量和爆发力（Baker，2001）。青少年运动员（大学生）采用这种训练方法甚至可以在赛季中提高力量和爆发力分数（Baker，2001）。

## ■6　总　结

目前，能够用足够篇幅证明周期训练方法绝对优于另一种其他方法的研究还很少，尤其是在缺少以运动员为对象的周期训练研究的情况下（Fleck，1999；Cissik等，2008）。而且，根据定义，周期计划牵涉训练变化，更使这种争论显得多余。所以，是不太可能存在能够长期采用并取得最佳训练效果的单一周期训练安排的。相反，一系列结合在一起使用的周期训练策略更有可能使运动员在长期的训练中取得最好的效果（Plisk和Stone，2003）。

与采用线性周期计划安排的组别相比，采用日波动周期模式（DUP）的力量训练研究对象组别在训练的开始阶段获得了较好的力量增长，这为上述论断提供了一些证据（Rhea等，2002）。这被归因于日波动周期训练模式研究对象对这种训练安排模式的新奇感受，因为此前他们的训练是以线性模式为特色的（Rhea等，2002）。同样地，日波动周期模式对象组在研究后期的训练反应变小以及出现训练拉伤的事实表明，单独地连续使用这种训练模式可能同样是没有效果的（Rhea等，2002）。

因此，最好的方法就是战略性地将各种方法结合，在年度训练的每一个训练中周期根据运动员在不同阶段的具体需求运用周期计划安排（Plisk和Stone，2003）。赛季后和赛季前没有比赛的这段时期，无疑是整合多种训练方法进行周期训练安排的最佳时期，有助于运动员在参赛前获得充分的恢复。

# 第十二章

# 青少年运动员的身体准备

## ■1　导　言

青少年运动员的训练需要采用专门的不同方法来设计和实施体能准备计划。因为年轻人不该被仅仅被看作是“未成熟的成年人”（Bompa，2000）。儿童和处于青春期的年轻人的生理结构显然与成熟的成年人不同（Naughton等，2000）。所以，在把训练变量应用到训练设计的过程中就不能忽视这些方面的差异。

青少年运动员的中枢神经系统、内分泌系统和心血管系统随着其生理年龄的增长而发展，并导致神经肌肉和竞技能力出现相应变化（Quatman等，2006）。对年轻的集体性项目运动员的测试表明，他们的很多生理和竞技能力参数发展速度与他们身高增长达到顶峰的速度几乎是一致的（Philippaerts等，2006）。而这个顶峰到来的年龄因人而异，女性一般在11岁半左右（Barber-Westin等，2006），男性一般在13.8-14.2岁左右（Philippaerts等，2006）。然而，这个数字变化范围很大——同龄的青少年运动员有着不同的生物学和生理成熟程度（Bompa，2000；Kraemer 和 Fleck，2005）。

因此，为集体性项目的青少年运动员制订恰当的力量训练和机能训练计划，需要根据每个运动员的个人身体发育情况而定。生长和成熟阶段也影响着训练效应的机制——如训练效果的提高是否主要受神经因素影响？或者是否是形态及生理适应起到了更大的作用（Stratton等，2004）？青少年运动员情感及心理的成熟度是设计和实施训练方案时需要考虑的另一重要因素（Kraemer 和 Fleck，2005；Stratton等，2004）。

青少年运动员的训练中另外一个比较受忽视的是神经肌肉的训练，这包括基本运动力学的专门介绍和实践。神经肌肉控制和姿态控制，以及跳、落、跑和变向动作的运动生物力学训练，可以作为提高集体性项目青少年运动员运动能力的一种手段来使用。这些基本运动技巧的发展，可以帮助青少年运动员更好地适应比赛环境，从而减少运动中的伤害。

## ■ 2 集体性项目青少年运动员进行身体准备的必要性

提及对公共健康方面的关注，大家想到的会是缺少运动以及世界范围的年轻人身体活动水平的下降（Hills等，2007）。鉴于当今久坐习惯普遍存在于生活中，年轻人的身体准备通常不能适应青少年运动员激烈的运动需要（Faigenbaum 和 Schram，2004；Kraemer 和 Fleck，2005）。相应地，在北美地区，伴随着有组织的青少年体育运动参与者的增多，运动员的损伤率出现了戏剧化的增长（Goldberg等，2007；Kraemer 和 Fleck，2005）。但还没有文献显示损伤人数的增长与运动参与者数量的增长是否成一定比例，或者说这些青少年运动员损伤率的增长是否与运动参与者人数的增长有关还没定论。

无论如何，在美国的有组织运动中大约有三分之一的青少年运动员受伤，并需要医治（Barber-Westin等，2005）。运动损伤大都集中在5~14岁的运动员之间，14岁以后的运动员逐渐减少（Adirim和Cheng，2003）。踝和膝是这些运动员最易受伤的部位（Adirim和Cheng，2003；Barber-Westin等，2005）。青少年运动员的下背部疼痛及急性腰椎损伤风险也很大，尤其是处于青春期的运动员（Kujala等，1996）。

在青少年运动员身上发生的大多数与运动有关的损伤，都与体能准备不足有关（Kraemer 和 Fleck，2005）。肌肉处于疲劳状态的确会使运动员承受更大的损伤风险：运动员在一场比赛后半段的疲劳状态下比体力充沛时更容易受伤。同样地，当运动员的身体健康没有达到标准水平时，会更容易在赛季早期受伤（Thacker等，2003）。发生在青少年运动阶段的损伤，是一个经常被引用的导致运动员成年后终止运动生涯的原因（McKay等，2004）。鉴于缺乏身体活动、肥胖与成年时期的慢性疾病之间有确切的联系，青少年运动员的身体准备不足已经对运动员的健康造成了负面影响（Hills等，2007）。从这个意义上看，帮助青少年运动员预防运动损伤比仅仅提高他们的竞技能力更为重要（McKay等，2004）。

因此，包括力量训练和发展心肺健康的训练在内的身体准备，就成为预防儿童和青少年运动员损伤的综合训练策略的一个组成部分（McKay等，2004）。运动技巧的缺乏也是导致青少年运动员损伤风险的另一重要因素（Adirim和Cheng，2003）。再次强调，这些能力都可以通过合适的竞技能力准备得到发展。

### 2.1 基本运动技巧的发展

青春期前的运动员展现出相当大的运动技能学习潜力。很多作者认为复杂的运动技巧要到10~12岁的时候才能掌握（Adirim和Cheng，2003；Barber-Westin等，2006）。而一些研究暗示，运动技巧的发展在青春期前有个主要的窗口期。教授跑、减速和变向的基本运动学技能应该是所有青少年运动员训练的基本部分。进行全身的综合训练可以提高运动员的协调性和运动能力。这些训练也能提高运动感觉意识和肌肉本体感受，使青少年运动员在对手压力和不平坦的地形保持平衡。因此，这些功能能力的提高起到了保护运动员的作用，使他们免于受伤（Faigenbaum 和 Schram，2004）。

现已确定，青春期前的运动员在完成各种运动任务过程中往往表现出与下肢对齐异常有关的神经肌肉控制缺陷（Barber-Westin等，2005）。这暗示了下肢关节运动控制能力受损，这样就会增加损伤风险（Ford等，2003）。因此，当在青春期前的集体性项目运动员中发现这种情况时，及时通过训练改善下肢神经肌肉控制，对于纠正这种潜在的下肢对齐损伤来说显得非常重要。年轻女性运动员在发育过程中这种特点尤为明显（Barber-Westin等，2005）。最近的研究显示，青春期后的男运动员，尽管下肢力量已经增强了，仍然存在着地过程中下肢外翻对不齐的问题（Barber-Westin等，2006；Noyes等，2005）。这说明，不能忽视对集体性项目的青春期男性运动员进行适当的筛查和神经肌肉训练。

青春期前运动员的这种神经肌肉控制问题和有害的下肢对齐异常问题，可以被他们较轻的体重和较慢的动作速度所抵消（Barber-Westin等，2006）。相比之下，青春期的运动员体重会更重，产生的力量和速度会更大，尤其是惯性和动量的增大，使施加在他们身上的应力也相应增大（Barber-Westin等2006）。结果，青春期运动员在神经肌肉控制方面的任何缺陷都会被极大地放大。

## 2.2　生长、发育及身体构成

常规的身体活动结合适当的营养在儿童和青少年运动员的生长和及发育中起到了重要作用。为使青少年运动员在生长和成熟过程中充分开发运动基因潜能，必须结合适当的营养对其进行足够阈值水平的身体训练（Hills等，2007）。系统的身体准备计划为确保在运动员生长和成熟的关键时期实现这一目标提供了方法和手段。

考虑到运动员们在生活中明显缺乏身体运动习惯，适当的身体准备训练对青少年运动员的运动能力发展起着越来越重要的作用。如果因缺少这样的身体准备计划而无法帮助运动员获得足够阈值水平的身体活动能力，可能会阻碍运动员在生长和成熟关键期的发展，从而使其无法充分发挥运动方面的遗传潜能（Hills等，2007）。

另外，从青少年人群普遍身体活动能力下降和肥胖增多的角度看，运动过程中的专门训练对维持青少年运动员的瘦体重身体构成也是非常重要的。这对生长和发育的特定关键时期尤其重要。例如，在青春期和青春期后，女运动员会出现特征性的身体成分变化，包括不利于竞技表现和潜在身体健康的脂肪增长（Naughton等，2000）。研究已经证明，恰当的抗阻训练结合有氧练习有助于年轻人的体脂减少和体重保持，这个方法也可以推荐给成年人（Faigenbaum 和 Schram，2004）。考虑到儿童肥胖率的增长，包括有利于改变身体成分的抗阻训练在内的身体准备，从健康的角度看也是有益的（Hills等，2007）。

相反，能够增加瘦体重的力量训练对从事身体冲撞性运动的运动员来说有重要意义。像英式橄榄球、美式橄榄球这类运动，体形大小是能否参加高水平赛事的决定性因素（Olds，2001）。教练员会很自然地根据青少年运动员的身体形态特征（身高和体重）和力量能力，为他们选择特定的场上位置（Duthie等，20003）。如果缺乏系统的身体训练，青少年运动员不太可能达到最高水平比赛的身体要求。

## 2.3 生长和成熟对身体运动能力发展的影响

在青少年运动员身体成熟的不同阶段，其运动能力发展的空间也不同。很多生理指标的最大增长率会与身高最大增长率同时达到顶峰（Philippaerts等，2006）。身高增长率达到顶峰的年龄各有不同，但女性大多都在11.5岁左右（Barber-Westin等，2006），男性在13.8~14.2岁左右（Philippaerts等，2006）。

在青春期，与生长相关的运动能力发展与生理指标的变化是同步的。一项关于青少年足球运动员的纵向研究显示，在青少年运动员身高增速到达高峰前，这些运动能力的自然增长可能进入停滞状态，运动能力甚至可能会下降，比如30m跑成绩（Philippaerts等，2006）。一旦运动员进入到身高增长高峰的年龄，这些生理和运动能力的自然增长就会达到最高增速。在身高增长高峰之后的12~18个月里，有些指标会出现与生长相关的增长率下降（Philippaerts等，2006）。因此，青少年运动员的运动能力表现（无训练的前提下）测试得分会在青春期发展结束时出现停滞。

与青春期的运动员相比，青春期前的运动员身体的机械效率较低。即使青春期时青少年运动员在这方面得到提高，青春期运动员的机械效率也仍然逊色于成年运动员（Naughton等，2000）。通过专门的指导和练习，这个方面的运动能力可以有相当大的提高空间。运动经济性已经成为青少年运动员提升运动能力的重要方面（Naughton等，2000），它能使青少年运动员在比赛中保持更高的工作效率。

男性运动员在青春期后，会经历一段“神经肌肉迸发期”。同时伴随四肢的生长和身体成分的良性变化（肌肉质量相对于脂肪质量的增加）。男运动员在力量和神经肌肉方面获得的这些增长，将为其运动过程中的运动生物力学表现带来自然的提高（Quatman等，2006）。这方面一个可以观察到的提高，就是对着地时地面冲击力量分散能力的提高。这些着地冲击力反过来将直接影响通过下肢关节对冲击负荷的吸收（Hewett等，1999）。

女性运动员中并不出现这种“肌肉迸发”现象。女性运动员缺少神经肌肉力量和控制能力的显著增长，再加上四肢生长和体重增加，事实上导致了青春期女性运动员下肢稳定性的减弱（Quatman等，2006）。尤其是青春期时下肢的快速生长增加了下肢的杠杆长度，再加上体重的同步增长，使女性青少年运动员在承担竞技任务时面临着控制躯干和下肢的更大困难，从而也增加了施加在膝关节的负荷（Myer等，2008）。青春期女运动员常常在下肢对齐及运动力学方面表现出典型性的潜在异常（Barber-Westin等，2006；Quatman等，2006）。在缺乏神经肌肉训练的情况下，女运动员在运动过程中往往出现一种募集前群的股四头肌比后群的腘绳肌更多的情况，即一种名为“股四头肌优势”的现象（Ford，2003）。这种生物力学因素和畸变的肌肉募集模式与青春期后运动员前交叉韧带（ACL）损伤率的性别差异有关，而这一点在前面的发展阶段是没有发现的。多项研究显示，根据运动项目的不同，青春期女运动员的前交叉韧带（ACL）损伤率是成年运动员的2~10倍（Goldberg等，2007）。

青春期前及青春期后的肌肉骨骼和心肺系统变化，对运动员的新陈代谢有重要影响（Naughton等，2000）。青春期前和青春期后的运动员对有氧练习及无氧练习的生理反应也截然不同（McManus和Armstrong，2008）。儿童和青少年都在有氧训练中表现出心肺功能的提高（Naughton等，2000）。部分地因为前面提到的成熟效应，处在青春期的运动员在进入身高增长高峰时（男性14岁左右，女性12岁左右），能够通过有氧练习显著提高心肺功能（Philippaerts等，2006）。尽管有氧练习对青少年运动员的新陈代谢有好处（例如，$VO_2max$峰值），还是建议青少年运动员的有氧练习量不要高于成人（Matos和Winsely，2007）。

青春期前，运动员的糖酵解代谢系统还没有获得充分发展，这从青少年运动员对训练的代谢反应以有氧代谢占优势就可以体现出来（Boisseau和Delamarche，2000）。这可能在某种程度上反映了运动员青春期前、后肌纤维情况的不同。调查显示，青春期前运动员的Ⅰ型肌纤维比例比没有受过训练的成年人要多，而青春期运动员在这方面则不明显（Boisseau和Delamarche，2000）。青春期期间，青少年运动员的无氧代谢能力（糖酵解）逐渐发展（Naughton等，2000）。与成熟相关的无氧酶含量及活性的增长速度高峰，与运动员生长曲线到达身高增长高峰的时间大致相近（Philippaerts等，2006）。

## 2.4 青少年运动员的过度使用损伤发生率

在组织青春期运动员参加身体训练和有组织的比赛时，认识到他们的身体还在继续生长这一点非常重要（Bompa，2000；Kraemer 和 Fleck，2005）。教练们必须注意到，他们的骨骼、肌肉和结缔组织还没有完全结束生长。因此，大量的重复性练习可能导致青春期运动员出现过度使用损伤。这表明，青少年运动员不仅需要与年龄相符的训练方式和比赛安排，还需要能够反映他们生长发育特殊阶段的身体准备计划设计。

生物力学因素似乎是导致青少年运动员过度使用损伤的因素。生长突增期的四肢长度及体积的快速变化改变了运动员竞技动作的力学特点（Hawkins和Metheny，2001）。随着运动员身体的生长，这些因素实际上增加了与运动有关的身体负担和压力。所以，考虑到运动员身体快速发育和训练、比赛中的生理压力带来的综合负担，应该对处于青春期快速生长阶段的运动员给予特殊的照顾（Naughton等，2000）。与之后的生长发育阶段相比，未发育完全的骨骼更容易使运动员在身高快速突增期受伤——青春期运动员尤其会出现腰椎损伤率的增加（Kujala等，1996）。与运动员达到生理成熟时相比，未发育成熟的软骨更容易受伤，这也是导致一些过度使用损伤的一个因素（Adirim和Cheng，2003）。

若能假以时日，肌肉和结缔组织会适应这些与发育相关的变化，然而结缔组织需要的适应时间是落后于发育变化的（Hawkins和Metheny，2001）。正常情况下，结缔组织在落后于发育变化的这段适应期内会处于破坏极限状态。然而，尤其是男性运动员在青春期会有一个快速的体重和力量增长。由于肌腱和韧带的力量训练应激反应比肌肉更慢，青少年运动员在快速生长期及刚过快速生长期时的肌腱和韧带就处于接近破坏极限的状态（Hawkins和Metheny，2001）。在这个发育的敏感时期，不断地重复某一特定运动的动作就会导致青少年运动员的过度使用损伤。

生长期运动员的肌腱与骨（突起）的连接点处是一个容易发生过度使用损伤的部位（Adirim和Cheng，2003）。骨突的轻伤往往出现在年龄较小（7~10岁）儿童的脚跟（跟骨骨骺炎，Sever’s disease）和肘部（肱骨内上髁撕脱性骨折，少棒肘，Little League Elbow）。一个相似的情况——“胫骨粗隆炎”（Osgood-Schlatter disease），发生在髌腱的嵌入处，而且通常发生在11~15岁之间的年轻人身上（Adirim和Cheng，2003）。

在一些青少年运动员中，过度使用损伤风险可能只是因为在训练和比赛中过多执行某一特定的运动技术所致的负担——比如投掷运动中的投掷动作。在美国，此类过度使用损伤约占所有需医治的运动损伤的一半（Hawkins和Metheny，2001）。为解决这个问题，一些相关机构建议控制青少年运动员在练习单元中执行特定运动技术的重复次数（比如投掷动作的次数）（Hawkins和Metheny，2001）。

## ■ 3　青少年运动员训练的长期规划

训练运动员时，很重要的一点就是要注意到他们的生长、发育，以及他们的生长、发育会如何与训练压力相互作用。当为集体性项目的青少年运动员制订合适的训练计划时，年龄和相应的生长、发育阶段是需要考虑的重要因素；即使是为同一年龄段的运动员制订的训练计划，可能也会大不相同。根据由生物学、生理学和神经肌肉表现变化决定的相对年龄，人们将同龄运动员分为“早发育者”和“晚发育者”两种情况。因此，两个同龄运动员在生物学及生理学上的相对成熟阶段可能会有相当大的不同（Bompa，2000；Kraemer 和 Fleck，2005）。

以上因素清楚地说明，与最适合成年运动员的训练方案相比，为正处在发育过程之中的青少年运动员制订不同的训练计划是非常必要的。而针对青年运动员的训练方案也应考虑到其各自的身体生长和发育程度（Gamble，2008）。不幸的是，为取得运动成绩的运动员设立的奖金、职业合同等经济奖励，常常导致那些正处在发育阶段的青少年运动员，尤其是在分龄水平阶段被认为是有“潜力的”或“精英”的运动员，从事过多的、不合适的训练（Malina，2009）。在教练、家长甚至青少年运动员自身身上日益增长的“专项运动训练方法”意识，可能同样会助长青少年运动员在其所从事的特定运动中一味模仿和执行所谓的“专项训练方法”。

## ■ 4　运动员早期专项化的危险

运动员长期发展问题的权威们强调，运动员不仅需要进行多样化的训练活动，也要需要参与多样化的运动项目（Bompa，2000）。参与多样化的运动项目和竞技活动，为运动员提供了更广泛地发展运动能力和认知技巧的机会，从而使他们在最终选定的专项运动中获益（Malina，2009）。因此，与那些早期从事专项训练的运动员相比，在生长发育阶段广泛参加各种不同运动项目的运动员，最终更有可能在竞技能力方面获益（Malina，2010）。

不幸的是，尽管参与多样化的运动项目有很多好处，那些被选入精英或国家队层面的运动员通常很少参与其他运动项目（Malina，2010）。这其中的原因之一就是，他们的训练日程中已经没有其他时间做别的运动。在像足球这样的很多运动中，除了现在的俱乐部和校队外，那些崭露头角的青少年运动员还常常会被其他各种代表队选中，这样他们每周就会参加好几次比赛。

有天赋的青少年运动员不参加其他运动的另外一个原因，是他们的专项教练多数情况下不鼓励他们这么做（Malina，2009）。在有关运动技能获得的文献中，宣称运动员在早期年龄阶段通过仔细设计的练习可以使运动员在长期的专项运动发展过程中获得潜在好处的报告，也在一定程度上助长了早期专项化趋势（Ericsson，2007）。同样地，有关掌握某一特定运动技能的“10年或10000h体验或专门训练”原则，也可能鼓励家长和教练在某个选定的运动项目中让儿童运动员开始早期专项训练（Malina，2010）。所以，很多职业运动队和一些全国性政府机构越来越多地开始招募年龄很小的青少年运动员。

正如前面章节讨论的那样，大量的重复性运动练习造成的累积压力是造成青少年运动员过度使用损伤的主要因素（Valovich McLeod等，2011）。在运动员生长和发育的敏感阶段，大量的重复性运动练习带来了特别的风险（Hawkins和Metheny，2001）。在运动员过多参加训练和比赛的情况下，早期专项化也是造成运动员过度使用损伤的因素之一（Malina，2010）。

除了由于早期专项化造成的身体压力外，心理和社会心理方面的不良影响也是必须要考虑的因素（Malina，2009）。这可能是在很多提倡早期专项化的运动中，比如女子网球运动中，经常观察到高比率的状态低迷现象的一个原因。因此，建议青少年运动员在进入到青春期晚期后再确定专项运动及专项位置，在体能准备方面也应该是这样。

青少年运动员的训练应遵循竞技能力的金字塔模型。从逻辑上讲，训练青少年运动员应该从基础开始由低向高建造训练的金字塔。而且在构建这个金字塔的整体性结构时，活动度和稳定性应该是训练青少年运动员首先要考虑的因素。活动度和稳定性加强了运动员的基本运动能力，是所有运动都需要的。运动员的基本运动能力将决定着他们未来的专项运动能力。因此，有缺陷的基础训练是无法支撑起专项力量及专项神经肌肉训练的。运动员在这个阶段的身体准备训练应该以基础动作模式训练为主，配合适当的动作技巧指导和训练（Myer等，2006a）。采用更多元化的体能训练模式对青少年运动员的发展是值得提倡的，例如与成年运动员采用的训练模式相比，青少年运动员应该更重视交叉训练模式（Bompa，2000；Gamble，2008）。

## ■ 5　集体性项目青少年运动员的力量训练

### 5.1　青少年运动员抗阻训练的安全性和效果

青少年耐力训练的好处被广泛记载并被许多专业人士接受，在美国这一现象尤为明显（Faigenbaum等，2009；Faigenbaum 和 Schram，2004）。而且，英国也有越来越多的人相信这点（Stratton等，2004）。在有资质的监督下对青少年运动员实施恰当的抗阻训练是安全且有益的，这一点已经得到一些健康协会和健康组织的认可（Faigenbaum 和 Schram，2004；Kraemer 和 Fleck，2005；Stratton等，2004）。但是，大众对这些好处的认知仍然落后，误解和错觉依然存在。

在历史上，青少年的抗阻训练概念起源于对可能潜在地影响正常生长的生长盘损伤风险的认识。实际上，从来没有明文记载过在有资质人士的管理和监督下执行的儿童力量训练计划会造成这些对生长盘的损害。研究表明，对青少年运动员进行抗阻训练造成的任何类型的损伤发生率都是很低的（Faigenbaum等，2009）。最新的研究证据显示：抗阻训练加上适当摄入营养，在发育的各个阶段都有在遗传限度内促进身体发育的潜能（Faigenbaum等，2009），这与抗阻训练阻碍生长发育的说法相去甚远。

造成儿童和青春期运动员抗组训练过程中受伤的最常见情况是错误的举重技术，尝试举起过重的负荷，器械使用不当，以及缺乏有资质的监督（Faigenbaum等，2009）。如果有适当的训练管理和监督，这些因素都可以被降低甚至消除（Stratton等，2004）。通常情况下，青少年运动员就像任何毫无经验的举重练习者一样，只能参加有经验的教练制订的力量训练计划，并在器械安全、指导和监督者具备资质的情况下进行力量训练。

事实上，儿童在运动和娱乐性体能活动中受到的压力远比在单纯的力量训练中要多、要持久，即便他们正进行最大力量举也是这样（Faigenbaum等，2009）。在所有的阻力训练中，奥林匹克举可能是对青少年运动员肌肉骨骼系统的压力最大的。即便这样，损伤数据调查也显示出：奥林匹克力量举训练以及在有资质的教练监督和指导下进行的比赛，仍然是青少年运动员所从事的比较安全的竞技性活动之一（Hamill，1994）。

## 5.2　青春期前及青春期运动员的力量增长机制

从前的推论是，青春期前进行力量训练是不可行的，也是没有效果的。但现在有资料显示，青春期前运动员通过训练获得的力量增长，远超通过正常发育和成熟获得的力量增长（Faigenbaum等，2009）。文献记载的青春期前运动员通过抗阻训练获得的力量增长，事实上与青春期运动员同样大（Faigenbaum等，2009）。

这就是说，青春期运动员可以获得较大的绝对力量增长。青春期触发了主要的生理及荷尔蒙变化（Naughton等，2000）。青春期期间同化激素的增长在很大程度上影响着青少年运动员对力量训练的反应。低水平的同化激素阻碍了青春期肌纤维增粗对力量增长的贡献（Faigenbaum等，2009）。这一时期肌肉发生的变化是质量大于数量。因此，这一时期青少年运动员在抗阻训练中获得的收益很大程度上是来自神经的影响。

这样的神经适应包括肌肉募集能力的提高以及肌肉激活能力的改善。肌群内部和肌群之间的骨骼肌协调能力增强，也对训练中获得的力量增长有贡献。从训练适应的本质来说，这些通过训练获得的力量增长可能不会是永久性的，一旦停止正常的抗阻训练，青春期运动员就可能出现明显的停训效应（Faigenbaum等，2009）。然而，适度的力量训练维持计划的确足以保持这种已经获得的力量。

青春期运动员在抗阻训练时的荷尔蒙反应比青春期前运动员更强烈，导致肌肉和相关结缔组织在结构上发生变化（Faigenbaum等，2009）。结果，青春期运动员的肌肉围度和瘦体重增长都出现了明显的变化。肌肉横截面积和肌肉蛋白含量的增长，放大了运动员之前从神经因素方面获得的力量增长。这种情况尤其会出现在青春期男运动员身上。然而，青春期运动员每千克体重所能够产生的力量仍然比成年运动员小（Naughton等，2000）。

## 5.3 增强青少年运动员竞技能力的力量训练

青少年运动员可以与成年运动员一样从力量训练中获益，这正在成为一种共识（Faigenbaum等，2009）。为了在移动和对抗对手的过程中克服自身体重，所有青少年运动都不同程度地依靠力量和爆发力，尤其是在有直接身体对抗的项目中。通过抗阻训练发展力量，能积极地影响青少年运动员的竞技能力（Stratton等，2004）。

青少年运动员的力量训练效果，包括力量增长、运动技巧及协调能力的改进在内，都可以潜在地提高运动员的运动能力。儿童进行抗阻训练后可以观察到运动测试成绩的提高（Stratton等，2004），纵跳、立定跳远、冲刺跑和灵敏跑的成绩都出现了积极变化（Faigenbaum等，2009）。

根据已经发表的有限研究数据，如果抗阻训练结合专门的拉伸、热身以及放松整理运动，会提高运动员的柔韧性（Stratton等，2004）。这一论点驳斥了有关抗阻训练会使青少年运动员的肌肉硬化，从而降低柔韧度，影响运动幅度的说法。训练和比赛前的热身运动应该包含动态的柔韧性练习，这种形式的拉伸可以为动力性活动提供最有效的准备（Little and Williams，2006a）。

## 5.4 预防损伤的力量训练

参加集体性项目的比赛和运动时通常会有一些不可避免的损伤。虽然这些损伤不可能被完全消除，但通过适当的训练可以有效减少损伤的次数和程度。由于生理和发育的原因，青少年运动员会承受一些额外的风险。生长期中结缔组织承受的负担和生长组织的变化特性使青少年运动员比成年运动员更容易出现损伤（Adirim和Cheng，2003）。被力量训练强化了的肌肉和结缔组织，增强了运动员承受负荷的能力，使他们能更好地对抗软组织损伤。尤其是青春期运动员，必须增强这些结缔组织承受负荷的能力，以适应青春期快速增长的力量和体重（Adirim和Cheng，2003）。

经适当训练而得到加强的上肢和下肢关节周围肌肉，提高了这些关节的主动稳定性，起到保护运动员的功能（Stratton等，2004）。资料显示，力量训练可以提高青春期女运动员起跳和下落时的神经肌肉控制指数（Lephart，2005）。这些肌肉控制及协调能力方面的提高，可以改进姿势平衡、动态稳定性和关节的主动稳定性——这些都有助于降低下肢损伤发生率。

就青少年女运动员而言，总体上增强下肢力量发展尤其是增强腘绳肌力量，应该成为训练的重点（Barber-Westin等，2006）。研究显示，女运动员的腘绳肌力量在其身体发育早期就会达到平台期，13~17岁女运动员的腘绳肌力量与11岁的运动员相比时没有明显的增长（Barber-Westin等，2006）。在承受负荷的闭链运动中，腘绳肌压迫膝关节并施加向前的剪切力——正是由于起到这种功能，腘绳肌被描述为“前交叉韧带主动肌”（ACL agonist）（Hewett等，1999）。与男运动员相比，青春期女运动员的非接触性膝韧带损伤率会高2~10倍，这与女运动员相对较弱的腘绳肌力量是有临床关联的（Goldberg等，2007）。

根据单腿跳越测试的得分，青春期前运动员比青春期运动员表现出更大的下肢不对称性（Barber-Westin等，2005）。在缺乏干预的情况下，这种不平衡可能会持续到男、女运动员的青春期后（Barber-Westin等，2005）。适当的力量训练，尤其是爆发力训练与动态平衡训练相结合，能有效纠正这种左、右不平衡的下肢功能障碍（Myer等，2006a）。在青少年运动员发展的各个阶段，力量训练手段对于纠正这种左、右的不平衡都是非常关键的。力量和柔韧性的不平衡是造成损伤的主要风险因素（Knapik等，1991）。力量不平衡对双侧肢体都有负面影响：过度依靠会使强侧肢体被过度拉紧，而弱侧肢体则不太能主动对抗伤害性的负荷（Ford等，2003）。

资料显示，有力量训练经验的青少年运动员的损伤概率也相对小一些（Faigenbaum 和 Schram，2004）。有力量训练经验的运动员，其受伤的概率是没力量训练经验的运动员的1/3（Bompa，2000）。同样地，力量训练还可以帮助降低损伤程度。除了预防损伤，力量训练还对伤后康复有积极作用（Faigenbaum 和 Schram，2004）。因此，力量训练可以帮助运动员更快地重返训练和比赛（Kraemer 和 Fleck，2005）。

由于以上原因，力量训练在青少年运动员参加有组织的比赛之前扮演着“预备训练”的角色（Bompa，2000）。借助包括力量训练在内的适当体能准备而体能状况良好、不易受伤的青少年运动员，更有可能持续参加所从事的运动训练和比赛。这样，力量训练就可以降低运动员在训练、比赛中的缺勤率，因而保全了青少年运动员在未来生活中的身体健康（Faigenbaum 和 Schram，2004）。

除了一般力量训练的好处，涉及特殊练习方式的针对性力量训练也可能被用于对抗运动中常见的某些特定损伤。力量训练具有的针对性损伤预防作用常常被忽视，尤其是在青少年运动员的训练中更容易忽视这种作用。通常都是意外伤害发生了才想到通过力量训练预防容易出现的损伤。遗憾的是，目前还缺乏关于青少年运动员损伤预防的有效训练方面的文献资料，不能为青少年运动员的损伤训练提供循证的训练指导原则（McKay等，2004）。

## 5.5 加强骨质健康和结缔组织的训练

与大多数成年人一样，身体活动对于青少年的骨密度和结缔组织整体性有积极作用（Greene和Naughton，2006；Stratton等，2004）。尽管遗传是一个决定性因素，机械负荷仍然是骨量和骨矿物质积累的主要刺激因素（Greene和Naughton，2006）。结缔组织横截面积和结缔组织的构造是可以训练的；适当的力量训练也可以应用于肌腱和韧带的力量及体积发展（Conroy和Earle，2000）。

为了激发适应性反应，机械负荷必须超过一定的阈值（Conroy和Earle，2000）。因此，高负荷的负重和力量型运动最适合骨和结缔组织的适应（Greene和Naughton，2006）。相对于静止状态下施加的同等负荷，动态骨骼负荷（即运动中的负荷）更有利于成骨作用。动态练习中施加的高机械负荷可以导致最大的骨适应。

通常推荐的训练中都会包含负重训练，这样青少年运动员自身的体重就为训练提供了额外的负荷（Conroy和Earle，2000）。凡涉及高负荷地面反应性力量的竞技性活动都能促进骨骼含矿物质含量和骨密度的增加（Greene和Naughton，2006）。由于能够提供高负荷的地面反应性力量和冲击性负荷，短跑、跳跃和其他下肢超等长练习，都是提高骨骼力量的好方法。所有从事以跑为基础的运动项目的青少年运动员都能从这些练习方法中获益。然而，此类训练的量（例如，超等长训练中脚触地的总次数）一定要有人监督，以免过度劳损及出现过度使用损伤。

力量训练中的抗阻练习，是产生成骨适应所需的机械性应力的另一种方法（Greene和Naughton）。力量训练对青少年运动员的特殊作用被称为“解剖学适应”（Bompa，2000）。力量训练的其他好处还包括支持性结缔组织和关节被动稳定性力量的提高，以及骨密度和骨骼张力的增加（Faigenbaum 和 Schram，2004）。与推荐的承重训练一样，结构性的多关节力量训练（比如蹲起，弓步和上下台阶）可以帮助提高全身骨骼的适应能力。体能专家也可以通过特殊的力量训练方法，使骨、结缔组织以及练习所募集的肌肉力量和横截面积得到提高（Conroy和Earle，2000）。特别是，力量训练可被用于加强在某一特定运动中容易拉伤的特殊部位的骨及结缔组织——例如，接触性运动项目中的肩袖。

青春期前及青春期期间是一个关键时期，因为这个时期为骨骼适应提供了一个机会窗口期（Greene和Naughton，2006）。因此有学者提出，成骨训练可以用来放大这个时期自然发生的骨骼生长以及与生长相关的瘦体重增加。资料曾显示，青春期后，女性运动员对骨适应的反应减弱。这暗示，女性运动员的骨骼及其相关结缔组织的生长发育机会窗口期要相对更早、更短一些（Greene和Naughton，2006）。

力量训练带来的骨密度提高与女运动员的长期健康有关。成年后，女性比男性更易患骨质疏松症。在青春期，生长中的骨骼对训练的反应格外敏感（Greene和Naughton，2006）。因此，青少年运动员（尤其是女运动员），应该在儿童和青春期多做些动力性的承重练习和适当的力量训练（Conroy和Earle，2000；Kraemer 和Fleck，2005）。在生长发育期增加女运动员骨骼的矿物质含量，对预防其成年后患骨质疏松症是有益的。

## ■ 6　机能训练

### 6.1　青少年运动员对不同形式机能训练的反应

早期记载的资料认为，青春期前运动员可能对有氧训练不是很敏感，而最近更多的资料显示情况并不是这样。所以一些学者认为，这些模棱两可的资料只是训练不足的结果（McManus和Armstrong，2008）。当前的资料显示，多种形式的耐力训练模式及其程序，都可以提高青春期前运动员的有氧能力（Baquet等，2002，2010；McManus等，2005）。

正如前面章节讨论的那样，青春期前运动员的糖酵解代谢能力较弱。鉴于此，青春期前运动员曾被认为不适合做无氧训练，比如间歇训练。因此，一些研究资料建议，青春期前运动员应该避免这种形式的机能训练。然而，近年来积累下来的越来越多的数据已经开始在挑战这一推断（McManus和Armstrong，2008）。这些资料显示，尽管青春期前运动员对高强度间歇训练产生的新陈代谢反应可能不同，但他们依然有能力参加这种训练，并展示出对高强度间歇训练的积极适应（McManus和Armstrong，2008）。

### 6.2　训练适应的机制

部分地由于伦理上的原因，目前尚缺少有关青少年运动员的数据，这阻碍了更广泛的评估方法在儿童中的运用。尤其是目前还不清楚，在青春期前和青春期运动员对不同训练干预所做出的应答反应中，心肺系统的中央适应或周围适应能在多大程度上促进青春期前及青春期运动员的耐力提高（Baquet等，2010）。Baquet及其同事（2010）曾推断，中央适应和周围适应对耐力提高的相对贡献可能会因所采用的训练模式、方法和强度的不同而变化。在青春期前和青春期运动员高强度无氧训练后所观察到的训练反应，很有可能是由不同的机制导致的。例如，青春期前运动员有限的糖酵解代谢能力，导致其在这种形式的训练期间乳酸分泌水平较低。据报道，青春期前运动员的肌肉中乳酸浓度低，在糖酵解中随乳酸释放的$H^+$离子水平低，相应地导致肌肉pH值的下降较少（Boisseau和Delamarche，2000）。这种情况可能会限制青春期后运动员对无氧训练产生的专项训练适应及缓冲$H^+$离子和清除乳酸的能力。

## 6.3 有氧训练

机能训练中的训练参数，特别是总的训练量和持续时间，可能会因不同的发育和成熟阶段而有所不同。同样地，在青春期前，青少年运动员的训练持续时间和练习距离增长率也应该循序渐进和相对保守一点（Bompa，2000）。这表明，与年龄大一些的运动员相比，青少年运动员可能会更倾向选择一些不受严格管制的训练方法。这样，青少年运动员的体能训练不仅要有趣，还要让他们能自我调整练习强度。

随着运动员的发育和成熟，训练模式的选择也应该改变。青春期前运动员应采用范围更广的练习方法和训练模式（Bompa，2000；Kraemer 和 Fleck，2005）。有研究建议，青春期前运动员的耐力训练应该避免方法单一，融合更多趣味因素（Bompa，2000；Kraemer 和 Fleck，2005）。随着青少年运动员进入成熟期，训练指导方针也应转向对运动员身体能力改变的适应上：训练模式会变得更专项化，同时体能训练的强度也会相应提高。

跑动式的间歇训练已经被成功地应用于改进集体性项目青少年运动员的有氧能力提高中（Buchheit等，2009）。动作技巧和与专项运动相关的动作模式练习也适合于体能训练（Bompa，2000；Hoff，2005）。另一类对青少年运动员进行体能训练的好方法，就是各种简化了规则的球类运动（Buchheit等，2009）。随着青少年运动员进入青春期，更专项化的体能训练模式需求逐渐增强。

## 6.4 无氧训练模式

在青春期，青少年运动员的无氧代谢能力获得增长（Philippaerts等，2006）。然而，每个运动员在发育期间所能承受的训练强度是不同的，这会使同龄运动员的表现各不相同（Bompa，2000；Kraemer 和 Fleck，2005）。尤其是在训练处于青春期年龄的运动员时，要特别注意这一点。

青春期常被看作是青少年运动员体能准备专项化的时间段（Bompa，2000；Naughton等，2000）。青春期期间的生理变化提高了运动员对无氧代谢训练的承受能力及敏感性（Naughton等，2000）。大多数的集体性运动项目都需要这种形式的训练。因此，无氧训练应日益成为青春期运动员体能准备的特色。

事实证明，不同的间歇训练模式都可以有效提高耐力训练效果，增强集体性运动项目的竞技能力指数（Helgerud等，2001；Hoff等2002）。对于青少年足球运动员来说，高强度的间歇性斜坡跑可以使包括LT在内的指标获得显著提高，而重要的是这些提高可以被带入到比赛的竞技表现中去（Helgerud等，2001）。据报道，包括运球和绕过锥形标识物的前、后往返冲刺跑在内的有球专项跑动训练，也是一种有效提高无氧运动能力的高强度（93%最大心率或者91%$VO_2max$）训练方法（Hoff等，2002）。

## ■7　总　结

力量训练、机能训练和神经肌肉训练等身体准备中的不同内容，已经在一系列的运动项目中和处在不同成熟阶段的青少年运动员中得到使用。总体上来说，每一种不同训练内容的有效性，都开始日益在运动员身上尤其是在集体性项目中的青少年运动员身上得到体现。虽然仍需作进一步的研究来提供更为清晰地描述，但对不同发育和成熟阶段每一种训练的反应，其本质已经得到了阐明。

任何训练计划都应该符合运动员个体的身体和心理成熟度。由于文献中缺乏经严格控制得出的结果，目前还不能针对不同成熟阶段青少年运动员的训练设计提供结论性建议（Naughton等，2000）。也就是说，目前已经建立了针对实足年龄和生物年龄之间不同之处的训练指导方针（Bompa，2000；Faigenbaum等，2009；Kraemer 和 Fleck，2005）。从根本上来说，集体性项目青少年运动员的训练应重点强调平衡的身体发展和基础竞技能力的构建。只有这些重点得以实现并且身体开始成熟，才能将训练重点逐渐转移到专项训练及专位训练上来。

## ■8　给青少年运动员的训练建议

正如之前所讨论的，一组青少年运动员的生长和成熟速率差异是非常大的。所以，在对集体性项目青少年运动员进行训练时，清晰地划分一组运动员的发展阶段绝非易事。因此，可将青少年运动员的训练大体划分为“青春期前”——即出现标志着青春期开始迹象之前的那段时期；“青春期早期”——青春期开始到出现身高增速高峰的那段时期；“青春期”——身高增速高峰过后到进入成人期之间的那段时期。

这几个阶段间的区分依然很模糊：身高增速高峰到达的平均年龄（上述青春期早期到青春期期间），女孩大约在12岁，男孩大约在14岁（Malina等，2004）。但是这其中有很多的变化。观察运动员的身体特征变化，评估神经肌肉的表现，以常规时间间隔监测运动员的坐高和身高，有助于判定运动员各发展阶段的进展。身高和坐高是绘制每个运动员生长速度曲线（每单位时间的高度增长）最有效的测量指标（Baxter-Jone和Sherar，2006）。坐高是很有帮助的，因为躯干长度通常落后于腿的生长。最终，还是要依赖教练员的经验和对每一个运动员在训练和比赛中的长期观察，来决定如何以及什么时候可以将一名运动员的训练转到一个更高的阶段。

除此之外，要对开始身体准备训练的青少年运动员的训练年龄给予关注。之前的训练经验，尤其是力量训练经验，将影响运动员个性化训练处方的选择。比如，一名根据其年龄和生理特征被划分到了“青春期早期”组别且接受过两年力量训练的青少年运动员，或许比另一名年龄明显更大一点但此前没有力量训练经历的运动员更能够适应比较复杂的训练项目。无论处在哪个年龄或身体发育和成熟阶段，运动员最初的训练处方都应该反映执行基础运动能力的首要竞技发展目标，解决功能性缺陷。只有在这些得以实现后，才能将训练重点转向与竞技能力相关的训练目标和更高级的训练中去。

## 8.1 青春期前运动员的训练

### 8.1.1 神经肌肉和动作模式训练

神经肌肉训练应该是青少年运动员身体准备训练早期的首要训练项目。这对于帮助矫正青春期前男、女运动员常见的下肢对齐障碍尤其重要（Barber-Westin等，2005）。这种形式的训练也可以在改善青少年运动员缺乏的动作模式效率方面起到作用（Naughton等，2000）。

对运动员的运动体位和安全运动的力学方法进行指导，是有利于集体性项目青少年运动员发展的短期神经肌肉训练项目的起点，这一点已经得到证实（Hewett等，1999）。正处于发育阶段的青少年运动员，可以执行这个已经建立起来的神经肌肉训练程序的基础训练阶段。基础阶段包括跳跃、落地、变向等分离式动作技巧。姿态平衡练习和动态稳定性练习，可能增强青少年运动员神经肌肉运动技巧训练的效果（Myer等，2006）。合理的体位和正确的下肢对齐，应该是所有青春期前男、女运动员神经肌肉训练的重点。

### 8.1.2 机能训练

青春期前运动员的新陈代谢能力较弱，所以训练时应相应地减少无氧训练的强度。这一阶段运动员接受的大多数训练本质上都应该是有氧的。为达到这一目的，一般应采用以技巧为基础的训练模式，尽量减少训练的单调性，并结合趣味性和竞争性因素。

体能训练可采用与技巧或游戏有关的练习形式。例如，可以设计融合了不同的动作和球类技巧的障碍训练，或是不同队（组）运动员之间的接力跑（Bompa，2000）。或者，可能会采用简化规则后的球类比赛——可通过改变每队的人数和比赛场地面积以控制训练强度。这种条条框框少了之后的训练，可以让青少年运动员根据个体情况调整自己的训练强度。

### 8.1.3　力量训练

总的来说，如果青少年运动员已经准备好参与到有组织的运动中，就意味着他已经准备好接受指导和参加抗阻训练。然而，由于运动员的各种已知和未知的医学情况，每个运动员在参加抗阻训练之前都应接受体检并获得参加训练的医学许可（Faigenbaum等，2009）。为了激发运动员的训练动机，使其遵从教练员的指导，为集体性项目青少年运动员制订的专门训练计划应与其心理和情绪发展阶段相适应（Stratton等，2004）。

训练青春期前的运动员时，使训练充满快乐、让运动员感受到即时的乐趣和发现式学习的感觉是非常重要的（Stratton等，2004）。实际上，练习形式的选择和负荷的使用都应有助于安全实施训练。例如，在进行更复杂的全身运动模式训练时，克服自身体重的练习形式会更合适。

图12.1　瑞士球上的悬吊划船

一个以不同年龄的儿童和青少年为对象的训练研究元分析已经确认，重复6~15次、强度为50%~100%1RM的重复训练方案，对青少年运动员的抗阻训练是有效的（Falk和Tenenbaum，1996）。总的来说，每天2~3组、每周2~3天的抗阻训练是最有效的。青少年运动员制订的力量训练计划，负荷轻和重复次数多（12~15次）的重复训练方案是最合适的（Faigenbaum等，2009）。训练的早期阶段，应通过增加练习组数和练习内容数量使训练进阶。在训练的后期，就可以相应增加训练的强度和训练天数了。（图12.1，表12.1）

表12.1 青春期前运动员的训练指南

| | 训练模式 | 强度 | 数量和频率 |
|---|---|---|---|
| 力量训练 | 单侧和双侧结合的一般力量训练 | 8—15RM | 1～3组；每周2～3次（非每天连续做） |
| 机能训练 | 交叉训练、比赛性体能训练和技术性体能训练的结合 | 自我规定 | 先增加持续时间，再增加训练强度 |
| 神经肌肉训练 | 基本运动技巧的指导和练习；单腿平衡练习（在稳定平面上） | 自我掌控，低强度（练习之间要完全恢复） | 持续时间短的高质量练习（尽量减小疲劳的影响），每周最多2次 |

适当的休息和恢复是青少年运动员抗阻训练成功的关键因素。青少年运动员及其处在体能训练早期阶段的运动员，训练需要更多的间隔时间来恢复体力。因此，青春期前的运动员更适合非连续性的训练安排。只有这样才能使训练效果最大化，同时保证他们不会受伤（Faigenbaum 和 Schram，2004）。

由于青春期前运动员的力量训练具有提高协调能力、平衡能力和本体感觉能力的好处，青春期前运动员的训练应将这几方面的提高作为训练重点。与固定阻力的练习器相比，克服自身体重的抗阻练习和自由重量的抗阻练习是有优势的，尽管这样的练习可能需要更多的密切监督。另一个需要考虑的因素是，如果采用阻力性器械对青少年运动员进行训练，就要确保器械的尺寸适合青少年运动员的身材。有些器械无法调整为适合青少年运动员使用（Faigenbaum等，2009）。

练习选择要突出适合青少年运动员能力的单侧和双侧练习的结合。为了促进肢体的平衡发展，青春期前运动员的单侧肢体训练是十分重要的（Kraemer和Fleck，2005）。这些单侧练习不允许青少年运动员像在双侧练习中那样使用强侧肢体进行动作补偿。作为发展青少年运动员在稳定支撑基础上的力量训练方法，双侧练习也应该在青春期前这个阶段的训练计划中得以突出。

## 8.2 青春期早期运动员的训练

### 8.2.1 神经肌肉和运动技巧训练

青春期的运动员，尤其是男性运动员，会表现出一个神经肌肉能力逐步提高的特征性时期——被称为神经肌肉突增（Quatman等，2006）。然而，在达到身高增速高峰前，神经肌肉的部分方面表现会经历一个短期的衰退。这说明，在青少年运动员的发育时期，应以适应运动员个性化的神经肌肉发展速度且对短期衰退阶段的变化比较敏感的方式训练其神经肌肉能力。

如果青春期期间运动员的体重增长（这又反过来增加了关节和结缔组织的压力及承担的重量），出现下肢对齐障碍等神经肌肉控制能力方面的问题，进行减少运动员潜在受伤风险的训练就显得非常重要。对于女运动员而言，这样的训练模式更应该作为一种与男性运动员发育过程中自然出现的那个阶段相类似的、人工创造的“神经肌肉突增”而加以提倡（Quatman等，206）。从进入成熟过程中的这个阶段起，神经肌肉训练就明显地成为女运动员对抗发生率较高的下肢损伤（相比男运动员而言）的首选方法（Lephart等，2005）。

这一阶段的神经肌肉训练将继续着重于动态平衡及稳定性练习。这些练习都有无数的进阶形式，可以随着成熟阶段的发展和神经肌肉能力的提高而适当采用。

### 8.2.2 机能训练

在青春期和青春期后，机能训练对所采用的训练方式发生的反应会越来越表现出专门性。这说明，所采用的训练模式必须与运动需求和运动员从这个发育成熟阶段开始所能承担的场上位置特点相适应。交叉训练模式在赛季期间通常应减少（但它却是一种重要的非赛季训练手段）。

为了反映比赛过程中实际承受的较高强度负荷，这个阶段的机能训练强度也应根据个人的承受能力逐渐提高。可以对比赛形式的体能训练进行操控（减少每方的运动员人数，改变场地大小等等），使其适合更高的需要。也可以减少体能练习之间的休息间隔，这仍然要根据个人的承受能力而定。（图12.2）

### 8.2.3 力量训练

足够的休息和恢复仍然是青春期力量训练计划安排的一个组成部分。考虑到这一时期伴随着发育和成熟而出现的压力，训练日之间的恢复时间是至关重要的。因此，在青春期还是继续提倡采用非连续训练日的力量训练安排（Faigenbaum 和 Schram，2004）。

练习选择应反映均衡发展和提升基础运动能力的需要。一般力量训练和单侧练习应该成为青春期力量训练的突出特征。随着训练经验的丰富，可以引入涉及多关节推、拉的练习（深蹲、硬拉的各种变化）。对于有经验的青少年运动员来说，奥林匹克举也是合适的力量练习项目之一；在合格的监督下，这种形式的训练与其他运动训练一样安全（Hamill，1994）。奥林匹克举及其多种变化在训练初期都应该从低负荷做起，先举一些较轻的物体如扫帚杆或杠铃杆，强调举起的动作质量。

图12.2 后腿高抬分腿蹲

无论什么样的练习，自始至终的重点都应该是正确的举起方式，同时限制举起的重量，直到青少年运动员能掌握举起的技术。教练员应该对运动员身高增速高峰期出现的协调能力和运动表现的暂时性下降保持警觉，准备好相应调整练习内容和负荷。同样地，在运动员的快速生长期，从减少运动员骨骼和结缔组织结构承受的应力角度着眼，应限制练习施加的负荷（Naughton等，2000）。鉴于在这一发展阶段腰椎损伤的高风险性，应特别对施加在腰椎上的负荷进行仔细监控（Kujala等，1996）。（图12.3，表12.2）

由于缺少纠正性练习，青春期前和青春期后的运动员都会出现明显的肢体不对称表现（Barber-Westin等，2006）。不管是从加强功能能力还是从预防损伤的角度看，注意这一阶段力量训练过程中优势侧和非优势侧肢体的任何不同表现，都是非常关键的。在单侧肢体的力量练习中，建议控制每侧肢体练习的重复次数和练习组数（Cook，2003b）。例如，青少年运动员可以让较弱一侧肢体的练习重复3次，而优势侧肢体的练习只重复2次（保持负荷不变）。

图12.3 哑铃分腿蹲

**表12.2 青春期早期的训练指南**

| | 训练模式 | 强度 | 数量和频率 |
|---|---|---|---|
| 力量训练 | 更复杂的力量练习——更强调单侧练习和引入奥林匹克举动作 | 6～12RM | 最多3组（不包括热身组）；每周2～4次※（不可每天连续做） |
| 机能训练 | 间歇性机能训练为主，包括（要求更高的）比赛形式和基于技术的机能训练活动 | 更高的强度——仍然要考虑到个人耐受力的不同，以自我调节为主 | 每周2～3次（不可每天连续做） |
| 神经肌肉训练 | 运动技能发展进阶；单腿平衡（不稳定平面）和动态平衡的练习 | 自我掌控，强度逐渐增加（完全恢复） | 每周2～3次（不可每天连续做） |

※练习单元的次数取决于力量训练计划的结构——尤其是要看是否是一个单独的分离式计划；无论运用什么样的计划，每个身体部位1周只能进行两次最大负荷的练习。

对于女性运动员来说，应在青春期结合神经肌肉练习开始腘绳肌力量训练，以便在动力性活动中增强对腘绳肌的募集（Hewett等，1999）。这对于抵消因股四头肌的优势作用而导致的女运动员膝关节前交叉韧带张力增加，是非常重要的（Ford等，2006）。

## 8.3 青春期运动员的训练

### 8.3.1 神经肌肉和运动技巧训练

在此阶段，应将以初期神经肌肉训练为特点的基础运动技巧训练，推进到更高级的跳跃练习和专项运动中的变向练习。动作姿势控制、动作力学原理的学习和正确的下肢对齐应该是所有这些练习过程中的重点，尤其是在落地和变向动作过程中（Myer等，2006）。

当运动员逐渐成熟且神经肌肉表现能力获得提高时，应适时进行包括各种方向的单腿超等长式跳跃练习以及落地练习，以及包括随机变向练习在内的更复杂的练习。在运动员的青春期阶段，也同样要结合各种器械推进姿态平衡和动态稳定性练习，以提高平衡和本体感觉需求（Myer等，2006a；Yaggie和Campbell，2006）。

### 8.3.2 机能训练

有氧耐力训练仍是青春期运动员的优先训练内容。对女运动员来说，尤其是为了对抗青春期开始后有氧耐力的衰退，持续重视机能训练是非常重要的（Naughton等，2000）。

在许多集体性运动项目中，青春期运动员需要通过反复冲刺跑来引发适当的无氧代谢训练反应（Naughton等，2000）。包括斜坡跑（Helgerud等，2001）和高强度的运动技巧训练（Hoff，2005；Hoff等，2002）在内的很多不同形式的高强度间歇式体能练习都很有效。通过控制每队人数、比赛规则和场地，比赛形式的练习也能使反复冲刺跑训练有效地达到很高的练习强度（Gamble，2004b；Hoff等，2002；Little和Williams，2006b）。

如果运动员的技术熟练，速度耐力训练可以被整合到运动员的速度和灵敏性练习中。在青春期之前，任何速度和灵敏性训练都应归结到神经肌肉训练类别中，其训练重点是掌握动作的运动力学原理以及重复练习之间的彻底恢复。

由于这个阶段的训练会日趋专项化，运动员的个性化训练模式也应该越来越专项化。鉴于此，青少年运动员在青春期后期只有在非赛季才会只进行交叉训练。通过选择正确的训练方式和休息方式，高强度的训练模式可以明显提高有氧和无氧耐力效果（Tabata等，1997）。随着时间推移，人们发现正处在成熟期的运动员可通过高强度训练显著提高有氧耐力（Little和Williams，2006b），尤其是在赛季期间。然而，根据定义，这些重复训练安排有很高的要求，应该被逐渐融入到青春后期的训练中。以小组形式进行的、旨在发展有氧耐力的比赛形式的技巧性练习，也应该更加专项化。

### 8.3.3 力量训练

鉴于进行身体准备需要更加结构化的训练模式，比较成人化的长期训练模式对青少年会更有利（Stratton等，2004）。任何力量训练都要以运动员的以往训练经历为基础，如果在青春期前和/或青春期已经进行了合适的力量训练，那接下来的力量训练就会进入到更高级和更专项化的阶段。然而，如果发现了重要缺陷，基础动作模式和纠正不平衡就应成为训练之初的重点。这样，为以后提高竞技能力打基础的一般力量训练将成为训练之初的选择。

如果运动员在成熟期前就进行了身体准备训练，训练设计将应更多地根据专项运动的综合需求分析和运动员的场上赛位置来确定。与成年运动员一样，练习的专项性影响青少年运动员对力量训练的反应。因此，在青少年运动员的技术水平和训练经验限度内，练习选择应该逐渐专项化。

专项练习选择应该根据专项运动及其场上位置而定。鉴于与很多集体性运动项目中常见的动力性动作具有相同的运动生物力学特点，包含了髋、膝、踝三关节伸展的发展速度性力量的多关节练习（奥林匹克举、杠铃蹲跳等等），通常情况下应成为青春期运动员训练的重点（Gamble，2004a）。同样地，单腿支撑的练习也必须在集体性项目青少年运动员训练中占较大份额，因为与比赛相关的大部分动作是在部分或全部以单腿支撑的状态下完成的（McCurdy and Conner，2003）。读者请参考第三章的力量训练和第五章的速度训练指南。

从损伤预防的角度看，应该根据损伤数据和比赛位置选择练习项目。具体来说，青少年运动员的力量训练应包括有目的的力量训练，以加强青少年运动员在比赛中容易受伤部位的力量——此问题详见第九章。根据运动员在比赛中的场上位置，不同程度的肌纤体积增大可能是接触性运动项目青少年运动员的一个主要训练目标。运动员的肩应该是一个需要加强和需要肌纤维体积增大的部位，因为这一部位是在与对手冲撞时的主要受力部位。（表12.3）

**表12.3 青春期运动员的训练指南**

| | 训练模式 | 强度 | 数量和频率 |
|---|---|---|---|
| 力量训练 | 增加专项训练：单侧练习和多关节力量练习 | 4～12RM | 3～5组；每周3～5次 |
| 机能训练 | 无氧间歇训练——包括（更高要求的）比赛式和基于技术的机能训练 | 更高强度；更短恢复时间来发展无氧能力 | 每周2～4次※（不可每天连续做） |
| 神经肌肉训练 | 运动技术的速度和决策进阶练习；单腿平衡和动态平衡进阶练习（以不稳定训练器械为特征） | 增加强度，引入速度耐力 | 每周2～3次（不可每天连续做） |

※练习次数取决于力量训练计划的结构——尤其是它是否是一个独立的分离式计划；无论运用什么样的计划，每人1周只能进行2次最大负荷的练习。

附 录

# 训练设计的实用范例

## ■ 设计训练计划：需求分析

全面的需求分析是制订任何训练计划的基础。需求分析过程包括两部分：第一部分是要客观地界定运动项目及场上位置需求；第二部分涉及运动员的专项需求，这取决于运动员的个体实力及其训练和损伤史。

需求分析包括运动项目及场上位置的生物力学、生物能学特征和损伤情况。通过观察运动员在竞技比赛中的主要动作模式和运动形式，可以对集体性项目的生物力学特征进行定性评估。生物能学特征能够揭示比赛过程中不同供能系统的相对贡献。如果有可用的时间-运动数据及生理数据，就可以了解不同运动项目及场上位置的生物能学特征（第四章）。由于缺乏来自比赛的相关数据，对优秀运动员进行的生理测试可以帮助人们了解不同生理指标的相对贡献及其重要性（第二章）。不同项目及其场上位置的损伤数据同样有助于揭示运动员在比赛中可能遇到的不同类型的损伤（第九章），这对于训练处方的设计是有帮助的（第十章）。

运动员的个性化需求分析应主要涉及运动员的训练史、当前的优势和劣势评估以及运动员的损伤史。运动员的训练史会影响到练习的选择、训练的进程以及训练周期的划分（第十一章）。相关的测试数据可用于识别运动员的实力及需要关注之处，这将直接影响到他们的训练设计（第二章）。运动员的损伤史将决定哪些部位需要进行持续性的康复训练，同时也关系到预防损伤的练习模式选择（第十章）。

## ■ 范例一：女子集体性项目——女子篮球

### 非赛季/赛季前早期训练安排

| | | |
|---|---|---|
| 力量训练 | 频率：每周4次<br>2次全身训练<br>1次上肢训练<br>1次肩关节保养防护练习<br>强度：7～10RM<br>量：3～5组<br>训练模式：大阻力循环练习<br>休息：<br>两次重量举之间进行1min内的短时休息<br>每组主要练习（或循环练习）之间进行2min休息<br>前蹲练习<br>斜板哑铃卧推<br>哑铃箱子上步伸髋<br>单臂哑铃划船<br>哑铃分腿蹲起<br>单腿“早上好”（即体前屈动作） | 全身力量训练示例：<br>8RM；3组 |
| 机能训练 | | 长时有氧间歇训练<br>交叉训练与跑的练习相结合 |
| 动作技巧训练 | | 基本动作技巧指导<br>自主训练，无即时性反应练习 |

## 赛季前后期的训练安排

| | | |
|---|---|---|
| 力量训练 | 频率：每周3次<br>2次全身力量训练<br>1次肩关节保养防护训练<br>强度：5～7RM的多关节力量举<br>8RM的助力举<br>训练量：3～4组<br>训练模式：不同形式重量举练习<br>休息：<br>两次重量举之间进行1min内的短时休息<br>每组主要练习（或综合练习）之间进行2min休息<br>蹲跳（2×3组）<br>单臂滑轮划船练习<br>前置杠铃向后弓步练习<br>卧推（3×2组）<br>前置杠铃箱子上步<br>单腿的杠铃直腿硬拉 | 全身力量训练示例：<br>6RM；3组 |
| 机能训练 | | 从有氧间歇训练到无氧间歇训练再到赛季前后期的反复冲刺跑<br>技巧性的比赛练习结合适当强度的机能练习 |
| 动作技巧训练<br>速度和灵敏性发展 | | 赛季前中期的技术发展练习及加速原理指导发展的进阶练习，然后引入较高速度的加速练习。<br>包括简单反应练习的变向技巧进阶练习，然后引入需即时性反应的灵敏性练习 |

## 赛季训练安排

<table>
<tr>
<td rowspan="2">力量训练</td>
<td rowspan="2">频率：每周3次<br>2次全身力量训练<br>1次肩关节保养防护训练<br>强度：4～6RM重量举<br>训练量：3～4组<br>训练模式：不同形式重量举练习<br>休息：<br>两次接续的重量举之间进行充分休息<br>每组主要练习（或综合练习）之间进行2min休息<br>杠铃高翻<br>斜板哑铃单臂卧推<br>跳箱练习<br>负重分腿跳<br>单臂单腿哑铃划船<br>前置杠铃侧向箱子上步</td>
<td>全身力量训练示例：<br>5RM；3组</td>
</tr>
<tr>
<td></td>
</tr>
<tr>
<td>机能训练</td>
<td colspan="2">有氧间歇训练、无氧间歇训练以及反复冲刺跑的循环练习<br>根据不同板块需求进行的比赛性机能练习、技巧性机能练习及高强度的专项式机能练习的结合</td>
</tr>
<tr>
<td>速度及灵敏性发展</td>
<td colspan="2">更具挑战性的，复杂的专门反应性灵敏练习以及配合练习</td>
</tr>
</table>

## 赛季高峰期训练安排

<table>
<tr><td rowspan="2">力量训练</td><td rowspan="2">频率：每周2次<br>1次全身力量训练<br>1次肩关节保养防护训练<br>强度：4～5RM重量举<br>训练量：2组<br>训练模式：不同形式重量举练习（全身）；循环练习（肩关节）<br>休息：连续重量举之间的充分休息<br>每组主要练习（或综合练习）之间进行2min休息<br>弓步挺举<br>滑轮抗阻交替屈膝/肩<br>水平方向的单脚连续跳<br>肩负杠铃单腿箱子上步跳起<br>小腿支撑在BOSU球上的弹射式俯卧撑<br>环形跳跃落在BOSU球上</td><td>全身力量训练示例：<br>4RM；3组</td></tr>
<tr><td></td></tr>
<tr><td>机能训练</td><td colspan="2">反复冲刺跑机能训练<br>高强度的专项动作模式练习</td></tr>
<tr><td>速度及灵敏性发展</td><td colspan="2">高强度的与比赛相关的加速练习和与比赛相关的专项化反应灵敏性练习以及配合练习</td></tr>
</table>

## ■ 范例二：身体接触性项目——联合式橄榄球

### 非赛季训练安排

<table>
<tr><td rowspan="2">力量训练</td><td rowspan="2">频率：每周3次<br>2次全身力量训练<br>1上肢力量训练<br>强度：10～12RM重量举<br>训练量：3～5组<br>训练模式：大阻力循环练习<br>休息：<br>两次重量举之间进行1min内的短时休息<br>每组主要练习（或综合练习）之间进行2min休息<br>杠铃（双手举至头上）蹲起<br>坐姿滑轮划船<br>坐姿哑铃肩上推举<br>联合器械上的双腿卧蹬<br>卧推<br>哑铃单腿提踵</td><td>全身力量训练示例：<br>10RM；3组</td></tr>
<tr><td></td></tr>
<tr><td colspan="2">机能训练</td><td>长时有氧间歇训练</td></tr>
<tr><td colspan="2">动作技巧训练<br>速度和灵敏性发展</td><td>不需要</td></tr>
</table>

## 赛季前早－中期训练安排

<table>
<tr><td rowspan="2">力量训练</td><td rowspan="2">频率：每周4次<br>2次全身力量训练<br>1次上肢力量训练<br>1次肩关节保养防护训练<br>强度：7～10RM多关节力量举<br>8RM的助力举<br>训练量：3～4组<br>训练模式：大阻力循环练习<br>休息：<br>两次重量举之间进行1min内的短时休息<br>每组主要练习（或综合练习）之间进行2min休息<br>杠铃宽拉（重复6次）<br>杠铃屈体划船<br>硬拉<br>斜板哑铃卧推<br>杠铃箱子上步<br>杠铃单腿直腿硬拉</td><td>全身力量训练示例：<br>8RM；3组</td></tr>
<tr><td></td></tr>
<tr><td>机能训练</td><td colspan="2">有氧间歇训练和无氧间歇训练的渐进式引入<br>跑速个性化的跑步练习、技巧式的比赛性练习及机能练习组合</td></tr>
<tr><td>动作技巧训练<br>速度和灵敏性发展</td><td colspan="2">冲刺技术练习，加速原理的指导和练习，较高速度的加速和速度练习<br>变向技巧练习，反应练习和简单即时性反应的灵敏性练习</td></tr>
</table>

## 赛季早期训练安排

| | | |
|---|---|---|
| 力量训练 | 频率：每周3次<br>2次全身力量训练<br>1次肩关节保养防护训练<br>强度：4～6RM力量举<br>训练量：3～4组<br>训练模式：综合的力量举练习<br>休息：<br>连续的重量举之间进行自我选择的充分休息<br>每组主要练习（或综合练习）之间进行2min休息<br>杠铃高翻<br>宽握引体向上<br>跳箱练习<br>蹲跳<br>弹射式俯卧撑<br>杠铃侧向交叉步走 | 全身力量训练示例：<br>5RM；3组 |
| 机能训练 | 有氧间歇训练、无氧间歇训练和反复冲刺跑的循环训练<br>根据不同板块需求进行的比赛性机能练习、技巧性机能练习及高强度的专项机能练习的结合 | |
| 速度及灵敏性发展 | 反应式的加速和速度发展练习<br>更具挑战性的，复杂的专门反应性灵敏练习以及配合练习 | |

## 赛季高峰期训练安排

| | | |
|---|---|---|
| 力量训练 | 频率：每周2次<br>1次全身力量训练<br>1次肩关节保养防护训练<br>强度：每组4～5次杠铃上举<br>训练量：3组<br>训练模式：综合的力量举练习（全身），循环练习（肩关节）<br>休息：<br>连续力量举之间的充分休息<br>每组主要练习（或综合练习）之间进行2min休息<br>分腿高翻<br>单臂单腿哑铃划船<br>单腿水平方向连续跳跃（向前，90°转，180°转）<br>肩负杠铃箱子上步跳起<br>单臂交替撑实心球的弹射式俯卧撑<br>环形跳跃落在BOSU球上<br>时钟式（沿圆周完成一圈）哑铃分腿蹲 | 全身力量训练示例：<br>4RM；3组 |
| 机能训练 | 重复式冲刺跑机能练习<br>高强度的小场地游戏性机能练习 | |
| 速度及灵敏性发展 | 与比赛相关的高强度加速练习，与比赛相关的高强度专项反应性灵敏练习以及配合练习 | |

## ■ 范例三：击打投掷类集体性项目——棒球

### 赛季前早期训练安排

<table>
<tr><td rowspan="2">力量训练</td><td rowspan="2">频率：每周4次<br>2次全身力量训练<br>1次上肢力量训练<br>1次肩关节保养防护训练<br>强度：7～10RM力量举<br>训练量：3～5组<br>训练模式：大阻力的循环练习<br>休息：<br>两次力量举之间进行1min内短时休息<br>每组主要练习（或综合练习）之间进行2min休息<br>后置杠铃深蹲<br>斜板哑铃卧推<br>杠铃箱子上步<br>哑铃单臂划船<br>杠铃单腿蹲（“投手”蹲）<br>单腿“早上好”</td><td>全身力量训练示例：<br>8RM；3组</td></tr>
<tr><td></td></tr>
<tr><td colspan="2">机能训练</td><td>短时有氧间歇训练<br>交叉训练模式和跑步训练相结合</td></tr>
<tr><td colspan="2">速度及灵敏性发展</td><td>技术发展及指导练习</td></tr>
</table>

## 赛季前中后期训练安排

<table>
<tr><td rowspan="2">力量训练</td><td rowspan="2">频率：每周3次<br>2次全身力量训练<br>1次肩关节保养防护训练<br>强度：5～7RM多关节力量举<br>8RM助力举<br>训练量：3～4组<br>训练模式：综合力量举练习<br>休息：<br>两次力量举之间进行1min内短时休息<br>每组主要练习（或综合练习）之间进行2min休息<br>蹲跳<br>单臂滑轮划船<br>杠铃后弓步练习<br>杠铃高翻<br>哑铃单臂斜板卧推<br>杠铃侧向箱子上步</td><td>全身力量训练示例：<br>6RM；3组</td></tr>
<tr><td></td></tr>
<tr><td>机能训练</td><td colspan="2">由有氧间歇训练逐渐向赛季前后期的无氧间歇训练发展<br>技巧式比赛练习和适当强度的机能练习相结合</td></tr>
<tr><td>速度及灵敏性发展</td><td colspan="2">在赛季前中期的技术发展练习及加速原理的指导和加速练习基础上，引入更高速度的加速练习，包括简单反应任务的变向动作技巧练习</td></tr>
</table>

## 赛季早期训练安排

<table>
<tr><td rowspan="2">力量训练</td><td rowspan="2">频率：每周2～3次<br>1～2次全身力量训练<br>1次肩关节保养和防护训练<br>强度：4～6RM力量举<br>训练量：3～4组<br>训练模式：综合力量举练习<br>休息：<br>连续力量举之间自主选择休息时间<br>每组主要练习（或综合练习）之间进行2min休息<br>俯卧哑铃肩外旋<br>站姿哑铃单臂肩上推举<br>滑轮对角线方向斜下拉<br>俯卧哑铃侧平举<br>仰卧哑铃头后推举<br>滑轮单臂交替反向侧拉</td><td>全身力量训练示例：<br>5RM；3组</td></tr>
<tr><td></td></tr>
<tr><td colspan="2">机能训练</td><td>由无氧间歇训练和反复冲刺跑组成的循环练习<br>高强度跑动练习和高强度专项动作练习相结合</td></tr>
<tr><td colspan="2">速度及灵敏性发展</td><td>反应性加速练习<br>最大速度的发展<br>更具挑战性的变向练习和更复杂的专项化即时反应练习</td></tr>
</table>

## 赛季中期的训练安排

<table>
<tr><td rowspan="2">力<br>量<br>训<br>练</td><td rowspan="2">频率：每周2次<br>次全身力量训练<br>1次肩关节保养和防护训练<br>强度：4～5RM的全身力量举<br>训练量：2组<br>训练模式：综合力量举练习（全身），循环练习（肩关节）<br>休息：<br>连续重量举之间的充分休息<br>每组主要练习（或综合练习）之间进行2min休息<br>分腿高翻<br>滑轮抗阻的膝/肩关节交替屈<br>单腿侧向连续跳跃<br>高箱的侧向连续跳跃<br>滑轮单臂飞鸟<br>时钟式（沿圆周完成一圈）哑铃分腿蹲</td><td>全身力量训练示例：<br>4RM；3组</td></tr>
<tr><td></td></tr>
<tr><td colspan="2">机能训练</td><td>反复冲刺跑练习<br>高强度的专项动作模式练习</td></tr>
<tr><td colspan="2">速度及灵敏性发展</td><td>反应性的专项加速练习和与比赛距离相同的速度练习<br>专项化的即时反应性灵敏练习</td></tr>
</table>

# 参考文献

[1] Aagaard，P.，E.B. Simonsen，J.L. Andersen，P. Magnusson and P. Dyhre-Poulsen（2002）Neural Adaptation to Resistance Training：Changes in Evoked V-Wave and H-Reflex Responses，Journal of Applied Physiology，92：2309-18

[2] Aagaard，P.，J.L. Andersen，P. Dyhre-Poulson，A-M. Leffers，A. Wagner，S.P. Magnusson，J.Halkjaer-Kristensen and E.B. Simonsen（2001）A Mechanism for Increased Contractile Strength of Human Pennate Muscle in Response to Strength Training：Changes in Muscle Architecture，Journal of Physiology，534（2）：621-3

[3] Abernethy，P.，G. Wilson and P. Logan（1995）Strength and Power Assessment：Issues，Controversies and Challenges，Sports Medicine，19（6）：410-17

[4] Adirim，T.A. and T.L. Cheng（2003）Overview of Injuries in the Young Athlete，Sports Medicine，33（1）：75-81

[5] Agel，J.，R. Dick，B. Nelson，S.W. Marshall and T.P. Dompier（2007a）Descriptive Epidemiology of Collegiate Women’s Ice Hockey Injuries：National Collegiate Athletic Association Injury Surveillance System，2000-2001 through 2003-2004，Journal of Athletic Training，42（2）：249-54

[6] Agel，J.，D.E. Olson，R. Dick，E.A. Arendt，S.W. Marshall and R.S. Sikka（2007b）Descriptive Epidemiology of Collegiate Women’s Basketball Injuries：National Collegiate Athletic Association Injury Surveillance System，1988-1989 through 2003-2004，Journal of Athletic Training，42（2）：202-10

[7] Agel，J.，R.M. Palmieri-Smith，R. Dick，E.M. Wojtys and S.W. Marshall（2007c）Descriptive Epidemiology of Collegiate Women’s Volleyball Injuries：National Collegiate Athletic Association Injury Surveillance System，1988-1989 through 2003-2004，Journal of Athletic Training，42（2）：295-302

[8] Agel, J., E.A. Arendt and B. Bershadsky (2005) Anterior Cruciate Ligament Injury in National Collegiate Athletic Association Basketball and Soccer: A 13-Year Review, American Journal of Sports Medicine, 33 (4): 524-31

[9] Aguinaldo, A.L., J. Buttermore and H. Chambers (2007) Effects of Upper Trunk Rotation on Shoulder Joint Torque Among Baseball Pitchers of Various Levels, Journal of Applied Biomechanics, 23: 42-51

[10] Albright, J.P., J.W. Powell, A. Martindale, R. Black, E. Crowley, P. Schmidt, J. Monroe, D. Locy, T. Aggler, W.R. Davis, G. Salvaterra, D. Miller, D. Helwig, S. Soboroff, J. Nivens, J. Carpenter, J. Kovan, E. Arndt, H. Sweeney, J. Lombardo, W.J. Sebastianelli, M. Krauss and G. Landry (2004) Injury Patterns in Big Ten Conference Football, American Journal of Sports Medicine, 32 (6): 1394-404

[11] Alcaraz, P.E., J. Perez-Gomez, M. Chavarrias and A.J. Blazevich (2011) Similarity in Adaptations to High-Resistance Circuit vs. Traditional Strength Training in Resistance-Trained Men, Journal of Strength and Conditioning Research, 25 (9): 2519-27

[12] Alcaraz, P.E., J. Sanchez-Lorentz and A.J. Blazevich (2008) Physical Performance and Cardiovascular Responses to an Acute Bout of Heavy Resistance Circuit Training versus Traditional Strength Training, Journal of Strength and Conditioning Research, 22 (3): 667-71

[13] Allerheiligen, B. (2003) In-Season Strength Training for Power Athletes, Strength and Conditioning Journal, 25 (3): 23-8

[14] American College Of Sports Medicine (1998) The Recommended Quantity and Quality of Exercise for Developing and Maintaining Cardiorespiratory and Muscular Fitness and Flexibility in Healthy Adults: Position Stand, Medicine and Science in Sports and Exercise, 30: 975-91

[15] Anderson, K. and D.G. Behm (2005) The Impact of Instability Resistance Training on Balance and Stability, Sports Medicine, 35 (1): 43-53

[16] Apel, J.M., R.M., Lacey and R.T. Kell (2011) A Comparison of Traditional and Weekly Undulating Periodized Strength Training Programs with Total Volume and Intensity Equated, Journal of Strength and Conditioning Research, 25 (3): 694-703

[17] Arnason, A., T.E. Andersen, I. Holme, L. Engebretsen and R. Bahr (2008) Prevention of Hamstring Strains in Elite Soccer: An Intervention Study, Scandinavian Journal of Sports Medicine, 18: 40-8

[18] Arnason, A., S.B. Sigurdsson, A. Gudmundsson, I. Holme, L. Engebretsen and R. Bahr (2004) Risk Factors for Injuries in Football, American Journal of Sports Medicine, 32 (1) Suppl: S5–S16

[19] Aughey, R. (2011) Application of GPS Technologies to Field Sports, International Journal of Sports Physiology and Performance, 6: 295–310

[20] Axler, C.T. and S.M. McGill (1997) Low Back Loads over a Variety of Abdominal Exercises: Searching for the Safest Abdominal Challenge, Medicine and Science in Sports and Exercise, 29 (6): 804–11

[21] Aziz, A.R., M.Y.H. Chia, K.C. The (2005) Measured Maximal Oxygen Uptake in a Multi-stage Shuttle Test and Treadmill-run Test in Trained Athletes, Journal of Sports Medicine and Physical Fitness, 45: 306–14

[22] Baechle T.R., R.W. Earle and D. Wathen (2000) Resistance Training. In: Essentials of Strength Training and Conditioning (2nd Edition). Baechle T.R. and R.W. Earle (Eds), Champaign, IL: Human Kinetics Bahr, R. and T. Krosshaug (2005) Understanding Injury Mechanisms: A Key Component of Preventing Injuries in Sport, British Journal of Sports Medicine, 39: 324–9

[23] Baker, D. (2003) Acute Effects of Alternating Heavy and Light Resistances on Power Output during Upper-Body Complex Power Training, Journal of Strength and Conditioning Research, 17 (3): 493–7

[24] Baker, D. (2002) Differences in Strength and Power Among Junior-High, Senior-High, College-Aged and Elite Professional Rugby League Players, Journal of Strength and Conditioning Research, 16 (4): 581–5

[25] Baker, D. (2001a) Acute and Long Term Power Responses to Power Training: Observations on the Training of an Elite Power Athlete, Strength and Conditioning Journal, 23 (1): 47–56

[26] Baker, D. (2001b) Comparison of Upper-Body Strength and Power between Professional and College-aged Rugby League Players, Journal of Strength and Conditioning Research, 15 (1): 30–5

[27] Baker, D. (2001c) The Effects of an In-Season of Concurrent Training on the Maintenance of Maximal Strength and Power in Professional and College-aged Rugby League Football Players, Journal of Strength and Conditioning Research, 15 (2): 172–7

[28] Baker, D. (2001d) A Series of Studies on the Training of High-Intensity Muscle Power in Rugby League Football Players, Journal of Strength and Conditioning Research, 15

（2）：198–209

[29] Baker，D.（1998）Applying the In–Season Periodization of Strength and Power Training to Football，Strength and Conditioning，20（2）：18–27

[30] Baker，D.（1996）Improving Vertical Jump Performance through General，Special and Specific Strength Training：A Brief Review，Journal of Strength and Conditioning Research，10（2）：131–6

[31] Baker，D. and R.U. Newton（2005）Methods to Increase the Effectiveness of Maximal Power Training for the Upper Body，Strength and Conditioning Journal，27（6）：24–32

[32] Baker，D. and S. Nance（1999a）The Relation between Strength and Power in Professional Rugby League Players，Journal of Strength and Conditioning Research，13（3）：224–9

[33] Baker，D. and S. Nance（1999b）The Relation between Running Speed and Measures of Strength and Power in Professional Rugby League Players，Journal of Strength and Conditioning Research，13（3）：230–5

[34] Baker，D.，S. Nance and M. Moore（2001）The Load that Maximises the Average Mechanical Power Output during Explosive Bench Press Throws in Highly Trained Athletes，Journal of Strength and Conditioning Research，15（1）：20–4

[35] Baker，D.，G. Wilson and B. Carlyon（1994）Generality versus Specificity：A Comparison of Dynamic and Isometric Measures of Strength and Speed–Strength，European Journal of Applied Physiology，68：350–5

[36] Balsom，P.D.，J.Y. Seger，B. Sjodin and B. Ekblom（1992）Maximal–Intensity Intermittent Exercise：Effect of Recovery Duration，International Journal of Sports Medicine，13（7）：528–33

[37] Bangsbo，J.，F.M. Iaia and P. Krustrup（2008）The Yo–Yo Intermittent Recovery Test：A Useful Tool for Evaluation of Physical Performance in Intermittent Sports，Sports Medicine，38（1）：37–51

[38] Bangsbo. J.，L. Norregaard and F. Thorso（1991）Activity Profile of Competition Soccer，Canadian Journal of Sports Sciences，16（2）：110–16

[39] Baquet，G.，F.–X. Gamelin，P. Mucci，D. Thevenet，E. van Praagh and S. Berthoin（2010）Continuous vs. Interval Aerobic Training in 8– to 11–Year–Old Children，Journal of Strength and Conditioning Research，24（5）：1381–8

[40] Baquet，G.，E. van Praagh and S. Berthoin（2003）Endurance Training and

Aerobic Fitness in Young People, Sports Medicine, 33 ( 15 ) : 1127–43

[41] Baquet, G., S. Berthoin, G. Dupont, N. Blondel, C. Fabre and E. van Praagh ( 2002 ) Effects of High Intensity Intermittent Training on Peak VO2 in Prepubertal Children, International Journal of Sports Medicine, 23: 439–44

[42] Barber–Westin, S.D., F.R. Noyes and M. Galloway ( 2006 ) Jump–Land Characteristics and Muscle Strength Development in Young Athletes, American Journal of Sports Medicine, 34 ( 3 ) : 375–84

[43] Barber–Westin, S.D., M. Galloway, F.R. Noyes, G. Corbett and C. Walsh ( 2005 ) Assessment of Lower Limb Neuromuscular Control in Prepubescent Athletes, American Journal of Sports Medicine, 33 ( 12 ) : 1853–60

[44] Barfield, J.–P., R.J. Johnson, P. Russo and D.C. Cobler ( 2007 ) Reliability and Validity of the Performance Index Evaluation among Men' s and Women' s College Basketball Players, Journal of Strength and Conditioning Research, 21 ( 2 ) : 643–5

[45] Barr, K.P., M. Griggs and T. Cadby ( 2005 ) Lumbar Stabilization: Core Concepts and Current Literature, Part One, American Journal of Physical Medicine and Rehabilitation, 84: 473–80

[46] Bathgate, A., J.P. Best, G. Craig and M. Jamieson ( 2002 ) A Prospective Study of Injuries to Elite Australian Rugby Union Players, British Journal of Sports Medicine, 36: 265–9

[47] Baxter–Jones, A.D.G. and L.B. Sherar ( 2006 ) Growth and Maturation. In: Paediatric Exercise Physiology. N. Armstrong, Ed. Edinburgh: Elsevier Health Sciences Behm, D.G. ( 1995 ) Neuromuscular Implications and Applications of Resistance Training, Journal of Strength and Conditioning Research, 9 ( 4 ) : 264–74

[48] Behm, D.G. and D.G. Sale ( 1993 ) Intended rather than Actual Movement Velocity Determines Velocity–Specific Training Response, Journal of Applied Physiology, 74 ( 1 ) : 359–68

[49] Behm, D.G., A.M. Leonard, W.B. Young, W.A.C. Bonsey and S.N. Mackinnon ( 2005 ) Trunk Muscle Electromyographic Activity with Unstable and Unilateral Exercises, Journal of Strength and Conditioning Research, 19 ( 1 ) : 193–201

[50] Behnke, R.S. ( 2001 ) Kinetic Anatomy. Champaign, IL: Human Kinetics Bell, G.J., G.D. Snydmiller, D.S. Davies and H.A. Quinney ( 1997 ) Relationship between Aerobic Fitness and Metabolic Recovery From Intermittent Exercise in Endurance Athletes, Canadian Journal of Applied Physiology, 22 ( 1 ) : 78–85

[51] Bellew，J.W. and S. Dunn（2002）Ankle Rehabilitation：A Reintroduction of the Peroneus Longus，Strength and Conditioning Journal，24（4）：61–3

[52] Beneka，A.，N. Aggeloussis，K. Giannakopoulos and G. Godolias（2006）Identifying and Treating Rotator Cuff Imbalances，Strength and Conditioning Journal，28（2）：92–5

[53] Besier，T.F.，D.G. Lloyd，T.R. Ackland and J.L. Cochrane（2001）Anticipatory Effects on Knee Joint Loading during Running and Cutting Maneuvers，Medicine and Science in Sports and Exercise，33（7）：1176–81

[54] Best，J.P.，A.S. McIntosh and T.N. Savage（2005）Rugby World Cup 2003 Injury Surveillance Project，British Journal of Sports Medicine，39：812–17

[55] Beunen，G. and M. Thomis（2006）Gene Driven Power Athletes? Genetic Variation in Muscular Strength and Power，British Journal of Sports Medicine，40：822–3

[56] Beynnon，B.D.，P.M. Vacek，D. Murphy，D. Alosa and D. Paller（2005）First-time Inversion Ankle Ligament Trauma：The Effects of Sex，Level of Competition and Sport on the Incidence of Injury，American Journal of Sports Medicine，33（10）：1485–91

[57] Billat，V.L.（2001a）Interval Training for Performance：A Scientific and Empirical Practice. Special Recommendations for Middle- and Long-Distance Running. Part I：Aerobic Interval Training，Sports Medicine，31（1）：13–31

[58] Billat，V.L.（2001b）Interval Training for Performance：A Scientific and Empirical Practice. Special Recommendations for Middle- and Long-Distance Running. Part II：Anaerobic Interval Training，Sports Medicine. 31（2）：75–90

[59] Billat，V.L.，P. Sirvent，G. Py，J-P. Koralsztein and J. Mercier（2003）The Concept of Maximal Lactate Steady State，Sports Medicine，33（6）：407–26

[60] Bishop，D.，O. Girard and A. Mendez-Villanueva（2011）Repeated Sprint Ability - Part II：Recommendations for Training，Sports Medicine，41（9）：741–56

[61] Bishop，D.，J. Edge and C. Goodman（2004）Muscle Buffer Capacity and Aerobic Fitness are Associated with Repeated Sprint Ability in Women，European Journal of Applied Physiology，92：540–7

[62] Bishop，D.，J. Edge，C. Thomas and J. Mercier（2008）Effects of High-Intensity Training on Muscle Lactate Transporters and Postexercise Recovery of Muscle Lactate and Hydrogen Ions in Women，American Journal of Physiology. Regulatory，Integrative and Comparative Physiology，295：R1991–8

[63] Bishop，D.，M. Spencer，R. Duffield and S. Lawrence（2001）The Validity of a

Repeated Sprint Ability Test, Journal of Science and Medicine in Sport, 4（1）: 19–29

[64] Bloomfield, J., R. Polman, P. O' Donoghue and L. McNaughton（2007）Effective Speed and Agility Conditioning Methodology for Random Intermittent Dynamic Type Sports, Journal of Strength and Conditioning Research, 21（4）: 1093–100

[65] Boddington, M.K., M.I. Lambert, A. St Clair Gibson and T.D. Noakes（2001）Reliability of a 5–m Multiple Sprint Shuttle Test, Journal of Sports Sciences, 19: 223–8

[66] Bogdanis, G.C., M.E. Nevill, L.H. Boobis and H.K.A. Lakomy（1996a）Contribution of Phosphocreatine and Aerobic Metabolism to Energy Supply during Repeated Sprint Exercise, Journal of Applied Physiology, 80（3）: 876–84

[67] Bogdanis, G.C., M.E. Nevill, H.K.A. Lakomy, C.M. Graham and G. Louis（1996b）Effects of Active Recovery on Power Output during Repeated Maximal Sprint Cycling, European Journal of Applied Physiology, 74: 461–9

[68] Boisseau, N. and P. Delamarche（2000）Metabolic and Hormonal Responses to Exercise in Children and Adolescents, Sports Medicine, 30（6）: 405–22

[69] Boling, M.C., D.A. Padua and R.A. Creighton（2009）Concentric and Eccentric Torque of the Hip Musculature in Individuals with and without Patellofemoral Pain, Journal of Athletic Training, 44（1）: 7–13

[70] Bompa, T.（2000）Total Training for Young Champions, Champaign, IL: Human Kinetics Bondarchuk, A.（2007）A Brief Overview of Transfer of Training, In: Transfer of Training in Sports, Grand Rapids, MI: Ultimate Athlete Concepts Borghuis, J., A.L. Hof and K.A.P.M. Lemmink（2008）The Importance of Sensory–Motor Control in Providing Core Stability: Implications for Measurement and Testing, Sports Medicine, 38（11）: 893–916

[71] Borowski, L.A., E.E. Yard, S.K. Fields and R.D. Comstock（2008）The Epidemiology of US High School Basketball Injuries, 2005–2007, American Journal of Sports Medicine, 36（12）: 2328–35

[72] Bosquet, L. L. Leger and P. Legros（2002）Methods to Determine Aerobic Endurance, Sports Medicine, 32（11）: 675–700

[73] Bouchard, C.（2011）Genomic Predictors of Trainability, Experimental Physiology, 97（3）: 347–52

[74] Boyle. P.M., C.A. Mahoney and W.F.M. Wallace（1994）The Competitive Demands of Elite Male Field Hockey, Journal of Sports Medicine and Physical Fitness, 34（3）: 235–41

[75] Bradley, P.S., P.D. Olsen and M.D. Portas (2007) The Effect of Static, Ballistic and Proprioceptive Neuromuscular Facilitation Stretching on Vertical Jump Performance, Journal of Strength and Conditioning Research, 21 (1): 223-6

[76] Brechue, W.F., J.L. Mayhew and F.C. Piper (2010) Characteristics of Sprint Performance in College Football Players, Journal of Strength and Conditioning Research, 24 (5): 1169-78

[77] Bressel, E., J.C. Yonker, J. Kras and E.M. Heath (2007) Comparison of Static and Dynamic Balance in Female Collegiate Soccer, Basketball and Gymnastics Athletes, Journal of Athletic Training, 42 (1): 42-6

[78] Brockett, C.L., D.L. Morgan and U. Proske (2004) Predicting Hamstring Strain Injury in Elite Athletes, Medicine and Science in Sports and Exercise, 36 (3): 379-87

[79] Brockett, C.L., D.L. Morgan and U. Proske (2001) Human Hamstring Muscles Adapt to Eccentric Exercise by Changing Optimum Length, Medicine and Science in Sports and Exercise, 33 (5): 783-90

[80] Brooks, G.A. (2009) Cell-Cell and Intracellular Lactate Shuttles, Journal of Physiology, 587: 5591-600

[81] Brooks, J.H.M., C.W. Fuller, S.P.T. Kemp and D.B. Reddin (2006) Incidence, Risk and Prevention of Hamstring Muscle Injuries in Professional Rugby Union, American Journal of Sports Medicine, 34 (8): 1297-306

[82] Brooks, J.H.M., C.W. Fuller, S.P.T. Kemp and D.B. Reddin (2005a) Epidemiology of Injuries in English Professional Rugby Union: Part 1 Match Injuries, British Journal of Sports Medicine, 39: 757-66

[83] Brooks, J.H.M., C.W. Fuller, S.P.T. Kemp and D.B. Reddin (2005b) Epidemiology of Injuries in English Professional Rugby Union: Part 2 Training Injuries, British Journal of Sports Medicine, 39: 767-75

[84] Brown, C.N. and R. Mynark (2007) Balance Deficits in Recreational Athletes with Chronic AnkleInstability, Journal of Athletic Training, 42 (3): 367-73

[85] Brown, L.E. and M. Greenwood (2005) Periodization Essentials and Innovations in Resistance Training Protocols, Strength and Conditioning Journal, 27 (4): 80-5

[86] Brown, T.D. (2006) Getting to the Core of the Matter, Strength and Conditioning Journal, 28 (2): 50-3

[87] Brown, T.D. and J.D. Vescovi (2003) Efficient Arms for Efficient Agility, Strength and Conditioning Journal, 25 (4): 7-11

[88] Brown, T.D., J.D. Vescovi and J.L. Vanheest (2004) Assessment of Linear Sprinting Performance: A Theoretical Paradigm, Journal of Sports Science and Medicine, 3: 203–10

[89] Brughelli, M., J. Cronin, G. Levin and A. Chaouachi (2008) Understanding Change of Direction Ability in Sport: A Review of Resistance Training Studies, Sports Medicine, 38 (12): 1045–63

[90] Brummitt, J. and E. Meira (2006) Scapula Stabilization Rehab Exercise Prescription, Strength and Conditioning Journal, 28 (3): 62–5

[91] Buchheit, M. (2010) Improving Repeated Sprint Ability in Young Elite Soccer Players: Repeated Shuttle Sprints vs. Explosive Strength Training, Journal of Strength and Conditioning Research, 24 (10): 2715–22

[92] Buchheit, M. (2008) The 30–15 Intermittent Fitness Test: Accuracy for Individualising IntervalTraining of Young Intermittent Sport Players, Journal of Strength and Conditioning Research, 22 (2): 365–74

[93] Buchheit, M. and P. Ufland (2011) Effect of Training on Performance and Muscle Reoxygenation Rate during Repeated–Sprint Running, European Journal of Applied Physiology, 111: 293–301

[94] Buchheit, M., C.R. Abbiss, J.J. Peiffer and P.B. Laursen (2012) Performance and Physiological Responses during a Sprint Interval Training Session: Relationship with Muscle Oxygenation and Pulmonary Oxygen Uptake Kinetics, European Journal of Applied Physiology, 112 (2): 767–79

[95] Buchheit, M., B. Haydar, K. Hader, P. Ufland and S. Ahmaidi (2011a) Assessing Running Economy during Field Running with Changes of Direction: Application to 20m Shuttle Runs, International Journal of Sports Physiology and Performance, 6: 380–95

[96] Buchheit, M., B. Lefebvre, P.B. Laursen and S. Ahmaidi (2011b) Reliability, Usefulness and Validity of the 30–15 Intermittent Ice Test in Young Elite Ice Hockey Players, Journal of Strength and Conditioning Research, 25 (5): 1457–64

[97] Buchheit, M., D. Bishop, B. Haydar, F.Y. Nakamura and S. Ahmaidi (2010a) Physiological Responses to Shuttle Repeated–Sprint Running, International Journal of Sports Medicine, 31: 402–9

[98] Buchheit, M., A. Mendez–Villanueva, M. Quod, T. Quesnel and S. Ahmaidi (2010b) Improving Acceleration and Repeated Sprint Ability in Well–Trained Adolescent Handball Players: Speed versus Sprint Interval Training, International Journal of Sports

Physiology and Performance, 5: 152–64

[99] Buchheit, M., A. Mendez–Villanueva, B.M. Simpson and P.C. Bourdon (2010c) Match Running Performance and Fitness in Youth Soccer, International Journal of Sports Medicine, 31: 818–25

[100] Buchheit, M., P.B. Laursen, J. Kuhnle, D. Ruch, C. Renaud and S. Ahmaidi (2009) Game–Based Training in Youth Elite Handball Players, International Journal of Sports Medicine, 30: 251–8

[101] Buford, T.W., S.J. Rossi, D.B., Smith and A.J. Warren (2007) A Comparison of Periodization Models During Nine Weeks with Equated Volume and Intensity for Strength, Journal of Strength and Conditioning Research, 21 (4): 1245–50

[102] Burgomaster, K.A., K.R. Howarth, S.M. Phillips, M. Rakobowchuk, M.J. Macdonald, S.L. McGee, and M.J. Gibala (2008) Similar Metabolic Adaptations during Exercise after Low Volume Sprint Interval and Traditional Endurance Training in Humans, Journal of Physiology, 586 (1): 151–60

[103] Burr, J.F., V.K, Jamnik, S. Dogra and N. Gledhill (2007) Evaluation of Jump Protocols to Assess Leg Power and Predict Hockey Playing Potential, Journal of Strength and Conditioning Research, 21 (4): 1139–45

[104] Carey, D.G., M.M. Drake, G.J. Pliego and R.L. Raymond (2007) Do Hockey Players Need Aerobic Fitness? Relation between $VO_2$max and Fatigue during High–Intensity Intermittent Ice Skating, Journal of Strength and Conditioning Research, 21 (3): 963–6

[105] Carroll, T.J., S. Riek and R.G. Carson (2001) Neural Adaptations to Resistance Training: Implications for Movement Control, Sports Medicine, 31 (12): 829–40

[106] Carter, J.M., W.C. Beam, S.G. McMahan, M.L. Barr, L.E. Brown (2006) The Effects of Stability Ball Training on Spinal Stability in Sedentary Individuals, Journal of Strength and Conditioning Research, 20 (2): 429–35

[107] Castagna, C., F.M. Impellizzeri, A. Chaouachi, N. Ben Abdelkrim and V. Manzi (2011) Physiological Responses to Ball–Drills in Regional Level Male Basketball Players, Journal of Sports Sciences, 29 (12): 1329–36

[108] Castagna, C., V. Manzi, F. Impellizzeri, M. Weston and J.C. Barbero Alvarez (2010) Relationship between Endurance Field Tests and Match Performance in Young Soccer Players, Journal of Strength and Conditioning Research, 24 (12): 3227–33

[109] Castagna, C., V. Manzi, S. D' Ottavio, G. Annino, E. Padua and D. Bishop (2007) Relation between Maximal Aerobic Power and Ability to Repeat Sprints in Young

Basketball Players, Journal of Strength and Conditioning Research, 21（4）: 1172-6

[110] Castagna, C. F.M. Impellizeri, K. Chamari, D. Carlomagno and E. Rampinini（2006）Aerobic Fitness and Yo-Yo Continuous and Intermittent Test Performances in Soccer Players: A Correlation Study, Journal of Strength and Conditioning Research, 20（2）: 320-5

[111] Castagna, C., R. Belardinelli and G. Abt（2004）Fifth World Congress of Science and Football Conference Communications: The Oxygen Uptake and Heart Rate Response to Training with a Ball in Youth Soccer Players, Journal of Sports Sciences, 22（6）: 532-3

[112] Chappell, J.D., B. YU, D.T. Kirkendall and W.E. Garrett（2002）A Comparison of Knee Kinetics between Male and Female Recreational Athletes in Stop-Jump Tasks, American Journal of Sports Medicine, 30（2）: 261-7

[113] Chiu, L.Z.F. and J.L. Barnes（2003）The Fitness-Fatigue Model Revisited: Implications for Planning Short- and Long-Term Training, Strength and Conditioning Journal, 25（6）: 42-51

[114] Chiu, L.Z.F., A.C. Fry, L.W. Weiss, B.K. Schilling, L.E. Brown and S.L. Smith（2003）Postactivation Potentiation Response in Athletes and Recreationally Trained Individuals, Journal of Strength and Conditioning Research, 17（4）: 671-7

[115] Cholewicki, J. and S.M. McGill（1996）Mechanical Stability of the In Vivo Lumbar Spine: Implications for Injury and Chronic Low Back Pain, Clinical Biomechanics, 11（1）: 1-15

[116] Chtara, M., K. Chamari, M. Chaouachi, A. Chaouachi, D. Koubaa, Y. Feki, G.P. Millet and M. Amri（2005）Effects of Intra-Session Concurrent Endurance and Strength Training Sequence on Aerobic Performance and Capacity, British Journal of Sports Medicine, 39: 555-60,

[117] Cissik, J., A. Hedrick and M. Barnes（2008）Challenges Applying the Research on Periodization, Strength and Conditioning Journal, 30（1）: 45-51

[118] Cissik, J.M.（2005）Means and Methods of Speed Training: Part II, Strength and Conditioning Journal, 27（1）: 18-25

[119] Cissik, J.M.（2002）Programming Abdominal Training, Part One, Strength and Conditioning Journal, 24（1）: 9-15

[120] Clark, R.（2009）The Effect of Training Status on Inter-Limb Joint Stiffness Regulation during Repeated Maximal Sprints, Journal of Science and Medicine in Sport, 12: 406-10

[121] Conroy, B. and R.W. Earle（2000）Bone, Muscle and Connective Tissue Adaptations to Physical Activity, In: Essentials of Strength Training and Conditioning（2nd Edition）. T.R. Baechle and R.W. Earle（Eds）, Champaign, IL: Human Kinetics Contreras, B., J. Cronin and B. Schoenfeld（2011）Barbell Hip Thrust, Journal of Strength and Conditioning, 33（5）: 58–61

[122] Cook, G.（2003a）Mobility and Stability Testing. In: Athletic Body in Balance. Champaign, IL: Human Kinetics Cook, G.（2003b）Strength and Endurance Exercises. In: Athletic Body in Balance. Champaign, IL: Human Kinetics Cormie, P., M.R. McGuigan and R.U. Newton（2011a）Developing Maximal Neuromuscular Power: Part 1 – Biological Basis of Maximal Power Production, Sports Medicine, 41（1）: 17–38

[123] Cormie, P., M.R. McGuigan and R.U. Newton（2011b）Developing Maximal Neuromuscular Power: Part 2 – Training Considerations for Improving Maximal Power Production, Sports Medicine, 41（2）: 125–46

[124] Cormie, P., M.R. McGuigan and R.U. Newton（2010a）Changes in the Eccentric Phase Contribution to Improved SSC Performance after Training, Medicine and Science in Sports and Exercise, 42（9）: 1731–44

[125] Cormie, P., M.R. McGuigan and R.U. Newton（2010b）Influence of Strength on the Magnitude and Mechanisms of Adaptation to Power Training, Medicine and Science in Sports and Exercise, 42（8）: 1566–81

[126] Cormie, P., R. Deane and J.M. McBride（2007a）Methodological Concerns for Determining Power Output in the Jump Squat, Journal of Strength and Conditioning Research, 21（2）: 424–30

[127] Cormie, P., J.M. McBride and G.O. McCaulley（2007b）Validation of Power Measurement Techniques in Dynamic Lower Body Resistance Exercises, Journal of Applied Biomechanics, 23: 103–18

[128] Coutts, A.J. and R. Duffield（2010）Validity and Reliability of GPS Devices for Measuring MovementDemands of Team Sports, Journal of Science and Medicine in Sport, 13: 133–5

[129] Coutts, A., P. Reaburn and G. Abt（2003）Heart Rate, Blood Lactate Concentration and Estimated Energy Expenditure in a Semi–Professional Rugby League Team during a Match: A Case Study, Journal of Sports Sciences. 21: 97–103

[130] Cowan, S.M., K.M. Crossley and K.L. Bennel（2009）Altered Hip and Trunk Muscle Function in Individuals with Patellofemoral Pain, British Journal of Sports Medicine,

43：584–8

[131] Cowley，P.M. and T.C. Swensen（2008）Development and Reliability of Two Core Stability Field Tests，Journal of Strength and Conditioning Research，22（2）：619–24

[132] Craig，B.W.（2004）What is the Scientific Basis of Speed and Agility?，Strength and Conditioning Journal，26（3）：13–14

[133] Crewther，B.T.，L.P. Kilduff，D.J. Cunningham，C. Cook，N. Owen and G.–Z. Yang（2011）

[134] Validating Two Systems for Estimating Force and Power，International Journal of Sports Medicine，32：254–8

[135] Croisier，J.–L.（2004）Factors Associated with Recurrent Hamstring Injuries，Sports Medicine，34（10）：681–95

[136] Croisier，J–L.，S. Ganteaume，J. Binet，M. Genty and J.–M. Ferret（2008）Strength Imbalances and Prevention of Hamstring Injury in Professional Soccer Players：A Prospective Study，American Journal of Sports Medicine，36（8）：1469–75

[137] Croisier，J–L.，B. Forthomme，M–H. Namurois，M. Vanderthommen and J.–M. Crielaard（2002）

[138] Hamstring Muscle Strain Recurrence and Strength Performance Disorders，American Journal of Sports Medicine，30（2）：199–203

[139] Cronin，J.B. and K.T. Hansen（2006）Resisted Sprint Training for the Acceleration Phase of Sprinting，Strength and Conditioning Journal，28（4）：42–51

[140] Cronin，J.B. and K.T. Hansen（2005）Strength and Power Predictors of Sports Speed，Journal of Strength and Conditioning Research，19（2）：349–57

[141] Cronin，J.B. and G. Sleivert（2005）Challenges in Understanding the Influence of Maximal Power Training on Improving Athletic Performance，Sports Medicine，35（3）：215–34

[142] Cronin，J.B.，P.J. McNair and R.N. Marshall（2003）Force–Velocity Analysis of Strength–Training Techniques and Load：Implications for Training Strategy and Research，Journal of Strength and Conditioning Research，17（1）：148–55

[143] Cronin，J.，P.J. McNair and R.N. Marshall（2001a）Developing Explosive Power：A Comparison of Technique and Training，Journal of Science and Medicine in Sport，4（1）：59–70

[144] Cronin，J.，P.J. McNair and R.N. Marshall（2001b）Velocity Specificity，Combination Training and Sport Specific Tasks，Journal of Science and Medicine in Sport，4

（2）：168–78

[145] Crossley，K.M.，W.–J. Zhang，A.G. Schache，A. Bryant and S.M. Cowan（2011）Performance on the Single–Leg Squat Task Indicates Hip Abductor Muscle Function，American Journal of Sports Medicine，39（4）：866–73

[146] Crow，J.F.，D. Buttifant，S.G. Kearny and C. Hrysomallis（2012）Low Load Exercises Targeting the Gluteal Muscle Group Acutely Enhance Explosive Power Output in Elite Athletes，Journal of Strength and Conditioning Research，26（2）：438–42

[147] Cusi，M.F.，C.J. Juska–Butel，D. Garlick and G. Argyrous（2001）Lumbopelvic Stability and Injury Profile in Rugby Union Players，New Zealand Journal of Sports Medicine，29（1）：14–18

[148] Dallalana，R.J.，J.H.M. Brooks，S.P.T. Kemp and A.M. Williams（2007）The Epidemiology of Knee Injuries in English Professional Rugby Union，American Journal of Sports Medicine，35（5）：818–30

[149] Danneels，L.A.，G.G. Vanderstraeten，D.C. Cambier，E.E. Witvrouw，J. Bourgois，W. Dankaerts and H.J. De Cuyper（2001）Effects of Three Different Training Modalities on the Cross Sectional Area of the Lumbar Multifidus Muscle in Patients with Chronic Low Back Pain，British Journal of Sports Medicine，35：186–91

[150] Dayne，A.M.，J.M. McBride，J.L. Nuzzo，N.T. Triplett，J. Skinner and A. Burr（2011）Power Output in the Jump Squat in Adolescent Male Athletes，Journal of Strength and Conditioning Research，25（3）：585–9

[151] Deane，R.S.，J.W. Chow，M.D. Tillman and K.A. Fournier（2005）Effects of Hip Flexor Training on Sprint，Shuttle Run and Vertical Jump Performance，Journal of Strength and Conditioning Research，19（3）：615–21

[152] Decker，M.J.，J.M. Tokish，H.B. Ellis，M.R. Torry and R.J. Hawkins（2003）Subscapularis Muscle Activity during Selected Rehabilitation Exercises，American Journal of Sports Medicine，31（1）：126–34

[153] Delecluse，C.（1997）Influence of Strength Training on Sprint Running Performance：Current Findings and Implications for Training，Sports Medicine，24（3）：147–56

[154] Delecluse，C.，H. van Coppenolle，E. Willems，M. van Leemputte，R. Diels and M. Goris（1995）

[155] Influence of High–Resistance and High–Velocity Training on Sprint Performance，Medicine and Science in Sports and Exercise，27（8）：1203–9

[156] Dellal, A., S. Hill-Haas, C. Lago-Penas and K. Chamari (2011) Small-Sided Games in Soccer: Amateur vs. Professional Players' Physiological Responses, Physical and Technical Activities, Journal of Strength and Conditioning Research, 25 (9): 2371-81

[157] Dellal, A., D. Keller, C. Carling, A. Chaouachi, D.P. Wong and K. Chamari (2010) Physiological Effects of Directional Changes in Intermittent Exercise in Soccer Players, Journal of Strength and Conditioning Research, 24 (12): 3219-26

[158] Dellal, A., K. Chamari, A. Pintus, O. Girard, T. Cotte and D. Keller (2008) Heart Rate Responses During Small-Sided Games and Short Intermittent Running Training in Elite Soccer Players: A Comparative Study, Journal of Strength and Conditioning Research, 22 (5): 1449-57

[159] DeRenne, C., B.P. Buxton, R.K. Hetzel and K. Ho (1994) Effects of Under and Overweighted Implement Training on Pitching Velocity, Journal of Strength and Conditioning Research, 8 (4): 247-50

[160] DeRenne, C., H. Kwok and A. Blitzblau (1990) Effects of Weighted Implement Training on Throwing Velocity, Journal of Applied Sports Science Research, 4 (1): 16-19

[161] Deutsch, M.U., G.J. Maw, D. Jenkins and P. Reaburn (1998) Heart Rate, Blood Lactate and Kinematic Data of Elite Colts (Under-19) Rugby Union Players during Competition, Journal of Sports Sciences, 16: 561-70

[162] de Visser, H.M., M. Reijman, M.P. Heijboer and P.K. Bos (2012) Risk Factors for Recurrent Hamstring Injuries: A Systematic Review, British Journal of Sports Medicine, 46 (2): 124-30

[163] Dick, R., M.S. Ferrara, J. Agel, R. Courson, S.W. Marshall, M.J. Hanley and F. Reifsteck (2007a) Descriptive Epidemiology of Collegiate Men's Football Injuries: National Collegiate Athletic Association Injury Surveillance System, 1988-1989 through 2003-2004, Journal of Athletic Training, 42 (2): 221-33

[164] Dick, R., J. Hertel, J. Agel, J. Grossman and S.W. Marshall (2007b) Descriptive Epidemiology of Collegiate Men's Basketball Injuries: National Collegiate Athletic Association Injury Surveillance System, 1988-1989 through 2003-2004, Journal of Athletic Training, 42 (2): 194-201

[165] Distefano, L.J., J.T. Blackburn, S.W. Marshall, K.M. Guskiewicz, W.E. Garrett and D.A. Padua (2011) Effect of an Age-Specific Anterior Cruciate Injury Prevention Program on Lower Extremity Biomechanics in Children, American Journal of Sports Medicine, 39 (5): 949-57

[166] Divert, C., G. Mornieux, H. Baur, F. Mayer and A. Belli (2005) Mechanical Comparisons of Barefoot and Shod Running, International Journal of Sports Medicine, 26: 593-8

[167] Drust, B., T. Reilly and N.T. Cable (2000) Physiological Responses to Laboratory-based Soccer-Specific Intermittent and Continuous Exercise, Journal of Sports Sciences, 18: 885-92

[168] Drust, B., T. Reilly and E. Rienzi (1998) Analysis of Work Rate in Soccer, Sports Exercise and Injury, 4 (4): 151-5

[169] Dupont, G., A. McCall, F. Prieur, G. P. Millet and S. Berthoin (2010) Faster Oxygen Uptake Kinetics during Recovery is Related to Better Repeated Sprinting Ability, European Journal of Applied Physiology, 110 (3): 627-34

[170] Dupont, G., K. Akakpo and S. Berthoin (2004) The Effect of In-Season, High-Intensity Interval Training in Soccer Players, Journal of Strength and Conditioning Research, 18 (3): 584-9

[171] Durell, D.L., T.J. Puyol and J.T. Barnes (2003) A Survey of the Scientific Data and Training Methods Utilized by Collegiate Strength and Conditioning Coaches, Journal of Strength and Conditioning Research, 17 (2): 368-73

[172] Duthie, G., D. Pyne and S. Hooper (2003) Applied Physiology and Game Analysis of Rugby Union, Sports Medicine, 33 (13): 973-91

[173] Earle, R.W. and T.R. Baechle (2000) Resistance Training and Spotting Techniques. In Essentials of Strength Training and Conditioning (2nd Edition). Champaign, IL: Human Kinetics Ebben, W.P. and D.O. Blackard (2001) Strength and Conditioning Practices of National Football League Strength and Conditioning Coaches, Journal of Strength and Conditioning Research, 15 (1): 48-58

[174] Ebben, W.P., C. Simenz and R.L. Jensen (2008) Evaluation of Plyometric Intensity Using Electromyography, Journal of Strength and Conditioning Research, 22 (3): 861-8

[175] Ebben, W.P., M.J. Hintz and C.J. Simenz (2005) Strength and Conditioning Practices of Major League Baseball Strength and Conditioning Coaches, Journal of Strength and Conditioning Research, 19 (3): 538-46

[176] Ebben, W.P., R.M. Carroll and C.J. Simenz (2004) Strength and Conditioning Practices of National Hockey League Strength and Conditioning Coaches, Journal of Strength and Conditioning Research, 18 (4): 889-97

[177] Edge, J., D. Bishop and C. Goodman (2006a) The Effects of Training Intensity on Muscle Buffer Capacity in Females, European Journal of Applied Physiology, 96: 97–105

[178] Edge, J., D. Bishop, S. Hill–Haas, B. Dawson and C. Goodman (2006b) Comparison of Muscle Buffer Capacity and Repeated–Sprint Ability of Untrained, Endurance–Trained and Team–Sport Athletes, European Journal of Applied Physiology, 96: 225–34

[179] Emery, C.A. and W.H. Meeuwisse (2010) The Effectiveness of a Neuromuscular Prevention Strategy to Reduce Injuries in Youth Soccer: A Cluster–Randomised Controlled Trial, British Journal of Sports Medicine, 44: 555–62

[180] Emery, C.A. and W.H. Meeuwisse (2001) Risk Factors for Groin Injuries in Hockey, Medicine and Science in Sports and Exercise, 33 (9): 1423–33

[181] Engebretsen, A.H., G. Myklebust, I. Holme, L. Engebretsen and R. Bahr (2010) Intrinsic Risk Factors for Groin Injuries Among Male Soccer Players: A Prospective Cohort Study, American Journal of Sports Medicine, 38 (10): 2051–7

[182] Engebretsen, A.H., G. Myklebust, I. Holme, L. Engebretsen and R. Bahr (2008) Prevention of Injuries among Male Soccer Players: A Prospective, Randomised Intervention Study Targeting Players with Previous Injuries or Reduced Function, American Journal of Sports Medicine, 36 (6): 1052–60

[183] Enoka, R.M. (1997) Neural Adaptations with Chronic Physical Activity, Journal of Biomechanics, 30 (5): 447–55

[184] Ericsson, K. A. (2007) Deliberate Practice and the Modifiability of Body and Mind: Toward a Science of the Structure and Acquisition of Expert and Elite Performance, International Journal of Sport Psychology, 38: 4–34

[185] Escamilla, R.F., K. Yamashiro, L. Paulos, and J.R. Andrews (2009) Shoulder Muscle Activity and Function in Common Shoulder Rehabilitation Exercises, Sports Medicine, 39 (8): 663–85

[186] Escamilla, R.F., S.W. Barrentine, G.S. Fleisig, N. Zheng, Y. Takada, D. Kingsley and J.R. Andrews (2007) Pitching Biomechanics as a Pitcher Approaches Muscular Fatigue during a Simulated Baseball Game, American Journal of Sports Medicine, 35 (1): 23–33

[187] Escamilla, R.F., K.P. Speer, G.S. Fleisig, S.W. Barrentine and J.R. Andrews (2000) Effects of Throwing Overweight and Underweight Baseballs on Throwing Velocity and Accuracy, Sports Medicine, 29 (4): 259–72

[188] Ettema, G., T. Glosen and R. van den Tillar (2008) Effect of Specific Resistance

Training on Overarm Throwing Performance, International Journal of Sports Physiology and Performance, 3: 164–75

[189] Evans, K., K.M. Refshauge and R. Adams (2007) Trunk Muscle Endurance Tests: Reliability and Gender Differences in Athletes, Journal of Science and Medicine in Sport, 10: 447–55

[190] Fabrocini, B. and N. Mercaldo (2003) A Comparison between the Rotator Cuffs of the Shoulder and Hip, Strength and Conditioning Journal, 25 (4): 63–8

[191] Faigenbaum, A.D., W.J. Kraemer, C.J.R. Blimkie, I. Jeffreys, L.J. Micheli, M. Nikta and T.W. Rowland (2009) Youth Resistance Training: Updated Position Statement from the National

[192] Strength and Conditioning Association, Journal of Strength and Conditioning Research, 23 (Suppl 5): S60–S79,

[193] Faigenbaum, A.D. and J. Schram (2004) Can Resistance Training Reduce Injuries in Youth Sports, Strength and Conditioning Journal, 26 (3): 16–21

[194] Falk, B. and G. Tenenbaum (1996) The Effectiveness of Resistance Training in Children. A Metaanalysis, Sports Medicine, 22: 176–86

[195] Farrow, D., W. Young, and L. Bruce, The Development of a Test of Reactive Agility for Netball: A New Methodology, Journal of Science & Medicine in Sport, 8 (1): 52–60

[196] Faude, O., A. Junge, W. Kindermann and J. Dvorak (2005) Injuries in Female Soccer Players: A Prospective Study in the German National League, American Journal of Sports Medicine, 33 (11): 1694–700

[197] Feltner, M.E., D.J. Fraschetti and R.J. Crisp (1999) Upper Extremity Augmentation of Lower Extremity Kinetics during Countermovement Vertical Jumps, Journal of Sports Sciences, 17: 449–66

[198] Fenwick, C.M.J., S.H.M. Brown and S.M. McGill (2009) Comparison of Different Rowing Exercises: Trunk Muscle and Activation and Lumbar Spine Motion, Load and Stiffness, Journal of Strength and Conditioning Research, 23 (5): 1408–17

[199] Fleck, S.J. (1999) Periodized Strength Training: A Critical Review, Journal of Strength and Conditioning Research, 13 (1): 82–9

[200] Fleck, S.J. and W.J. Kraemer (1997) Designing Resistance Training Programs (2nd Edition). Champaign, IL: Human Kinetics Flik, K., S. Lyman and R.G. Marx (2005) American Collegiate Men' s Ice Hockey: An Analysis of Injuries, American

Journal of Sports Medicine, 33（2）: 183–7

[201] Flouris, A.D., G.S. Metsios and Y. Koutedakis（2005）Enhancing the Efficacy of the 20m Multistage Shuttle Run Test, British Journal of Sports Medicine, 39: 166–70

[202] Ford, K.R., G.D. Myer and T.E. Hewett（2010）Longitudinal Effects of Maturation on Lower Extremity Joint Stiffness in Adolescent Athletes, American Journal of Sports Medicine, 38（9）: 1829–37

[203] Ford, K.R., G.D. Myer, R.L. Smith, R.N. Byrnes, S.E. Dopirak and T.E. Hewett（2005）Use of an Overhead Goal Alters Vertical Jump Performance and Biomechanics, Journal of Strength and Conditioning Research, 19（2）: 394–9

[204] Ford, K.R., G.D. Myer and T.E. Hewett（2003）Valgus Knee Motion during Landing in High School Female and Male Basketball Players, Medicine and Science in Sports and Exercise, 35（10）: 1745–50

[205] Foster, C., L.L. Hector, R. Welsh, M. Schrager, M.A. Green and A.C. Snyder（1997）Effects of Specific versus Cross–Training on Running Performance, European Journal of Applied Physiology, 70: 367–72

[206] Fouré, A., A. Nordez and C. Cornu（2010）Plyometric Training Effects on Achilles Tendon Stiffness and Dissipative Properties, Journal of Applied Physiology, 109: 849–54

[207] Fredberg, U., L. Bolvig and N.T. Andersen（2008）Prophylactic Training in Asymptomatic Soccer Players with Ultrasonographic Abnormalities in Achilles and Patellar Tendons: The Danish Super League Study, American Journal of Sports Medicine, 36（3）: 451–60

[208] Frost, D.M., J. Cronin and R.U. Newton（2010）A Biomechanical Evaluation of Resistance: Fundamental Concepts for Training and Sports Performance, Sports Medicine, 40（4）: 303–26

[209] Frost, D.M., J.B. Cronin and D G. Levin（2008）Stepping Backward Can Improve Sprint Performance over Short Distances, Journal of Strength and Conditioning Research, 22（3）: 918–22

[210] Fry, A.C.（2004）The Role of Resistance Exercise Intensity on Muscle Fibre Adaptations, Sports Medicine, 34（10）: 663–79

[211] Fujii, K., Y. Yamada and S. Oda（2010）Skilled Basketball Players Rotate Their Shoulders More During Running while Dribbling, Perceptual and Motor Skills, 110（3）: 983–4

[212] Gabbe，B.J.，K.L. Bennell and C.F. Finch（2006）Why are Older Australian Football Players at Greater Risk of Hamstring Injury?，Journal of Science and Medicine in Sport，9：327–33

[213] Gabbett，T.J.（2008）Do Skill–based Conditioning Games Offer a Specific Training Stimulus for Junior Elite Volleyball Players，Journal of Strength and Conditioning Research，22（2）：509–17

[214] Gabbett，T.J.（2006）Skill–based Conditioning Games as an Alternative to Traditional Conditioning for Rugby League Players，Journal of Strength and Conditioning Research，20（2）：309–15

[215] Gabbett，T.J.（2004）Incidence of Injury in Junior and Senior Rugby League Players，Sports Medicine，34（12）：849–59

[216] Gabbett，T.J.（2002）Training Injuries in Rugby League：An Evaluation of Skill–Based Conditioning Games，Journal of Strength and Conditioning Research，16（2）：236–41

[217] Gabbett，T.，and D. Benton（2009）Reactive Agility of Rugby League Players，Journal of Science and Medicine in Sport，12：212–14

[218] Gaiga，M.C. and D. Docherty（1995）The Effect of an Aerobic Interval Training Program on Intermittent Anaerobic Performance，Canadian Journal of Applied Physiology，20（4）：452–64

[219] Gamble，P.（2011a）Introduction – What Defines Sports Speed and Agility?，In：Training for Sports Speed and Agility – An Evidence–Based Approach，Abingdon，UK：Routledge Gamble，P.（2011b）

[220] Assessing Physical Parameters of Speed and Agility，In：Training for Sports Speed and Agility – An Evidence–Based Approach，Abingdon，UK：Routledge Gamble，P.（2011c）Neuromuscular Training for Balance and Athleticism，In：Training for Sports Speed and Agility – An Evidence–Based Approach，Abingdon，UK：Routledge Gamble，P.（2011d）

[221] Strength Training for Speed and Agility Development，In：Training for Sports Speed and Agility – An Evidence–Based Approach，Abingdon，UK：Routledge Gamble，P.（2011e）

[222] Warm Up Methods and Mobility Training，In：Training for Sports Speed and Agility – An Evidence–Based Approach，Abingdon，UK：Routledge Gamble，P.（2011f）

[223] Technical Aspects of Acceleration and Straight–line Speed Development，In：

Training for Sports Speed and Agility – An Evidence-Based Approach, Abingdon, UK: Routledge Gamble, P. ( 2011g )

[224] Developing Change of Direction Capabilities and Expression of Sports Agility, In: Training for Sports Speed and Agility – An Evidence-Based Approach, Abingdon, UK: Routledge Gamble, P. ( 2008 ) Approaching Physical Preparation for Youth Team Sports Players, Strength and Conditioning Journal, 30 ( 1 ) : 29–42

[225] Gamble, P. ( 2007a ) An Integrated Approach to Training Core Stability, Strength and Conditioning Journal, 29 ( 1 ) : 58–68

[226] Gamble, P. ( 2007b ) Challenges and Game-related Solutions to Metabolic Conditioning for Team Sports Athletes, Strength and Conditioning Journal, 29 ( 4 ) : 60–5

[227] Gamble, P. ( 2006 ) Implications and Applications of Training Specificity for Coaches and Athletes, Strength and Conditioning Journal, 28 ( 3 ) : 54–8

[228] Gamble, P. ( 2005 ) Heavy Ball Complex Training for Development of Pass Velocity in Elite Academylevel Rugby Football Players, In: Specificity in the Physical Preparation of Elite Rugby Union Football Players, unpublished doctoral thesis.

[229] Gamble, P. ( 2004a ) A Skill-based Conditioning Games Approach to Metabolic Conditioning for Elite Rugby Football Players, Journal of Strength and Conditioning Research, 18 ( 3 ) : 491–7

[230] Gamble, P. ( 2004b ) Physical Preparation of Elite Level Rugby Union Football Players Strength and Conditioning Journal, 26 ( 4 ) : 10–23

[231] Garhammer, J. ( 1993 ) A Review of Power Output Studies of Olympic and Powerlifting:

[232] Methodology, Performance Prediction and Evaluation Tests, Journal of Strength and Conditioning Research, 7 ( 2 ) : 76–89

[233] Garraway, W.M., A.J. Lee, D.A.D. MaCleod, J.W. Telfer, I.J. Deary and G.D. Murray ( 1999 ) Factors Influencing Tackle Injuries in Rugby Union Football, British Journal of Sports Medicine, 33: 37–41

[234] Giannakopoulos, K., A. Beneka, P. Malliliou and G. Godolias ( 2004 ) Isolated vs. Complex Exercise in Strengthening the Rotator Cuff Muscle Group, Journal of Strength and Conditioning Research, 18 ( 1 ) : 144–8

[235] Gibala, M.J. and S.L. McGee ( 2008 ) Metabolic Adaptations to Short-Term High-Intensity Interval Training: A Little Pain for a Lot of Gain?, Exercise and Sports Sciences Reviews, 36 ( 2 ) : 58–63

[236] Gibala, M.J., J.P. Little, M. van Essen, G.P. Wilkin, K.A. Burgomaster, A. Safdar, S. Raha and M.A.Tarnopolsky (2006) Short-term Sprint Interval versus Traditional Endurance Training: Similar Initial Adaptations in Human Skeletal Muscle and Exercise Performance, Journal of Physiology, 575 (3): 901-11

[237] Gilchrist, J., B.R. Mandelbaum, H. Melancon, G.W. Ryan, H.J. Silvers, L.Y. Griffin, D.S. Watanabe, R.W. Dick and J. Dvorak (2008) A Randomized Controlled Trial to Prevent Noncontact Anterior Cruciate Ligament Injury in Female Collegiate Soccer Players, American Journal of Sports Medicine, 36 (8): 1476-83

[238] Gillet, E., D. Leroy, R. Thouvarecq, F. Megrot and J.-F. Stein (2010) Movement-Production Strategy in Tennis: A Case Study, Journal of Strength and Conditioning Research, 24 (7): 1942-7

[239] Gilman, M.B. and C.L. Wells (1993) The Use of Heart Rates to Monitor Exercise Intensity in Relation to Metabolic Variables, Sports Medicine, 14 (6): 339-44

[240] Girard, O., A. Mendez-Villanueva and D. Bishop (2011a) Repeated Sprint Ability - Part I: Factors Contributing to Fatigue, Sports Medicine, 41 (8): 673-94

[241] Girard, O., J.-P. Micallef and G.P. Millet (2011b) Changes in Spring-Mass Model Characteristics during Repeated Running Sprints, European Journal of Applied Physiology, 111 (1): 125-34

[242] Gisslen, K., C. Gyulai, K. Soderman and H. Alfredson (2005) High Prevalence of Jumper' s Knee and Sonographic Changes in Swedish Elite Junior Volleyball Players Compared to Matched Controls, British Journal of Sports Medicine, 39: 298-301

[243] Giza, E., K. Mithofer, L. Farrell, B. Zarins and T. Gill (2005) Injuries in Women' s Professional Soccer, British Journal of Sports Medicine, 39: 212-16

[244] Glaister, M., G. Howatson, J.R. Pattison and G. McInnes (2008) The Reliability and Validity of Fatigue Measures during Multiple-Sprint Work: An Issue Revisited, Journal of Strength and Conditioning Research, 22 (5): 1597-601

[245] Glaister, M. (2005) Multiple Sprint Work: Physiological Responses, Mechanisms for Fatigue and the Influence of Aerobic Fitness, Sports Medicine, 35 (9): 757-77

[246] Goldberg, A.S., L. Moroz, A. Smith and T. Ganley (2007) Injury Surveillance in Young Athletes: A Clinician' s Guide to Sports Injury Literature, Sports Medicine, 37 (3): 265-78

[247] Graham, J.E., J. D. Boatwright, M.J. Hunskor and D.C. Howell (2003) Effect of

Active vs. Passive Recovery on Repeat Suicide Run Time, Journal of Strength and Conditioning Research, 17（2）: 338–41

[248] Green, J.P., S.G. Grenier and S.M. McGill（2002）Low–Back Stiffness is Altered with Warm–Up and Bench Rest: Implications for Athletes, Medicine and Science in Sports and Exercise, 34（7）: 1076–81

[249] Greene, D.A. and G.A. Naughton（2006）Adaptive Skeletal Responses to Mechanical Loading during Adolescence, Sports Medicine, 36（9）: 723–32

[250] Griffiths, M.（2005）Putting on the Brakes: Deceleration Training, Strength and Conditioning Journal, 27（1）: 57–8

[251] Gullet, J.C., M.D. Tillman, G.M. Gutierrez, and J.W. Chow（2009）A Biomechanical Comparison of Back and Front Squats in Healthy Trained Individuals, Journal of Strength and Conditioning Research, 23（1）: 284–92

[252] Haff, G.G., R.T. Hobbs, E.E. Haff, W.A. Sands, K.C. Pierce and M.H. Stone（2008）Cluster

[253] Training: A Novel Method for Introducing Training Program Variation, Strength and Conditioning Journal, 30（1）: 67–76

[254] Haff, G.G., A. Whitley, L.B. McCoy, H.S. O' Bryant, J.L. Kilgore, E.E. Haff, K. Pierce and M.H. Stone（2003）Effects of Different Set Configurations on Barbell Velocity and Displacement During a Clean Pull, Journal of Strength and Conditioning Research, 17（1）: 95–103

[255] Hakkinen, K., P.V. Komi, M. Alen and H. Kauhanen（1987）EMG, Muscle Fibre and Force Production Characteristics During a One Year Training Period in Elite Weight–Lifters, European Journal of Applied Physiology, 56: 419–27

[256] Hamill, B.P.（1994）Relative Safety of Weightlifting and Weight Training, Journal of Strength and Conditioning Research, 8（1）: 53–7

[257] Hamill, R.R., J.R. Beazell and J.M. Hart（2008）Neuromuscular Consequences of Low Back Pain and Core Dysfunction, Clinics in Sports Medicine, 27: 449–62

[258] Hamilton, R.T., S.J. Shultz, R.J. Schmitz and D.H. Perrin（2008）Triple–Hop Distance as a Valid Predictor of Strength and Power, Journal of Athletic Training, 43（2）: 144–51

[259] Handford, C., K. Davids, S. Bennett and C. Button（1997）Skill Acquisition in Sport: Some Applications of an Evolving Practice Ecology, Journal of Sports Sciences, 15: 621–40

[260] Hansen, K.T., J.B. Cronin and M.J. Newton (2011) The Effect of Cluster Loading on Force, Velocity and Power During Ballistic Jump Squat Training, International Journal of Sports Physiology and Performance, 6 (4): 455–68

[261] Hanson, A.M., D.A. Padua, J.T. Blackburn, W.E. Prentice and C.J. Hirth (2008) Muscle Activation during Side–Step Cutting Maneuvers in Male and Female Soccer Athletes, Journal of Athletic Training, 43 (2): 133–43

[262] Hardee, J.P., N.T. Triplett, A.C. Utter, K.A. Zwetsloot and J.M. McBride (2012) Effect of Inter–Repetition Rest on Power Output in the Power Clean, Journal of Strength and Conditioning Research, 26 (4): 883–9.

[263] Harman, E. and C. Pandorf (2000) Principles of Test Selection and Administration. In: Essentials of Strength Training and Conditioning (2nd Edition). T.R. Baechle and R.W. Earle (Eds) Champaign, IL: Human KineticsHarman, E., J. Garhammer and C. Pandorf (2000) Administration, Scoring and Interpretation of Selected Tests. In: Essentials of Strength Training and Conditioning (2nd Edition), Champaign, IL: Human Kinetics

[264] Harris, G.R., M.H. Stone, H.S. O' Bryant, C.M. Proulx and R.L. Johnson (2000) Short–term Performance Effects of High Power, High Force, or Combined Weight–Training Methods, Journal of Strength and Conditioning Research, 14 (1): 14–20

[265] Harris, N.K., J.B. Cronin and W.G. Hopkins (2007) Power Outputs of a Machine Squat–Jump across a Spectrum of Loads, Journal of Strength and Conditioning Research, 21 (4): 1260–4

[266] Harris–Hayes, M., S.A. Sahrmann and L.R. van Dillen (2009) Relationship between the Hip and Low Back Pain in Athletes who Participate in Rotation–Related Sports, Journal of Sports Rehabilitation, 18 (1): 60–75

[267] Hawkins, D. and J. Metheny (2001) Overuse Injuries in Youth Sports: Biomechanical Considerations, Medicine and Science in Sports and Exercise, 33 (10): 1701–7

[268] Hawkins, R.D. and C.W. Fuller (1999) A Prospective Epidemiological Study of Injuries in Four English Professional Football Clubs, British Journal of Sports Medicine, 33: 196–203

[269] Hawkins, R.D., M.A. Hulse, C. Wilkinson, A. Hodson and M. Gibson (2001) The Association Football Medical Research Programme: An Audit of Injuries in Professional Football, British Journal of Sports Medicine, 35: 43–7

[270] Headey, J., J.H.M. Brooks and S.P.T. Kemp (2007) The Epidemiology of Shoulder Injuries in English Professional Rugby Union, American Journal of Sports Medicine, 35 (9): 1537–43

[271] Hedrick, A. (2002) Designing Effective Resistance Training Programs: A Practical Example, Strength and Conditioning Journal, 24 (6): 7–15

[272] Hedrick, A. (1999) Using Free Weights to Improve Lateral Movement Performance, Strength and Conditioning Journal, 21 (5): 21–5

[273] Hedrick, A. (1993) Literature Review: High Speed Resistance Training, NSCA Journal, 15 (6): 22–30

[274] Heiderscheidt, B.C., M.A. Sherry, A. Silder, E.S. Chumanov and D.G. Thelen (2010) Hamstring Strain Injuries: Recommendations for Diagnosis, Rehabilitation and Injury Prevention, Journal of Sports and Orthopaedic Sports Physical Therapy, 40 (2): 67–81

[275] Heidt, R.S., L.M. Sweeterman, R.L. Carlonas, J.A. Taub and F.X. Tekulve (2000) Avoidance of Soccer Injuries with Preseason Conditioning, American Journal of Sports Medicine, 28 (5): 659–62

[276] Helgerud, J., L.C. Engen, U. Wisloff and J. Hoff (2001) Aerobic Endurance Training Improves Soccer Performance, Medicine and Science in Sports and Exercise, 33 (11): 1925–31

[277] Hennessy, L. and J. Kilty (2001) Relationship of the Stretch–Shortening Cycle to Sprint Performance in Trained Female Athletes, Journal of Strength and Conditioning Research, 15 (3): 326–31

[278] Herman, D.C., P.S. Weinhold, K.M. Guskiewicz, W.E. Garrett, B. Yu and D.A. Padua (2008) The Effects of Strength Training on the Lower Extremity Biomechanics of Female Recreational Athletes during a Stop–Jump Task, American Journal of Sports Medicine, 36 (4): 733–40

[279] Hertel, J. (2008) Sensorimotor Deficits with Ankle Sprains and Chronic Ankle Instability, Clinics in Sports Medicine, 27: 353–70

[280] Hetzler, R.K., C.D. Stickley, K.M. Lundquist and I.F. Kimura (2008) Reliability and Accuracy of Handheld Stopwatches Compared with Electronic Timing in Measuring Sprint Performance, Journal of Strength and Conditioning Research, 22 (6): 1969–76

[281] Hewett, T.E. and G.D. Myer (2011) The Mechanistic Connection between the

Trunk, Hip, Knee and Anterior Cruciate Ligament Injury, Exercise and Sports Science Reviews, 39 (4): 161–6

[282] Hewett, T.E., J.S. Tong and B.P. Boden (2009) Video Analysis of Trunk and Knee Motion during Non–Contact Anterior Cruciate Ligament Injury in Female Athletes: Lateral Trunk and Knee Abduction Motion are Combined Components of the Injury Mechanism, British Journal of Sports Medicine, 43: 417–22

[283] Hewett, T.E., G.D. Myer and K.R. Ford (2006a) Anterior Cruciate Injuries in Female Athletes, Part 1: Mechanisms and Risk Factors, American Journal of Sports Medicine, 34 (2): 299–311

[284] Hewett, T.E., K.R. Ford and G.D. Myer (2006b) Anterior Cruciate Injuries in Female Athletes, Part 2: A Meta–analysis of Neuromuscular Interventions Aimed at Injury Prevention, American Journal of Sports Medicine, 34 (3): 490–8

[285] Hewett, T.E., G.D. Myer and K.R. Ford (2005) Reducing Knee and Anterior Cruciate Ligament Injuries among Female Athletes, Journal of Knee Surgery, 18 (1): 82–8

[286] Hewett, T.E., T.N. Lindenfield, J.V. Riccobene and F.R. Noyes (1999) The Effect of Neuromuscular Training on the Incidence of Knee Injury in Female Athletes: A Prospective Study, American Journal of Sports Medicine, 27 (6): 699–706

[287] Hibbs, A.E., K.G. Thompson, D. French, A. Wrigley and I. Spears (2008) Optimising Performance by Improving Core Stability and Core Strength, Sports Medicine, 38 (12): 995–1008

[288] Hides, J.A., G.A. Jull and C.A. Richardson (2001) Long–term Effects of Specific Stabilizing Exercises for First–Episode Low Back Pain, Spine, 26: E243–8

[289] Higashihara, A., T. Ono, J. Kubota, T. Okuwaki and T. Fukubayashi (2010) Functional Differences in the Activity of the Hamstring Muscles with Increasing Running Speed, Journal of Sports Sciences, 28 (10): 1085–92

[290] Hill–Haas, S.V., B. Dawson, F.M. Impellizzeri and A.J. Coutts (2011) Physiology of Small–Sided Games Training in Football: A Systematic Review, Sports Medicine, 41 (3): 199–220

[291] Hill–Haas, S.V., G. Rowsell, A.J. Coutts and B. Dawson (2008) The Reproducibility of Physiological Responses and Performance Profiles of Youth Soccer Players in Small–Sided Games, International Journal of Sports Physiology and Performance, 3: 393–6

[292] Hills, A.P., N.A. King and T.P. Armstrong (2007) The Contribution of Physical Activity and Sedentary Behaviours to the Growth and Development of Children and

Adolescents: Implications for Overweight and Obesity, Sports Medicine, 37 (6): 533-45

[293] Hoff, J. (2005) Training and Testing Physical Capacities for Elite Soccer Players, Journal of Sports Sciences, 23 (6): 573-82

[294] Hoff, J., U. Wisloff, L.C. Engen, O.J. Kemi and J. Helgerud (2002) Soccer Specific Aerobic Endurance Training, British Journal of Sports Medicine, 36 (3), 218-21

[295] Hoffman, J.R. and J. Kang (2003) Strength Changes During an In-Season Resistance Training Program for Football, Journal of Strength and Conditioning Research, 17 (1): 109-14

[296] Hoffman, J.R., N.A. Ratamess, J.J. Cooper, J. Kang, A. Chilakos and A.D. Faigenbaum (2005) Comparison of Loaded and Unloaded Jump Squat Training on Strength/Power Performance in College Football Players, Journal of Strength and Conditioning Research, 19 (4): 810-15

[297] Hoffman, J.R., J. Cooper, M. Wendell and J. Kang (2004) Comparison of Olympic vs Traditional Power Lifting Training Programs in Football Players, Journal of Strength and Conditioning Research, 18 (1): 129-35

[298] Hoffman, J.R., S. Epstein, M. Einbinder and Y. Weinstein (1999) The Influence of Aerobic Capacity on Anaerobic Performance and Recovery Indices in Basketball Players, Journal of Strength and Conditioning Research, 13 (4): 407-11

[299] Hoffman, J.R., G. Tenenbaum, C.M. Maresh and W.J. Kraemer (1996) Relationship between Athletic Performance Tests and Playing Time in Elite College Basketball Players, Journal of Strength and Conditioning Research, 10 (2): 67-71

[300] Hoffman, J.R., W.J. Kraemer, A.C. Fry, M. Deschenes and M. Kemp (1990) The Effect of Self- Selection for Frequency of Training in a Winter Conditioning Program for Football, Journal of Applied Sports Science Research, 4 (3): 76-82

[301] Holm, D.J., M. Stalbom, J.W.L. Keogh and J. Cronin (2008) Relationship between the Kinetics and Kinematics of a Unilateral Horizontal Drop Jump to Sprint Performance, Journal of Strength and Conditioning Research, 22 (5): 1589-96

[302] Holmberg, P.M. (2009) Agility Training for Experienced Athletes: A Dynamical Systems Approach, Strength and Conditioning Journal, 31 (5): 73-8

[303] Holmes, A. and E. Delahunt (2009) Treatment of Common Deficits Associated with Chronic Ankle Instability, Sports Medicine, 39 (3): 207-24

[304] Hopper, D.M., P. McNair and B.C. Elliott (1999) Landing in Netball: Effects of Taping and Bracing the Ankle, British Journal of Sports Medicine, 33: 409-13

[305] Hori, N., R.U. Newton, W.A. Andrews, N. Kawamori, M.R. McGuigan and K. Nosaka (2008) Does Performance of Hang Power Clean Differentiate Performance of Jumping, Sprinting and Changing of Direction?, Journal of Strength and Conditioning Research, 22 (2): 412–18

[306] Hrysomallis, C. (2007) Relationship between Balance Ability, Training and Sports Injury Risk, Sports Medicine, 37 (6): 547–56

[307] Hsu, W–S., J.A. Fisk, Y.Yamamoto, R.E. Debski and S.L–Y. Woo (2006) Differences in Torsional

[308] Joint Stiffness of the Knee Between Genders: A Human Cadaveric Study, American Journal of Sports Medicine, 34 (5): 765–70

[309] Hume, P.A. and J.R. Steele (2000) A Preliminary Investigation of Injury Prevention Strategies in Netball: Are Players Heeding the Advice?, Journal of Science & Medicine in Sport, 3 (4): 406–13

[310] Hunter, J.P., R.N. Marshall and P.J. McNair (2005) Relationships between Ground Reaction Force Impulse and Kinematics of Sprint–Running Acceleration, Journal of Applied Biomechanics, 21: 31–43

[311] Hydock, D. (2001) The Weightlifting Pull in Power Development, Strength and Conditioning Journal, 23 (1): 32–37

[312] Iaia, F.M. and J. Bangsbo (2010) Speed–Endurance Training is a Powerful Stimulus for Physiological Adaptations and Performance Improvements in Athletes, Scandinavian Journal of Medicine and Science in Sports, 20 (Suppl 2): 11–23

[313] Impellizzeri, F.M., E. Rampinini, C. Castagna, D. Bishop, D. Ferrari Bravo, A. Tibaudi and U. Wisloff (2008) Validity of a Repeated–Sprint Test for Football, International Journal of Sports Medicine, 29: 899–905

[314] Impellizzeri, F.M., E. Rampinini and S.M. Marcora (2005) Physiological Assessment of Aerobic Training in Soccer, Journal of Sports Sciences, 23 (6): 583–92

[315] Imwalle, L.E., G.D. Myer, K.R. Ford and T.E. Hewett (2009) Relationship between Hip and Knee Kinematics in Athletic Women during Cutting Maneuvers: A Possible Link to Noncontact Anterior Cruciate Ligament Injury and Prevention, Journal of Strength and Conditioning Research, 23 (8): 2223–30

[316] Ingersoll, C.D., T.L. Grindstaff, B.G. Pietrosimone and J.M. Hart (2008) Neuromuscular Consequences of Anterior Cruciate Ligament Injury, Clinics in Sports Medicine, 27: 383–404

[317] Issurin, V.B. ( 2010 ) New Horizons for the Methodology and Physiology of Training Periodization, Sports Medicine, 40 ( 3 ) : 189–206

[318] Ives, J.C. and G.A. Shelley ( 2003 ) Psychophysics in Functional Strength and Power Training: Review and Implementation Framework, Journal of Strength and Conditioning Research, 17 ( 1 ) : 177–86

[319] Jeffreys, I. ( 2006 ) Motor Learning – Applications for Agility, Part 1, Strength and Conditioning Journal, 28 ( 5 ) : 72–6

[320] Jeffreys, I. ( 2004 ) The Use of Small–sided Games in the Metabolic Training of High School Soccer Players, Strength and Conditioning Journal, 26 ( 5 ) : 77–8

[321] Jenkins, J.R. ( 2003 ) The Transverse Abdominis and Reconditioning the Lower Back, Strength and Conditioning Journal, 25 ( 6 ) : 60–6

[322] Jones, A.M. and H. Carter ( 2000 ) The Effect of Endurance Training on Parameters of Aerobic Fitness, Sports Medicine, 29 ( 6 ) : 373–86

[323] Jones, K., G. Hunter, G. Fleisig, R. Escamilla and L. Lemak ( 1999 ) The Effects of Compensatory Acceleration on Upper–Body Strength and Power in Collegiate Football Players, Journal of Strength and Conditioning Research, 13 ( 2 ) : 99–105

[324] Jones, M.T., J.P. Ambegaonkar, B.C. Nindl, J.A. Smith and S.A. Headley ( 2012 ) Effects of Unilateral and Bilateral Lower–Body Heavy Resistance Exercise on Muscle Activity and Testosterone Responses, Journal of Strength and Conditioning Research, 26 ( 4 ) : 1094–100

[325] Juker, D., S.M. McGill, P. Kropf and S. Thomas ( 1998 ) Quantitative Intramuscular Myoelectric Activity of Lumbar Portions of Psoas and the Abdominal Wall during a Wide Variety of Tasks, Medicine and Science in Sports and Exercise, 30 ( 2 ) : 301–10

[326] Junge, A. and J. Dvorak ( 2004 ) Soccer Injuries: A Review on Incidence and Prevention, Sports Medicine, 34 ( 13 ) : 929–38

[327] Jungers, W.L. ( 2010 ) Barefoot Running Strikes Back, Nature, 463: 433–4

[328] Kaila, R. ( 2007 ) Influence of Modern Studded and Bladed Soccer Boots and Sidestep Cutting on Knee Loading during Match Play Conditions, American Journal of Sports Medicine, 35 ( 9 ) : 1528–36

[329] Kaplan, L.D., D.C. Flanigan, J. Norwig, P. Jost and J. Bradley ( 2005 ) Prevalence and Variance of Shoulder Injuries in Elite Collegiate Football Players, American Journal of Sports Medicine, 33 ( 8 ) : 1142–6

[330] Kawakami, Y., T. Muraoka, S. Ito, H. Kanehisa and T. Fukunaga ( 2002 ) In

Vivo Muscle Fibre

[331] Behaviour during Counter-Movement Exercise in Humans Reveals a Significant Role for

[332] Tendon Elasticity，Journal of Physiology，540（2）：635-46

[333] Kawamori，N.，A.J. Crum，P.A. Blumert，J.R. Kulik，J.T. Childers，J.A. Wood，M.H. Stone and G.G. Haff（2005）Influence of Different Relative Intensities on Power Output during the Hang Power Clean：Identification of the Optimal Load，Journal of Strength and Conditioning Research，19（3）：698-708

[334] Kettunen，J.A.，M. Kvist，E. Alanen and U.M. Kujala（2002）Long-Term Prognosis for Jumper' s Knee in Male Athletes，American Journal of Sports Medicine，30（5）：689-92

[335] Kibler，W.B.，J. Press and A. Sciascia（2006）The Role of Core Stability in Athletic Function，Sports Medicine，36（3）：189-98

[336] Kidgell，D.J.，D.M. Horvath，B.M. Jackson and P.J. Seymour（2007）Effect of Six Weeks of Dura Disc and Mini-Trampoline Balance Training on Postural Stability in Athletes with Functional Ankle Instability，Journal of Strength and Conditioning Research，21（2）：466-9

[337] Kiely，J.（2010）New Horizons of the Methodology and Physiology of Training Periodization. Block Periodization：New Horizon or False Dawn?，Sports Medicine，40（9）：803-7

[338] Kilduff，L.P.，H.R. Bevan，M.I.C. Kingsley，N.J. Owen，M.A. Bennett，P.J. Bunce，A.M. Hore，J.R.Maw and D.J. Cunningham（2007）Postactivation Potentiation in Professional Rugby Players：Optimal Recovery，Journal of Strength and Conditioning Research，21（4）：1134-8

[339] Klavora，P.，Vertical Jump Tests：A Critical Review（2000）Strength and Conditioning Journal，22（5）：70-5

[340] Knapik，J.J，Bauman，C.L.，B.H. Jones，J.M. Harris and L. Vaughan（1991）Preseason Strength andFlexibility Imbalances Associated with Athletic Injuries in Female Collegiate Athletes，AmericanJournal of Sports Medicine，19：76-81

[341] Kofotolis，N. and E. Kellis（2007）Ankle Sprain Injuries：A 2-Year Prospective Cohort Study inFemale Greek Professional Basketball Players，Journal of Athletic Training，42（3）：388-94

[342] Kollias，I.，V. Panoutsakopoulos and G. Papaiakovou（2004）Comparing Jumping

Ability among Athletes of Various Sports：Vertical Drop Jumping From 60 Centimeters，Journal of Strength and Conditioning Research，18（3）：546–50

[343] Kraemer，R. and K. Knobloch（2009）A Soccer–Specific Balance Training Program for Hamstring Muscle and Patellar and Achilles Tendon Injuries，American Journal of Sports Medicine，37（7）：1384–93

[344] Kraemer，W.J.（2000）Endocrine Responses to Resistance Exercise，In：Essentials of Strength Training and Conditioning（2nd Edition），Baechle T.R. and R.W. Earle（Eds）Champaign，IL：Human Kinetics Kraemer，W.J.（1997）A Series of Studies – The Physiological Basis for Strength Training in American Football：Fact over Philosophy，Journal of Strength and Conditioning Research，11（3）：131–42

[345] Kraemer，W.J. and S.J. Fleck（2005）Strength Training for Young Athletes（2nd Edition）. Champaign，IL：Human Kinetics Kraemer，W.J. and N.A. Ratamess（2005）Hormonal Responses and Adaptations to Resistance Exercise and Training，Sports Medicine，35（4）：339–61

[346] Kraemer，W.J. and A.L. Gomez（2001）Establishing a Solid Fitness Base. In：High–Performance Sports Conditioning，B. Foran Ed. Champaign，IL：Human Kinetics Kraemer，W.J.，K. Adams，E. Cafarelli，G.A. Dudley，C. Dooly，M.S. Feigenbaum，S.J. Fleck，B.Franklin，A.C. FRY，J.R. Hoffman，R.U. Newton，J. Potteiger，M.H. Stone，N.A. Ratamess and T. Triplett–McBride（2002）

[347] American College of Sports Medicine Position Stand：Progression Models in Resistance Training for Healthy Adults，Medicine and Science in Sports and Exercise，34（2）：364–80

[348] Kraemer，W.J.，J.F. Patton，S.E. Gordon，E.A. Harman，M.R. Deschenes，K. Reynolds，R.U.

[349] Newton，N.T. Triplett and J.E. Dziados（1995）Compatibility of High–intensity Strength and Endurance Training on Hormonal and Skeletal Muscle Adaptations，Journal of Applied Physiology，78（3）：976–89

[350] Kristensen，G.O.，R. van den Tillar and G.J.C. Ettema（2006）Velocity Specificity in Early–Phase Sprint Training，Journal of Strength and Conditioning Research，20（4）：833–7

[351] Krustrup，P.，M. Mohr，T. Amstrup，T. Rysgaard，L. Johansen，A. Steensberg，P.K. Pedersen and J.Bangsbo（2003）The Yo–Yo Intermittent Recovery Test：Physiological Response，Reliability and Validity，Medicine and Science in Sports and

Exercise，35（4）：697–705

[352] Kubukeli，Z.N.，T.D. Noakes and S.C. Dennis（2010）Training Techniques to Improve Endurance Exercise Performances，Sports Medicine，32（8）：489–509

[353] Kugler，F. and L. Janshen（2010）Body Position Determines Propulsive Forces in Accelerated Running，Journal of Biomechanics，43：343–8

[354] Kujala，U.M.，S. Taimela，M. Erkalinto，J.J. Salminen and J. Kaprio（1996）Low–back Pain in Adolescent Athletes，Medicine and Science in Sports and Exercise，28（2）：165–70

[355] Lachowetz，T.，J. Evon and J. Pastiglione（1998）The Effect of an Upper Body Strength Program on Intercollegiate Baseball Throwing Velocity，Journal of Strength and Conditioning Research，12（2）：116–19

[356] Lajtai，G.，C.W.A. Pfirmann，G. Aitzetmuller，C. Pirkl，C. Gerber and B. Jost（2009）The Shoulders of Professional Beach Volleyball Players：High Prevalence of Infraspinatus Muscle Atrophy，American Journal of Sports Medicine，37（7）：1375–83

[357] Lakomy，J. and D.T. Haydon（2004）The Effects of Enforced，Rapid Deceleration on Performance in a Multiple Sprint Test，Journal of Strength and Conditioning Research，18（3）：579–83

[358] Lamberts，R.P.，S. Maskell，J. Borresen and M.I. Lambert（2011）Adapting Workload Improves the Measurement of Heart Rate Recovery，International Journal of Sports Medicine，32：698–702

[359] Lambson，R.B，，B.S. Barnhill and R.W. Higgins（1996）Football Cleat Design and Its Effect on Anterior Cruciate Ligament Injuries：A Three–Year Prospective Study，American Journal of Sports Medicine，24（5）：705–6

[360] Landry，S.C.，K.A. McKean，C.L. Hubley–Kozey，W.D. Stanish and K.J. Deluzio（2997）Neuromuscular and Lower Limb Biomechanical Differences Exist between Male and Female Adolescent Soccer Players during an Unanticipated Side–cut Maneuver，American Journal of Sports Medicine，35（11）：1888–900

[361] Laursen，P.B.（2010）Training for Intense Exercise Performance；High–Intensity or High–Volume Training?，Scandinavian Journal of Medicine and Science in Sports，20（2）：1–10

[362] Laursen，P.B. and D.G. Jenkins（2002）The Scientific Basis for High–Intensity Interval Training：Optimising Training Programmes and Maximising Performance in Highly Trained Endurance Athletes，Sports Medicine，32（1）：53–73

[363] Lawson，B.R.，T.M. Stephens II，D.E. DeVoe and R.F. Reiser II（2006）Lower-Extremity Bilateral Differences during Step-Close and No-Step Countermovement Jumps with Concern for Gender，Journal of Strength and Conditioning Research，20（3）：608-19

[364] Leetun，D.T.，M.L. Ireland，J.D. Willson，B.T. Ballantyne and I.M. Davis（2011）Core Stability Measures as Risk Factors for Lower Extremity Injury in Athletes，Medicine and Science in Sports and Exercise，36（6）：926-34

[365] Legaz-Arrese，A.，D. Munguia-Izquierdo，L.E. Carranza-Garcia and C.G. Torres-Davila（2011）

[366] Validity of the Wingate Anaerobic Test for the Evaluation of Elite Runners，Journal of Strength and Conditioning Research，25（3）：819-24

[367] Leger，L.A. and R. Boucher（1980）An Indirect Continuous Running Multistage Field Test：The Universit é de Montreal Track Test，Canadian Journal of Applied Sports Sciences，5（2）：77-84

[368] Leger，L.A.，V. Seliger and L. Brassard（1979）Comparisons among $VO_2$max Values for Hockey Players and Runners，Canadian Journal of Applied Sports Sciences，4：18-21

[369] Lehnhard，R.A.，H.R. Lehnhard，R. Young and S.A. Butterfield（1996）Monitoring Injuries on a College Soccer Team：The Effect of Strength Training，Journal of Strength and Conditioning Research，10（2）：115-19

[370] Lemmink，K.A.P.M.，C. Visscher，M.I. Lambert and R.P. Lamberts（2004）The Interval Shuttle Run Test for Intermittent Sport Players：Evaluation of Reliability，Journal of Strength and Conditioning Research，18（4）：821-7

[371] Lephart，S.M.，J.P. ABT，C.M. Ferris，T.C. Sell，T. Nagai，J.B. Myers and J.J. Irrgang（2005）

[372] Neuromuscular and Biomechanical Characteristic Changes in High School Athletes：A Plyometric versus Basic Resistance Program，British Journal of Sports Medicine，39：932-8

[373] Lephart，S.M.，D.M. Pincivero and S.L. Rozzi（1998）Proprioception of the Ankle and Knee，Sports Medicine，25（3）：149-55

[374] Leveritt，M. and P.J. Abernethy（1999）Acute Effects of High-Intensity Endurance Exercise on Subsequent Resistance Activity，Journal of Strength and Conditioning Research，13（1）：47-51

[375] Lewis，C.L. and S.A. Sahrmann（2009）Muscle Activation and Movement Patterns

during Prone Hip Extension Exercise in Women, Journal of Athletic Training, 44（3）: 238–48

[376] Lewis, C.L., S.A. Sahrmann and D.W. Moran（2009）Effect of Position and Alteration in Synergist Muscle Force Contribution on Hip Forces when Performing Hip Strengthening Exercises, Clinical Biomechanics, 24（1）: 35–42

[377] Lieberman, D.E., M. Venkadesan, W.A. Werbel, A.I. Daoud, S. D' Andrea, I.S. Davis, R. Ojiambo Mang' eni and Y. Pitsiladis（2010）Foot Strike Patterns and Collision Forces in Habitually Barefoot versus Shod Runners, Nature, 463: 531–5

[378] Liemohn, W.P., T.A. Baumgartner and L.H. Gagnon（2005）Measuring Core Stability, Journal of Strength and Conditioning Research, 19（3）: 583–6

[379] Lintner, D., M. Mayol, O. Uzodinma, R. Jones and D. Labossiere（2007）Glenohumeral Internal Rotation Deficits in Professional Pitchers Enrolled in an Internal Rotation Stretching Program, American Journal of Sports Medicine, 35（4）: 617–21

[380] Little, T. and A.G. Williams（2007）Effects of Sprint Duration and Exercise: Rest Ratio on Repeated Sprint Performance and Physiological Responses in Professional Soccer Players, Journal of Strength and Conditioning Research, 21（2）: 646–8

[381] Little, T. and A.G. Williams（2006a）Effects of Differential Stretching Protocols during Warm-Ups on High-Speed Motor Performance in Professional Soccer Players, Journal of Strength and Conditioning Research, 20（1）: 203–7

[382] Little, T and A.G. Williams（2006b）Suitability of Soccer Training Drills for Endurance Training, Journal of Strength and Conditioning Research, 20（2）: 316–19

[383] Little, T. and A.G. Williams（2005）Specificity of Acceleration, Maximum Speed and Agility in Professional Soccer Players, Journal of Strength and Conditioning Research, 19（1）: 76–8

[384] Lockie, R.G., A.J. Murphy and C.D. Spinks（2003）Effects of Resisted Sled Towing on Sprint Kinematics in Field-Sport Athletes, Journal of Strength and Conditioning Research, 17（4）: 760–7

[385] Lynch, S.A. and P.A.F.H. Renstrom（1999）Groin Injuries in Sport: Treatment Strategies, Sports Medicine, 28（2）: 137–44

[386] Lyttle, A.D., G.J. Wilson and K.J. Ostrowski（1996）Enhancing Performance: Maximal Power versus Combined Weights and Plyometrics Training, Journal of Strength and Conditioning Research, 10（3）: 173–9

[387] Mackay, M., A. Scanlan, L. Olsen, D. Reid, M. Clark, K. McKim and P.

Raina（2004）Looking for the Evidence：A Systematic Review of Prevention Strategies Addressing Sport and Recreational Injury among Children and Youth，Journal of Science and Medicine in Sport，7（1）：58–73

[388] McBride，J.M.，T.L. Haines and T.J. Kirby（2011）Effect of Loading on Peak Power of the Bar，Body and System during Power Cleans，Squats and Jump Squats，Journal of Sports Sciences，29（11）：1215–21

[389] McBride，J.M.，G.O. McCaulley and P. Cormie（2008）Influence of Preactivity and Eccentric Muscle Activity on Concentric Performance during Vertical Jumping，Journal of Strength and Conditioning Research，22（3）：750–7

[390] McBride，J.M.，T. Triplett–McBride，A. Davie and R.U. Newton（1999）A Comparison of Strength and Power Characteristics between Power Lifters，Olympic Lifters and Sprinters，Journal of Strength and Conditioning Research，13（1）：58–66 McConnell，T.R.（2001）Cardiorespiratory Assessment of Apparently Healthy Individuals. In：ACSM' s Resource Manual for Guidelines for Exercise Testing and Prescription（4th Edition），J.L.Roitman Ed.，Balimore，MD：Lippincott Williams & Wilkins McCurdy，K. and C. Conner（2003）

[391] Unilateral Support Training Incorporating the Hip and Knee，Strength and Conditioning Journal，25（2）：45–51

[392] McCurdy，K.W.，G.A. Langford，M.W. Doscher，L.P. Wiley and K.G. Mallard（2005）The Effects of Short–Term Unilateral and Bilateral Lower–Body Resistance Training on Measures of Strength and Power，Journal of Strength and Conditioning Research，19（1）：9–15

[393] McEvoy，K.P. and R.U. Newton（1998）Baseball Throwing Speed and Base Running Speed：The Effects of Ballistic Resistance Training，Journal of Strength and Conditioning Research，12（4）：216–21

[394] McGee，K.J. and L.N. Burkett（2003）The National Football League Combine：A Reliable Predictor of Draft Status，Journal of Strength and Conditioning Research，17（1）：6–11

[395] McGill，S.M.（2010）Core Training：Evidence Translating to Better Performance and Injury Prevention，Strength and Conditioning Journal，32（3）：33–46

[396] McGill，S.M.（2007a）Functional Anatomy of the Lumbar Spine，In：Low Back Disorders：Evidencebased Prevention and Rehabilitation（2nd Edition），Champaign，IL：Human Kinetics McGill，S.M.（2007b）

[397] Normal and Injury Mechanics of the Lumbar Spine, In: Low Back Disorders: Evidence-based Prevention and Rehabilitation（2nd Edition）, Champaign, IL: Human Kinetics McGill, S.M.（2007c）

[398] Building Better Rehabilitation Programs for Low Back Injuries, In: Low Back Disorders: Evidence-based Prevention and Rehabilitation（2nd Edition）, Champaign, IL: Human Kinetics McGill, S.M.（2007d）

[399] Evaluating the Patient, In: Low Back Disorders: Evidence-based Prevention and Rehabilitation（2nd Edition）, Champaign, IL: Human Kinetics McGill, S.M.（2006a）Developing the Program. In: Ultimate Back Fitness and Performance（3rd Edition）, Ontario, Canada: Wabuno McGill, S.M.（2006b）Evaluating and Qualifying the Athlete/Client. In: Ultimate Back Fitness and Performance（3rd Edition）, Ontario, Canada: Wabuno McGill, S.M.（2006c）

[400] Fundamental Principles of Movement and Causes of Movement Error. In: Ultimate Back Fitness and Performance（3rd Edition）, Ontario, Canada: Wabuno McGill, S.M.（2006d）Laying the Foundation: Why We Need a Different Approach. In: Ultimate Back Fitness and Performance（3rd Edition）, Ontario, Canada: Wabuno

[401] McGill, S.M.（2006e）Stage 4: Developing Ultimate Strength. In: Ultimate Back Fitness and Performance（3rd Edition）, Ontario, Canada: Wabuno

[402] McGill, S.M.（2006f）Stage 1: Groove Motion/Motor Patterns and Corrective Exercise. In: Ultimate Back Fitness and Performance（3rd Edition）, Ontario, Canada: Wabuno McGill, S.M., J.D. Chaimberg, D.M. Frost and C.M.J. Fenwick（2010）Evidence of a Double Peak in Muscle Activation to Enhance Strike Speed and Force: An Example with Elite Mixed Martial Arts Fighters, Journal of Strength and Conditioning Research, 24（2）: 348-57

[403] McGuine, T.A. and J.S. Keene（2006）The Effect of a Balance Training Program on the Risk of Ankle Sprains in High School Athletes, American Journal of Sports Medicine, 34（7）: 1103-11

[404] McHugh, M.P., T.F. Tyler, M.R. Mirabella, M.J. Mullaney and S.J. Nicholas（2007）The Effectiveness of a Balance Training Intervention in Reducing the Incidence of Noncontact Ankle Sprains in High School Football Players, American Journal of Sports Medicine, 35（8）: 1289-94

[405] McHugh, M.P., T.F. Tyler, D.T. Tetro, M.J. Mullaney and S.J. Nicholas（2006）Risk Factors for Noncontact Ankle Sprains in High School Athletes: The Role of Hip

Strength and Balance Ability, American Journal of Sports Medicine, 34 ( 3 ) : 464–70

[406] McInnes, S.E., J.S. Carlson, C.J. Jones and M.J. McKenna ( 1995 ) The Physiological Load Imposed on Basketball Players during Competition, Journal of Sports Sciences, 13: 387–97

[407] McKay, G.D., P.A. Goldie, W.R. Payne, B.W. Oakes ( 2001 ) Ankle Injuries in Basketball: Injury Rate and Risk Factors, British Journal of Sports Medicine, 35: 103–8

[408] McKeon, P.O. and J. Hertel ( 2008 ) Systematic Review of Postural Control and Lateral Ankle Instability, Part I: Can Deficits be Detected with Instrumented Testing?, Journal of Athletic Training, 43 ( 3 ) : 293–301

[409] McKeon, P.O. and C.G. Mattacola ( 2008 ) Interventions for the Prevention of First Time and Recurrent Ankle Sprains, Clinics in Sports Medicine, 27: 371–82

[410] McKeon, P.O., C.D Ingersoll, D.C. Kerrigan, E. Saliba, B.C. Bennett and J. Hertel ( 2008 ) Balance Training Improves Function and Postural Control in Those with Chronic Ankle Instability, Medicine and Science in Sports and Exercise, 40 ( 10 ) : 1810–19

[411] McLean, S.G., S.W. Lipfert and A.J. van den Bogert ( 2004 ) Effect of Gender and Defensive Opponent on the Biomechanics of Sidestep Cutting, Medicine and Science in Sports and Exercise, 36 ( 6 ) : 1008–16

[412] McManus, A.M. and N. Armstrong ( 2008 ) The Elite Young Athlete, In: Paediatric Exercise Scienceand Medicine, N. Armstrong and M.V. Mechelen ( Eds ) , Oxford, UK: Oxford University Press McManus, A. and D.S. Cross ( 2004 ) Incidence of Injury in Elite Junior Rugby Union: A Prospective Descriptive Study, Journal of Science and Medicine in Sport, 7 ( 4 ) : 438–45

[413] McManus, A.M., C.H. Cheng, M.P. Leung, T.C. Yung and D.J. Macfarlane ( 2005 ) Improving Aerobic Power in Primary School Boys: A Comparison of Continuous and Interval Training, International Journal of Sports Medicine, 26: 781–6

[414] McMaster, D.T., N.D. Gill, J.B. Cronin and M.R. McGuigan ( 2011 ) Accelerometer Placement Greatly Affects Jump Kinematics and Kinetics, Poster Presentation, SPRINZ conference, Auckland McMillan, K., J. Helgerud, S.J. Grant, J. Newell, J. Wilson, R. MacDonald and J. Hoff ( 2005a )

[415] Lactate Threshold Responses to a Season of Professional British Youth Soccer, British Journal of Sports Medicine, 39: 432–6

[416] McMillan, K., J. Helgerud, R. MacDonald and J. Hoff ( 2005b ) Physiological Adaptations to Soccer Specific Endurance Training in Professional Youth Soccer Players,

British Journal of Sports Medicine，39：273–7

[417] Maffey，L. and C. Emery（2007）What are the Risk Factors for Groin Strain Injury in Sport?：A Systematic Review of the Literature，Sports Medicine，37（10）：881–94

[418] Malina，R.M.（2010）Early Sport Specialization：Roots，Effectiveness，Risks，Current Sports Medicine Reports，9（6）：364–71

[419] Malina，R.M.（2009）Children and Adolescents in the Sport Culture：The Overwhelming Majority to the Select Few，Journal of Exercise Science and Fitness，7（2）Suppl：S1–S10

[420] Malina，R.M.，C. Bouchard and O. Bar–Or（2004）Growth，Maturation and Physical Activity（2nd Edition）. Champaign，IL：Human Kinetics Malisoux，L. M. Francaux，H. Nielens and D. Theisen（2006）Stretch–shortening Cycle Exercises：An Effective Training Paradigm to Enhance Power Output of Human Single Muscle Fibers，Journal of Applied Physiology，100：771–9

[421] Malliou，P.C.，K. Giannakopoulos，A.G. Beneka，A. Gioftsidou and G. Godolias（2004）Effective Ways of Restoring Muscular Imbalances of the Rotator Cuff Muscle Group：A ComparativeStudy of Various Training Methods，British Journal of Sports Medicine，38：766–72

[422] Mandelbaum，B.R.，H.J. Silvers，D.S. Wanatabe，J.F. Knarr，S.D. Thomas，L.Y. Griffin，D.T. Kirkendall and W. Garrett（2005）Effectiveness of a Neuromuscular and Proprioceptive Training Program in Preventing Anterior Cruciate Ligament Injuries in Female Athletes：2–Year Follow–up，American Journal of Sports Medicine，33（7）：1003–10

[423] Markovic，G.（2007）Does Plyometric Training Improve Vertical Jump Height? A Meta–Analytical Review，British Journal of Sports Medicine，41：349–55

[424] Markovic，G.，D. Dizdar，I，Jukic and M. Cardinale（2004）Reliability and Factorial Validity of Squat and Countermovement Jump Tests，Journal of Strength and Conditioning Research，18（3）：551–5

[425] Matavulj，D.，M. Kukolj，D. Ugarkovic，J. Tihanyi and S. Jaric（2001）Effects of Plyometric Training on Jumping Performance in Junior Basketball Players，Journal of Sports Medicine and Physical Fitness，41：159–64

[426] Matos，N. and R.J. Winsley（2007）Trainability of Young Athletes and Overtraining，Journal of Sports Science and Medicine，6：353–67

[427] Matuszak，M.E.，A.C. Fry，L.W. Weiss，T.R. Ireland and M.M. McKnight（2003）Effect of Rest Interval Length on Repeated 1 Repetition Maximum Back Squats，

Journal of Strength and Conditioning Research，17（4）：634–7

[428] Maughan，R. and M. Gleeson（2004）The Games Player，In：The Biochemical Basis of Sports Performance，Oxford University Press Meeuwisse，W.H.，R. Sellmer and B.E. Hagel（2003）Rates and Risks of Injury during Intercollegiate Basketball，American Journal of Sports Medicine，31（3）：379–85

[429] Meir，R.，R.U. Newton，E. Curtis，M. Fardell and B. Butler（2001）Physical Fitness Qualities of Professional Rugby League Football Players：Determination of Positional Differences，Journal of Strength and Conditioning Research，15（4）：450–8

[430] Mendiguchia，J.，E. Alentorn–Gelli and M. Brughelli（2012）Hamstring Strain Injuries：Are We Heading in the Right Direction?，British Journal of Sports Medicine，46（2）：81–5

[431] Mendiguchia，J.，K.R. Ford，C.E. Quatman，E. Alentorn–Geli and T.E. Hewett（2011）Sex Differences in Proximal Control of the Knee Joint，Sports Medicine，41（7）：541–57

[432] Merlau，S.（2005）Recovery Time Optimization to Facilitate Motor Learning during Sprint Intervals，Strength and Conditioning Journal，27（2）：68–74

[433] Mero，A. and P.V. Komi（1994）EMG，Force and Power Analysis of Sprint–Specific Strength Exercises，Journal of Applied Biomechanics，10：1–13

[434] Metaxas，T.I.，N.A. Koutlianos，E.J. Kouidi and A.P. Deligiannis（2005）Comparative Study of Field and Laboratory Tests for the Evaluation of Aerobic Capacity in Soccer Players，Journal of Strength and Conditioning Research，19（1）：79–84

[435] Meylan，C.M.P.，K. Nosaka，J.P. Green and J.B. Cronin（2010）Variability and Influence of Eccentric Kinematics on Unilateral Vertical，Horizontal and Lateral Countermovement Jump Performance，Journal of Strength and Conditioning Research，24（3）：840–5

[436] Meylan，C.，T. McMaster，J. Cronin，N.I. Mohammad，C. Rogers and M. Deklerk（2009）Single–leg Lateral，Horizontal and Vertical Jump Assessment：Reliability，Interrelationships and Ability to Predict Sprint and Change–of–Direction Performance，Journal of Strength and Conditioning Research，23（4）：1140–7

[437] Meylan，C.，J. Cronin and K. Nosaka（2008）Isoinertial Assessment of Eccentric Muscular Strength，Strength and Conditioning Journal，30（2）：56–64

[438] Midgley，A.W.，L.R. McNaughton and M. Wilkinson（2006）Is there an Optimal Training Intensity for Enhancing the Maximal Oxygen Uptake of Distance Runners.

Empirical Research Findings, Current Opinions, Physiological Rationale and Practical Recommendations, Sports Medicine, 36（2）: 117–32

[439] Mihata, L.C., A.I. Beutler and B.P. Boden（2006）Comparing the Incidence of Anterior Cruciate Ligament Injury in Collegiate Lacrosse, Soccer and Basketball Players: Implications for Anterior Cruciate Ligament Mechanism and Prevention, American Journal of Sports Medicine, 34（6）: 899–904

[440] Mikkola, J.S., H.K. Rusko, A.T. Nummela, L.M. Paavolainen and K. Hakkinen（2007）Concurrent Endurance and Explosive Type Strength Training Increases Activation and Fast Force Production of Leg Extensor Muscles in Endurance Athletes, Journal of Strength and Conditioning Research, 21（2）: 613–20

[441] Millet, G.P., R.B. Candau, B. Barbier, T. Busso, J.D. Rouillon and J.C. Chatard（2002a）Modelling the Transfers of Training Effects on Performance in Elite Triathletes, International Journal of Sports Medicine, 23: 55–63

[442] Millet, G.P., B. Jaouen, F. Borrani and R. Candau（2002b）Effects of Concurrent Endurance and Strength Training on Running Economy and VO2 Kinetics, Medicine and Science in Sports and Exercise, 34（8）: 1351–9

[443] Mirkov, D., A. Nedeljkovic, M. Kukolj, D. Ugarkovic and S. Jaric（2008）Evaluation of the Reliability of Soccer–Specific Field Tests, Journal of Strength and Conditioning Research, 22（4）: 1046–50

[444] Mohammadi, F（2007）Comparison of Three Preventive Methods to Reduce the Recurrence of Ankle Inversion Sprains in Male Soccer Players, American Journal of Sports Medicine, 35（6）: 922–6

[445] Molsa, J., U. Kujala, P. Myllynen, I. Torstila and O. Airaksinen（2003）Injuries to the Upper Extremity in Ice Hockey: Analysis of a Series of 760 Injuries, American Journal of Sports Medicine, 31（5）: 751–7

[446] Monteiro, A.G., M.S. Aoki, A.L. Evangelista, D.A. Alveno, G.A. Monteiro, I.D.C. Picarro and C. Ugrinowitsch（2009）Nonlinear Periodization Maximises Strength Gains in Split Resistance Training Routines, Journal of Strength and Conditioning Research, 23（4）: 1321–6

[447] Montgomery, S. and M. Haak（1999）Management of Lumbar Injuries in Athletes, Sports Medicine, 27（2）: 135–41

[448] Moore, A. and A. Murphy（2003）Development of an Anaerobic Capacity Test for Field Sports Athletes, Journal of Science and Medicine in Sport, 6（3）: 275–84

[449] Morales, J. and S. Sobonya ( 1996 ) Use of Submaximal Repetition Tests for Predicting 1-RM Strength in Class Athletes, Journal of Strength and Conditioning Research, 10 ( 3 ) : 186-9

[450] Morrissey, M.C., E.A. Harman and M.J. Johnson ( 1995 ) Resistance Training Modes: Specificity and Effectiveness, Medicine and Science in Sports and Exercise, 27 ( 5 ) , 648-60

[451] Mullaney, M.J., M.P. McHugh, T.M. Conofrio and S.J. Nicholas ( 2005 ) Upper and Lower Extremity Muscle Fatigue after a Baseball Pitching Performance, American Journal of Sports Medicine, 33 ( 1 ) : 108-13

[452] Muller, E, U. Benko, C. Raschner and H. Schwameder ( 2000 ) Specific Fitness Training and Testing in Competitive Sports, Medicine and Science in Sports and Exercise, 32 ( 1 ) : 216-20

[453] Murphy, A.J. and G.J. Wilson ( 1997 ) The Ability of Tests of Muscular Function to Reflect Training induced Changes in Performance, Journal of Sports Sciences, 15: 191-200

[454] Murphy, D.F., D.A.J. Connolly and B.D. Beynnon ( 2003 ) Risk Factors for Lower Extremity Injury: A Review of the Literature, British Journal of Sports Medicine, 37: 13-29

[455] Murray, D.P. and L.E. Brown ( 2006 ) Variable Velocity Training in the Periodized Model, Strength and Conditioning Journal, 28 ( 1 ) : 88-92

[456] Myer, G.D., K.R. Ford, J. Khoury, P. Succop and T.E. Hewett ( 2010 ) Development and Validation of a Clinical-Based Prediction Tool to Identify Female Athletes at High Risk for Anterior Cruciate Ligament Injury, American Journal of Sports Medicine, 38 ( 10 ) : 2025-33

[457] Myer, G.D., D.A. Chu, J.L. Brent and T.E. Hewett ( 2008 ) Trunk and Hip Control Neuromuscular Training for the Prevention of Knee Joint Injury, Clinics in Sports Medicine, 27: 425-48

[458] Myer, G.D., K.R. Ford, J.L. Brent and T.E. Hewett ( 2006a ) The Effect of Plyometric vs Dynamic Stabilisation and Balance Training on Power, Balance and Landing Force in Female Athletes, Journal of Strength and Conditioning Research, 20 ( 2 ) : 345-58

[459] Myer, G.D., K.R. Ford, S.G. McLean and T.E. Hewett ( 2006b ) The Effects of Plyometric Versus Dynamic Stabilisation Training on Lower Extremity Biomechanics, American Journal of Sports Medicine, 34 ( 3 ) : 445-55

[460] Myer, G.D., K.R. Ford, J.P. Palumbo and T.E. Hewett ( 2005 ) Neuromuscular

Training Improves Performance and Lower-Extremity Biomechanics in Female Athletes, Journal of Strength and Conditioning Research, 19（1）：51-60

[461] Myers, C.A. and D. Hawkins（2010）Alterations to Movement Mechanics Can Greatly Reduce Anterior Cruciate Ligament Loading Without Reducing Performance, Journal of Biomechanics, 43：2657-64

[462] Myers, J.B. and S. Oyama（2008）Sensorimotor Factors Affecting Outcome Following Shoulder Injury, Clinics in Sports Medicine, 27：481-90

[463] Nadler, S.F., G.A. Malanga, L.A. Bartoli, J.H. Feinberg, M. Prybicien and M. Deprince（2002）Hip Muscle Imbalance and Low Back Pain in Athletes：Influence of Core Strengthening, Medicine and Science in Sports and Exercise, 34（1）：9-16

[464] Nadler, S.F., G.A. Malanga, M. Deprince, T.P. Stitik and J.H. Feinberg（2000）The Relationship Between Lower Extremity Injury, Low Back Pain and Hip Muscle Strength in Male and Female Collegiate Athletes, Clinical Journal of Sports Medicine, 10：89-97

[465] Naughton, G., N.J. Farpour-Lambert, J. Carlson, M. Bradley and E. van Praagh（2000）Physiological Issues Surrounding the Performance of Adolescent Athletes, Sports Medicine, 30（5）：309-25

[466] Nesser, T.W., K.C. Huxel, J.L. Tincher and T. Okada（2008）The Relationship between Core Stability and Performance in Division I Football Players, Journal of Strength and Conditioning Research, 22（6）：1750-4

[467] Newton, R.U. and E. Dugan（2002）Application of Strength Diagnosis, Strength and Conditioning Journal, 24（5）：50-9

[468] Newton, R.U. and W.J. Kraemer（1994）Developing Explosive Muscular Power：Implications for a Mixed Methods Training Strategy, Strength and Conditioning, 16：20-31

[469] Newton, R.U. and K.P. McEvoy（1994）Baseball Throwing Velocity：A Comparison of Medicine Ball Throwing and Weight Training, Journal of Strength and Conditioning Research, 8（3）：198-203

[470] Newton, R.U., A. Gerber, S. Nimphius, J.K. Shim, B.K. Doan, M. Robertson, D.R. Pearson, B.W.Craig, K. Hakkinen and W.J. Kraemer（2006）Determination of Functional Strength Imbalance of the Lower Extremities, Journal of Strength and Conditioning Research, 20（4）：971-7

[471] Newton, R.U., W.J. Kraemer and K. Hakkinen（1999）Effects of Ballistic Training on Preseason Preparation of Elite Volleyball Players, Medicine and Science in Sports

and Exercise, 31（2）: 323–30

[472] Newton, R.U., A.J. Murphy, B.J. Humphries, G.J. Wilson, W.J. Kraemer and K. Hakkinen（1997）Influence of Load and Stretch Shortening Cycle on the Kinematics, Kinetics and Muscle Activation that Occurs during Explosive Upper–Body Movements, European Journal of Applied Physiology, 75: 333–42

[473] Newton, R.U., W.J. Kraemer, K. Hakkinen, B.J. Humphries and A.J. Murphy（1996）Kinematics, Kinetics and Muscle Activation during Explosive Upper Body Movements, Journal of Applied Biomechanics, 12: 31–43

[474] Nicholas, S.J. and T.F. Tyler（2002）Adductor Muscle Sprains in Sport, Sports Medicine, 32（5）: 339–44

[475] Niederbracht, Y., A.L. Shim, M.A. Sloniger, M. Paternostro–Bayles and T.H. Short（2008）Effects of a Shoulder Injury Prevention Strength Training Program on Eccentric External Rotator Muscle Strength and Glenohumeral Joint Imbalances in Female Overhead Activity Athletes, Journal of Strength and Conditioning Research, 22（1）: 140–5

[476] Nimphius, S., M.R. McGuigan and R.U. Newton（2010）Relationship between Strength, Power, Speed and Change of Direction Performance of Female Softball Players, Journal of Strength and Conditioning Research, 24（4）: 885–95

[477] Noyes, F.R., S.D. Barber–Westin, S.T. Smith and T. Campbell（2011）A Training Program to Improve Neuromuscular Indices in Female High School Volleyball Players, Journal of Strength and Conditioning Research, 25（8）: 2151–60

[478] Noyes, F.R. S.D. Barber–Westin, C. Fleckenstein, C. Walsh and J. West（2005）The Drop–Jump Screening Test: Differences in Lower Limb Control by Gender and Effect of Neuromuscular Training in Female Athletes, American Journal of Sports Medicine, 33（2）: 197–207

[479] Nummela, A., T. Keranen and L.O. Mikkelsson（2007）Factors Related to Top Running Speed and Economy, International Journal of Sports Medicine, 28: 655–61

[480] Nuzzo, J.L., G.O. McCaulley, P. Cormie, M.J. Cavill and J.M. McBride（2008）Trunk Muscle Activity during Stability Ball and Free Weight Exercises, Journal of Strength and Conditioning Research, 22（1）: 95–102

[481] O’Connor, D.M.（2004）Groin Injuries in Professional Rugby League Players: A Prospective Study, Journal of Sports Sciences, 22: 629–36

[482] Okada, T., K.C. Huxel and T.W. Nesser（2011）Relationship between Core Stability, Functional Movement and Performance, Journal of Strength and Conditioning

Research，25（1）：252–61

[483] Olds，T.（2001）The Evolution of Physique in Male Rugby Union Players in the Twentieth Century，Journal of Sports Sciences，19：253–62

[484] Oliver，G.D. and D.W. Keeley（2010）Gluteal Muscle Group Activation and its Relationship with Pelvis and Torso Kinematics in High-School Baseball Pitchers，Journal of Strength and Conditioning Research，24（11）：3015–22

[485] Oliver，J.L.（2009）Is a Fatigue Index a Worthwhile Measure of Repeated Sprint Ability?，Journal of Science and Medicine in Sport，12：20–3

[486] Oliver，J.L.，N. Armstrong and C.A. Williams（2009）Relationships between Brief and Prolonged Repeated Sprint Ability，Journal of Science and Medicine in Sport，12：238–43

[487] Olsen，L.，A. Scanlan，M. Mackay，S. Babul，D. Reid，M. Clark and P. Raina（2004）Strategies for Prevention of Soccer Related Injuries：A Systematic Review，British Journal of Sports Medicine，38：89–94

[488] Opar，D.A.，M.D. Williams and A.J. Shield（2010）Hamstring Strain Injuries：Factors that Lead to Injury and Re-Injury，Sports Medicine，42（3）：209–26

[489] Orchard，J. and H. Seward（2002）Epidemiology of Injuries in the Australian Football League，Seasons 1997–2000，British Journal of Sports Medicine，36：39–45

[490] Orchard，J.P.，P. Farhart，C. Leopold（2004）Lumbar Spine Region Pathology and Hamstring and Calf Injuries in Athletes：Is there a Connection? British Journal of Sports Medicine，38：502–4

[491] Orchard，J.，H. Seward，J. McGivern and S. Hood（2001）Intrinsic and Extrinsic Risk Factors for Anterior Cruciate Ligament Injury in Australian Footballers，American Journal of Sports Medicine，29（2）：196–200

[492] Osborne，M.D. and T.D. Rizzo，JR.（2003）Prevention and Treatment of Ankle Sprain in Athletes，Sports Medicine，33（15）：1145–50

[493] Paasuke，M.，L. Saapar，J. Ereline，H. Gapeyeva，B. Requena and V. Oopik（2007）Postactivation Potentiation of Knee Extensor Muscles in Power- and Endurance-Trained and Untrained Women，European Journal of Applied Physiology，101：577–85

[494] Paavolainen，L.，K. Hakkinen，I. Hamalainen，A. Nummela and H. Rusko（1999）Explosivestrength Training Improves 5-km Running Time by Improving Running Economy and Muscle Power，Journal of Applied Physiology，86（5）：1527–33

[495] Padua，D.A.，L.J. DiStefano，S.W. Marshall，A.I. Beutler，S.J. de la Motte and

M.J. DiStefano（2012）

[496] Retention of Movement Pattern Changes after a Lower Extremity Injury Prevention Program is Affected by Program Duration，American Journal of Sports Medicine，40（2）：300–6

[497] Paradisis，G.P. and C.B. Cooke（2001）Kinematic and Postural Characteristics of Sprint Running on Sloping Surfaces，Journal of Sports Sciences，19：149–59

[498] Parchman，C.J. and J.M. McBride（2011）Relationship between Functional Movement Screen and Athletic Performance，Journal of Strength and Conditioning Research，25（12）：3378–84

[499] Perrey，S.，S. Racinais，K. Saimouaa and O. Girard（2010）Neural and Muscular Adjustments Following Repeated Running Sprints，European Journal of Applied Physiology，109：1027–36

[500] Peterson，J. and P. Holmich（2005）Evidence–based Prevention of Hamstring Injuries，British Journal of Sports Medicine，39：319–23

[501] Peterson，M.D.，B.A. Alvar and M.R. Rhea（2006）The Contribution of Maximal Force Production to Explosive Movement among Young Collegiate Athletes，Journal of Strength and Conditioning Research，20（4）：867–73

[502] Peterson，M.D.，M.R. Rhea and B.A. Alvar（2004）Maximising Strength Development in Athletes：A Meta–Analysis to Determine the Dose–Response Relationship，Journal of Strength and Conditioning Research，18（2）：377–82

[503] Pettit，R.W. and E.R. Bryson（2002）Training for Women’s Basketball：A Biomechanical Emphasis for Preventing Anterior Cruciate Ligament Injury，Strength and Conditioning Journal，24（5）：20–9

[504] Philippaerts，R.M.，R. Vaeyans，M. Janssens，B. Van Renterghem，D. Matthys，R. Craen，J. Bourgois，J. Vrijens，G. Beunen and R.M. Malina（2006）The Relationship between Peak Height Velocity and Physical Performance in Youth Soccer Players，Journal of Sports Sciences，24（3）：221–30

[505] Plisk，S.S（2000）Speed，Agility and Speed–Endurance Development，In：Essentials of Strength Training and Conditioning（2nd Edition），T.R. Baechle and R.W. Earle（Eds）Champaign，IL：Human Kinetics Plisk，S.S. and M.H. Stone（2003）Periodization Strategies，Strength and Conditioning Journal，25（6）：19–37

[506] Plisk，S.S. and V. Gambetta（1997）Tactical Metabolic Training：Part 1，Strength and Conditioning，19（2）：44–53

[507] Pool–Goudzwaard, A.L., A. Vleeming, R. Stoeckart, C.J. Snijders and J.M.A. Mens (1998) Insufficient Lumbopelvic Stability: A Clinical, Anatomical and Biomechanical Approach to a Specific Low Back Pain, Manual Therapy, 3 (1): 12–20

[508] Popadic Gacesa, J.Z., O.F. Barak and N.G. Grujic (2009) Maximal Anaerobic Power Test in Athletes of Different Sport Disciplines, Journal of Strength and Conditioning Research, 23 (3): 751–5

[509] Potach, D.H. and D.A. Chu (2000) Plyometric Training. In: Essentials of Strength Training and Conditioning (2nd Editon). Baechle T.R. and R.W. Earle (Eds) Champaign, IL: Human Kinetics Potteiger, J.A. and B.W. Evans (1995) Using Heart Rate and Ratings of Perceived Exertion to Monitor Intensity in Runners, Journal of Sports Medicine and Physical Fitness, 35 (3): 181–6

[510] Prestes, J., C. de Lima, A.B. Frollini, F.P. Donatto and M. Conte (2009) Comparison of Linear and Reverse Linear Periodization Effects on Maximal Strength and Body Composition, Journal of Strength and Conditioning Research, 23 (1): 266–74

[511] Pyne, D.B., P.U. Saunders, P.G. Montgomery, A.J. Hewitt and K. Sheehan (2008) Relationships between Repeated Sprint Testing, Speed and Endurance, Journal of Strength and Conditioning Research, 22 (5): 1633–7

[512] Quarrie, K.L. and B.D. Wilson (2000) Force Production in the Rugby Union Scrum, Journal of Sports Sciences, 18: 237–46

[513] Quarrie, K.L., J.C. Alsop, A.E. Waller, Y.N. Bird, S.W. Marshall and D.J. Chalmers (2001) The New Zealand Rugby Injury and Performance Project VI. A Prospective Cohort Study of Risk Factors for Injury in Rugby Union Football, British Journal of Sports Medicine, 35: 157–66

[514] Quarrie, K.L., P. Handcock, A.E. Waller, D.J. Chalmers, M.J. Toomey and B.D. Wilson (1995) The New Zealand Rugby Injury and Performance Project III Anthropometric and Physical Performance Characteristics of Players, British Journal of Sports Medicine, 29 (4): 263–70

[515] Quatman, C.E., K.R. Ford, G.D. Myer and T.E. Hewett (2006) Maturation Leads to Gender Differences in Landing Force and Vertical Jump Performance, American Journal of Sports Medicine, 34 (5): 806–13

[516] Rabita, G., A. Couturier and D. Lambertz (2008) Influence of Training Background on the Relationship between Plantarflexor Intrinsic Stiffness and Overall Musculoskeletal Stiffness During Hopping, European Journal of Applied Physiology, 103:

163–71

[517] Rampinini, F., D. Bishop, S.M. Marcora, D. Ferrari Bravo, R. Sassi and F.M. Impelizzeri（2007a）Validity of Simple Field Tests as Indicators of Match–Related Physical Performance in Top–Level Professional Soccer Players, International Journal of Sports Medicine, 28: 228–35

[518] Rampinini, F., F.M. Impellizzeri, C. Castagna, G. Abt, K. Chamari, A. Sassi and S.M. Marcora（2007b）Factors Influencing Physiological Responses to Small–sided Soccer Games, Journal of Sports Sciences, 25（6）: 659–66

[519] Rees, J.D., R.L. Wolman and A. Wilson（2009）Eccentric Exercises; Why Do They Work, What are the Problems and How Can We Improve Them?, British Journal of Sports Medicine, 43: 242–6

[520] Regan, D.P.（2000）Implications of Hip Rotators in Lumbar Spine Injuries, Strength and Conditioning Journal, 22（6）: 7–13

[521] Reilly, T.（1997）Energetics of High–Intensity Exercise（Soccer）with Particular Reference to Fatigue, Journal of Sports Sciences, 15: 257–63

[522] Reilly, T.（1994）Physiological Aspects of Soccer, Biology of Sport, 11（1）: 3–20

[523] Reilly, T., T. Morris and G. Whyte（2009）The Specificity of Training Prescription and Physiological Assessment: A Review, Journal of Sports Sciences, 27（6）: 575–89

[524] Rhea, M., B. Alvar, L. Burkett and S. Ball（2003）A Meta–analysis to Determine the Dose–Response Relationship for Strength, Medicine and Science in Sports and Exercise, 35: 456–64

[525] Rhea, M.R., S.D. Ball, W.T. Phillips and L.N. Burkett（2002）A Comparison of Linear and Daily Undulating Periodized Programs with Equated Volume and Intensity for Strength, Journal of Strength and Conditioning Research, 16（2）: 250–5

[526] Rienzi, E., B. Drust, J.E.L. Carter and A. Martin（2000）Investigation of Anthropometric and Work–Rate Profiles of Elite South American International Soccer Players, Journal of Sports Medicine and Physical Fitness, 40（2）: 162–9

[527] Rienzi, E., T. Reilly and C. Malkin（1999）Investigation of Anthropometric and Work–rate Profiles of Rugby Sevens Players, Journal of Sports Medicine and Physical Fitness, 39: 160–4

[528] Rogers, R.G.（2006）Research–Based Rehabilitation for the Lower Back,

Strength and Conditioning Journal，28（1）：30–5

[529] Romero–Franco，N.，F. Martinez–Lopez，R. Lomas–Vega，F. Hita–Contreras and A. Martinez– Amat（2012）Effects of Proprioceptive Training Program on Core Stability and Center of Gravity Control in Sprinters，Journal of Strength and Conditioning Research，26（8）：2071–7

[530] Ross，A. and M. Leveritt（2001）Long–Term Metabolic and Skeletal Muscle Adaptations to Short–Sprint Training：Implications for Sprint Training and Tapering，Sports Medicine，31（15）：1063–82

[531] Ross，A.，M. Leveritt and S. Riek（2001）Neural Influences on Sprint Running：Training Adaptations and Acute Responses，Sports Medicine，31（6）：409–25

[532] Sabick，M.B.，Y–Y. Kim，M.R. Torry，M.A. Keirns and R.J. Hawkins（2005）Biomechanics of the Shoulder in Youth Baseball Pitchers：Implications for the Development of Proximal Humeral Epiphysiolysis and Humeral Retrotorsion，American Journal of Sports Medicine，33（11）：1716–22

[533] Saeterbakken，A.H.，R. van den Tillar and S. Seiler（2011）Effect of Core Stability Training on Throwing Velocity in Female Handball Players，Journal of Strength and Conditioning Research，25（3）：712–18

[534] Saez de Villarreal，E.，B. Requena and J.B. Cronin（2012）The Effects of Plyometric Training on Sprint Performance：A Meta–Analysis，Journal of Strength and Conditioning Research，26（2）：575–84

[535] Santana，J.C.，F.J. Vera–Garcia and S.M. McGill（2007）A Kinetic and Electromyographic Comparison of the Standing Cable Press and Bench Press，Journal of Strength and Conditioning Research，21（4）：1271–9

[536] Saunders，N. and L. Otago（2009）Elite Netball Injury Surveillance：Implications for Injury Prevention，Journal of Science and Medicine in Sport，12（Suppl）：S63

[537] Schale，A.G.，P.D. Blanch，D.A. Rath，T.V. Wrigley，R. Starr and K.L. Bennell（2001）A Comparison of Overground and Treadmill Running for Measuring the Three–Dimensional Kinematics of the Lumbo–Pelvic–Hip Complex，Clinical Biomechanics，16：667–80

[538] Schick，D.M. and W.H. Meeuwisse（2003）Injury Rates and Profiles in Female Ice Hockey Players，American Journal of Sports Medicine，31（1）：47–52

[539] Schmitz，R.J.，S.J. Shultz and A.–D. Nguyen（2009）Dynamic Valgus Alignment and Functional Strength in Males and Females during Maturation，Journal of Athletic

Training, 44（1）: 26–32

[540] Selye, H.（1956）The Stress of Life, New York: McGraw–Hill Serpell, B.G., W.B. Young and M. Ford（2011）Are the Perceptual and Decision–Making Aspects of Agility Trainable? A Preliminary Investigation, Journal of Strength and Conditioning Research, 25（5）: 1240–8

[541] Shankar, P.R., S.K. Fields, C.L. Collins, R.W. Dick and R.D. Comstock（2007）Epidemiology of High School and Collegiate Football Injuries in the United States, 2005–2006, American Journal of Sports Medicine, 35（8）: 1295–303

[542] Sheppard, J.M.（2003）Strength and Conditioning Exercise Selection in Speed Development, Strength and Conditioning Journal, 25（4）: 26–30

[543] Sheppard, J.M. and W.B. Young（2006）Agility Literature Review: Classifications, Training and Testing, Journal of Sports Sciences, 24（9）: 919–32

[544] Shields, R.K., S. Madhavan, E. Gregg, J. Leitch, B. Petersen, S. Salata and S. Wallerich（2005）Neuromuscular Control of the Knee during a Resisted Single–Limb Squat Exercise, American Journal of Sports Medicine, 33（10）: 1520–6

[545] Shiner, J., T. Bishop and A.J. Cosgarea（2006）Integrating Low–Intensity Plyometrics into Strength and Conditioning Programs, Strength and Conditioning Journal, 27（6）: 10–20

[546] Shinkle, J., T.W. Nesser, T.J. Demchak and D.M. McManus（2012）Effect of Core Strength on the Measure of Power in the Extremities, Journal of Strength and Conditioning Research, 26（2）: 373–80

[547] Sierer, S.P., C.L. Battaglini, J.P. Mihalik, E.W. Shields and N.T. Tomasini（2008）The National Football League Combine: Performance Differences between Drafted and Nondrafted Players Entering the 2004 and 2005 Drafts, Journal of Strength and Conditioning Research, 22（1）: 6–12

[548] Siff, M.C.（2002）Functional Training Revisited, Strength and Conditioning Journal, 24（5）: 42–6

[549] Silvers, H.C. and B.R. Mandelbaum（2007）Prevention of Anterior Cruciate Ligament Injuries in the Female Athlete, British Journal of Sports Medicine, 41（Suppl. 1）: i52–i59

[550] Simenz, C.J., C.A. Dugan and W.P. Ebben（2005）Strength and Conditioning Practices of National Basketball Association Strength and Conditioning Coaches, Journal of Strength and Conditioning Research, 19（3）: 495–504

[551] Simenz, C.J., L.R. Garceau, B.N. Lutsch, T.J. Suchomel and W.P. Ebben (2012) Electromyographical Analysis of Lower Extremity Muscle Activation during Variations of the Loaded Step Up Exercise, Journal of Strength and Conditioning Research Sirotic, A.C. and A.J. Coutts (2007) Physiological and Performance Test Correlates of Prolonged High-Intensity, Intermittent Running Performance in Moderately Trained Women Team Sport Athletes, Journal of Strength and Conditioning Research, 21 (1): 138-44

[552] Smith, D.J. (2003) A Framework for Understanding the Training Process Leading to Elite Performance, Sports Medicine, 33 (15): 1103-26

[553] Sole, G., S. Milosavljevic, H. Nicholson and S.J. Sullivan (2012) Altered Muscle Activation Following Hamstring Injuries, British Journal of Sports Medicine, 46 (2): 118-23

[554] Soligard, T., A. Nilstad, K. Steffen, G. Myklebust, I. Holme, J. Dvorak, R. Bahr and T.E. Andersen (2010) Compliance with a Comprehensive Warm-Up Programme to Prevent Injuries in Youth Football, British Journal of Sports Medicine, 44: 787-93

[555] Souza, A.L., S.D. Shimada and A. Koontz (2002) Ground Reaction Forces during the Power Clean, Journal of Strength and Conditioning Research, 16 (3): 423-7

[556] Spencer, M., M. Fitzsimons, B. Dawson, D. Bishop and C. Goodman (2006) Reliability of a Repeated-Sprint Ability Test for Field-Hockey, Journal of Science and Medicine in Sport, 9: 181-4

[557] Spencer, M., D. Bishop, B. Dawson and C. Goodman (2005) Physiological and Metabolic Responses of Repeated Sprint Activities - Specific to Field-based Team Sports, Sports Medicine, 35 (12): 1025-44

[558] Spencer, M., D. Bishop and S. Lawrence (2004) Longitudinal Assessment of the Effects of Field Hockey Training on Repeated Sprint Ability, Journal of Science and Medicine in Sport, 7 (3): 323-34

[559] Sperlich, B., C. Zinner, I. Heilemann, P.L. Kjendlie, H.-C. Holmberg and J. Mester (2010) High-Intensity Interval Training Improves $VO_2$max, Maximal Lactate Accumulation, Time Trial and Competition Performance in 9-11-Year-Old Swimmers, European Journal of Applied Physiology, 110: 1029-36

[560] Sporis, G., I. Jukc, L. Milanovic and V. Vucetic (2010) Reliability and Factorial Validity of Agility Tests for Soccer Players, Journal of Strength and Conditioning Research, 24 (3): 679-86

[561] Stanton, R., P.R. Reaburn and B. Humphries (2004) The Effect of Short-

Term Swiss Ball Training on Core Stability and Running Economy, Journal of Strength and Conditioning Research, 18（3）: 522–8

[562] Stasinopoulos, D.（2004）Comparison of Three Preventive Methods in Order to Reduce the Incidence of Ankle Inversion Sprains among Female Volleyball Players, British Journal of Sports Medicine, 38: 182–5

[563] Stephenson, J. and A.M. Swank（2004）Core Training: Designing a Program for Anyone, Strength and Conditioning Journal, 26（6）: 34–7

[564] Stevenson, M.R., P. Hamer, C.F. Finch, B. Elliott and M.–J. Kresnow（2000）Sport, Age, and Sex–Specific Incidence of Sports Injuries in Western Australia, British Journal of Sports Medicine, 34: 188–94

[565] Steyck, S.D., S.P. Flanagan and W.C. Whiting（2008）The Missing Link: Integrated Core Training, NSCA Performance Training Journal, 7（6）: 13–16

[566] Stone, M.H.（1993）Literature Review: Explosive Exercises and Training, NSCA Journal, 15（3）: 7–15

[567] Stone, M.H., H.S. O' Bryant, L. McCoy, R. Coglianese, M. Lehmkuhl and B. Schilling（2003a）Power and Maximum Strength Relationships during Performance of Dynamic and Static Weighted Jumps, Journal of Strength and Conditioning Research, 17（1）: 140–7

[568] Stone, M.H., K. Sandborn, H. O' Bryant, M. Hartman, M.E. Stone, C. Proulx, B. Ward and J.Hruby（2003b）Maximum Strength–Power–Performance Relationships in Collegiate Throwers, Journal of Strength and Conditioning Research, 17（4）: 739–45

[569] Stone, M.H., D. Collins, S. Plisk, G. Haff and M.E. Stone（2000a）Training Principles: Evaluation of Modes and Methods of Resistance Training, Strength and Conditioning Journal, 22（3）: 65–76

[570] Stone, M.H., J.A. Potteiger, K.C. Pierce, C.M. Proulx, H.S. O' Bryant, R.L. Johnson and M.E.Stone（2000b）Comparison of the Effects of Three Different Weight–Training Programs on the One Repetition Maximum Squat, Journal of Strength and Conditioning Research, 14（3）: 332–7

[571] Stone, M.H., H.S. O' Bryant, R.L. Johnson, K.C. Pierce, D.G. Haff, A.J. Koch and M. Stone（1999a）Periodisation: Effects of Manipulating Volume and Intensity: Part One, Strength and Conditioning Journal, 21（2）: 56–62

[572] Stone, M.H., H.S. O' Bryant, B.K. Schilling, R.L. Johnson, K.C. Pierce, G.G. Haff, A.J. Koch and M. Stone（1999b）Periodization: Effects of Manipulating Volume and

Intensity. Part 2，Strength and Conditioning Journal，21（3）：54–60

[573] Stratton，G.，M. Jones，K.R. Fox，K. Tolfrey，J. Harris，N. Maffulli，M. Lee and S.P. Frostick（2004）BASES Position Statement on Guidelines for Resistance Training in Young People，Journal of Sports Science，22：383–90

[574] Straub，W.F.（1968）Effect of Overload Procedures upon Velocity and Accuracy of the Overarm Throw. Research Quarterly，39（2）：370–9

[575] Swenson，D.M.，E.E. Yard，S.K. Fields and R.D. Comstock（2009）Patterns of Recurrent Injuries Among US High School Athletes，2005–2008，American Journal of Sports Medicine，37（8）：1586–93

[576] Tabata，I.，K. Irisawa，M. Kouzaki，K. Nishimura，F. Ogita and M. Miyachi（1997）Metabolic Profile of High Intensity Intermittent Exercises，Medicine and Science in Sports and Exercise，29（3）：390–5

[577] Tabata，I.，K. Nishimura，M. Kouzaki，Y. Hirai，F. Ogita，M. Miyachi and K. Yamamoto（1996）Effects of Moderate–Intensity Endurance Training and High–Intensity Intermittent Training on Anaerobic Capacity and $VO_2$max，Medicine and Science in Sports and Exercise，28（10），1327–30

[578] Takarada，Y.（2003）Evaluation of Muscle Damage after a Rugby Match with Special Reference to Tackle Plays，British Journal of Sports Medicine，37：416–19

[579] Takeda，Y.，S. Kashiwaguchi，K. Endo，T. Matsuura and T. Sasa（2002）The Most Effective Exercise for Strengthening the Supraspinatus Muscle，American Journal of Sports Medicine，30（3）：374–81

[580] Talanian，J.L.，G.P. Holloway，L.A. Snook，G.J.F. Heigenhauser，A. Bonen and L.L. Spriet（2010）Exercise Training Increases Sarcolemnal and Mitochondrial Fatty Acid Transport Proteins in Human Skeletal Muscle，American Journal of Physiology Endocrinology and Metabolism，299（2）：E180–8

[581] Talanian，J.L.，S.D.R. Galloway，G.J.F. Heigenhauser，A. Bonen and L.L Spriet（2007）Two Weeks of High–Intensity Aerobic Interval Training Increases the Capacity for Fat Oxidation during Exercise in Women，Journal of Applied Physiology，102：1439–47

[582] Tarnanen，S.P.，K.M. Siekkinen，A.J. Hakkinen，E.O. Malkia，H.J. Kautiainen and J.J. Ylinen（2012）Core Muscle Activation during Dynamic Upper Limb Exercises in Women，Journal of Strength and Conditioning Research

[583] Taube，W.，C. Leukel，M. Schubert，M. Gruber，T. Rantalainen and A. Gollhofer（2008）Differential Modulation of Spinal and Corticospinal Excitability during Drop

Jumps, Journal of Neurophysiology, 99: 1243–52

[584] Taube, W., M. Gruber, S. Beck, M. Faist, A. Gollhofer and M. Schubert (2007) Cortical and Spinal Adaptations Induced by Balance Training: Correlation between Stance Stability and Corticospinal Activation, Acta Physiologica, 189: 347–58

[585] Taylor, J. (2004) A Tactical Metabolic Training Model for Collegiate Basketball, Strength and Conditioning Journal, 26 (5): 22–9,

[586] Thacker, S.B., D.F. Stroup, C.M. Branche, J. Gilchrist, R.A. Goodman and E. Porter Kelling (2003) Prevention of Knee Injuries in Sports: A Systematic Review of the Literature, Journal of Sports Medicine and Physical Fitness, 43: 165–79

[587] Thorpe, J.L and K.T. Ebersole (2008) Unilateral Balance Performance in Female Collegiate Soccer Athletes, Journal of Strength and Conditioning Research, 22 (5): 1429–33

[588] Tricoli, V., L. Lamas, R. Carnevale and C. Urginowitsch (2005) Short–term Effects on Lower–Body Functional Power Development: Weightlifting vs. Vertical Jump Training Programs, Journal of Strength and Conditioning Research, 19 (2): 433–437

[589] Trojian, T.H. and D.B. McKeag (2006) Single–leg Balance Test to Identify Risk of Ankle Sprains, British Journal of Sports Medicine, 40 (7): 610–13

[590] Tse, M.A., A.M. McManus and R.S.W. Masters (2005) Development and Validation of a Core Endurance Intervention Program: Implications for Performance in College–age Rowers, Journal of Strength and Conditioning Research, 19 (3): 547–52

[591] Twist, P.W. and D. Benicky (1996) Conditioning Lateral Movement for Multi–Sport Athletes: Practical Strength and Quickness Drills, Strength and Conditioning, 18 (5): 10–19

[592] Tyler, T.F., M.P. McHugh, M.R. Mirabella, M.J. Mullaney and S.J. Nicholas (2006) Risk Factors for Noncontact Ankle Sprains in High School Football Players: The Role of Previous Ankle Sprains and Body Mass Index, American Journal of Sports Medicine, 34 (3): 471–5

[593] Tyler, T.F., S.J. Nicholas, R.J. Campbell, S. Donnellan and M.P. McHugh (2002) The Effectiveness of a Preseason Exercise Program to Prevent Adductor Muscle Strains in Professional Ice Hockey Players, American Journal of Sports Medicine, 30 (5): 680–3

[594] Tyler, T.F., S.J. Nicholas, R.J. Campbell and M.P. McHugh (2001) The Association of Hip Strength and Flexibility with the Incidence of Adductor Muscle Strains in

Professional Ice Hockey Players, American Journal of Sports Medicine, 29（2）：124–8

[595] Valovich McLeod, T.C., L.C. Decoster, K.J. Loud, L.J. Micheli, J.T. Parker, M.A. Sandrey and C. White（2011）National Athletic Trainers' Association Position Statement: Prevention of Pediatric Overuse Injuries, Journal of Athletic Training, 46（2）：206–20

[596] van den Tillar, R. and M.C. Marques（2011）A Comparison of Three Training Programs with the Same Workload on Overhead Throwing Velocity with Different Weighted Balls, Journal of Strength and Conditioning Research, 25（8）：2316–21

[597] van den Tillar, R.（2004）Effect of Different Training Programs on the Velocity of Overarm Throwing: A Brief Review, Journal of Strength and Conditioning Research, 18（2）：388–96

[598] Van Huss, W.D., L. Albrecht, R. Nelson and R. Hagerman（1962）Effect of Overload Warm–Up on the Velocity and Accuracy of Throwing, Research Quarterly, 33（3）：472–5

[599] van Ingen Schenau, J.J. de Koning and G. de Groot（1994）Optimisation of Sprinting Performance in Running, Cycling and Speed Skating, Sports Medicine, 17（4）：259–75

[600] Vera–Garcia, F.J., S.G. Grenier and S.M. McGill（200）Abdominal Muscle Response during Curl–Ups on Both Stable and Labile Surfaces, Physical Therapy, 80: 564–9

[601] Verhagen, E.A.L.M., A.J. van der Beek, L.M. Bouter, R.M. Bahr and W. van Mechelen（2004）A One Season Prospective Cohort Study of Volleyball Injuries, British Journal of Sports Medicine, 38: 477–81

[602] Verkhoshansky, Y.V.（1996）Quickness and Velocity in Sports Movements, New Studies in Athletics, 11（2–3）：29–37

[603] Verrall, G.M., J.P. Slavotinek and P.G. Barnes（2005）The Effect of Sports Specific Training on Reducing the Incidence of Hamstring Injuries in Professional Australian Rules Football Players, British Journal of Sports Medicine, 39: 363–8

[604] Visnes, H. and R. Barr（2007）The Evolution of Eccentric Training as Treatment for Patellar Tendinopathy（Jumper's Knee）：A Critical Review of Exercise Programmes, British Journal of Sports Medicine, 41: 217–23

[605] Vossen, J.F., J.F. Kraemer, D.G. Burke and D.P. Vossen（2000）Comparison of Dynamic Push–Up Training and Plyometric Push–Up Training on Upper–Body Power and

Strength, Journal of Strength and Conditioning Research, 14 ( 3 ) : 248–53

[606] Vuorimaa, T. and J. Karvonen ( 1988 ) Recovery Time in Interval Training for Increasing Aerobic Capacity, Annals of Sports Medicine, 3 ( 4 ) : 215–19

[607] Wagner, P. ( 2003 ) A Comprehensive Approach to Shoulder Complex Maintenance, Strength and Conditioning Journal, 25 ( 3 ) : 65–70

[608] Wallace, B.J., T.W. Kernozek, J.M. White, D.E. Kline, G.A. Wright, H.T. Peng and C.–F. Huang ( 2010 ) Quantification of Vertical Ground Reaction Forces of Popular Bilateral Plyometric Exercises, Journal of Strength and Conditioning Research, 24 ( 1 ) : 207–12

[609] Wang, H.K. and T. Cochrane ( 2001 ) Mobility Impairment, Muscle Imbalance, Muscle Weakness, Scapular Asymmetry and Shoulder Injury in Elite Volleyball Athletes, Journal of Sports Medicine and Physical Fitness, 41: 403–10

[610] Waryasz, G.R. ( 2010 ) Exercise Strategies to Prevent the Development of the Anterior Pelvic Tilt: Implications for Possible Prevention of Sports Hernias and Osteitis Pubis, Strength and Conditioning Journal, 32 ( 4 ) : 56–65

[611] Wathen, D., T.R. Baechle and R.W. Earle ( 2000 ) Training Variation: Periodization. In: Essentials of Strength Training and Conditioning ( 2nd Edition ) , Baechle and Earle ( Eds ) . Champaign, IL: Human Kinetics

[612] Weyand, P.G., R.F. Sandell, D.N.L. Prime and M.W. Bundle ( 2010 ) The Biological Limits to Running Speed are Imposed from the Ground Up, Journal of Applied Physiology, 108 ( 4 ) : 950–61

[613] Wikstrom, E.A., M.D. Tillman, T.L. Chmielewksi, J.H. Cauraugh and P.A. Borsa ( 2007 ) Dynamic Postural Stability Deficits in Subjects with Self–Reported Ankle Instability, Medicine and Science in Sports and Exercise, 39 ( 3 ) : 397–402

[614] Wikstrom, E.A., M.D. Tillman, T.L. Chmielewski and P.A. Borsa ( 2006 ) Measurement and Evaluation of Dynamic Joint Stability of the Knee and Ankle after Injury, Sports Medicine, 36 ( 5 ) : 393–410

[615] Wilder, N., R. Gilders, F. Hagerman and R.G. Deivert ( 2002 ) The Effects of a 10–Week, Periodised, Off–Season Resistance Training Program and Creatine Supplementation among Collegiate Football Players, Journal of Strength and Conditioning Research, 16 ( 3 ) : 343–52

[616] Wilk, K.E., K. Meister and J.R. Andrews ( 2002 ) Current Concepts in the Rehabilitation of the Overhead Throwing Athlete, American Journal of Sports Medicine, 30

（1）：136–51

[617] Wilkins，H.A.，S.R. Petersen and H.A. Quinney（1991）Time–Motion Analysis of and Heart Rate Responses to Amateur Ice Hockey Officiating，Canadian Journal of Sports Sciences，16（4）：302–7

[618] Wilkinson，D.M.，J.L. Fallowfield and S. D. Myers（1999）A Modified Incremental Shuttle Run Test Protocol for the Determination of Peak Shuttle Running Speed and the Prediction of Maximal Oxygen Uptake，Journal of Sports Sciences，17：413–19

[619] Willardson，J.M.（2007）Core Stability Training for Healthy Athletes：A Different Paradigm for Fitness Professionals，Strength and Conditioning Journal，29（6）：42–9

[620] Williams，G.N.，M.H. Jones，A. Amendola（2007）Syndesmotic Ankle Sprains in Athletes，American Journal of Sports Medicine，35（7）：1197–207

[621] Willoughby，D.S.（1993）The Effects of Mesocycle–Length Weight Training Programs Involving Periodization and Partially Equated Volumes on Upper and Lower Body Strength，Journal of Strength and Conditioning Research，7（1）：2–8

[622] Wilmore，J.H. and D.L. Costill（1999）Metabolic Adaptations to Training，In：Physiology of Sport and Exercise（2nd Edition），J.H. Wilmore and D.L. Costill（Eds）Champaign，IL：Human Kinetics

[623] Wilson，B.D.，K.L. Quarrie，P.D. Milburn and D.J. Chalmers（1999）The Nature and Circumstances of Tackle Injuries in Rugby Union，Journal of Science and Medicine in Sport，2（2）：153–62

[624] Wilson，G.J. and A.J. Murphy（1996），Strength Diagnosis：The Use of Test Data to Determine Specific Strength Training，Journal of Sports Sciences，14：167–73

[625] Wilson，G.J.，A.J. Murphy and A. Giorgi（1996）Weight and Plyometric Training：Effects on Eccentric and Concentric Force Production，Canadian Journal of Applied Physiology，21（4）：301–15

[626] Wilson，G.J.，A.D. Lyttle，K.J. Ostrowski and A.J. Murphy（1995）Assessing Dynamic Performance：A Comparison of Rate of Force Development Tests，Journal of Strength and Conditioning Research，9（3）：176–81

[627] Wilson，G.J.，R.U. Newton，A.J. Murphy and B.J. Humphries（1993）The Optimal Training Load for the Development of Dynamic Athletic Performance，Medicine and Science in Sports and Exercise，25（11）：1279–86

[628] Winchester，J.B.，J.M. McBride，M.A. Maher，R.P. Mikat，B.K. Allen，D.E. Kline and M.R. McGuigan（2008）Eight Weeks of Ballistic Exercise Improves Power

Independently of Changes in Strength and Muscle Fiber Type Expression, Journal of Strength and Conditioning Research, 22 ( 6 ) : 1728–34

[629] Witvrouw, E., L. Danneels, P. Asselman, T. D' Have and D. Cambier ( 2003 ) Muscle Flexibility as aRisk Factor for Developing Muscle Injuries in Male Professional Soccer Players, American Journal of Sports Medicine, 31 ( 1 ) : 41–6

[630] Witvrouw, E., J. Bellemans, R. Lysens, L. Danneels and D. Cambier ( 2001 ) Intrinsic Risk Factors for the Development of Patellar Tendinitis in an Athletic Population: A Two–Year Prospective Study, American Journal of Sports Medicine, 29 ( 2 ) : 190–5

[631] Woods, C., R.D. Hawkins, S. Maltby, M. Hulse, A. Thomas and A. Hodson ( 2004 ) The Football Association Medical Research Programme: An Audit of Injuries in Professional Football–Analysis of Hamstring Injuries, British Journal of Sports Medicine, 38: 36–41

[632] Woolford, S. and M. Angove ( 1991 ) A Comparison of Training Techniques and Game Intensities for National Level Netball Players, Sport Coach, 14 ( 4 ) : 18–21

[633] Workman, J.C., D. Docherty, K.C. Parfrey and D.G. Behm ( 2008 ) Influence of Pelvis Position on the Activation of Abdominal and Hip Flexor Muscles, Journal of Strength and Conditioning Research, 22 ( 5 ) : 1563–9

[634] Yaggie, J.A. and B.M. Campbell ( 2006 ) Effects of Balance Training on Selected Skills, Journal of Strength and Conditioning Research, 20 ( 2 ) : 422–8

[635] Yessis, M. ( 1994 ) Training for Power Sports – Part 1, Strength and Conditioning, 16: 42–5

[636] Young, W.B. ( 2006 ) Transfer of Strength and Power Training to Sports Performance, International Journal of Sports Physiology and Performance, 1: 74–83

[637] Young, W.B. and D. Farrow ( 2006 ) A Review of Agility: Practical Considerations for Strength and Conditioning, Strength and Conditioning Journal, 28 ( 5 ) : 24–9

[638] Young, W.B., R.U. Newton, T.L. Doyle ( 2005 ) Physiological and Anthropometric Characteristics of Starters and Non–starters in Elite Australian Rules Football: A Case Study, Journal of Science and Medicine in Sport, 8 ( 3 ) : 333–45

[639] Young, W.B., D. Benton, G. Duthie and J. Pryor ( 2001a ) Resistance Training for Short Sprints and Maximum–Speed Sprints, Strength and Conditioning Journal, 23 ( 2 ) : 7–13

[640] Young, W.B., C. Macdonald and M.A. Flowers ( 2001b ) Validity of Double– and

Single–leg Vertical Jumps as Tests of Leg Extensor Muscle Function，Journal of Strength and Conditioning Research，15（1）：6–11

[641] Young，W.B.，M.H. McDowell and B.J. Scarlett（2001c）Specificity of Sprint and Agility Training Methods，Journal of Strength and Conditioning Research，15（3）：315–19

[642] Young，W.B.，A. Jenner and K. Griffiths（1998）Acute Enhancement of Power Performance from Heavy Load Squats，Journal of Strength and Conditioning Research，12（2）；82–4

[643] Young，W.B，B. McLean and J. Ardagna（1995）Relationship between Strength Qualities and Sprinting Performance，Journal of Sports Medicine and Physical Fitness，35（1）：13–19

[644] Yu，B.，R.M. Queen，A.N. Abbey，Y. Liu，C.T. Moorman，and W.E. Garrett（2008）Hamstring Muscle Kinematics and Activation during Overground Sprinting，Journal of Biomechanics，41：3121–6

[645] Zatsiorsky，V.W. and W.J. Kraemer（2006）Timing in Strength Training. In：Science and Practice of Strength Training（2nd Edition）Champaign，IL：Human Kinetics Zazulak，B.T.，T.E. Hewett，N.P. Reeves，B. Goldberg and J. Cholewicki（2007）Deficits in Neuromuscular Control of the Trunk Predict Knee Injury Risk：A Prospective Biomechanical–Epidemiological Study，American Journal of Sports Medicine，35（7）：1123–30

[646] Zupan，M.F.，A.W. Arata，L.H. Dawson，A.L. Wile，T.L. Payn and M.E. Hannon（2009）Wingate Anaerobic Test Peak Power and Anaerobic Capacity Classifications for Men and Women Intercollegiate Athletes，Journal of Strength and Conditioning Research，23（9）：2598–604

[647] Zuur，A.T.，J. Lundbye–Jensen，C. Leukel，W. Taube，M.J. Grey，A. Gollhofer，J.B. Nielsen and M. Gruber（2010）Contribution of Afferent Feedback and Descending Drive to Human Hopping，Journal of Physiology，588（5）：799–807

[648] Zwerver，J.，S.W. Bredeweg and A.L. Hof（2007）Biomechanical Analysis of the Single–leg  Decline Squat，British Journal of Sports Medicine，41：264–8